教育部-微软精品课程

Windows CE 嵌入式系统

何宗键　编著

北京航空航天大学出版社

内容简介

本书根据同济大学软件学院的“Windows CE 嵌入式系统”课程讲义整理而成。介绍了基于 Windows CE 5.0 平台的嵌入式软件开发。宏观上涵盖了完整的基于 Windows CE 的嵌入式系统开发流程。具体内容主要包括：Windows CE 下的应用程序开发：EVC、Visual Studio 工具的使用、开发环境的选择；系统定制和裁剪：Platform Builder 工具的使用、下载、远程调试灯；驱动程序开发：中断处理、DMA 操作、物理内存访问；板级支持包的开发：Bootloader、OAL 层；还介绍了 Windows CE 作为嵌入式操作系统的体系结构。

本书可用于普通高校的嵌入式软件课程教学，也适用于嵌入式系统爱好者阅读研究。

图书在版编目(CIP)数据

Windows CE 嵌入式系统/何宗键编著. —北京：北京航空航天大学出版社，2006.9

ISBN 978-7-81077-793-3

Ⅰ. W… Ⅱ. 何… Ⅲ. 窗口软件，Windows CE—程序设计 Ⅳ. TP316.7

中国版本图书馆 CIP 数据核字(2006)第 107051 号

Windows CE 嵌入式系统

何宗键 编著

责任编辑 李 键

*

北京航空航天大学出版社出版发行

北京市海淀区学院路 37 号(100083) 发行部电话：010-82317024 传真：010-82328026

http://www.buaapress.com.cn E-mail:bhpress@263.net

北京时代华都印刷有限公司印装 各地书店经销

*

开本：787 mm×960 mm 1/16 印张：24 字数：538 千字

2006 年 9 月第 1 版 2014 年 2 月第 6 次印刷 印数：24 001～25 500 册

ISBN 978-7-81077-793-3 定价：32.00 元

序

近年来，嵌入式技术及产品的快速成长成为了全球 IT 产业发展的显著特征之一。嵌入式系统以多种多样的形式，日益融入到人们的生活和工作之中。嵌入式技术、互联技术和个人计算以及高性能计算一起，构建了后 PC 时代中“计算无处不在”的蓝图。

嵌入式操作系统是嵌入式系统的核心，是连接嵌入式设备和应用的重要部件。它一方面要支持各种功能及规格的硬件设备，另一方面要为各种应用程序提供一致的功能调用接口，同时还需要在有限的系统资源上尽可能快地完成应用的计算需求。

Windows CE 是微软公司推出的一个功能强大的实时嵌入式操作系统，它具有很多优秀的性能。Windows CE 操作系统的模块化设计，使开发人员可以根据需求定制设备，这种定制有助于快速地开发功能各异的产品与服务。Windows CE 提供的一系列的集成定制和开发工具，使得开发嵌入式软件的门槛大大降低了。Windows CE 已经越来越多地被开发厂商支持及使用，迅速成为嵌入式操作系统主流平台之一。基于 Windows CE 的 Windows Mobile 使得全球范围内智能手机平台和市场得以快速地发展，Windows CE 还在 PDA、机顶盒以及多种网络媒体设备中得到了广泛的应用。

目前在中国，嵌入式软件复合型人才的缺乏，已成为嵌入式产业的可持续发展的瓶颈，加强与完善高校嵌入式系统教学已迫在眉睫。

微软公司配合高校的嵌入式教学推出了 Windows CE 课程源代码共享计划，允许高校将 Windows CE 源代码纳入学校课程教材及授课内容之中，更加便于教师深入、透彻地为学生介绍嵌入式系统原理。从这个意义上来讲，Windows CE 作为嵌入式系统教学实例，既能反映当前嵌入式操作系统的发展方向，又能结合当前的实际应用，是一个非常理想的嵌入式系统教学平台。

本书作者何宗键老师根据自己在嵌入式领域的科研和教学经验，基于微软最新 Windows CE 5.0 技术，深入浅出地介绍了 Windows CE 系统的原理及开发流程，并提供了大量的实例和技术资源。该书可以在高校嵌入式系统教学方面起到很好的辅助作用。

我想借此机会代表微软公司和微软中国研发集团，表示对支持中国教育事业的长期承诺和诚意。我们希望今后能够和更多的中国高校一起，了解主流计算机技术的最新动态，帮助高校教学与最新业界技术相结合，培养出更多社会需要的优秀人才。

张亚勤
微软公司全球副总裁
2006 年 7 月
于北京

前言

This has been a great year moving towards the digital lifestyle.
I'd say it's going even faster than we would have expected.
——Bill Gates
2005 全球消费性电子产品博览会

拥抱嵌入式时代

我们在描述未来生活的科幻小说中经常可以看到这样的场景：

周末的早上，珍妮被放在枕边的手机放出的轻音乐从睡梦中唤醒。睡眼惺忪的她刚刚从床上坐起来，桌上的电脑已经自动开启，清晰的语音从电脑音响里面飘了出来，内容是今天的天气情况和珍妮所关心的新闻。珍妮被其中一条动物园的优惠信息吸引了，她想利用今天的空闲去逛逛动物园。珍妮告诉电脑，订一张动物园的门票，电脑一切照办并使用珍妮的银行账户存款购买门票。

早饭过后，珍妮坐上去动物园的公交车。在车上，珍妮使用手机登录自己的电子信箱，发现有朋友的新邮件，珍妮口述邮件要回复的内容，手机帮助珍妮撰写邮件并回复。

动物园到了，动物园的门禁系统知道珍妮已经预购了门票，所以轻松放行。与此同时，无线网络已经把动物园的旅游地图与著名景点自动下载到了珍妮的手机当中。珍妮利用手机中的地图信息，轻松找到了她喜欢的狮子的所在地。珍妮在观赏狮子的雄姿时，旁边的信息板上显示出了狮子的介绍信息，并询问珍妮是否愿意与狮子合影。珍妮答应后，一台数码相机自动帮助珍妮选择角度、对焦、拍摄，并询问珍妮如何处理照片。珍妮告诉它发送到自己家里。

在动物园度过开心的一天后，珍妮回到了家，她发现自己枕边的电子相框的内容已经变成了她在动物园与狮子的合影。

自人类诞生之日起，每一次技术革命都会极大地改变人类的生活方式。如今，以计算机技术为代表的信息产业革命，也正在起着这样的作用。在最近短短的几年里，上面科幻小说描述的一些内容已经成为了现实。随着技术的进步，我们有理由相信会有越来越多的场景变为现实，而在这其中关键的一点，就是信息和计算能力的普及。

其实，任何科学技术如果想真正改变人类的生活，那么普及都是至关重要的。我们不妨拿工业革命与信息产业革命做一个简单的对比，如图0.1所示。

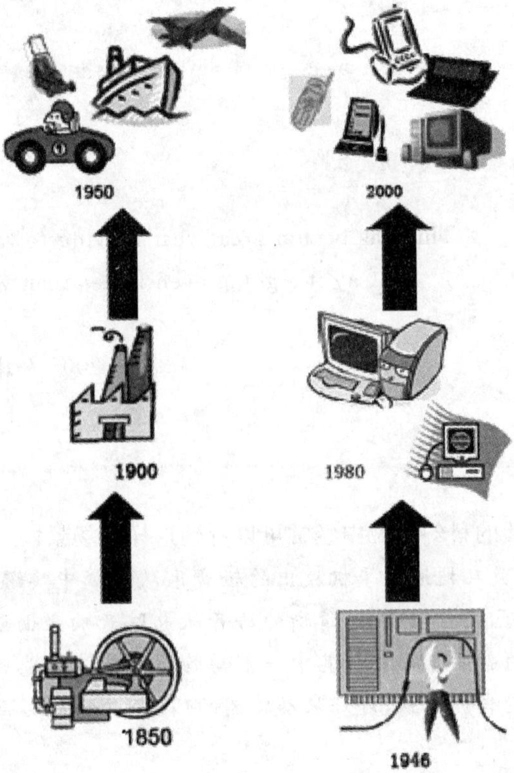

图0.1 工业革命与信息产业革命

17世纪中叶，詹姆斯·瓦特发明蒸汽机，标志着工业革命的开始。蒸汽机所代表的是前所未有的巨大能量。但是在很长的一段时间内，由于能量不能被传输，不能被普及，因此能量的消费地往往也就是能量的产生地。蒸汽机的应用大多集中在大型工厂与车间内，耸立在车间内的大型蒸汽机就成了那个时代的典型标志。

19世纪中叶，西门子发明了发电机。不久，爱迪生在纽约建立了第一座发电站。从那时候起，能量就可以以电的形式通过电缆输送到远端的各种各样的设备中去。这就为能量的普及铺平了道路。逐渐地，电力网变得越来越宽广、越来越细密，能量也就逐渐被普及开来了，并且被广泛地应用于人们的各种生产和生活活动当中。

再来看看20世纪中叶的情况:在我们的周围,大到飞机、轮船、汽车,小到电动剃须刀、手电筒,能量已经无处不在了。我们已经很难想象,如果生活中离开了这些东西会是什么样子。因为它们已经成为了我们生活中不可或缺的一部分。

在能量普及的同时,我们却越来越意识不到能量的存在。我们可以尽情地享受CD音响带来的美妙音乐,但是当我们每次按动CD机上的Open按钮打开CD托盘时,又有多少人会意识到驱动CD托盘后面隐藏的电动机的存在呢?很明显,能量使用的一些技术细节被隐藏了。

不难看出,工业革命的最终结果使得能量高度普及。能量渗入到人们的日常生活中,最终改变了人们的生活方式,与此同时却隐藏了能量使用的技术细节。

1946年,世界上第1台计算机ENIAC在美国宾夕法尼亚大学诞生。这在很大程度上成为了计算机时代到来或者信息技术革命开始的标志。同蒸汽机一样,由于在这个时期计算能力或信息资源不能被普及,计算机当时仅仅被用作军事用途和科学计算。人们对计算机的认识也不过是奇妙、神秘还有可能带着点恐怖的巨大"黑盒子"。这些巨大的"黑盒子"被称做大型机和小型机,代表了信息产业最初的那一个时代。

个人电脑(PC)和国际互联网(Internet)把信息产业革命推到了一个新的阶段。廉价而又不失实用的PC机让"每个家庭的桌子上都有一台电脑"的梦想变成了现实。由此,计算机已不囿于军事与科学研究,真正开始为大众服务并逐渐渗入到了人们的生活当中。Internet最初也是被用作军事用途,后来才渐渐转为民用。20世纪末,Internet技术得到了飞速的发展,连接Internet的机器越来越多,Internet的带宽越来越宽,接入Internet的方式越来越多样……Internet对于信息技术革命的贡献,足以与电力网对于工业革命的贡献相媲美。信息可以被方便地远距离传输,人们获取信息变得越来越简单。与此同时,越来越多的传统行业都开始经历计算机与网络的洗礼。电子书、电子地图、电子游戏、电子邮件、电子贺卡……都是那个时代的新生儿。

时间进入了21世纪。人们在战战兢兢中经历了"千年虫"危机和互联网经济泡沫的破灭后,计算机技术和信息产业的发展并没有因此停住脚步。人们对获取信息的时间、地点和方式都有了越来越高的要求。人们期望"Anyone,Anytime,Anywhere,Any device"都能将信息随手可得。个人数字助理(Personal Digital Assistant,PDA)、智能手机(Smartphone)、数字电视机顶盒(Set Top Box)及随身媒体播放器(Portable Media Center)等消费性电子产品如雨后春笋般地出现了。

计算在逐渐分散的同时,与环境也正在慢慢融为一体。当我们刷卡进入地铁站时,没有人会意识到我们手持的公交卡里面有一颗4位或8位的中央处理器和几K内存;当我们从ATM机里面取走现金时,也不会有人考虑ATM机背后是否用RJ-45接口连接着双绞线。

对比工业革命的最后结果,我们不难推断出信息产业革命的最终走向。有理由相信,不久的将来,传统意义上的计算机会逐渐从人们的视线里消失,但计算却会变得无处不在;也有理由相信，这样必将再次彻底改变人类的生活方式。

嵌入式系统的时代到来了！

如何使用本书

本书是一本讲述如何使用 Windows CE 搭建嵌入式平台的书籍。Windows CE 是微软推出的一款嵌入式操作系统。在这本书里，可了解到 Windows CE 下的软件开发所需要的知识。

与桌面操作系统和服务器操作系统（我们称之为通用操作系统）下的软件开发不同，为嵌入式操作系统开发软件可不只是写写应用程序那么简单，常常须深入到内核，甚至深入到硬件。根据不同的开发层面，可把 Windows CE 下的嵌入式软件开发者分为以下 3 类：

第 1 类称为应用程序开发者。此类开发人员与传统的通用操作系统下的应用开发人员比较相似。他们通常利用操作系统提供的应用程序编写接口（Application Programming Interface，API）、应用程序库（例如 C 语言运行时库，Visual Basic 语言运行时库）或应用开发框架（例如 J2EE 与.NET Framework）来编写代码；他们开发的代码一般运行在操作系统的用户态，无须直接对硬件进行操作；他们所关注的通常是应用功能和业务逻辑的实现；此外，他们的程序通常是直接与最终用户打交道的。

第 2 类是操作系统平台的设计者。什么？设计操作系统？如果你是忠实的第 1 类应用程序开发者，你肯定会以为我在说梦话。因为通用操作系统的设计和提供通常是大型软件公司和大型组织的任务，普通用户无法修改。但是在嵌入式领域，为了满足嵌入式系统的专用性，几乎所有的嵌入式操作系统都是模块化设计的，并且开发者可以按照自己的需求任意裁剪和定制。

此类开发人员的主要职责是针对具体的应用环境，对嵌入式操作系统进行裁剪，向第 1 类开发人员提供应用程序运行的平台。他们通常要对所裁剪的操作系统的各个模块的功能了如指掌，这样才可以针对具体的应用环境，搭建出合适的平台，使资源达到最节省。例如：一个运行在自动取款机上的嵌入式操作系统应不应该加入 MPEG4 播放模块；管理数码相机的嵌入式操作系统中“蓝牙”网络协议栈是否必要……

此外，为了满足应用需求，他们可能还须对所裁剪的嵌入式操作系统进行一些扩充，增加嵌入式操作系统所不支持的功能，编写一些比较上层的驱动程序。例如：用于视频会议的嵌入式系统要用到 USB 摄像头的支持。如果该嵌入式系统没有提供 USB 摄像头的驱动程序，则需要此类开发者提供。

第 3 类是操作系统移植者。嵌入式操作系统与通用操作系统最显著的区别之一是它的可移植性。一款嵌入式操作系统通常可以运行在不同体系结构的处理器和开发板上。为了使嵌入式操作系统可以在某款具体的目标设备上运行，嵌入式操作系统的编写者通常无法一次性完成整个操作系统的代码，而须把一部分与具体硬件设备相关的代码作为抽象的接口保留出来，让提供硬件的OEM厂商来完成。这样才可以保证整个操作系统的可移植性。这些代码通常是板级支持包(Board Support Package,BSP)的一部分。例如：不同的处理器和开发板通常都会提供实时钟支持，用来得到当前的时间日期，但是实时钟的实现方式却不胜枚举。如何告诉嵌入式操作系统当前的时间，就是此类开发人员要完成的任务。

此类开发人员不但要对嵌入式操作系统提供的硬件接口了如指掌，还要对操作系统运行的硬件有极为深入的了解。此类开发人员可能会同时身兼软件工程师和硬件工程师双重身份——让嵌入式操作系统在自己设计的硬件平台上运行起来。

通常第1类软件开发者的数目最多，第3类软件开发者的数目最为稀少。从软件角度来看，一般把应用开发称做上层开发，而把驱动等系统开发称做底层开发。所以，这三类软件开发者的结构通常呈现出"倒三角形"，如图0.2所示。

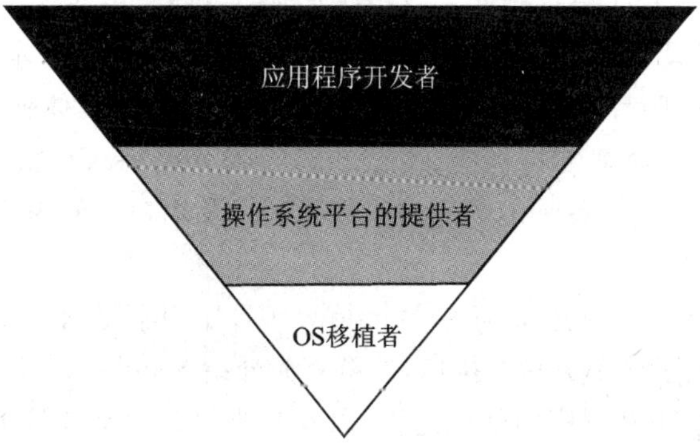

图0.2 Windows CE下的3类软件开发者

本书的编写目标之一，是让Windows CE下的上述3类开发人员都可从本书中获得所需要的信息。您可能没必要通读本书，而只需对有用和感兴趣的章节进行阅读。但是本书也不是一本从软件到操作系统、到硬件、到开发工具都面面俱到的大百科全书。对书中涉及到的一些本书上没有但是却可能用到的知识，会提供一些参考书籍和资料。本书对读者所需知识的最低要求是操作过电脑，有C/C++语言程序设计经验。当然，这只是意味着与其他嵌入式操作系统相比，学习Windows CE的门槛相对较低，并不意味着Windows CE像儿童玩具那样简单。如果想要在Windows CE的领域里面深入下去，那么可能还须了解的知识有：计算机组成原理、操作系统原理、硬件知识、多种CPU体系结构知识、嵌入式软硬件开发经验、汇编语言、软件工程知识、数据库技术、计算机网络、Windows程序设计技术及C/C++/语言开发经验……好吧，希望还没有把您吓跑，这正证明了事物之间是相互联系的。下面是本书的内容。

第1章，Windows CE简介：简单地介绍嵌入式系统、嵌入式操作系统和Windows CE，以及基于Windows CE的嵌入式系统开发，还有本书中用到的一些开发工具。如果以前从未接触过嵌入式系统和Windows CE，那么本章将会给您一个宏观的概念。

第 2 章,Windows CE 的体系结构和功能:首先介绍 Windows CE 的体系结构,然后分别从操作系统和应用两个角度讲述 Windows CE 的功能。读完本章后,应该对 Windows CE 操作系统的结构和功能有大致的了解,随着以后章节的学习,了解还会逐渐深入。

第 3 章,应用程序开发:讲述在 Windows CE 下开发应用程序所要用到的工具、技术、开发环境的搭建以及应用程序开发流程。Windows Mobile 是微软公司基于 Windows CE 搭建的用于移动设备的平台,最广泛的应用是 PDA Pocket PC 和智能手机。由于 Windows Mobile 在市场上有很大的影响力,所以本章还会介绍基于 Windows Mobile 平台的应用程序开发。本章的最后介绍在 Windows CE 上开发应用程序的一些技巧提示。

如果读者属于上文提到的第 1 类开发者,也就是应用程序开发者,那么本书前 3 章的内容就可以满足读者的大部分知识要求。当然,如果读者对 Windows CE 有兴趣,可以接着往下读,对 Windows CE 的知识了解得越深入,越有助于编写健壮、灵活、高效、可维护的代码。

第 4 章,操作系统设计:操作系统设计英文原文是 OS Design,本章主要介绍如何使用 Windows CE 集成开发环境 Platform Builder 自定义一个符合具体嵌入式应用的 Windows CE 操作系统。本章内容详细剖析构建、调试和运行 Windows CE 操作系统的流程和 Windows CE 的构建系统(Build System)的底层工作原理以及用户如何为 Windows CE 添加自定义组件。

第 5 章,驱动程序设计:讲述如何在 Windows CE 下开发设备驱动程序。微软为 Windows CE 下的驱动提供了简单灵活的接口,本章首先介绍 Windows CE 下的驱动程序模型,然后介绍 Windows CE 对中断程序的处理过程,以及介绍 Windows CE 下驱动程序的支持库和函数,最后分析几个驱动程序的实例。以便读者能更好地理解 Windows CE 下的驱动程序。

如果读者属于上文提到的第 2 类开发者,也就是操作系统平台的提供者,那么相信可从本书的前 5 章中得到开发中所需的知识。同样,如果读者能够继续深入地读下去,理解 Windows CE 的 BSP,那么对构建一个合适、合理、节省的操作系统平台同样会有莫大的帮助。

第 6 章,操作系统移植:本章的内容可以算是 Windows CE 最底层的一些内容。本章的一些代码经过编译、链接,会变成可运行的操作系统的一部分。此外,一些代码还会直接与硬件打交道,可以说本章的内容是搭建在 Windows CE 和硬件开发板之间的一座桥梁。本章介绍 Windows CE BSP 的详细结构以及功能,还将告诉读者如何去实现自己的 BSP。

如果读者属于上文提到的第 3 类开发者,也就是操作系统的移植者,那么我们建议读者通读本书。当然第 6 章的内容有可能对这类读者的帮助最大,但是前面几章的一些基础性知识如果没有掌握好,颇会让人有些"在浮沙上筑高台"的感觉。

总而言之,读者可能没必要通读此书,就可得到所需要的知识,但是了解更多的知识总是没有坏处。或许读者会像哥伦布发现新大陆一样,发现 IT 领域里面一块全新的大陆、全新的领域。

关于本书中的代码和图片

本书中很多章节的内容中都有一些示例性代码，但是直接把这些代码复制、粘贴到开发环境中去编译，几乎没有可以顺利通过的，能直接运行的更是少之又少。

本书中的一些源代码都是尽可能精简的。其目的是把问题说明清楚，而不希望读者直接对照着书把代码敲入自己的程序直接使用。希望通过本书的代码达到此目的：读者通过阅读这些代码，可以掌握代码之后的技术与原理，然后在实际的项目中能够灵活地运用；而不希望读者把大段代码复制到自己的程序中。这样虽然可以解燃眉之急，但对于原理和技术依然会一头雾水。

为了更好地说明问题，本书中的一些图片是使用 UML 工具绘制的。UML 是一种非常严谨的建模语言，本书中使用 UML 仅仅是为了更清楚地解释问题，因此可能有些 UML 图片并不完全符合 UML 规范的要求。

本书的一些约定

表 0.1 列出了本书中所使用的文字的字体以及一些约定。表格中列出的约定并不适用于本书中的列表或者图片。

表 0.1　本书中的约定

字　体	含　义	示　例
宋体	本书正文	Windows CE 是嵌入式操作系统
粗体	菜单项，窗体或对话框的名称	打开**File | New** 菜单
`代码`	本书中出现的程序代码	`public static void main()`
楷体加边框	注意或提示	注意：版本差别

本书所使用的 Windows CE 版本为 v 5.0，如果不加特别注释，那么本书中提到的 Windows CE 都是指 Windows CE 5.0。

致　谢

编写本书的最初目的，是为同济大学软件学院的“Windows CE 嵌入式系统”课程准备一本教材。本书的绝大多数章节也是按照“Windows CE 嵌入式系统”的课程讲义整理而成的。

本书得以问世，首先应该感谢同济大学软件学院。同济大学软件学院 2004 年在全国高校中率先开设了“基于 Windows CE 的嵌入式系统”课程，非常荣幸，软件学院的领导和老师能够给我这个机会，让我教授这门课程。两年来，学院老师对我的信任和支持给了我莫大的鼓舞。感谢万金友院长，他对高校计算机教育的独到见解和对教学及学生的认真负责态度令人钦佩；感谢同济大学软件学院的周闻钧主任、张晨曦教授、王冬青老师及户现锋老师等，他们对我的课程和教材编写给予了极大的支持。

其次，应该感谢微软公司对课程给予的帮助。感谢微软公司全球副总裁张亚勤博士在百忙之中抽出时间为本书作序。在微软亚洲研究院的帮助下，我在课程中引入了由卡内基梅隆大学提出的针对工程教学的“Learing By Doing”教学模式，引导学生在动手实践的过程中学习知识，收到了很好的效果。并且这门课程在 2006 年当选了“教育部-微软精品课程”。应该感谢微软亚洲研究院的张高博士、刘湘雯女士及邹静女士的大力帮助。

在这门课程的教学当中，感谢广大学生对课程提出的反馈意见和建议，让我发现了课程中的一些不足之处，从而可以进一步改善和提高。同济大学软件学院的学生社团“Windows CE 俱乐部”也对这门课程给予了相当的支持。感谢参加过这门课程的学生：宋雷、杨淑华、郭勇、张君迟、范鸿飞、乌尔其、杨力、陈飞、吴林及王富强等。

同时，应该感谢北航出版社对我的帮助。这是我第一次编撰图书。对于图书的编写、审稿甚至是排版工作，他们都给予了大力的支持，感谢马忠梅老师和胡晓柏编辑。

感谢上海科泰世纪公司。在这里我可以接触到业界前沿的软件开发思想和技术，并且通过参与自主知识产权的“和欣”嵌入式操作系统的研发，让我对嵌入式系统的一些核心技术有了更深的认识。陈榕老师对软件独到、深邃的见解令人折服和尊重。

最后，应该感谢我的家人。他们不断的支持和鼓励，使我能有毅力坚持把这本书完成。

我非常希望能与读者进行交流，也请读者指出书中的不足和错误之处，以便我今后改正。我的联系方式——

邮箱：hezongjian@gmail.com

精品课程网站：http://sse.tongji.edu.cn/jpkc

何宗键

2006 年 6 月

于同济大学

目　录

第 3 章 应用程序开发总览

第1章 Windows CE 简介

1.1 嵌入式系统

1.1.1 嵌入式系统的发展

嵌入式系统(Embedded System)是以应用为中心,以计算机技术为基础,并且软硬件可裁剪,适用于对功能、可靠性、成本、体积及功耗等有严格要求的专用计算机系统。嵌入式系统最典型的特点是与人们的日常生活紧密相关:任何一个普通人都可能拥有各类形形色色运用了嵌入式技术的电子产品,小到 MP3 及 PDA 等微型数字化设备,大到信息家电、智能电器及车载 GIS 等。

虽然嵌入式系统是近几年才开始真正风靡起来的,但事实上嵌入式这个概念却很早就已经存在了。从 20 世纪 70 年代单片机的出现到今天各种嵌入式微处理器及微控制器的广泛应用,嵌入式系统少说也有了近 30 年的历史。纵观嵌入式系统的发展历程,大致经历了以下 4 个阶段。

1. 无操作系统阶段

嵌入式系统最初的应用是基于单片机的,大多以可编程控制器的形式出现,具有监测、伺服及设备指示等功能。通常应用于各类工业控制和飞机、导弹等武器装备中,一般没有操作系统的支持,只能通过汇编语言对系统直接进行控制,运行结束后再清除内存。这些装置虽然已经初步具备了嵌入式的应用特点,但因为仅仅使用 8 位的 CPU 芯片执行一些单线程的程序,因此严格地说,还谈不上"系统"的概念。

这一阶段嵌入式系统的主要特点是:系统结构和功能相对单一,处理效率较低,存储容量较小,几乎没有用户接口。由于这种嵌入式系统使用简便,价格低廉,因而曾经在工业控制领域中得到了非常广泛的应用,但却无法满足现今对执行效率、存储容量都有较高要求的信息家电等场合的需要。

2. 简单操作系统阶段

20 世纪 80 年代,随着微电子工艺水平的提高,IC 制造商开始把嵌入式应用中所需要的微处理器、I/O 接口、串行接口以及 RAM，ROM 等部件统统集成到一片 VLSI 中，制造出面向 I/O设计的微控制器，并一举成为嵌入式系统领域中异军突起的新秀。与此同时，嵌入式系统的程序员也开始基于一些简单的"操作系统"开发嵌入式应用软件，大大缩短了开发周期，提高了开发效率。

这一阶段嵌入式系统的主要特点是：出现了大量高可靠、低功耗的嵌入式 CPU（如 Power PC 等），各种简单的嵌入式操作系统开始出现并得到迅速发展。此时的嵌入式操作系统虽然还比较简单，但已经初步具有了一定的兼容性和扩展性，内核精巧且效率高，主要用来控制系统负载以及监控应用程序的运行。

3. 实时操作系统阶段

20 世纪 90 年代，在分布控制、柔性制造、数字化通信和信息家电等巨大需求的引领下，嵌入式系统进一步飞速发展，而面向实时信号处理算法的 DSP 产品则向着高速度、高精度及低功耗的方向发展。随着硬件实时性要求的提高，嵌入式系统的软件规模也不断扩大，逐渐形成了实时多任务操作系统（RTOS），并开始成为嵌入式系统的主流。

这一阶段嵌入式系统的主要特点是：操作系统的实时性得到了很大改善，已经能够运行在各种不同类型的微处理器上，具有高度的模块化和扩展性。此时的嵌入式操作系统已经具备了文件和目录管理、设备管理、多任务、网络及图形用户界面（GUI）等功能，并提供了大量的应用程序接口（API），从而使应用软件的开发变得更加简单。

4. 面向 Internet 阶段

21 世纪无疑是一个网络的时代，将嵌入式系统应用到各种网络环境中的呼声自然也越来越高。目前大多数嵌入式系统还孤立于 Internet 之外，随着 Internet 的进一步发展，以及 Internet 技术与信息家电、工业控制技术等的结合日益紧密，嵌入式设备与 Internet 的结合才是嵌入式技术的真正未来。

信息时代和数字时代的到来，为嵌入式系统的发展带来了巨大的机遇，同时也对嵌入式系统厂商提出了新的挑战。目前，嵌入式技术与 Internet 技术的结合正在推动着嵌入式技术的飞速发展，嵌入式系统的研究和应用产生了如下新的显著变化：

- 新的微处理器层出不穷，嵌入式操作系统自身结构的设计更加便于移植，能够在短时间内支持更多的微处理器；
- 嵌入式系统的开发成了一项系统工程，开发厂商不仅要提供嵌入式软硬件系统本身，同时还要提供强大的硬件开发工具和软件支持包；
- 通用计算机上使用的新技术、新观念开始逐步移植到嵌入式系统中，如嵌入式数据库、移动代理及实时 CORBA 等，嵌入式软件平台得到进一步完善；
- 网络化、信息化的要求随着 Internet 技术的成熟和带宽的提高而日益突出，以往功能单一的设备如电话、手机、冰箱及微波炉等功能不再单一，结构变得更加复杂，网络互联成为必然趋势；

- 精简系统内核，优化关键算法，降低功耗和软硬件成本；
- 提供更加友好的多媒体人机交互界面。

1.1.2 嵌入式系统的概念

根据英国电气工程师协会(IEE)的定义，嵌入式系统是“控制、监视或者辅助设备、机器和车间运行的装置”(Devices used to control, monitor, or assist the operation of equipment, machinery or plants)。

按照历史性、本质性及普遍性要求，嵌入式系统应定义为：嵌入到对象体系中的专用计算机系统。

一般而言，整个嵌入式系统的体系结构可以分成4个部分：嵌入式处理器、嵌入式外围设备、嵌入式操作系统和嵌入式应用软件。图1.1为嵌入式系统体系结构图。

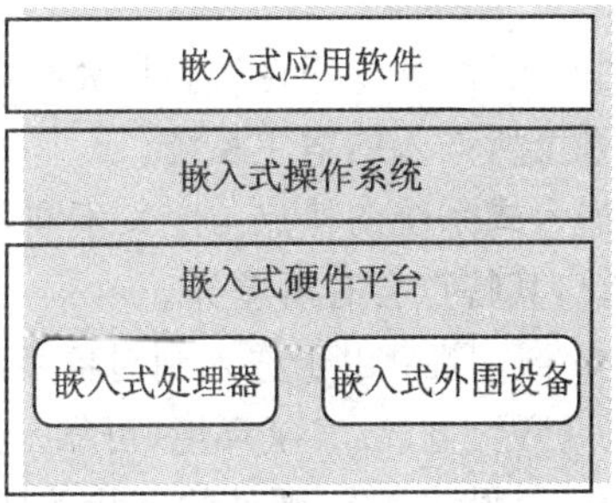

图 1.1 嵌入式系统体系结构

一般地，在嵌入式系统中有3种应用模型，如图1.2所示。第1种模型中没有操作系统的概念，更没有BSP，应用程序的代码是与硬件高度相关的，因为应用程序要直接与硬件打交道，包括处理硬件中断，读写硬件寄存器等。这种模型常见于一些比较简单的嵌入式应用，例如单片机开发和比较早期的蜂窝电话。

图 1.2 嵌入式系统的3种应用模型

第2种模型中有嵌入式操作系统，操作系统负责与硬件交互，管理硬件资源，应用程序利用操作系统提供的API和库间接地与硬件打交道。其优点是由于有了嵌入式操作系统的支持，应用开发变得相对简单，应用开发者可以更多地关注与应用业务的逻辑实现，而无须考虑硬件细节；其缺点是由于有了操作系统，操作系统本身也要占用资源，因此系统的效率有可能不如第1种模型高，另外由于该模型中操作系统没有BSP的支持，操作系统本身往往不能够移植。微软公司的嵌入式操作系统 Windows XP Embedded 和比较早期的 Windows NT Embedded 是这种模型的代表。

第3种模型在操作系统与硬件之间又增加了一层BSP。此模型中直接负责与硬件交互的由操作系统转成了BSP。这样,嵌入式操作系统的代码也变成了与硬件无关的代码。在这种模型中,不但应用程序的移植性好,而且嵌入式操作系统也可以灵活方便地跨平台移植。Windows CE 和 VxWorks 都是这种模型的代表。

可以看到,嵌入式操作系统仅仅是整个嵌入式系统中的一环。嵌入式操作系统并不等同于整个嵌入式系统。通常嵌入式系统是通过嵌入式处理器、嵌入式外围设备、嵌入式操作系统和嵌入式应用软件协同工作,从而完成某些功能的系统。因此应该理解:不能把 Windows CE 从整个嵌入式系统中割裂出来学习和研究。

1.1.3 嵌入式系统的特点

"嵌入性"、"专用性"与"计算机系统"是嵌入式系统的三个基本要素。对象系统则是指嵌入式系统所嵌入的宿主系统。

嵌入式系统的特点与定义不同,它是由定义中的三个基本要素衍生出来的。不同的嵌入式系统,其特点会有所差异。

- 嵌入性:由于嵌入到对象系统中,因此必须满足对象系统的环境要求,如物理环境(小型)、电气/气氛环境(可靠)、成本(价廉)等要求。
- 专用性:软/硬件的可裁剪性;满足对象系统的最小软/硬件配置要求等。
- 计算机系统:必须是能满足对象系统控制要求的计算机系统。与上两个特点相呼应,这样的计算机必须配置与对象系统相适应的接口电路。

另外,在理解嵌入式系统定义时,不要与嵌入式设备相混淆。嵌入式设备是指内部有嵌入式系统的产品和设备。例如,内含单片机的家用电器、仪器仪表、工控单元、机器人、手机及 PDA 等。

1.1.4 嵌入式系统的两种应用模式

嵌入式系统的嵌入式应用特点,决定了它的多学科交叉特点。作为计算机的内涵,要求计算机领域人员介入其体系结构、软件技术及工程应用方面的研究。然而,了解对象系统的控制要求,实现系统控制模式必须具备对象领域的专业知识。因此,从嵌入式系统发展的历史过程,以及嵌入式应用的多样性中,可以了解到客观上形成的两种应用模式,如图1.3所示。

- 电子技术工程师:嵌入式计算机系统虽然起源于微型机时代,但很快就进入到独立发展的单片机时代。在单片机时代,嵌入式系统以器件形态迅速进入到传统电子技术领域中,以电子技术应用工程师为主体,实现传统电子系统的智能化,而计算机专业队伍并没有真正进入单片机应用领域。因此,电子技术应用工程师以自己习惯性的电子技术应用模式,从事单片机的应用开发。这种应用模式最重要的特点是:软/硬件的底

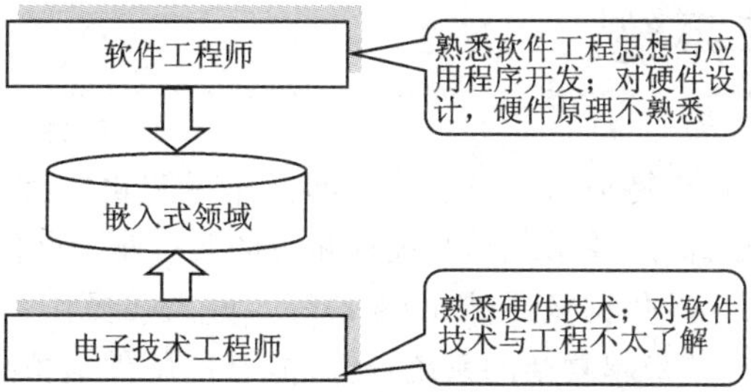

图 1.3　嵌入式领域的两种模式

层性和随意性；对象系统专业技术的密切相关性；缺少计算机工程设计方法。

- 软件工程师：虽然在单片机时代，计算机专业淡出了嵌入式系统领域，但随着后 PC 时代的到来，网络和通信技术得以发展；同时，嵌入式系统软/硬件技术有了很大的提升，为计算机软件工程师介入嵌入式系统应用开辟了广阔天地。计算机软件工程师的介入，形成的计算机应用模式带有明显的计算机工程应用特点，即基于嵌入式系统软、硬件平台，以网络和通信为主的非嵌入式底层应用。

由于嵌入式系统最大、最广、最底层的应用是传统电子技术领域的智能化改造，因此，以通晓对象专业的电子技术队伍为主，用最少的嵌入式系统软、硬件开销，以 8 位机为主，带有浓重的电子系统设计色彩的电子系统应用模式会长期存在下去。

另外，虽然计算机专业人士会愈来愈多地介入嵌入式系统应用，但囿于对象专业知识的隔阂，其应用领域会集中在网络、通信、多媒体及商务电子等方面，不可能替代原来电子工程师在控制、仪器仪表及机械电子等方面的嵌入式应用。因此，客观存在的两种应用模式会长期并存下去，在不同的领域中相互补充。电子系统设计模式应从计算机应用设计模式中，学习计算机工程方法和嵌入式系统软件技术；计算机应用设计模式应从电子系统设计模式中，了解嵌入式系统应用的电路系统特性、基本的外围电路设计方法和对象系统的基本要求等。

由于嵌入式系统有过很长的一段单片机的独立发展道路，大多基于 8 位单片机，实现最底层的嵌入式系统应用，带有明显的电子系统设计模式特点。大多数从事单片机应用开发人员，都是对象系统领域中的电子系统工程师，加之单片机的出现，立即脱离了计算机专业领域，以“智能化”器件身份进入电子系统领域，没有带入“嵌入式系统”概念。因此，不少从事单片机应用的人，不了解单片机与嵌入式系统的关系，在谈到“嵌入式系统”领域时，往往理解成计算机专业领域的，基于 32 位嵌入式处理器，从事网络、通信及多媒体等的应用。这样，“单片机”与“嵌入式系统”形成了嵌入式系统中常见的两个独立的名词。但由于“单片机”是典型的、独立发展起来的嵌入式系统，因此从学科建设的角度出发，应该把它统一成“嵌入式系统”。考虑到原来单片机的电子系统底层应用特点，可以把嵌入式系统应用分成高端与低端，把原来的单片机应用理解成嵌入式系统的低端应用，含义为它的底层性以及与对象系统的紧耦合。

1.2 嵌入式操作系统

嵌入式操作系统是一种支持嵌入式系统应用的操作系统软件，它是嵌入式系统（包括软/硬件系统）极为重要的组成部分，通常包括与硬件相关的底层驱动软件、系统内核、设备驱动接口、通信协议、图形界面及标准化浏览器（Browser）等。嵌入式操作系统具有通用操作系统的基本特点，如能够有效管理越来越复杂的系统资源；能够把硬件虚拟化，使得开发人员从繁忙的驱动程序移植和维护中解脱出来；能够提供库函数、驱动程序、工具集以及应用程序。与通用操作系统相比较，嵌入式操作系统在系统实时高效性、硬件的相关依赖性、软件固态化以及应用的专用性等方面具有较为突出的特点。

一般情况下，嵌入式操作系统可分为两类：一类是面向控制和通信等领域的实时操作系统，如 WindRiver 公司的 VxWorks、ISI 的 pSOS、QNX 系统软件公司的 QNX 和 ATI 的 Nucleus 等；另一类是面向消费电子产品的非实时操作系统，这类产品包括个人数字助理、移动电话、机顶盒、电子书及网络电话等。

目前从市场占有率来说，国内在嵌入式领域主要使用的操作系统有 VxWorks，Windows CE，Embedded Linux 及 Palm OS。它们的详细介绍可参考表 1.1 所列的常见的嵌入式操作系统。

表 1.1 常见的嵌入式操作系统

操作系统名称	说 明	开发商	典型应用
Windows CE	模块化设计允许它对于从掌上电脑到专用的工业控制器的用户电子设备进行定制	Microsoft	从掌上电脑到专用的工业控制器
Windows XP Embedded	桌面 Windows XP 的嵌入式版本，可裁剪	Microsoft	工业控制器和 ATM 等有交流电源的环境
Embedded Linux	开源操作系统的嵌入式版本	—	工业控制和手机等
Symbian	Symbian 由爱立信、诺基亚和摩托罗拉等共同出资。以开发和供应先进、开放以及标准的手机操作系统 Symbian OS 为目标	Symbian	手机
Brew	高通公司推出 CDMA 网络“无线互联网发射平台”上增值业务开发运行的基本平台	高通	手机
VxWorks	Tornado 嵌入式开发环境的关键组成部分。良好的持续发展能力、高性能的内核以及友好的用户开发环境	WindRiver	可用于从防抱死刹车系统到星际探索的关键任务
Palm OS	有开放的操作系统应用程序接口（API），开发商可根据需要自行开发所需要的应用程序	3Com 公司	曾经在 PDA 市场上占有很大的市场份额

1.3　Windows CE 嵌入式操作系统

1.3.1　Windows CE 的特点

作为一款嵌入式操作系统，Windows CE 有自己独有的特点。下面列出了一些 Windows CE 的特点，希望可以帮助读者更好地了解 Windows CE。

1. 精简的模块化操作系统

Windows CE 是高度模块化的嵌入式操作系统，正因如此，用户可以为了满足特定的要求而对操作系统进行定制。在用户定制的操作系统中，不需要的模块可被拿走，只有所需的模块才会被包含进来。

Windows CE 的可裁剪性，使其体积也非常小。一个最小的可运行 Windows CE 内核只占 200 KB 左右；增加网络支持需要 800 KB；增加图形界面支持需要大概 4 MB；增加 Internet Explorer 支持，需要额外的 3 MB。这样就可以充分适应一些硬件资源不足的嵌入式设备的要求。

值得注意的是，体积小并不意味着 Windows CE 的功能单一。如果把 Windows CE 的所有可选功能都加进来，那么功能完全可以与 Windows 9X 系列相媲美。

Windows CE 的可定制性

对于 Windows CE 的可定制性，有这样一个形象的比喻：如果要盖一座房子，那么桌面 Windows 相当于买一座大楼里的商品房，房间和装修一应俱全，而且这座大楼里的所有房间样式都差不多。而 Windows CE 相当于买了一堆水泥、沙子和砖块等材料，我们可以用这些材料自己盖一座摩天大楼，也可以用这些材料盖一个小狗窝。

---

2. 多硬件平台支持

嵌入式系统的专用性特点决定了嵌入式系统的硬件设备必定是多种多样的。为了适应嵌入式系统的要求，Windows CE 支持在多种不同的 CPU 硬件平台上运行，包括 x86，ARM，MIPS 及 SuperH 等嵌入式领域主流的 CPU 结构。

3. 支持有线和无线的网络连接

Windows CE 不但支持传统的有线网络连接，还支持各种无线网络标准，包括蓝牙、红外及 802.11 等。可基于 Windows CE 构建有扩展性的无线平台，将移动设备彼此连接或连接到现有的设备上；也可通过网络进行远程登录、验证和管理，或为设备上的应用程序和服务提供更新。

4. 稳健的实时性支持

实时性是指能够在限定时间内执行完规定的功能，并对外部的异步事件做出反应的能力。实时性的强弱以完成规定功能和做出响应时间的长短来衡量。提高硬件的处理能力可以在一定程度上提高计算机控制系统的实时性，但是当硬件确定以后，控制系统的实时性能主要由操作系统来决定。

Windows CE 是一个实时操作系统。实时支持功能在以下几方面提升了 Windows CE 的性能：① 支持嵌套中断；② 允许更高优先级别的中断首先得到响应，而不是等待低级别的中断服务线程(ISR)完成；③ 更好的线程响应能力；④ 对高级别 IST 的响应时间上限的要求更加严格，在线程响应能力方面的改进，可帮助开发人员掌握线程转换的具体时间，并通过增强的监控能力和对硬件的控制能力帮助开发人员创建更好的嵌入式应用程序；⑤ 更多的优先级别，256 个优先级别可使开发人员在控制嵌入式系统的时序安排方面有更大的灵活性；⑥ 更强的控制能力，对系统内的线程数量的控制能力可使开发人员更好地掌握调度程序的工作情况。

提示：关于实时性

对于实时性支持，有必要了解的是：Windows CE 支持硬实时系统，但是操作系统本身并不能保证某个系统是实时的。换言之，实时系统需要软件和硬件的协作支持。操作系统只是实时系统的一部分。操作系统可以帮助创建实时系统，然而，仅仅是 Windows CE 或者任何其他的 RTOS 本身，并不会自动地把一个系统变成实时系统。

---

5. 丰富的多媒体和多语言支持

丰富的多媒体支持是 Windows CE 的一大特性，基于 DirectX API 和 Windows Media 的技术可以提供高性能的视频、音频、流式多媒体和 3D 图形处理服务。这些功能可满足大部分的多媒体娱乐和游戏的需求。

同时，Windows CE 是基于 Unicode 的，可支持国际语言，这样就可以针对特定的市场调整产品。它可为那些想创建本地化操作系统版本的 OEM 提供本地化支持。

6. 强大的开发工具

与其他嵌入式操作系统相比，Windows CE 为开发人员提供了友好的开发工具支持。这些开发工具可帮助开发人员简化开发流程并提高开发效率。

对于 Windows CE 的应用程序开发人员，可选择的开发工具有 eMbedded Visual C++ 和 Visual Studio. NET；对于操作系统定制设计人员，可使用 Platform Builder。Platform Builder 是一个集成操作系统的“构建—调试—发布”三者为一体的集成开发环境。

此外，Windows CE 还提供了多种模拟器，它们可以模拟硬件设备，使开发人员无须拥有真实的硬件，即可进行部分 Windows CE 下的开发。

1.3.2 Windows CE 的应用

由于 Windows CE 的特性，Windows CE 的应用极为广泛，几乎覆盖了生活中的所有电气设备，如掌上PDA、移动计算设备、电视机顶盒、数字电视、车载电脑、数字相机、家庭自动化系统、安全系统、自动售货机、蜂窝式电话、消费电子设备、工业自动化仪表与医疗仪器等等。

当今Windows CE最为著名的应用当属Windows Mobile平台。它包括PDA Pocket PC和智能手机。世界各大著名的电脑制造厂商几乎都有基于Windows Mobile平台的产品。

1.3.3 Windows CE 5.0介绍

微软公司于1996年11月发布了Windows CE的第1个版本。它的设计目标是使熟悉桌面Windows的用户易于上手和使用。

"CE"的全称

我们都知道Windows NT中的NT代表New Technology，XP代表eXPerience。但是关于CE这个名字的来源，众说纷纭，似乎没有准确的说法。但是普遍认为，CE中的C代表了消费者(Consumer)、袖珍(Compact)、通信能力(Connectivity)和伴侣(Companion)；而E代表了电子产品(Electronics)。从这个名字，我们也可看出Windows CE的定位以及微软对它寄予的厚望。

Windows CE 5.0是微软于2004年7月推出的Windows CE的最新版本。与以前版本相比，Windows CE 5.0的变化主要集中在如下几个部分：

1. 操作系统增强

在硬件驱动方面，Windows CE 5.0新增了对USB 2.0的支持，包括USB 2.0 Host和USB 2.0 Client。

在图形方面，Windows CE新增加了Direct 3D Mobile的支持，Direct 3D Mobile可用来开发嵌入式设备上的3D图形应用程序。此外，Windows CE还增加了对图片格式的支持，操作系统可处理GIF及JPEG等常见的图片文件格式。

在内核层面，Windows CE 5.0支持的系统中断(SYSINTR)从32个增加到64个。此外，还增加了可变的时钟嘀嗒调度。这允许OEM按需产生时钟中断，而不是现在的每ms都要产生一个中断。

2. 统一的构建系统

Windows CE 5.0中把使用Platform Builder构建操作系统与使用命令行构建操作系统进行了统一。在以前的Platform Builder中，使用命令行构建与使用Platform Builder构建采用的是两套不同的机制。这给开发人员造成了一定的困难。在Windows CE 5.0中，Platform Builder集成开发环境只是命令行界面的简单封装，使用Platform Builder与使用命令行构建操作系统没有任何功能上的区别。

3. 高质量的BSP

在Windows CE 5.0中，微软对板级支持包的结构作了非常大的改变。将BSP的功能提炼为一些小的库文件，并且对 BSP 的目录及文件等都做了限定。这样不但简化了 BSP 的开发，而且相比以前的 BSP，更加模块化，结构更加清晰。

此外，在 Windows CE 5.0 中，微软与开发人员共享了 250 万行 Windows CE 操作系统的源代码，占整个 Windows CE 代码的 70%左右。开发人员可在微软的 Shared Source License 协议的许可下使用这部分源代码。微软的 Shared Source License，与 GNU 的协议有些不一致，可参考下面的链接以查找更多的关于 Shared Source License 的信息。

http://www.microsoft.com/resources/sharedsource/Licensing

2005 年年中，微软又推出了基于 Windows CE 5.0 的 Windows Mobile 5.0 平台。新的 Windows Mobile 5.0 依然包含 Pocket PC 和 Smartphone 两种产品，并且集成了.NET Compact Framework 2.0。随着 Windows Mobile 5.0 的推出，Windows CE 5.0 真正进入了大规模应用阶段。

1.4 基于 Windows CE 的嵌入式系统开发

1.4.1 基于 Windows CE 的嵌入式系统开发流程

与通常 PC 机上的应用程序开发不同，如果要负责开发一个嵌入式系统，通常软件开发和硬件开发都是须考虑的内容。基于 Windows CE 的嵌入式系统开发同样会涉及到软件和硬件两方面的开发。

图 1.4 描述了一般的基于 Windows CE 的嵌入式系统开发流程。

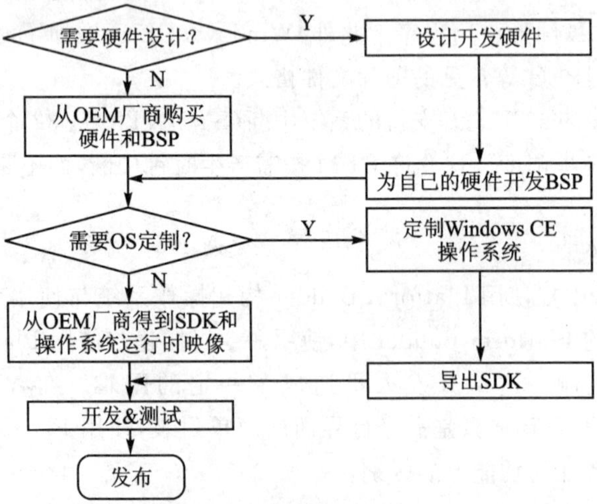

图 1.4 基于 Windows CE 的嵌入式系统开发流程

1.4.1.1　硬件设计

首先，要确定系统所运行的硬件平台。这涉及根据具体的应用，选择合适的硬件。有一点须牢记，嵌入式系统的硬件设计与通用 PC 的硬件设计不同。由于嵌入式系统通常都是专用的系统，嵌入式系统硬件设计强调的一点是“够用”而不是“功能强大”。也就是说，在可实现应用功能的前提下，尽量去掉用不到的接口及外设，以降低成本。

例如我们要开发一套视频会议系统，那么我们有可能选择一款 15 in 的显示屏，并且配置麦克风及耳机等音频输入/输出设备。但是如果我们开发的是一款类似于 iPod 的随身听，那么有可能连显示屏都是多余的。此外，还要考虑的是选择的硬件必须满足 Windows CE 的运行需要。例如，CPU 是否被 Windows CE 支持，是否有 MMU 等等。

硬件平台可有两条途径获得：自主研发或者从硬件 OEM 厂商处购买。

1.4.1.2　让 Windows CE 运行起来

得到硬件后，下一步是让 Windows CE 运行在硬件平台上。这须拥有针对这块硬件板的板级支持包(BSP)。BSP 是操作系统与硬件板卡之间的重要交互接口。

根据硬件获取方法的不同，BSP 也有两种获取方式。如果硬件是从 OEM 处采购，并且 OEM 宣称此款硬件板支持 Windows CE，那么通常 OEM 都会提供 Windows CE 的 BSP、默认的运行时映像和 SDK。利用 OEM 提供的 BSP 就可以在硬件板上运行 Windows CE。

如果硬件是自主研发的，那么 BSP 通常也须自主研发，开发 BSP 是一个比较复杂的过程。本书中有相关的章节对 BSP 的开发作介绍。

1.4.1.3　定制操作系统

下一步工作是决定是否进行操作系统定制。是否进行操作系统定制也完全取决于应用的需求，如果从 OEM 处获得的默认运行时映像不能满足应用的需求，那么就需要操作系统定制。

操作系统定制过程是通过 Platform Builder 工具来完成的。使用 Platform Builder，可根据具体的应用需要，选择需要的操作系统功能组件，然后生成操作系统的运行时映像。例如，如果您正在开发一款随身视频播放软件，那么在操作系统中添加 Windows Media 视频编码/解码组件可能对您的应用程序开发很有帮助。

1.4.1.4　应用程序开发

当硬件和操作系统都已经具备后，所剩的工作就是为自己的平台开发一些必要的应用程序。这一步骤与通常的 Windows 下的应用程序开发没有太大的区别。唯一不同的是，在 Windows CE 下，编写的应用程序既可以像桌面 Windows 一样通过安装包的形式进行安装，也可以把应用程序作为操作系统的一个组件，打包进入操作系统的运行时映像中。

1.4.2　嵌入式系统开发中涉及的角色

通过上面基于 Windows CE 嵌入式系统开发的流程介绍，可看到嵌入式系统的开发流程远比普通的桌面应用程序开发复杂，整个流程涉及到硬件设计和软件开发等若干环节。因此，整个嵌入式系统开发的流程一般不太可能由一家公司或一个部门单独完成，这也就形成了嵌入式系统开发中不同的角色。通常一个具有一定规模的嵌入式系统都是由不同的角色协作完成的。嵌入式系统的开发人员一般只须认清自己所扮演的角色，关注自己的特定领域。

通常，可把嵌入式系统开发中的角色分为如下几种：

1. 芯片制造者(Silicon Vendor)

负责制造包括 CPU、网卡、RAM 及 Flash 等芯片的厂商，例如 Intel 和 SAMSUNG 等公司。

2. 设备制造者(Device Manufacture)

负责制造硬件开发板和产品板，设备制造者通常会从芯片制造者手中购买各种芯片，然后自己进行硬件设计和制板。

3. 操作系统提供者(OS Provider)

负责提供嵌入式操作系统。如果选用 Windows CE 操作系统，那么操作系统的提供者就是微软公司。

4. 系统集成商(System Integrator)

负责根据某些特定的应用需求，定制特定的操作系统。系统集成商通常向设备制造商购买硬件，并从操作系统提供者手中购买操作系统版权，通常还会自己开发或者向 IHV 和 ISV 购买一些应用程序和驱动程序，并且向最终用户提供产品解决方案。

5. 独立软件开发商(Independent Software Vendor, ISV)

负责在操作系统上开发具有独立功能的应用程序。这些程序可能以零售软件的形式提供给最终用户，也可以以 OEM 的方式通过系统集成商，然后再提供给最终用户。

6. 独立硬件开发商(Independent Hardware Vendor, IHV)

负责开发某些硬件外设，通常还须编写并提供这些硬件的驱动程序。这些硬件也有可能通过直接或间接 OEM 的方式传递给最终用户。

7. 最终用户(End User)

产品的最终使用者。

上述角色共同组成了嵌入式软件开发的产业链，它们之间的详细关系可参考图 1.5。

让我们拿一个掌上电脑 Handheld PC 做例子，看一下这些角色的划分。Handheld PC 的 CPU 芯片可能是 Intel 公司的 PXA 275 ARM 芯片，内存可能是现代公司的内存，那么 Intel 公司和现代公司就是芯片制造商；设备制造商则从芯片制造商处购买芯片，制作开发板，像比较有名的设备制造商 ICOP 和 Advantech 等；系统集成商则从微软公司购买操作系统，并从设备制造商处获得硬件平台，进行系统集成，并最终制作成自己的产品。例如我们可以在市场上见到 Dell 和联想的掌上电脑产品；最终用户则可以在市场上买到这些产品；如果最终用户需要掌上电脑的英语词典，有可能他会向金山公司购买 Windows CE 版的金山词霸，那么金山公

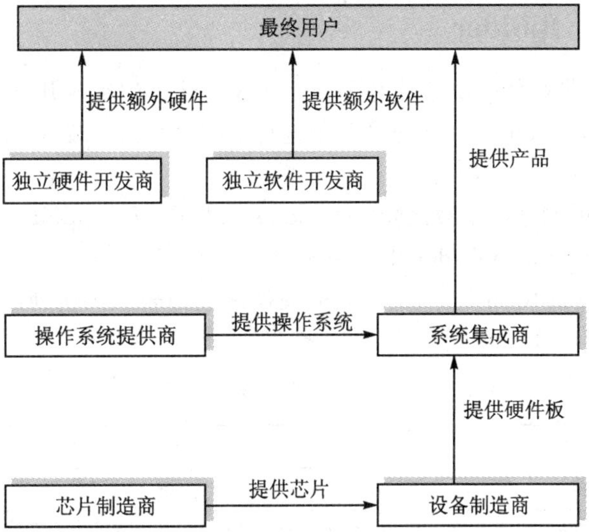

图 1.5　嵌入式系统开发中涉及的角色

司就是 ISV。如果最终用户希望在掌上电脑上使用指纹识别系统，那有可能用户就须向 IHV 购买指纹识别硬件设备。

但是这些划分不是绝对的，一家厂商同时扮演多个角色的情况非常常见。例如 Intel 公司也有自己的开发板，那么 Intel 就同时兼任了芯片制造商和设备制造商角色；联想公司也会自己开发硬件设备并且发行掌上电脑，那么联想公司就同时兼任了设备制造商和系统集成商。

分清角色，解决问题

在现实中经常会遇到因角色分工不清导致的问题。例如微软公司的 Windows CE 技术支持人员经常会抱怨客户把系统集成商或者独立硬件开发商的问题怪罪到微软头上。

如果某款摄像头或者某个打印机缺乏 Windows CE 下的驱动程序支持，那么这显然需要向提供硬件的 IHV 厂商索取。没有硬件的详细资料，即使是微软公司也是无能为力的。又譬如要把 PDA 中的操作系统升级到比较新的版本，这就需要系统集成商的帮忙。

1.5　本书涉及的软件

在介绍更详细的内容之前，本节介绍书中可能用到的一些软件。读者可以根据自己的需要进行安装。

1.5.1 Platform Builder

Platform Builder是微软推出的针对Windows CE开发的集成开发环境。通过Platform Builder,开发人员可对Windows CE操作系统进行定制、构建、下载、调试及发布,并且可开发简单的基于Windows CE的应用程序。

读者可以从微软的网站上下载最新的Windows CE Platform Builder的120天评估版,地址是http://www.windowsembeddedkit.com/。

微软推荐的安装Platform Builder的最低硬件配置如表1.2所列的Platform Builder的安装最低需求。

表1.2 Platform Builder的安装最低需求

项　目	需　求
处理器	最低奔腾266 MHz,推荐为500 MHz以上
操作系统	Windows 2000 SP4或者Windows XP SP1及更高
.NET Framework	.NET Framework 1.1
内存	最低128 MB,运行模拟器最低需要192 MB
硬盘	最基本的工具和一个处理器支持安装需要1.7 GB。 完全安装需要大概14 GB硬盘
其他设备	串口或以太网口用来调试。推荐使用局域网Hub

但是根据使用经验,最好拥有1 GHz以上的CPU以及512 MB以上的内存,Platform Builder运行才会比较流畅。使用Platform Builder构建一个操作系统需要大约500 MB硬盘,因此最好也要有足够大的硬盘。

Platform Builder 5.0依赖于桌面的.NET Framework 1.1,因此安装Platform Builder之前首先要安装.NET Framework 1.1。.NET Framework 1.1可从微软的网站上下载,地址是:http://msdn.microsoft.com/netframework/downloads/framework1_1/。.NET Framework的安装没有什么困难,在这里就不多介绍了。

运行安装文件可启动Platform Builder安装向导。

在最终用户许可协议画面选择同意,然后输入产品的序列号,然后进行安装类型选择。在如图1.6所示的"选择安装类型"画面上选择Custom(Tools and OS);否则只是安装了开发工具,而并未安装Windows CE操作系统组件。

下一步是选择安装目录,如图1.7所示。安装目录分为两个:一个是Platform Builder工具的安装目录;一个是Windows CE操作系统组件的安装目录。Platform Builder工具所需要的空间较小,大概只需要250 MB。要确保Windows CE操作系统组件的安装目录有足够的空间。

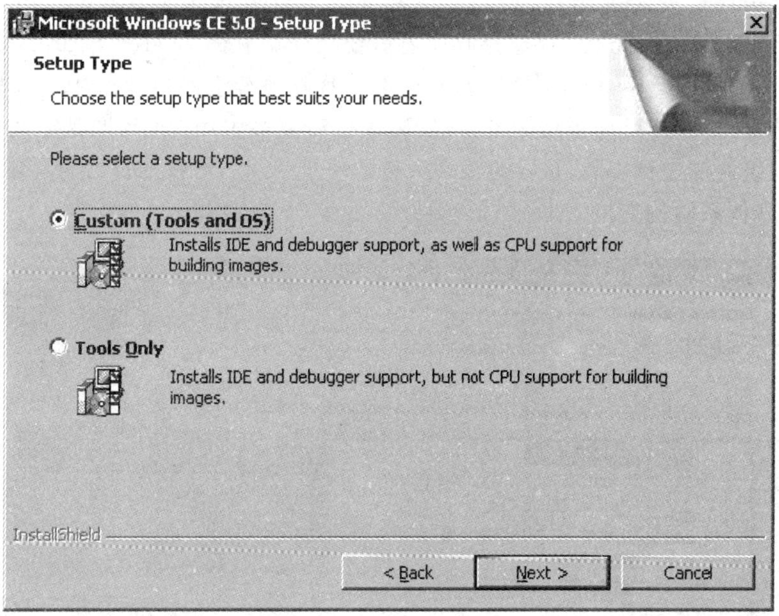

图 1.6 选择安装类型

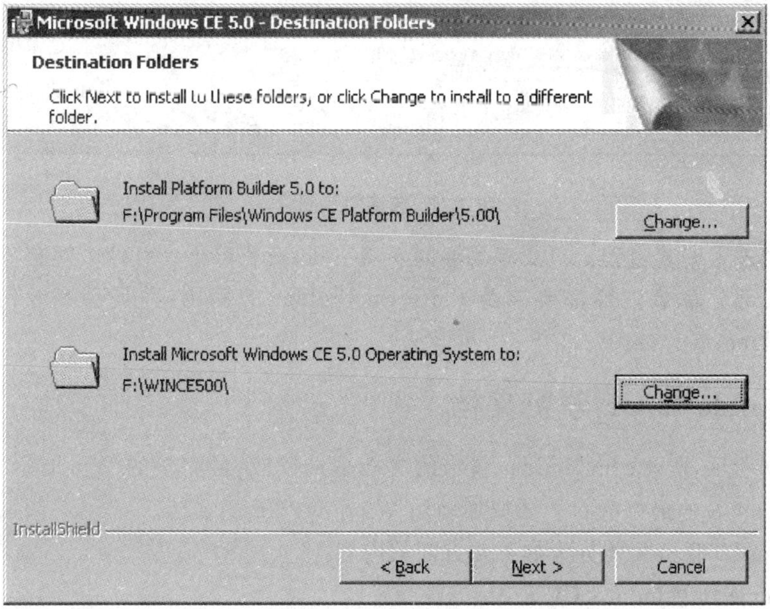

图 1.7 选择安装目录

下一步是选择要安装的组件，如图 1.8 所示。Shared Source for Windows CE 5.0 是 Windows CE 开放的部分源代码，选择此项还需要接受微软的 Shared Source License 协议。Windows CE Operating System 是 Windows CE 的操作系统组件，它们是按照 CPU 体系结构分类的。每选择一种 CPU 体系结构支持，安装大概需要多占用 2 GB 硬盘空间。因此，没有必要把所有的组件都进行安装，这样会浪费大量的硬盘空间。可根据自己的具体开发需要，安装相应的 CPU 体系结构支持。

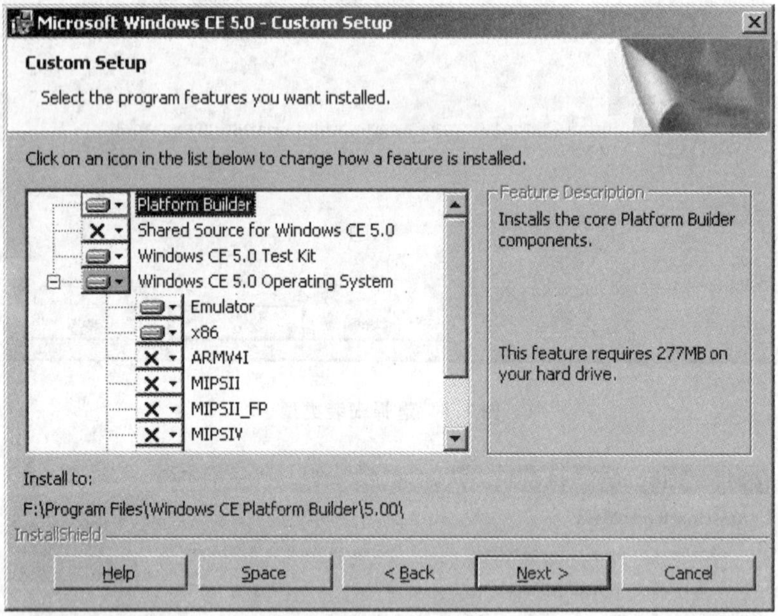

图 1.8　选择安装组件

下面正式进入安装过程。只要有足够的硬盘空间，安装都不会有什么问题。

本书中大部分章节内容都要涉及 Platform Builder 的使用，并且会有专门的章节介绍 Platform Builder。

1.5.2　Windows CE 联机文档

如图 1.9 所示，Platform Builder 自带的文档是最权威、最完整的 Windows CE 资料库和学习 Windows CE 的最好教材。要擅加利用 Windows CE 的文档。

Windows CE 联机文档分为如下几方面的内容：

1. Welcome to Windows CE 5.0

这是联机文档的欢迎界面，介绍了 Windows CE 的基本概念和常用术语、Windows CE 体系结构、新版本 Windows CE 中新的功能以及几个快速入门指南。如果是初次接触 Windows

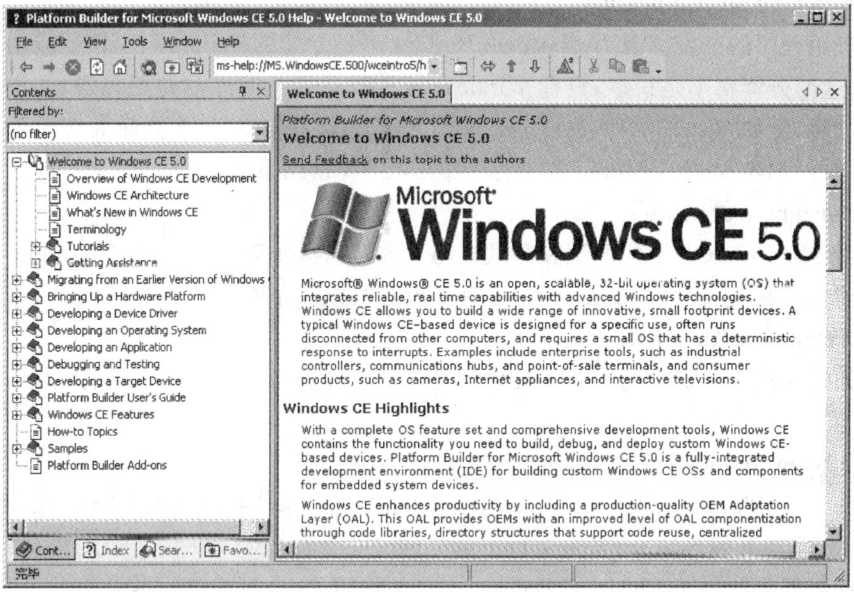

图 1.9 Platform Builder 自带的文档

CE,那么可以详细阅读此部分的内容,建立对 Windows CE 的宏观理解。

2. Migrating from an Earlier Version of Windows CE

主要介绍如何把代码从早期的 Windows CE 版本移植到新的操作系统上。内容包括 BSP、驱动程序、应用程序和构建环境的移植。如果有基于以前版本的 Windows CE 的代码,并且对以前版本的 Windows CE 比较了解,那么此部分对读者会有很大帮助。

3. Bringing Up a Hardware Platform

主要介绍如何把 Windows CE 移植到新的硬件平台上。主要内容包括 BSP 的开发和移植,Boot Loader、OAL 的开发。如果读者是 OEM 硬件厂商,并且希望在自己的硬件开发板上运行 Windows CE,那么此部分内容是很详细的参考资料。

4. Developing a Device Driver

主要介绍如何开发 Windows CE 上的驱动程序,涵盖了驱动程序的结构、Windows CE 的设备管理器、电源管理和开发驱动程序的注意事项等。其中最有用的部分是"Windows CE Drivers"一节,它包含了 Windows CE 所支持的所有类型驱动程序的架构指南、需要实现的函数介绍、驱动程序配置以及参考代码。它对驱动程序开发人员有很大帮助。

5. Developing an Operating System

主要介绍如何定制 Windows CE 操作系统。包括如何创建、裁剪、编译、部署、下载和调试操作系统映像以及如何导出 SDK 等内容。其中"Windows CE Modules and Components"一节包含 Windows CE 中所有组件的列表。

6. Developing an Application

介绍应用程序的开发。因为 Platform Builder 不是专业的 Windows CE 下应用程序开发工具，所以这部分资料不是很多，只有 Windows CE 版 C 运行时库的介绍等资料，详细的应用程序开发资料，例如 Win32 API，MFC 和. NET Compact Framework 类库的文档可参考其他的帮助文件，例如随 Visual Studio 2005 安装的 MSDN 帮助系统。

7. Debugging and Testing

介绍了 Windows CE 下的调试和测试技巧。内容包括如何在开发机和 Windows CE 设备之间建立连接，调试工具和调试技巧等，还有模拟器的详细介绍。

8. Developing a Target Device

介绍如何使用微软提供的设计模板来开发各种目标设备，例如 IP 电话、网关和 Windows 瘦客户端等。

9. Platform Builder User's Guide

详细介绍了 Platform Builder 的功能和使用方法。内容主要包括：Catalog 简介、Platform Builder 集成开发环境介绍、命令行工具介绍、Platform Builder 的目录结构、错误信息和编译器使用手册等。关于 Platform Builder 工具的使用，这是最详细的参考指南。

10. Windows CE Features

介绍了 Windows CE 操作系统本身的一些特性。包括了操作系统内核特性和应用特性。内核特性在“Core OS Service”中的“Kernel Overview”一节。应用特性包括图形、多媒体、网络、国际化和字体等等。通过此部分信息，可以了解 Windows CE 的所有功能。

11. How-to Topics

微软在联机文档中设置了很多常见问题的向导式帮助，可一步一步地指导开发人员去完成一些比较复杂或者比较困难的操作，这一部分称为“How-to”。本部分内容就是帮助文档中所有“How-to”主题的索引。

此外，微软的 MSDN 网站上还维护了 Windows CE 文档的在线版本。在线版本的资料会实时更新，因此在线版本的资料是最新的。在线 Windows CE 联机文档的网址是：http://msdn. microsoft. com/library/en-us/wceintro5/html/wce50oriWelcomeToWindowsCE. asp

1.5.3 Visual Studio

Visual Studio 可用来开发基于 Windows CE 的应用程序。有两个版本可使用：Visual Studio. NET 2003 和 Visual Studio 2005。Visual Stuido. NET 2003 只能用来开发基于. NET Compact Framework 1.0 的托管应用程序；Visual Studio 2005 是 Visual Studio . NET 2003 的后续产品，它既可以用来开发基于. NET Compact Framework 1.0 和. NET Compact Framework 2.0 的托管代码，也可以使用 C/C++语言来开发本机代码。因此，如果希望在 Windows CE 下开发应用程序，那么建议使用 Visual Studio 2005。

Visual Studio 2005 是 Windows 平台下的应用程序集成开发环境，可编写 Windows 应用程序、Web 应用程序和移动设备应用程序。安装 Visual Studio 2005 时，为 Windows CE 编程只是一个可选项，称为 Smart Device Programmability，如图 1.10 所示。因此如果希望使用 Visual Studio 2005 为 Windows CE 开发应用程序，那么安装 Visual Studio 2005 时切记勾选此选项。

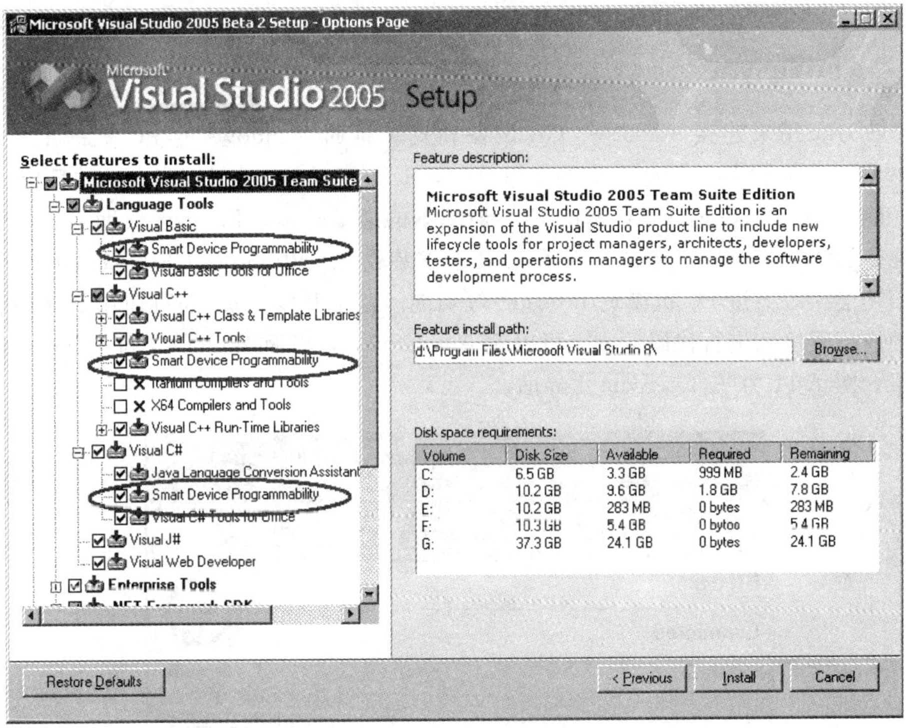

图 1.10　Visual Studio 2005 安装向导中的 Smart Device Programmability 选项

Visual Studio 2005 提供了多种编程语言可供选择，安装 Visual Studio 2005 时，也可根据需要选择安装。

1.5.4　eMbedded Visual C++

eMbedded Visual C++（简称 EVC）可用 C/C++语言来为 Windows CE 开发应用程序。最新的版本是 4.0+Service Pack 4。eMbedded Visual C++ 4.0 是为 Windows CE 4.x 设计的，以后微软也不会再对 EVC 的版本进行升级维护了。但是依然可使用 eMbedded Visual C++为 Windows CE 5.0 开发应用程序。如果希望使用 EVC4 为 Windows CE 5.0 开发应用程序，那么安装 EVC SP4 是必需的。

eMbedded Visual C++ 4.0 与 Service Pack 4 也可从微软的网站上下载，网址是：http://www.microsoft.com/downloads/details.aspx? FamilyID = 1dacdb3d-50d1-41b2-a107-fa75ae960856&displaylang=en

eMbedded Visual C++的安装相对简单。值得注意的是，仅仅安装 eMbedded Visual C++ 4.0 还无法为 Windows CE 开发应用程序，至少必须安装一个 SDK，默认 eMbedded Visual C++会带有微软提供的 Standard SDK。

1.5.5　ActiveSync

ActiveSync 用来连接 Windows CE 设备和安装桌面 Windows 的 PC 机的工具。基于 Windows CE 的掌上电脑、智能手机可使用 ActiveSync 工具与 PC 机同步自己的日历、邮件和通录等。除了同步功能外，ActiveSync 还有最基本的通信功能。PC 机可借助 ActiveSync 的通信功能查看 Windows CE 上的文件系统，以及安装软件。Windows CE 设备也可借助与 PC 机的通信功能实现经过 PC 机浏览 Internet 等功能。对于开发人员，还可使用 ActiveSync 下载编写的应用程序和进行代码调试。可以说 ActiveSync 是桌面 Windows 与 Windows CE 之间的桥梁。图 1.11 为 ActiveSync 主界面。

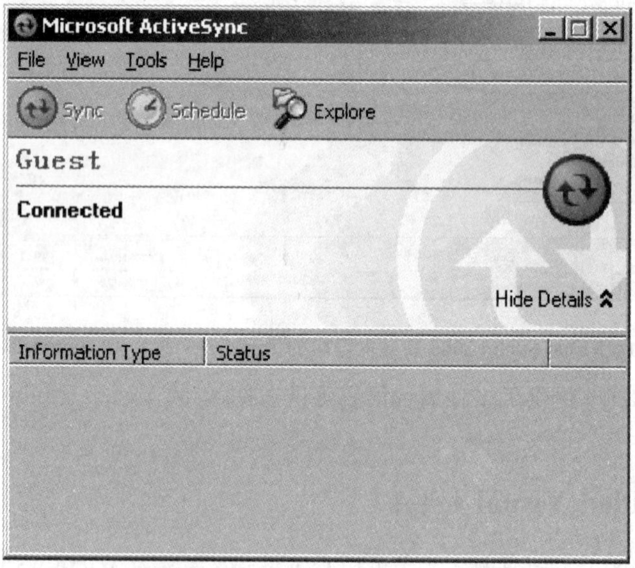

图 1.11　ActiveSync 主界面

在物理层，ActiveSync 可通过串口、红外、USB 端口和以太网与 Windows CE 设备进行连接。因此，要使 ActiveSync 与 Windows CE 设备成功连接，必须确保 Windows CE 设备与 PC 机至少有一条可用的串口、USB 或以太网连接。

ActiveSync的PC端软件也可从微软的网站上下载。安装结束后，会在任务栏上显示ActiveSync的图标。在没有连接的情况下，ActiveSync的图标通常是灰色的；成功与设备建立连接之后，ActiveSync图标会变成绿色。此外，在安装ActiveSync之后，"我的电脑"中也会增加一项Mobile Device，如图1.12所示。通过Mobile Device，可远程查看并操作Windows CE设备上的文件系统中的文件。

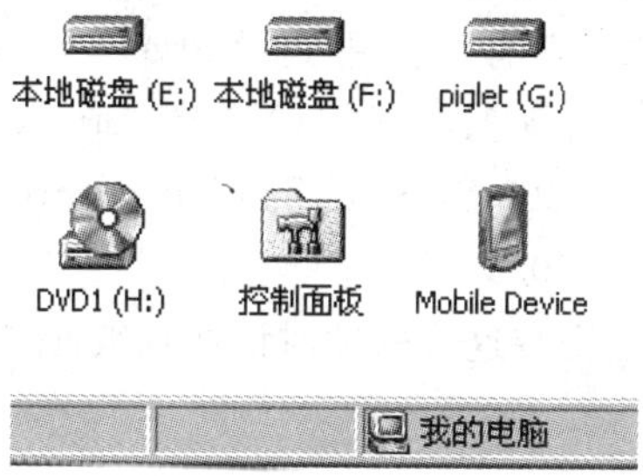

图1.12 "我的电脑"中的Mobile Device选项

1.5.6 Windows CE SDK

如果需要为某种特定的Windows CE平台（例如Pocket PC或者Smartphone）开发应用程序，则须安装特定的SDK。然后就可以在eMbedded Visual C++和Visual Studio 2005中使用SDK。

本书中涉及的SDK主要有Pocket PC 2003，Smartphone 2003的SDK，以及Pocket PC 5.0和Smartphone 5.0的SDK。它们都可从微软的网站上下载，网址是：http://msdn.microsoft.com/mobility/windowsmobile/downloads/。

安装SDK前要首先安装各种开发工具；否则可能出现在开发工具中SDK不能使用的情况。

1.5.7 软件的依赖关系

上文中所提到的各种软件之间有一些依赖关系。对各种软件的安装须按一定的顺序；否则有可能导致软件或者软件的部分功能不能使用。各种软件的依赖关系如图1.13所示。

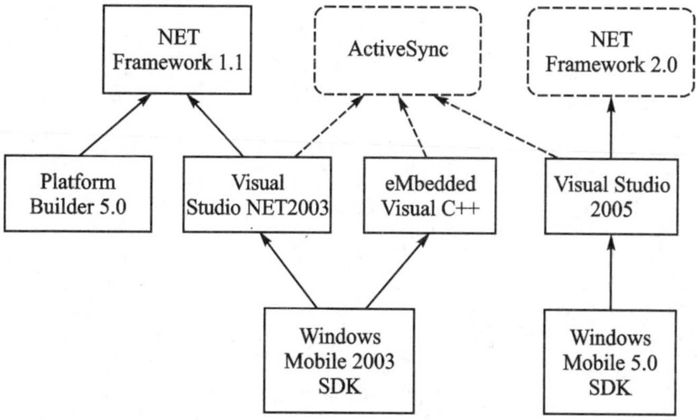

图1.13 各软件之间的依赖关系

图中虚线代表部分依赖，实线代表全部依赖。各种应用程序开发工具如果须进行设备上的调试，则有可能用到 AcitveSync；Platform Builder 和 Visual Studio. NET 2003 须 .NET Framework 1.1 支持；Visual Studio 2005 须 .NET Framework 2.0 支持。此外，Windows Mobile 2003 SDK 须用到 Visual Studio. NET 2003；Windows Mobile 5.0 SDK 须用到 Visual Studio 2005。

在安装这些软件时请注意彼此之间的依赖关系，以免在使用时造成一些不必要的麻烦。

第 2 章

Windows CE 的体系结构和功能

2.1 Windows CE 的结构功能概览

2.1.1 Windows CE 的层次体系结构

作为一款嵌入式操作系统，Windows CE 有操作系统的特点。操作系统负责帮助用户管理部分硬件资源，并且实现多任务功能。

Windows CE 属于比较典型的微内核操作系统。在内核中仅仅实现进程、线程、调度及内存管理等最基本的模块，而把图形系统、文件系统及设备驱动程序等等都作为单独的用户进程来实现。这样做显著增加了系统的稳定性和灵活性。

提示：操作系统的单体内核(Monolithic Kernel)和微内核(Micro Kernel)结构

传统的 UNIX 是单体内核操作系统的代表。单体内核操作系统将图形、设备驱动及文件系统等功能全部在操作系统内核中实现，运行在内核状态和同一地址空间。其优点是减少了进程间通信和状态切换的系统开销，获得较高的运行效率；缺点是内核庞大，占用资源较多且不易裁剪，一旦某个驱动程序运行出错，就会导致整个系统崩溃，系统的稳定性、安全性不好。

与此相反，微内核系统在内核中只实现那些必须由内核实现的基本功能，而将图形系统、文件系统、设备驱动及通信等功能放在内核之外，以系统服务的形式提供各种功能。这种结构的优点是有一个精炼的内核，便于裁剪和移植，而且由于系统服务程序运行在用户地址空间，因而个别驱动程序的错误不至于导致整个系统崩溃；其不足之处是在运行中用户状态和内核状态须频繁地切换，从而导致系统效率不如单体内核。

层次化的设计方法在软件体系结构中非常普遍。在层次化设计方法中，一个完整的系统被划分成彼此相关的多个层次。每一个层次都有自己的关注要点和要实现的功能。层次与层次之间构成单项依赖，原则上每一个层次都只与它的相邻层次打交道：利用它下一层提供的服务构建自身，同时向更高层提供一些服务。层次化设计有利于重用业务逻辑，并且使系统有良好的扩展性和可维护性。Windows CE 体系结构也可以被分成若干个层次，图 2.1 显示了 Windows CE 的层次化体系结构。

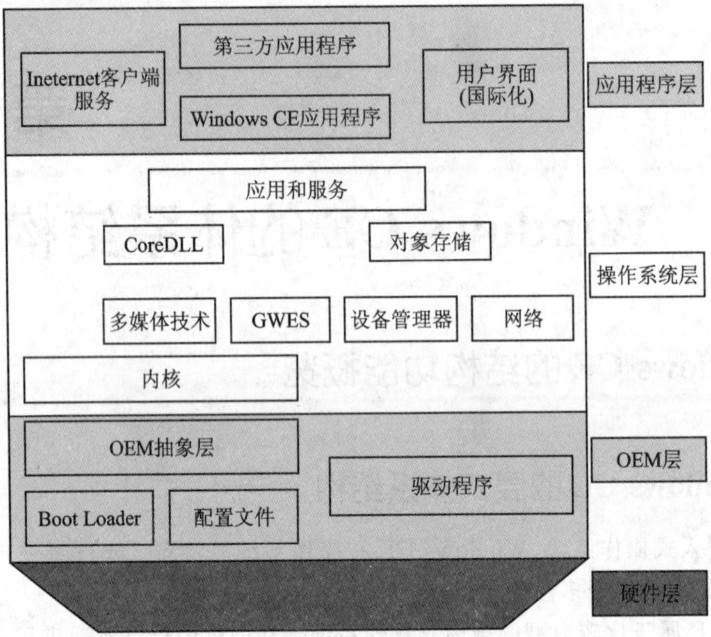

图 2.1　Windows CE 的层次化体系结构

基于 Windows CE 构建的嵌入式系统大致可以分为 4 个层次，从下到上依次是：硬件层、OEM 层、操作系统层和应用程序层。

Windows CE 的不同层次是由不同的厂商提供的。一般来说，硬件层和 OEM 层由硬件 OEM 厂商提供；操作系统层由微软公司提供；应用程序层由独立软件开发商提供。把这些厂商提供的产品结合起来，才能组成完整的基于 Windows CE 构建的嵌入式系统。

2.1.2　硬件层

嵌入式操作系统在整个嵌入式系统中起着承上启下的作用：一方面，操作系统为嵌入式应用提供了一个运行的平台；另一方面，操作系统要运行在硬件之上，直接与硬件打交道并管理硬件资源。因此，操作系统所依赖的硬件的特性就直接关系到操作系统的结构和功能。

IBM PC 及其兼容机为传统桌面操作系统提供了一个相对开放、标准化的硬件平台。这种相对标准化的硬件平台对操作系统的开发带来的好处是不言而喻的：一方面，如果操作系统没有跨平台的要求，它就可以充分利用这个硬件平台下的资源，也就是说操作系统本身可以包含很多硬件体系结构相关的代码，可以与硬件平台紧耦合，这样可以提高操作系统的运行效率；另一方面，运行在标准硬件平台上的操作系统比较容易对硬件资源做一些基本假设，例如可以假设所有的 PC 机都拥有显示器，假设所有的 PC 机都拥有永久存储设备（硬盘），假设所有的 PC 机都是交流电供电……这可以为开发带来极大的方便。

与桌面操作系统不同，Windows CE 的应用目标是消费性电子产品，是嵌入式系统。由于嵌入式系统是以应用为核心的，嵌入式系统中的硬件通常是根据应用需要定制的，因此在嵌入式系统的世界中，硬件体系结构彼此之间差异非常大。因此，Windows CE 对于自己运行的平台可假设的东西并不多。“更小、更快、更省钱”几乎是所有嵌入式系统硬件的设计目标。

提示：桌面版本的 Windows

在讲述 Windows CE 的体系结构时，本书经常提到桌面版本的 Windows 或者桌面 Windows。有必要对这几个术语进行澄清。本书中桌面机指的是我们通常使用的基于 i386 架构的 PC 机。桌面版本的 Windows 指的是运行在 PC 机上的 Windows 系列，包括 9x 内核的 Windows 95，Windows 98 和 Windows ME 以及 NT 内核的 Windows NT，Windows 2000，Windows XP 以及 Windows Vista。

嵌入式系统中的硬件通常具有以下特点：

1. 处理器体系结构不统一

嵌入式系统中的处理器从 8～128 位不等，处理能力也从几 KHz～几 MHz 甚至几 GHz 各异，更重要的，CPU 彼此之间的指令集及结构都不一样。我们的手机中使用的大多数都是 ARM 体系结构 CPU；网络设备上用的比较多的是 Power PC；MIPS 和 SH 等多种不同的 CPU 也在嵌入式领域占有一席之地。

2. 硬件资源通常受限

在嵌入式系统中，不仅 CPU 的计算能力有限，内存 RAM 通常也非常小，有些嵌入式设备的内存只有几个 Byte。PC 机上的硬盘在嵌入式系统上通常是不存在的，很多嵌入式设备没有输出设备或者输出设备只是简单的 LED，此外一些嵌入式设备还通常使用干电池供电。

值得一提的是，因为嵌入式硬件是以“够用”为前提的，所以不是所有的嵌入式设备的资源都是稀缺的。有些娱乐设备（例如索尼公司的 Play Station 3 游戏机）为了增强图形处理能力，使用了 128 位的 CPU，它的图形处理能力已经远远超出了桌面 PC；一些航天设备上的嵌入式计算机的数据处理能力也远远超过了 PC 机。

3. 外部设备的种类繁多

正如嵌入式的应用环境纷繁芜杂，嵌入式系统中用到的外部设备与桌面电脑相比也要复杂得多。在很多情况下，传统桌面电脑的鼠标键盘和显示器打印机等都无法满足嵌入式系统的输入/输出要求。

例如在车载嵌入式系统上，通常须通过各种各样的传感器来获取汽车发动机、油箱和车身的数据，并通过车载总线或串口将数据发送给上层计算机。数/模转换是嵌入式系统中常用的获取数据手段之一。

4. 有实时性和可靠性要求

有的嵌入式系统会被应用在一些关键的工业控制领域。在这些领域中，通常嵌入式系统的实时性和可靠性要求都相当高。如果系统不够稳定或者延迟太长，那么都极有可能造成重大的灾难性损失。这些关键的系统中，通常对嵌入式系统软件和硬件的要求都非常高。如果此类嵌入式系统硬件的实时性和可靠性都不能保证，那么在此类设备上面构造实时和可靠的嵌入式操作系统是不现实的。

Windows CE 作为一款嵌入式操作系统，自然要适应嵌入式系统中硬件的以上特点。Windows CE 的跨平台、可裁剪、模块化及微内核等特性都可以很好地适应嵌入式系统硬件的特点。因此，Windows CE 在嵌入式系统的各个领域中都有着广泛的应用。

2.1.3 OEM 层

OEM 层是逻辑上位于硬件和 Windows CE 操作系统之间的一层硬件相关的代码。它的主要作用是对具体的硬件进行抽象，抽象出统一的接口，然后 Windows CE 内核可以使用这些接口与硬件进行通信。OEM 层包括 OEM 抽象层、引导程序 Boot Loader、配置文件(Configuration File)和驱动程序(Device Driver)4 个模块。

关于 OEM

OEM(Original Equipment Manufacturer，原始设备制造商)一词在电脑硬件产品中非常普遍，像 OEM 光驱、OEM 显示器和 OEM 鼠标等等。OEM 与现代工业社会有着密切的关系。一些著名的品牌商品制造商，常常因为自己的厂房不能达到大批量生产的要求，又或者需要某些特定的零件，因此向其他厂商求助。这些伸出援手的厂商就被称为 OEM。通常 OEM 厂商大量买进电脑硬件，然后按照授权，根据他们的具体品牌或应用来进行定制，再以 OEM 厂商的名义卖掉。OEM 这个词通常比较令人误解，因为 OEM 并不像字面意义一样是原始的制造商，其实 OEM 只是定制商。

微软把 OEM 这个词引入 Windows CE，其意思是一些制作硬件主板的厂商可根据自己的产品特点对 Windows CE 进行定制，从而使 Windows CE 可以运行在这些厂商的主板上，在出售硬件开发板的同时，也会把 OEM 层以 BSP 的形式提供给客户供其使用。这与硬件 OEM 厂商的“购买—定制—销售”的过程比较类似。

OEM 抽象层(OEM Abstraction Layer，OAL)是整个 OEM 层的主体。它包含了高度硬件相关的代码。OAL 主要负责 Windows CE 内核与硬件通信。当引导程序引导操作系统结束后，由 OAL 负责硬件平台初始化，包括中断服务例程(Interrupt Service Routines，ISR)、实时时钟(Real Time Clock，RTC)、计时器(Timer)、内核调试、开关中断和内核性能监测等工作。OAL 的代码在物理上是内核的一部分，最终经过编译链接，OAL 会成为内核的一部分。

在桌面版本的 Windows 上硬件和操作系统之间有一层硬件抽象层(Hardware Abstraction Layer，HAL)，因为 HAL 的名称和功能都与 OAL 类似，在以前的 Windows CE 版本中也曾经把 OAL 称做 HAL 或 OEM 适配层(OEM Adaptation Layer)。为了防止与桌面 Windows 中的 HAL 混淆，从 Windows CE 5.0 开始，微软已经明确把 OAL 解释为 OEM 抽象层,不再存在其他叫法。

引导程序 Boot Loader 是在硬件开发板上执行的一段代码,它的主要功能是初始化硬件,加载操作系统映像(OS Image)到内存,然后跳转到操作系统代码去执行。Boot Loader 可通过不同的方法获得操作系统映像,例如从串口、USB、以太网下载;Boot Loader 也可以从本地的存储设备,例如 CF 卡和硬盘中读取操作系统映像。当 Boot Loader 得到操作系统映像之后,它可把操作系统映像存放到内存里或者本地的存储设备中以便以后使用。Boot Loader 有很多种,最常见的 Boot Loader 通过以太网从工作站下载操作系统映像到目标机,然后把映像放到内存里执行,我们称之为 EBoot(Ethernet Boot 的简称)。Boot Loader 通常在系统开发调试的时候使用,在最终的产品中通常不包含 Boot Loader,但是也有些 OEM 厂商会把 Boot Loader 放入最终的产品中,通常这样是为了有利于产品的升级维护。

配置文件是一些包含配置信息的文本文件。这些配置信息通常与操作系统映像或源代码有关。例如告诉编译系统如何编译某些源代码,或告诉编译系统如何配置最终的操作系统映像文件。在后面的章节中将详细介绍 Windows CE 中的配置文件的种类和作用。

设备驱动程序是 OEM 层的另外一个重点。Windows CE 的驱动模型与桌面 Windows 的驱动模型相比更加简单明了,学习的门槛更低。在实际中,设备驱动程序的种类非常多,几乎每一种驱动都有不同的接口,例如声卡驱动、电池驱动、显卡驱动及 USB 驱动等等。驱动程序直接与硬件外设打交道,是应用程序或操作系统与硬件外设交互的桥梁。

在嵌入式系统中有一个与 Windows CE 的 OEM 层相对应的概念:BSP。BSP 是介于主板硬件和操作系统之间的一层,也可以说是属于操作系统的一部分,主要目的是为了支持操作系统,使之能够正常地运行于硬件主板上。Windows CE 里面也有 BSP 的概念,而且用得非常广泛。Windows CE 中的 BSP 无论是结构还是功能与 OEM 都是一致的。事实上,OEM 层只是在讨论 Windows CE 体系结构时才会用到,为了方便,也可把 Windows CE 中的 OEM 层和 BSP 作为同一个概念来理解。

从上文的解释也可看出,BSP 是相对于具体操作系统而言的,不同的操作系统对 BSP 有不同的定义。例如 VxWorks 的 BSP 和 Windows CE 的 BSP 相对于某一块开发板来说尽管实现的功能差不多,可是结构和接口定义是完全不同的,所以编写 BSP 一定要按照该操作系统 BSP 的定义形式来写。这样才能与上层操作系统保持正确的通信。

在谈论 PC 机上的各种 Windows 或 Linux 操作系统时几乎不会提及 BSP 的概念。因为 PC 机都是采用统一的 x86 体系架构,这样一定操作系统的 BSP 相对 x86 架构是单一确定的,无须做任何修改就可以很容易地支持操作系统在 x86 上正常运行,所以在 PC 机上谈论 BSP 这个概念也就没什么意义了。

有些人喜欢把嵌入式系统中的 BSP 和 PC 机主板上的 BIOS 相提并论。其实 BSP 和 BIOS 还是有很大区别的:BIOS 主要是负责在电脑开启时自检、初始化系统设备及装载操作系统代码等,它的代码是在芯片生产过程中固化的,一般来说用户是无法修改。其实是为下载运行操作系统做准备,把操作系统由硬盘加载到内存,并传递一些硬件接口设置给操作系统。在操作系统正常运行后,BIOS的作用基本上也就完成了,因此PC机BIOS的作用更像嵌入式系统中的Boot Loader。BSP是和操作系统绑在一起运行在主板上的,尽管BSP的开始部分和BIOS所做的工作类似,可是大部分和BIOS不同,作用也完全不同。此外BSP还包含和系统有关的基本驱动(串口、网口……),此外程序员还可以编程修改BSP,在BSP中任意添加一些和系统无关的驱动或程序,甚至可以把上层开发的统统放到BSP中。而BIOS程序是用户不能更改,编译编程的,只能对参数进行修改设置,更不会包含一些基本的硬件驱动。

OEM层是Windows CE中至关重要的一层,也是Windows CE区别于桌面Windows的重要标志之一。由于有了OEM层,Windows CE操作系统才可运行在不同体系结构的硬件平台上,实现广泛的硬件支持。

2.1.4 操作系统层

操作系统层实现了Windows CE作为一个操作系统的主要功能。Windows CE的进程管理、线程管理、处理机管理、调度、物理内存和虚拟内存管理、文件系统及设备管理等功能的实现都位于这一层。由于Windows CE是一个微内核操作系统。操作系统的基本功能被放在多个独立的进程(EXE)里面实现。在运行的时候,这些进程大致有如下几个:

- 内核NK.EXE;
- 图形系统GWES.EXE;
- 对象存储FILESYS.EXE;
- 设备管理系统DEVICE.EXE;
- 服务SERVICES.EXE。

由于Windows CE是一个可裁剪的嵌入式操作系统,所以未必所有的Windows CE系统中都具有上述的几个进程,如果有的Windows CE不包含图形界面,那么这个系统中就不会有GWES.EXE。其实,只有NK.EXE和FILESYS.EXE是所有Windows CE中都必不可少的。图2.2为Windows CE的模块图。

2.1.4.1 系统调用与CoreDLL.DLL

CoreDLL.DLL不是一个单独的进程,它是一个会被所有用户进程都加载的动态链接库(Dynamic Link Library,DLL)。所有的应用程序都不能直接与操作系统或硬件打交道,如果应用程序希望访问Windows CE所提供的服务,那么只能通过CoreDLL.DLL进行。

CoreDLL.DLL的主要功能是负责应用程序与Windows CE通信以及完成Windows CE的系统调用(System Call)。系统调用是操作系统向应用程序提供的服务,一般以函数的形式提供,这些函数通常在应用程序之外的进程中实现。图2.3为Windows CE的系统调用示意图。

我们来看看系统调用的详细过程。

① 当应用程序进行系统调用时,它直接调用的是CoreDLL.DLL中的一个包装(Wrapper)函

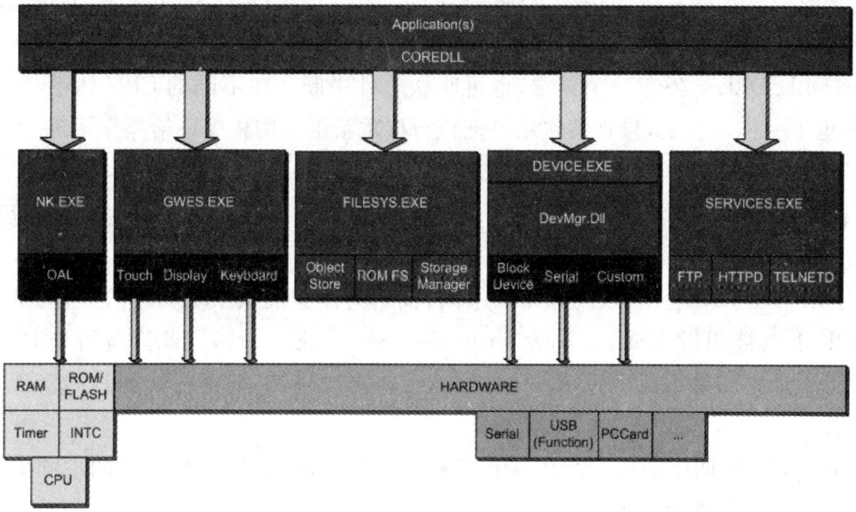

图 2.2　Windows CE 的模块图

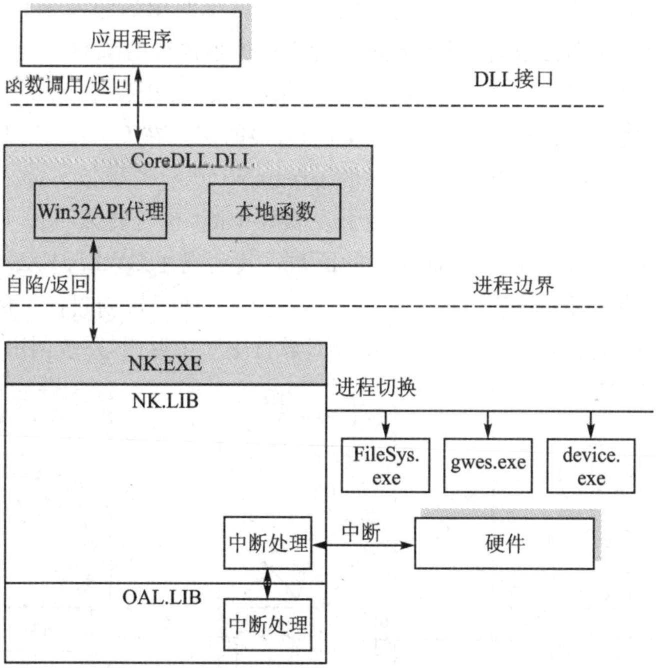

图 2.3　Windows CE 的系统调用

数，此包装函数为真正的系统调用准备所需要的参数。CoredDLL.DLL 会被 Windows CE 上的所有进程加载，因此这一步其实只是进程内部的函数调用。

② CoreDLL.DLL 会发起一个异常，也可叫做软件中断。在不同的 CPU 体系结构上，异常的实现原理也不一样。总之，异常的作用是把执行权重新由应用程序还给操作系统。

③ 操作系统内核会捕捉所有的异常，当操作系统捕获到此异常时，也就重新获得了 CPU。在 Windows CE 上，NK.EXE 会处理这个软件中断，这样进行系统调用的应用程序进程就挂起了，执行就转入了 NK.EXE。

④ 接下来 NK.EXE 根据系统调用的不同，找到具体实现该系统调用的进程（这些进程在 Windows CE 上也被叫做 PSL，全称为 Protected Server Library）。此进程可能是 NK.EXE 本身，也可能不是。如果不是 NK.EXE，那么执行将再次跳转，把执行转到具体实现系统调用的进程去执行。

⑤ 实现这个系统调用的进程得到执行的机会，它会根据具体系统调用的不同而完成系统调用希望实现的功能，然后返回。

⑥ 当实现系统调用的进程执行结束返回的时候，整个系统调用也就结束了，应用程序可以从对 CoreDLL.DLL 的调用处返回，然后继续执行。

值得一提的是 CoreDLL.DLL 中有些函数并不是系统调用的包装函数，例如字符串处理函数，当应用程序调用这类函数时，就不会发生自陷和进程执行的跳转。

如图 2.4 所示，让我们看一个具体的例子。如果某一个应用程序 App.exe 要调用 CreateWindow()函数来创建一个新的窗口，CreateWindow()的实现在 CoreDLL.DLL 中，那么首先该进程会调用自己进程内 CoreDLL.DLL 中的 CreateWindow()函数。这个函数就是实际系统调用的包装函数。然后 CoreDLL.DLL 会引发软件中断，执行转入 NK.EXE，NK.EXE 会查找到 CreateWindow()函数是图形界面相关的函数。其实现在 GWES.EXE 中，NK.EXE 就会选中 GWES.EXE 开始执行，当 GWES.EXE 开始执行后，立即开始创建窗口的任务。当窗口创建结束后，GWES.EXE 返回，然后接着从 NK.EXE 软件中断中返回，系统调用就结束了。

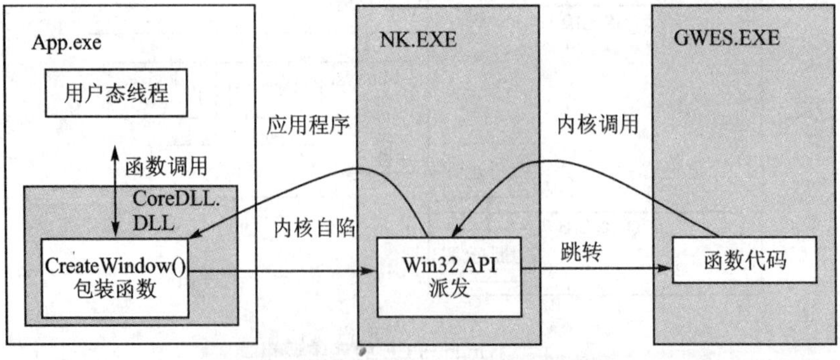

图 2.4　一个具体的系统调用实例

如果应用程序调用 CreateProcess()去创建一个新的进程，那么同样会调用 CoreDLL. DLL 中的 CreateProcess()函数，然后自陷进入 NK. EXE。所不同的是，CreateProcess()函数就是在 NK. EXE 中实现的，所以 NK. EXE 无须再切换到其他进程，可直接在 NK. EXE 中完成创建进程的任务，然后返回。

应用程序调用 CharLowerBuff()函数转换字符串的大小写时，由于 CharLowerBuff()函数的实现就在 CoreDLL. DLL 内部，所以 CoreDLL. DLL 不会引发软件中断，也不会有进程切换，而是由 CoreDLL. DLL 内的这个函数直接转换字符串，结束后返回。

如果熟悉 Windows NT 系列操作系统的体系结构，可把 Windows CE 中的 CoreDLL. DLL 与 Windows NT 系列操作系统中的 NTDLL. DLL 做一个类比，这两者的功能是非常相似的。

深入谈讨：Windows CE 的系统调用机制

了解了 Windows CE 的系统调用机制后，细心的读者有可能会有这样的疑惑：Windows CE 中的每次系统调用都会导致多个进程之间的频繁切换，而且系统调用所涉及的数据也需要在多个进程之间迁移，这样势必会使整个系统的效率降低，而效率对嵌入式系统来说，通常是尤为重要的。

Windows CE 依靠它独特的架构解决了这个问题。其实，在 Windows CE 中，系统调用发生的整个过程中，并没有发生真正的线程上下文切换。Windows CE 内核负责把 API 调用转到实现该 API 的 PSL 进程。PSL 进程会把进行系统调用的执行线程从一个进程迁移到下一个进程。也就是说，在整个系统调用过程中，在处理器上执行的线程始终是同一个。

还拿 CreateWindow 做例子，虽然 CreateWindow 系统调用会在应用程序、NK. EXE 和 GWES. EXE 中来回切换，但是在 3 个进程中执行的线程是同一个线程，也就是说，并没有真的上下文切换发生，所谓的“切换”只是把执行进程的虚拟地址空间映射到了 Slot 0。Windows CE 内核负责把应用程序中的用户态线程改变访问权限，然后把它迁移到系统进程中，在整个系统调用过程中，这个线程在 3 个进程中使用同一个栈和同一些寄存器。当这个线程离开 PSL 进程的时候，Windows CE 内核再把它的特殊访问权限移除。借助 PSL，在系统调用时并没有真正地发生上下文切换，因此，系统的效率不会受到影响。

对于数据在进程之间的共享问题，Windows CE 也有很好的解决办法。在下文中我们可以看到，Windows CE 采用平板式的虚拟内存模型，多个进程共享一个 4 GB 的平坦虚拟地址空间。因此，只要有访问权限，数据在进程之间无须复制也可以共享。

PSL 机制是在 NK. EXE 中实现的，它只在 Windows CE 内部使用，用户和 OEM 都没办法对 PSL 进行扩展，因此，本书中对 PSL 不作详细介绍。

2.1.4.2　内核 NK. EXE

系统运行时，Windows CE 的内核表现为 NK. EXE 进程。NK. EXE 是所有基于 Windows CE 的系统中都存在的核心进程，它实现了 Win32 API 核心中进程创建加载、线程调度、中断处理和内存管理等核心功能。

NK. EXE 由 NK. LIB 与 OAL. LIB 组成。NK. LIB 是由微软提供的，它的代码与 CPU 指令体系结构相关而与具体的外设无关，此种设计可使 OAL 尽可能小；OAL. LIB 是 OEM 层中的 OAL 代码编译后的输出。

2.1.4.3　图形系统 GWES. EXE

图形窗口事件系统(Graphical Windowing and Event System，GWES)负责操作系统中与图形界面相关的部分。它提供基本的绘图功能和窗口管理器。所有的用户输入(包括鼠标、键盘及触摸屏等)相关的驱动程序都由 GWES. EXE 来加载和管理，自然显示驱动也是由 GWES. EXE 来管理的。GWES. EXE 是 Windows CE 系统中最为高度组件化的模块之一。

在 Windows CE 5.0 之前，电源管理也是由 GWES. EXE 来进行的，在 Windows CE 5.0 中，电源管理从 GWES. EXE 中移走。这样，没有图形界面的 Windows CE 系统也可使用电源管理了。GWES. EXE 实现的功能基本上是桌面 Windows 中的 USER32 和 GDI32 的集合。

2.1.4.4　对象存储 FILESYS. EXE

在 Windows CE 中，文件系统和数据存储被统称为对象存储。FILESYS. EXE 就是在运行时负责对象存储的进程。对象存储包括文件系统、Windows CE 数据库和系统注册表三部分。因此，不要被 FILESYS 的名字所迷惑，FILESYS 负责的东西远远不止文件系统。

文件系统包括 RAM 文件系统和 ROM 文件系统，它们可以为应用程序提供永久存储服务；Windows CE 数据库是对流式文件的更高级抽象，它提供了结构化的数据存储。Windows CE 数据库中的数据以记录的形式存在，进一步方便了应用程序管理数据；系统注册表负责储存系统和应用程序的配置信息。

2.1.4.5　设备管理 DEVICE. EXE

DEVICE. EXE 是 Windows CE 中的设备管理器(Device Manager)。它负责加载、卸载和管理所有不被 GWES. EXE 管理的驱动程序。设备管理器负责加载所有的总线驱动程序；设备管理器也负责加载电源管理 DLL。DEVICE. EXE 同时向系统提供所有关于驱动的 API 的实现。

在 Windows CE 5.0 中，设备管理器被作了少量改变，大多数的实现被转移到 DevMgr. DLL 中，然后 DevMgr. DLL 由 DEVICE. EXE 加载。这样设计有利于驱动程序绕过 PSL 调用，直接使用 DevMgr. DLL 中的 API，从而进一步提高系统效率。

2.1.4.6　服务 SERVICES. EXE

SERVICES. EXE 是负责加载系统服务的进程。系统服务与驱动程序非常类似，但是它们没有管理真实的硬件。它们提供一些后台的处理或者为应用程序提供高级的功能。在 Windows CE 中，FTP，HTTP 和 TELNET 都是以系统服务的形式实现的。Windows CE 提供单独的 API 来启动、停止和操作服务。第三方开发者可以自由地向系统中添加新服务。

在 Windows CE 4.0 之前没有 SERVICES. EXE 进程，那时开发者要实现一个在系统整个运行过程中都处于后台运行的服务，会选择实现一个伪驱动程序，让 DEVICE.EXE 来加载这个伪驱动程序，从而达到目的。

2.1.5　应用程序层

应用程序层位于 Windows CE 层次结构的最顶层。从系统的角度看，每个应用程序都是 Windows CE 中的一个单独的进程。通常，应用程序运行在权限较低的处理机状态下。它使用操作系统提供的 API 系统调用与操作系统交互。

在 Windows CE 中，应用程序与操作系统交互的接口同样是 Win32 API，这样可有利于桌面 Windows 的应用开发人员迅速转为 Windows CE 的应用程序开发人员。但是，Windows CE 下可使用的 API 是桌面版本 Win32 API 的一个子集。很多占用资源多、实现复杂或者可有可无的 Win32 API 都没有包含在 Windows CE 的 API 集合内。如果某个应用程序希望使用桌面版操作系统中存在，而 Windows CE 中不存在的某个 API，那么只能由应用程序本身来实现这个 API，然后再调用。同时，Windows CE 还有很多独有的 API，例如 CE 数据库等。

目前一个比较普遍的误解是应用程序的"含金量"最低，而系统级的底层开发比较有技术含量。其实，衡量一个系统是否有价值，很重要的标准就是看运行在其上的应用程序如何。没有应用程序的支持，功能再强大、设计再精良的操作系统也只能是玩具而已。

2.2　进程、线程与调度

Windows CE 是一个基于优先级的抢占式多任务(Priority Based Preemptive Multitasks)操作系统。在 Windows CE 中，每一个运行着的应用程序都是一个进程。在一个进程中可包含一个或多个线程。Windows CE 调度系统负责对系统中的多个线程进行调度。Windows CE 的调度是基于优先级的。此外 Windows CE 还提供了多种方法供多个线程进行同步，多个进程之间相互通信。

2.2.1　进　程

进程(Process)是程序的一次动态执行实例(Instance)。进程与程序不同，当程序被 Windows CE 加载到内存并开始执行后就变成了一个实例或者说进程。进程与程序的不同大致有：

- 进程是动态的概念，而程序是静态的概念。
- 进程有创建、执行及结束完整的生命周期，而程序只是一个文件。
- 一个程序可以对应多个进程，而一个进程只能对应一个程序。举例子说，同时打开多个 Internet Explorer 浏览器浏览不同的网页，这时在内存中会有多个浏览器的进程，但是它们对应的程序只有 iexplore.exe。

如果熟悉面向对象的程序设计，可把程序与进程的关系跟面向对象中的类与对象的关系做个对比，就不难理解两者之间的区别了。图 2.5 为代码、可执行文件和进程相互之间的关系图。

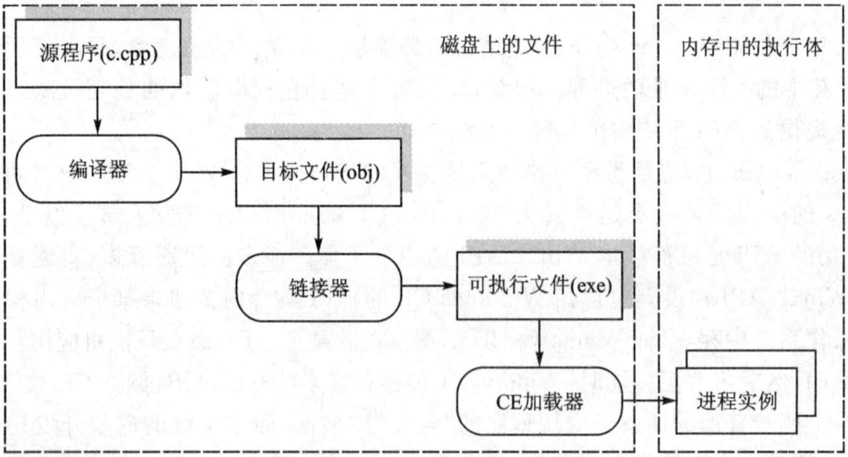

图 2.5 代码、可执行文件和进程

在 Windows CE 中，进程本身不参加系统的调度，也没有优先级和上下文。真正参加系统调度的是线程，每个进程在创建的时候都会创建一个主线程作为该进程默认的执行体。从某种意义上说，进程只是线程的容器。

Windows CE 的虚拟内存机制负责把一个进程占有的内存与其他进程占有的内存隔离。这样就防止了一个进程破坏其他进程内部的数据，导致其他进程崩溃。在一个进程中打开的文件及内核对象等的句柄在其他进程中也是无效的。这样的保护有利于构建稳定和安全的嵌入式操作系统。当进程结束的时候，如果某些该进程所占有的资源进程自己没有释放，那么 Windows CE 会负责把该进程占有的虚拟内存空间回收。

与桌面版本的 Windows 不同，Windows CE 最多只支持 32 个进程同时运行。每个进程占据 32 MB 的虚拟地址空间，这也被称为一个 Slot。关于虚拟内存的详细内容请参考内存管理部分。我们知道，Windows CE 操作系统本身也被分成多个进程。在系统启动的时候，FILESYS. EXE，GWES. EXE 及 DEVICE. EXE 已经占据了多个 Slot，因此，用户实际可用的进程数只有不到 30 个。因此，建议在构建复杂的应用程序的时候，如果需要同时处理多个任务，那么应该尽量选择多线程解决方案而不是采用多进程。

此外，Windows CE 的进程也不支持环境变量(Environment Variable)和当前目录。这两点对熟悉桌面 Windows 开发的开发者尤其要注意。如果 MyApp. exe 的同一目录中存在 MyFile. txt，那么下面的代码都是不正确的。

```
_wfopen (L"%WINDOWS%\\MyFile.txt", L"w");      // try to use environment variable

_wfopen(L"MyFile.txt", L"w");                  // try to use current directory
```

打开文件的时候，不能在路径中放置环境变量，也不能使用当前目录。如果在文件的前面不指明路径，那么 Windows CE 会首先查找“\Windows”目录，然后查找根目录，如果都找不到则报错，并不会查找当前目录。一种解决方案是，首先使用 GetModuleFileName()函数得到当前执行文件所在的目录，然后再把要打开的文件拼接到路径中得到完整的路径。参考代码如下：

```
TCHAR    szBuf[MAX_PATH];
DWORD    dwPathLen;
TCHAR    pStr = NULL;

// 得到当前程序可执行文件的完整路径
dwPathLen = GetModuleFileName(NULL, szBuf, MAX_PATH);
if (! dwPathLen)
{
    return - 1;
}
// 除去文件名
while (szBuf[ -- dwPathLen] != '\\')
    ;
szBuf[dwPathLen + 1] = NULL;
// 拼接文件
_tcscat(szBuf, TEXT("MyFile.txt"));
// 如果当前文件位于/Temp,则此时 szBuf 的内容为"/Temp/MyFile.txt"
```

应用程序可使用 CreateProcess()函数创建一个新进程。函数的原型如下：

```
BOOL CreateProcess(
  LPCWSTR lpszImageName,                    // 可执行文件的路径和名字
  LPCWSTR lpszCmdLine,                      // 命令行参数
  LPSECURITY_ATTRIBUTES lpsaProcess,        // 不支持,设置为 NULL
  LPSECURITY_ATTRIBUTES lpsaThread,         // 不支持,设置为 NULL
  BOOL fInheritHandles,                     // 不支持,设置为 NULL
  DWORD fdwCreate,                          // 控制进程创建的附加参数
  LPVOID lpvEnvironment,                    // 不支持,设置为 NULL
  LPWSTR lpszCurDir,                        // 不支持,设置为 NULL
  LPSTARTUPINFOW lpsiStartInfo,             // 不支持,设置为 NULL
  LPPROCESS_INFORMATION lppiProcInfo        // 返回的进程相关的信息
);
```

如果进程创建成功，则函数返回非0值；如果进程创建失败，则函数返回FALSE。因为Windows CE并不支持安全和当前目录，也不处理句柄继承，大多数参数必须被设置为NULL或者0。如果把所有不支持的参数都去除，函数原型就变成下面的样子：

```
BOOL CreateProcess(
LPCTSTR lpszImageName,
LPTSTR lpszCmdLine, NULL, NULL, FALSE,
DWORD fdwCreate, NULL, NULL, NULL,
LPPROCESS_INFORMATION lppiProcInfo);
```

第1个参数是可执行文件的路径和名称，如果没有明确指明可执行文件的路径，那么Windows CE会按照如下的顺序搜索：

- Windows目录（"\Windows"）；
- 对象存储的根目录（"\"）；
- OEM所指定的搜索目录（在系统注册表的"HKEY_LOCAL_MACHINE\Loader\SystemPath"下添加，这是一个Multistring的值，因此可以添加多个搜索路径）。

第2个参数lpszCmdLine指定要传递给新进程的命令行参数，命令行参数必须以Unicode字符串的形式传递。

fdwCreate参数指定进程加载后的初始状态，表2.1中CreateProcess的fdwCreate参数列出了所有支持的标记。

表2.1 CreateProcess的fdwCreate参数

标　记	描　述
0	创建一个常规的进程
CREATE_SUSPENDED	进程的主线程初始状态为挂起
DEBUG_PROCESS	创建被调用该API的进程调试的进程
DEBUG_ONLY_THIS_PROCESS	创建的进程被调用进程调试，但是该进程所创建的任何子进程都不被调试 这个参数必须与DEBUG_PROCESS同时使用
CREATE_NEW_CONSOLE	创建命令行程序

CreateProcess()函数的最后一个参数lppiProcInfo指向一个PROCESS_INFORMATION结构体，PROCESS_INFORMATION结构体返回进程和主线程的句柄以及ID。如果不希望得到这些信息，那么也可把此参数设置为空。

使进程终止的最佳方法是从WinMain()函数返回。当然，也可调用ExitThread()函数使进程的主线程退出从而终止进程。Windows CE中如果进程的主线程退出，那么整个进程就随之结束，不管进程内是否还有其他活动的线程。

此外 Windows CE 还提供了 ExitProcess()和 TerminateProcess()函数用来使进程终止。具体的使用方法可参考 Windows CE 的在线帮助。

2.2.2　线　程

线程是 Windows CE 中最小的可执行单元。Windows CE 的调度系统只识别和调度线程。当系统创建进程时，会为每个进程创建一个默认的线程作为进程的执行体，称做主线程。一个进程可拥有的线程数理论上是没有限制的，只与当前可用的内存有关，也就是说只要进程还有可用内存，就可以创建线程。进程中所有的线程共享进程所占有的资源，包括地址空间和打开的文件等内核对象。图 2.6 为进程与线程图。

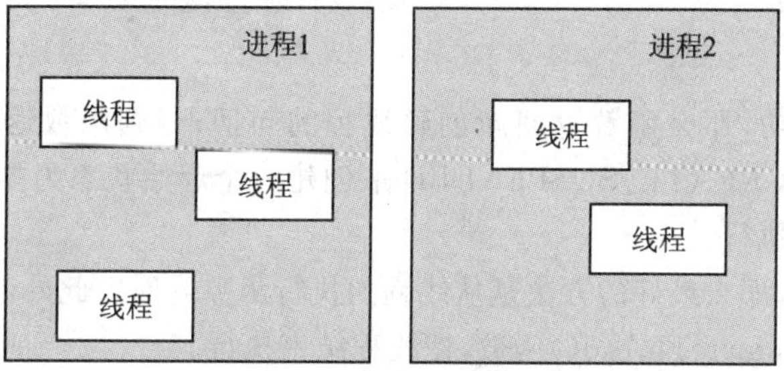

图 2.6　进程与线程

线程除了占有内存外，还占有其他资源，例如处理器的寄存器和栈，每个线程都有自己独立的栈。这些资源构成了线程的上下文。当线程不再占有处理器时，Windows CE 内核负责保存线程的上下文；当线程再次恢复执行时，内核再次恢复保存的上下文，使线程可以从中断的地方继续执行。

线程可运行在核心态或用户态。在核心态，线程可访问操作系统所有的资源。一般来说，操作系统线程和中断服务例程(Interrupt Service Routine，ISR)运行在核心态，应用程序和设备驱动程序的中断服务线程(Interrupt Service Thread，IST)运行在用户态。Windows CE 允许所有的线程都运行在核心态下，这被称做“Full Kernel Mode”。尽管这样做会导致整个系统不稳定，但是这样也可以提高系统的效率。

Windows CE 中的核心态和用户态

在 Windows CE 中，核心态和用户态是两个比较令人迷惑的概念。当我们说驱动程序运行在用户态时，这里的用户态与桌面版本 Windows 中的用户态其实是两个不同的概念。在桌面版本的 Windows 中，核心态和用户态有着严格的划分，这通常还会与 CPU 硬件的状态有关(在 X86 上是 Ring 3，Ring 0)。但是在 Windows CE 中，由于体系结构的不同，Windows CE 中不存在这样的划分。

那么，在 Windows CE 中什么是核心态呢？在 Windows CE 的核心态下，线程可访问核心态的 2 GB 虚拟地址空间（≥0x80000000）而不会导致访问违例（Access Violation）异常。这就是核心态与用户态的最主要区别。

应用程序可使用 CreateThread()函数创建一个新线程。函数的原型如下：

```
HANDLE CreateThread(
  LPSECURITY_ATTRIBUTES lpsa,              // 不支持，设为 NULL
  DWORD cbStack,                           // 线程栈的大小，通常被忽略而使用默认值
  LPTHREAD_START_ROUTINE lpStartAddr,      // 指向线程的执行函数的指针
  LPVOID lpvThreadParam,                   // 用来为线程传递一个应用程序自定义的值
  DWORD fdwCreate,                         // 控制线程创建的附加参数
  LPDWORD lpIDThread                       // 返回新创建线程的 ID
);
```


如果线程创建成功，那么函数返回新创建线程的句柄；否则函数返回 NULL。可把 fdwCreate 参数设置为 CREATE_SUSPENDED 来创建一个起始状态为挂起的线程；否则线程创建结束后就会立即执行。

如果要结束线程，那么最好的方法是从线程的执行函数返回。此外，Windows CE 还提供 ExitThread() 和 TerminateThread()函数，使线程结束执行。

2.2.3 调　度

Windows CE 是一个抢占式多任务（Preemptive Multitasks）操作系统。调度程序使用基于优先级的时间片算法对线程进行调度。

Windows CE 中每个线程都有一个优先级，Windows CE 调度系统根据线程的优先级进行调度。自 Windows CE 3.0 起，线程可拥有多达 256 个优先级。0 表示优先级最高，255 表示优先级最低。通常应用程序只须使用 248～255 的优先级，比较高级别的优先级供驱动程序和内核使用。驱动程序和应用程序可使用 CeGetThreadPriority()和 CeSetThreadPriority()函数来获取和设置线程的优先级。图 2.7 为 Windows CE 的优先级及其描述信息。Windows CE 的优先级映射示例如表 2.2 所列。

GetThreadPriority()和 SetThreadPriority()函数

Windows CE 3.0 版本之后为了与以前的版本向下兼容，也提供 GetThreadPriority()和 SetThreadPriority()两个函数。这两个函数也能用来得到和设置线程的优先级。但是使用这两个函数设置的优先级只能是 248～255 之间的某个值。在函数参数中以 THREAD_PRIORITY_TIME_CRITICAL 和 THREAD_PRIORITY_NORMAL 等宏表示。

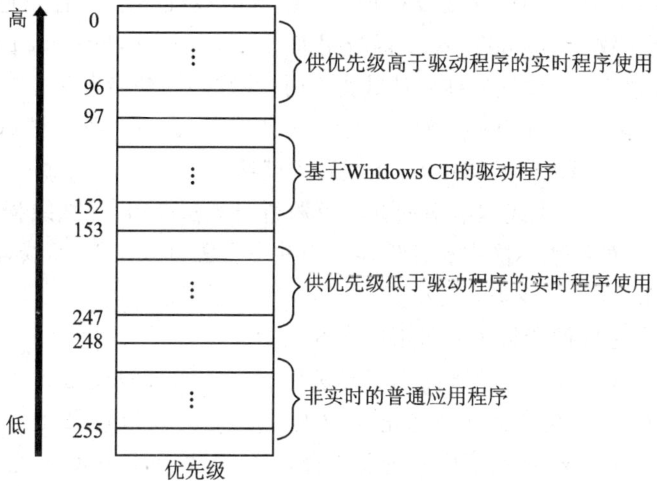

图 2.7　Windows CE 的优先级及其描述

表 2.2　Windows CE 的优先级映射示例

优先级	组　件	优先级	组　件
0～19	高于驱动程序的实时	145	PS2 键盘
20	图形垂直回描(Vertical Retrace)	148	IRComm
99	电源管理唤醒线程	150	TAPI
100～108	USB OHCI UHCI、串口	248	电源管理
109～129	红外、NDIS、触摸屏	249	WaveDev、鼠标、PnP、Power
130	内核无关传输层(KITL)	250	WaveAPI
131	VMini	251	正常
132	CxPort	252～255	应用程序

在线程获得处理器后，会执行特定的一段时间，然后重新调度，这段时间称做时间片大小(Quantum)。每个线程都有一个时间片大小，默认的时间片大小是 100 ms，OEM 可在内核初始化的时候改变此值的大小。分配给线程的时间片大小可用 CeGetThreadQuantum()函数获得，此函数以线程的句柄为参数，返回值是一个 32 位无符号整数，代表线程的时间片大小。

线程的状态可有以下几种。

- 运行(Running)　线程正在处理器上执行。
- 就绪(Ready)　线程可以执行，但是此刻没有占有处理器。如果就绪的线程被调度程序选中，则占有处理器就进入运行状态。
- 挂起(Suspended)　创建线程时指定了 CREATE_SUSPENDED 参数或者调用

SuspendThread 函数都可导致线程挂起。挂起的线程不能占有处理器。每个线程都有一个挂起计数，SuspendThread 函数用来增加挂起计数，ResumeThread 函数使线程的挂起计数减 1。当线程的挂起计数为 0 时，线程转入就绪态。

- 睡眠(Sleeping) 调用 Sleep 函数可使线程进入睡眠状态，处于睡眠状态的线程不能占有处理器。当睡眠时间结束后，线程转入就绪态。
- 阻塞(Blocked) 如果线程申请的共享资源暂时无法获得，那么线程就进入阻塞状态，处于阻塞状态的线程不能占有处理器。当共享资源可以获得后，线程转入就绪态。
- 终止(Terminated) 线程运行结束。

线程的几种状态之间的转换关系可由图 2.8 表示。

Windows CE 的调度是严格按照优先级来进行的。我们来假设图 2.9 中的情况，系统中有 3 个线程 A，B 和 C。A 拥有最高的优先级，B 与 C 的优先级相同，都比 A 要低。在这样的情况下，如果 A 处于就绪态，那么调度系统总是选择 A 来执行，B 和 C 不会得到执行的机会；如果 A 不在就绪态，调度系统会选择 B 或 C 来上台执行。B 和 C 会采用时间片轮转算法(Round Robin，RR)，也就是说，让 B 运行一段时间，然后让 B 下台再让 C 上台运行一段相同的时间，以此类推。由此我们可以看出，Windows CE 的调度系统有这样的特点。

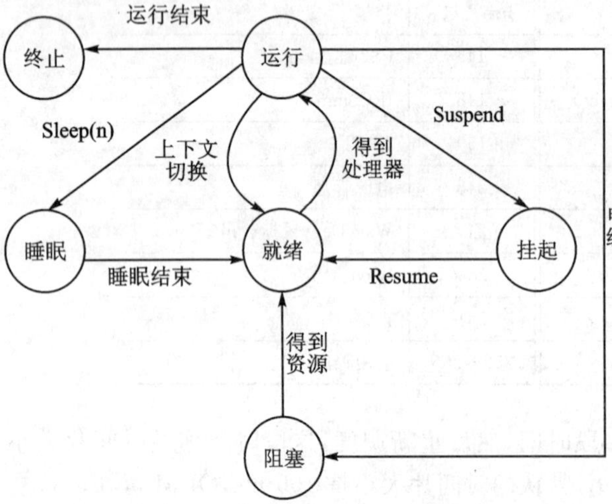

图 2.8 线程的状态转换图

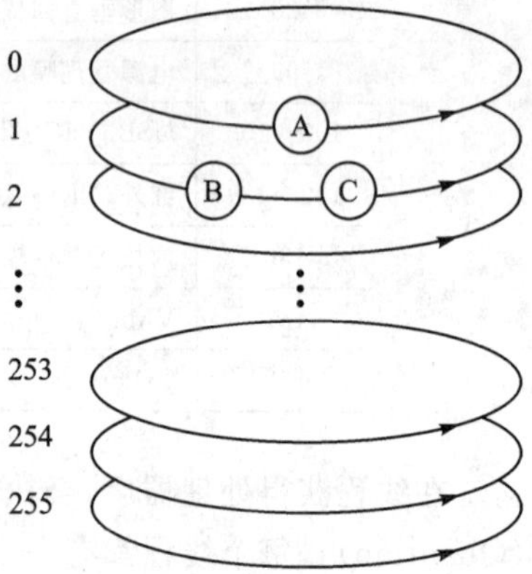

图 2.9 Windows CE 的调度

- 具有最高优先级的进程如果处于就绪状态，则总是会被调度系统选中执行；
- 如果系统中存在多个优先级相同的就绪进程，这些进程以时间片轮转算法调度；
- 如果线程的时间片大小被设置为 0，那么它会一直占有处理器运行，直到线程结束或者进入阻塞、挂起及睡眠状态；

● 调度系统不提供对线程饥饿(Starvation)的自动检测。

Windows CE 的调度系统总是会选择优先级最高的就绪线程去执行，这样一方面增加了系统的实时性，但是有时候也会出现一种比较奇怪的现象：系统中有一些资源是由多个线程共享的，如果具有高优先级的线程申请的资源正在被低优先级线程占有，那么此时高优先级的线程就阻塞在低优先级的线程上，反而使具有中优先级的线程先于高优先级的线程执行，这就是所谓的优先级反转(Priority Inversion)问题。优先级反转轻则导致系统的响应时间大大增加，重则导致系统的崩溃。因此，一般的实时操作系统中都会采取一些措施来解决优先级反转问题。

一般来说，操作系统解决调度中的优先级反转问题有两种方法：单级(Single Level)和完全嵌套(Fully Nested)。

在完全嵌套方法中，操作系统将遍历系统中所有的阻塞线程，然后使每个阻塞的线程都上台执行，直到高优先级的线程可以运行为止。这种方法的优点是可以防止死锁。但遗憾的是，这也意味着在解决优先级反转时，操作系统要在阻塞的线程上执行复杂度为 O(n)的搜索，这对于一个实时系统来说，可能会无故增加系统的响应时间。

为了支持硬实时，Windows CE 从 3.0 版开始使用单级方法解决优先级反转。在这种方法中，操作系统只会激活导致高优先级线程阻塞的一个低优先级线程上台执行，直到释放共享资源。这种方法提高了算法的速度，但是可能贸然改变优先级会导致系统死锁。因此，保证系统不会因为优先级反转而死锁的任务就落到了开发者的头上。

图 2.10 是一个优先级反转及其解决方法的例子。图中，高优先级的线程 1 因为等待低优先级的线程 3 所占有的资源，因此造成优先级反转。系统检测到优先级反转后，把线程 3 的优先级提高到与线程 1 相同，这样原本低优先级的线程 3 就得以执行。当线程 3 释放共享资源，线程 1 得到资源后，系统再把线程 3 的优先级降低到以前的级别。这样，高优先级的线程 1 得以继续执行。这种方法也被称做优先级继承(Priority Inheritance)。

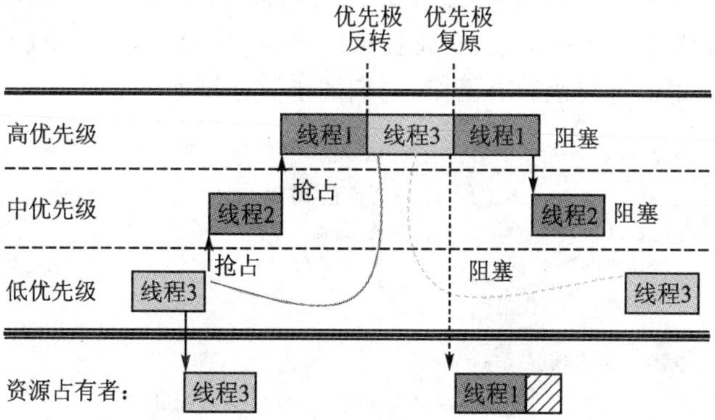

图 2.10 优先级反转及其解决方法

Widows CE 中与调度相关的函数大概有以下几种，我们依然不作具体解释，有需要请查阅 Windows CE 的联机文档。

```
Sleep(0)                  // 使当前线程放弃剩余的时间片
Sleep(n)                  // 使当前线程睡眠 n ms
Sleep(INFINITE)           // 使当前线程一直睡眠，直到线程被终止或唤醒
SleepTillTick             // 使线程睡眠直到下一个时钟嘀嗒(tick)
SuspendThread             // 增加线程的挂起计数
ResumeThread              // 减少线程的挂起计数
```

2.2.4　同　步

多线程、分时共享技术已经使多个线程合作成为可能，一组并发的线程之间的并发操作，可大大提高整个系统的资源的使用率。然而，在软件实现中，因为多个线程要共享一些资源，对这个共享资源的访问就要加以保护，如果没有保护或者保护不当，那么很容易造成数据损坏或者死锁。因此，多个线程之间经常要同步它们之间的一些操作。

Windows CE 中提供了 Mutex，Event 和 Semaphore 三种内核机制来实现线程之间的同步。所有的这些同步对象都有两种状态：通知(Signaled)和未通知(Non-signaled)。未通知状态表示该同步对象被某一个或多个线程占有，不能被其他等待的线程占有。当某个同步对象的状态变为通知状态时，等待在它上面的阻塞线程会得到通知，并且转为就绪态，等待调度执行。这种方法可使线程锁步(Lockstep)执行，这也是同步的基本原理。

与其他 Windows 中的对象一样，同步对象也是由句柄(Handle)表示的，句柄是一个 32 位的指针，它的指向表示该对象的一个数据结构，这意味着像其他对象一样，使用完同步对象后，也须使用 CloseHandle()函数将句柄关闭。同步对象可以是有名字的，也可以是没有名字的。如果为某个同步对象命名，那么就可通过名字找到该对象，然后再使用它。如果希望跨进程使用同步对象，那么一般要把同步对象命名，然后在不同进程之间使用同一个名字访问该同步对象。

Windows CE 提供了一系列函数，使线程可以等待，然后得到这些同步对象，这些函数被称为等待函数。最常用的等待函数有两个，它们的函数原型如下：

```
DWORD WaitForSingleObject(
  HANDLE hHandle,                  // 同步对象的句柄
  DWORD dwMilliseconds             // 等待的 ms 数
);

DWORD WaitForMultipleObjects(
  DWORD nCount,                    // lpHandles 中的同步对象个数
  CONST HANDLE * lpHandles,        // 同步对象句柄的数组
  BOOL fWaitAll,                   // 是否等待 lpHandles 中所有的内核对象
```

```
    DWORD dwMilliseconds                // 等待的 ms 数
);
```

其中 WaitForSingleObject()用来等待单个同步对象；WaitForMultipleObjects()用来等待多个同步对象。这两个函数都会阻塞当前的调用线程，直到等待的同步对象变为通知状态。两个函数都有一个 dwMilliseconds 参数，用来指定等待的时间。如果把该参数设置成 INFINITE，则函数会一直等待同步对象变为通知状态；如果设置为其他值，即使同步对象依然处于未通知状态，函数也会在指定的时间耗尽后返回。

2.2.4.1　Mutex

Mutex 是 Mutual Exclusion 的缩写，中文译为互斥。正如其名，同时只有一个线程可以占有 Mutex 对象。其他的线程如果希望占有 Mutex，则必须使用等待函数在该对象上等待，当占有 Mutex 的线程释放它后，其他线程才有机会获取 Mutex。

如果某些共享资源同时只能被一个线程访问，那么使用 Mutex 对其进行同步是最好的选择。与 Mutex 相关的函数有以下两个：

```
// 创建一个 Mutex 同步对象
HANDLE CreateMutex(
  LPSECURITY_ATTRIBUTES lpMutexAttributes,     // 不支持，设置为 NULL
  BOOL bInitialOwner,                          // 是否为创建该 Mutex 的线程所拥有
  LPCTSTR lpName                               // 可选，该 Mutex 的名称
);

// 释放对 Mutex 的占有
BOOL ReleaseMutex(
  HANDLE hMutex                                // Mutex 的句柄
);
```

其中 CreateMutex()函数用来创建一个 Mutex 对象。bInitialOwner 参数指定该 Mutex 是否为创建的线程所占有，如果此参数为 TRUE，那么该 Mutex 创建结束后，创见它的线程就获得了该 Mutex 的占有权。lpName 是可选的 Mutex 的名称，如果此项不为空，那么系统在创建 Mutex 前会首先搜索系统中已经存在的 Mutex。如果发现有同名的 Mutex，则直接返回该 Mutex；否则就创建一个新的同步对象。

下面的代码片断展示了两个线程如何使用 Mutex 对象对共享的全局变量 i 进行访问。每个线程在对共享变量进行访问前，都首先要使用等待函数得到 Mutex 对象，当对共享资源访问结束后，应当立即释放共享对象。

```
HANDLE      hMutex;
INT         i = 0
```

```
// 创建 Mutex 对象和线程
VOID Init()
{
    hMutex = CreateMutex(NULL, FALSE, NULL);
    CreateThread(NULL, NULL, ThreadProc1, NULL, NULL, NULL);
    CreateThread(NULL, NULL, ThreadProc2, NULL, NULL, NULL);
}

DWORD WINAPI ThreadProc1(LPVOID lpParameter)
{
    WaitForSingleObject(hMutex, INFINITE);          // 获得 Mutex 对象
    i ++ ;                                          // 访问共享资源
    ReleaseMutex(hMutex);                           // 释放同步对象
    return 0;
}

DWORD WINAPI ThreadProc2(LPVOID lpParameter)
{
    WaitForSingleObject(hMutex, INFINITE);          // 获得 Mutex 对象
    i -- ;                                          // 访问共享资源
    ReleaseMutex(hMutex);                           // 释放同步对象
    return 0;
}
```

2.2.4.2 Semaphore

Semaphore 中文通常译为信标或者信号灯。通常可把 Semaphore 理解成是带有引用计数的 Mutex。如果一个 Semaphore 带有计数 n，这表示同时最多可以有 n 个线程占有该 Semaphore。当 n 个线程占有了 Semaphore 后，其他希望占有该 Semaphore 的线程才会进入等待状态。

如果某些共享资源同时只能被固定数量的线程使用，那么应该选用 Semaphore 对它进行同步。与 Semaphore 相关的函数有以下两个：

```
// 创建一个 Semaphore 对象
HANDLE CreateSemaphore(
  LPSECURITY_ATTRIBUTES lpSemaphoreAttributes,     // 不支持，设为 NULL
  LONG lInitialCount,                              // 初始计数
  LONG lMaximumCount,                              // 最大支持的线程数
  LPCTSTR lpName                                   // 可选，Semaphore 的名字
```

```
);

// 释放 Semaphore 对象
BOOL ReleaseSemaphore(
  HANDLE hSemaphore,                          // 要释放的 Semaphore 句柄
  LONG lReleaseCount,                         // 释放的引用计数个数
  LPLONG lpPreviousCount                      // 返回释放前的 Semaphore 计数
);
```

使用 CreateSemaphore()函数创建 Semaphore 时，可使用第 3 个参数 lMaximumCount 来指定最多可有多少个线程占有该 Semaphore 对象。同时，还可使用第 2 个参数 lInitialCount 给 Semaphore 对象一个初始计数。当有线程使用 ReleaseSemaphore()函数释放 Semaphore 对象时，该初始值增加 lReleaseCount；当有线程使用等待函数占有 Semaphore 时，该初始值减 1。因此，如果 Semaphore 的计数大于 0，则 Semaphore 处于通知状态；如果计数小于 0，则 Semaphore 处于未通知状态。

2.2.4.3　Event

如果一个线程需要通知其他线程某个时间发生了，那么可使用事件(Event)同步对象。前一个线程给事件发送一个通知信号，其他对此事件发生感兴趣的线程一般调用等待函数在事件上等待。如果没有线程发送事件的通知信号，那么其他等待的线程将一直阻塞。

事件是用得比较广泛的同步对象。在 Windows CE 的驱动程序中，中断处理线程就是使用事件同步对象来等待中断发生的。Windows CE 中与事件相关的函数有如下几种：

```
// 创建 Event 同步对象
HANDLE CreateEvent(
  LPSECURITY_ATTRIBUTES lpEventAttributes,    // 不支持，设为 NULL
  BOOL bManualReset,                          // 是否需要人工重置
  BOOL bInitialState,                         // 初始状态，TRUE 为通知状态
  LPTSTR lpName                               // 可选，Event 的名字
);

// 把 Event 同步对象设置为通知状态
BOOL SetEvent(
  HANDLE hEvent                               // Event 的句柄
);

// 把 Event 同步对象设置为未通知状态
BOOL ResetEvent(
  HANDLE hEvent                               // Event 的句柄
```

```
);

// 使 Event 变为通知状态，释放一些等待线程后，再把 Event 设置为未通知状态
BOOL PulseEvent(
  HANDLE hEvent                               // Event 的句柄
);
```

当使用 CreateEvent()函数创建新的 Event 对象时，可使用 bInitialState 参数指定 Event 的初始状态。如果为 TRUE，则新创建的 Event 最开始就是通知状态。同时，第 2 个参数 bManualReset 用来指定 Event 是否为人工重置。换言之，有两种不同类型的 Event 对象：一种是人工重置的 Event，另一种是自动重置的 Event。当人工重置的 Event 得到通知时，等待该 Event 的所有线程均变为就绪态，而 Event 还处于通知状态，直到调用 ResetEvent()函数；当一个自动重置的 Event 得到通知时，等待该 Event 的线程中只有一个线程变为就绪态，然后 Event 自动变为未通知状态。PulseEvent()在实际开发中很少使用。

把上面 Mutex 的例子改为用 Event 来实现，代码如下：

```
HANDLE     hEvent;
INT        i = 0;

// 创建一个自动重置，初始状态为通知的 Event 对象。创建线程
VOID Init()
{
    hEvent = CreateEvent(NULL, FALSE, TRUE, NULL);

    CreateThread(NULL, NULL, ThreadProc1, NULL, NULL, NULL);
    CreateThread(NULL, NULL, ThreadProc2, NULL, NULL, NULL);
}

DWORD WINAPI ThreadProc1(LPVOID lpParameter)
{
    WaitForSingleObject(hEvent, INFINITE);     // 等待事件发生
    i ++ ;                                     // 访问共享资源
    SetEvent(hEvent);                          // 让事件再次发生
    return 0;
}

DWORD WINAPI ThreadProc2(LPVOID lpParameter)
{
    WaitForSingleObject(hEvent, INFINITE);
```

```
    i--;
    SetEvent(hEvent);
    return 0;
}
```

2.2.4.4　Critical Section

除此之外 Windows CE 还提供了两种用户态下的同步方法：Critical Section 和互锁函数(Interlocked Functions)。这两种方法都没有相对应的 Windows CE 内核对象，因此它们不能跨进程，但优点是运行效率要远远比前面的几种同步对象高。

Critical Section 是应用程序分配的一个数据结构。它用来把一段代码标记为临界区。临界区可保证对其内部代码的访问是串行的。如果临界区并没有导致线程阻塞，那么 Critical Section 的效率非常高，因为代码不须进入操作系统内核；如果临界区导致了阻塞，临界区使用与 Mutex 相同的机制。因此，如果发生了很多阻塞，那么 Critical Section 的效率也不会很高。

与 Critical Section 相关的函数有如下几种：

```
// 初始化临界区
void InitializeCriticalSection(
  LPCRITICAL_SECTION lpCriticalSection
);

// 开始标记代码为临界区
void EnterCriticalSection(
  LPCRITICAL_SECTION lpCriticalSection
);

// 非阻塞版本的 EnterCriticalSection,如果不能进入临界区,那么返回 FALSE 而不阻塞线程
BOOL TryEnterCriticalSection(
  LPCRITICAL_SECTION lpCriticalSection
);

// 离开临界区
void LeaveCriticalSection(
  LPCRITICAL_SECTION lpCriticalSection
);

// 删除临界区
void DeleteCriticalSection(
  LPCRITICAL_SECTION lpCriticalSection
);
```

使用 Critical Section 时，一般可为每一个共享资源分配一个 Critical Section 变量。同时，应该把尽可能少的代码放在 Critical Section 中。下面是一个使用 Critical Section 的例子，功能与上面演示 Mutex 和 Event 的类似。

```
CRITICAL_SECTION    cs;
INT    i = 0;

// 初始化临界区
VOID Init()
{
    InitializeCriticalSection(&cs);

    CreateThread(NULL, NULL, ThreadProc, NULL, NULL, NULL);
    CreateThread(NULL, NULL, ThreadProc, NULL, NULL, NULL);
}

DWORD WINAPI ThreadProc(LPVOID lpParameter)
{
    EnterCriticalSection(&cs);              // 进入临界区
    i++;
    LeaveCriticalSection(&cs);              // 离开临界区

    return 0;
}
```

Critical Section 与关中断

很多嵌入式系统都有类似的 Critical Section 机制。在一些嵌入式操作系统中，Critical Section 就是用关中断实现的，但是 Windows CE 中的 Critical Section 不是这样。像上面所述的一样，Windows CE 的 Critical Section 只是一种特殊的 Mutex。在 Windows CE 中，除了 OAL 之外的任何地方关中断都是不支持的。

2.2.4.5　互锁函数

互锁函数可对变量和指针进行原子的读/写操作。因为它们不需要额外的同步对象，所以有时这些互锁函数特别有用。Windows CE 提供的互锁函数有：

```
InterlockedIncrement                // 把一个变量的值加 1
InterlockedDecrement                // 把一个变量的值减 1
InterlockedExchange                 // 交换两个变量的值
InterlockedTestExchange             // 根据条件交换变量的值
```

```
InterlockedCompareExchange              // 根据比较原子交换
InterlockedCompareExchangePointer       // 根据比较原子交换指针
InterlockedExchangePointer              // 交换两个指针的值
InterlockedExchangeAdd                  // 给某个变量增加某个特定值
```

互锁函数相对简单，在这里就不作详细介绍了。前面一直使用的例子，如果使用互锁函数，则是最简单的。代码片断如下：

```
INT     i = 0;

// 创建线程
VOID Init()
{
    CreateThread(NULL, NULL, ThreadProc, NULL, NULL, NULL);
    CreateThread(NULL, NULL, ThreadProc, NULL, NULL, NULL);
}

DWORD WINAPI ThreadProc(LPVOID lpParameter)
{
    InterlockedIncrement(&i);
    return 0;
}
```

2.2.5　进程间通信

Windows CE 中实现了内存保护机制，这可防止一个进程偶尔或者恶意的访问另外一个进程的地址空间。但是，这些机制也不允许应用程序间有计划地共享数据。使用线程可以避开地址空间的隔离障碍，同一个进程中的线程运行在同一个地址空间内。然而，如果并发发生在不同的进程之间，那么操作系统就必须提供一种机制，可以把一个进程地址空间中的数据复制到另外一个进程的地址空间中，这也就是进程间通信的由来。

Windows CE 提供了多种进程间通信的方式，本书将详细讲述文件映射和点对点消息队列。

- 剪贴板(Clipboard)　可使用剪贴板函数在不同进程间复制数据。但是一般只适合图形界面的程序，而且通常剪贴板都是由用户操作完成的。
- COM/DCOM　通过 COM 组件的代理/存根方式进行进程间数据交换，但只能在调用接口函数时传送数据；通过 DCOM 可在不同主机间传送数据。
- 网络套接字(Socket)　通过计算机网络，可在相同主机或不同主机间交换数据。可参考本书的网络通信部分。

● WM_COPYDATA 消息　通过向进程发送 WM_COPYDATA 消息，将数据放在参数中给其他进程传递数据。只适合有窗口消息队列的进程。

2.2.5.1　文件映射

文件映射(File Mapping)又叫内存映射文件(Memory-Mapped File，MMF)。通过内存映射文件可在进程的共享虚拟地址空间内保留一个地址空间的区域，同时将文件所在的物理内存映射到此区域。这样，只须对虚拟内存进行读/写操作就能实现对文件的操作，而且文件何时被加载到物理内存、何时被换出完全不需要开发人员关心，这一切都由操作系统的内存管理来实现。在 Windows CE 中，内存映射文件总是会被映射到 4 GB 虚拟地址空间的 0x4200 0000～0x7FFF FFFF 的进程共享区域中，因此，也就实现了多个进程之间的通信。

内存映射文件并不是简单的文件 I/O 操作，实际用到了 Windows CE 的内存管理。所以，如果想对内存映射文件有更深刻的理解，那么必须对 Windows CE 操作系统的内存管理机制有清楚的认识。内存管理的相关知识可参阅本章内存管理一节。

与内存映射文件相关的函数如下：

```
// 创建一个文件，用于内存映射
HANDLE CreateFileForMapping(
  LPCTSTR lpFileName,                             // 要创建的文件名
  DWORD dwDesiredAccess,                          // 希望的权限
  DWORD dwShareMode,                              // 共享模式
  LPSECURITY_ATTRIBUTES lpSecurityAttributes,     // 不支持，设为 NULL
  DWORD dwCreationDisposition,                    // 创建文件的方法
  DWORD dwFlagsAndAttributes,                     // 文件的属性
  HANDLE hTemplateFile                            // 不使用，被忽略
);

// 创建内存映射文件对象
HANDLE CreateFileMapping(
  HANDLE hFile,                                   // 文件的句柄
  LPSECURITY_ATTRIBUTES lpSecurityAttributes,     // 不支持，设为 NULL
  DWORD flProtect,                                // 保护方法
  DWORD dwMaximumSizeHigh,                        // 文件大小的高 32 位
  DWORD dwMaximumSizeLow,                         // 文件大小的低 32 位
  LPCTSTR lpName                                  // 可选，内核对象名称
);

// 把内存映射文件映射到进程共享地址空间
LPVOID MapViewOfFile(
```

```
  HANDLE hFileMappingObject,                      // 内存映射文件对象
  DWORD dwDesiredAccess,                          // 希望的权限
  DWORD dwFileOffsetHigh,                         // 起始映射地址偏移的低 32 位
  DWORD dwFileOffsetLow,                          // 起始映射地址偏移的高 32 位
  DWORD dwNumberOfBytesToMap                      // 要映射的字节数
);

// 删除内存映射文件
BOOL UnmapViewOfFile(
  LPCVOID lpBaseAddress                           // 内存映射文件的基地址
);
```

首先,通过 CreateFile()函数来创建或打开一个文件,此文件标识了磁盘上将要用作内存映射文件的文件。在 Windows CE 中,系统还提供了 CreateFileForMapping()函数,这是特殊版本的 CreateFile(),此函数专门用于创建内存映射文件用的文件,它向内核地空间提供了回调,这保证了由 CreateFilcForMapping()创建的文件可被创建进程之外的其他进程使用。在 Windows CE 中如果要创建专门为内存映射用的文件,那么建议使用 CreateFileForMapping()函数。

在用 CreateFile()将文件映像在物理存储器的位置通告给操作系统后,只指定了映像文件的路径,映像的长度还未指定。为了指定文件映射对象需要多大的物理存储空间还须通过 CreateFileMapping()函数来创建一个文件映射内核对象以告诉系统文件的尺寸以及访问文件的方式。

在创建了文件映射对象后,还必须为文件数据保留一个地址空间区域,并把文件数据作为映射到该区域的物理存储器进行提交。由 MapViewOfFile()函数负责通过系统的管理而将文件映射对象的全部或部分映射到进程地址空间。此时,对内存映射文件的使用和处理同通常加载到内存中的文件数据的处理方式基本一样。

在完成对内存映射文件的使用后,还要通过一系列操作完成对其的清除和使用过资源的释放。这部分比较简单,可通过 UnmapViewOfFile()完成从进程的地址空间撤销文件数据的映像,通过 CloseHandle()关闭前面创建的文件映射对象和文件对象。

下面的代码片断展示了如何使用内存映射文件,打开程序的多个进程,从而可以看到运行结果。

```
// 创建文件
hFile = CreateFileForMapping(
      TEXT("\\Map.dat"),
      GENERIC_READ | GENERIC_WRITE,
      FILE_SHARE_READ,
```

```
        NULL,
        CREATE_ALWAYS,
        FILE_ATTRIBUTE_NORMAL,
        NULL);

    // 创建内存映射文件
    hMapFile = CreateFileMapping(
        hFile,
        NULL,
        PAGE_READWRITE,
        0,
        0x10000,
        TEXT("MMFObj"));

    // 把内存映射文件映射到进程共享地址空间
    hMMF = MapViewOfFile(
        hMapFile,
        FILE_MAP_ALL_ACCESS,
        0,
        0,
        NULL);

    // 读取内存映送和文件的内容
    INT nVal = *((INT *)hMMF);

    // 写数据到内存映射文件
    *((INT *)hMMF) = 34;

    // 清理资源
    UnmapViewOfFile(hMMF);
    CloseHandle(hMapFile);
    CloseHandle(hFile);
```

2.2.5.2　点对点消息队列

点对点消息队列(Point-to-Point Message Queues)是常用的系统模块之间进行通信的方式。它很好地符合了操作系统原理中的“生产者—消费者”模型。消息队列通常是一个先进先出的队列结构，当一个进程把消息写入队列，需要此消息的其他进程，就可从队列中取得消息，从而达到进程间通信的目的。

在 Windows CE 的消息队列实现中，消息队列有如下特色：

- 消息可为任意的数据类型，事实上消息只是一个任意大小的内存缓冲区。这非常有利于在不同进程之间进行数据交换。
- 消息队列还可用来进行同步。这也是典型的“生产者—消费者”模型中的消费者等待问题。当队列中不存在消息时，如果消息使用线程继续从消息队列中读取消息，那么就会造成读取消息的线程在消息队列上阻塞，直到有新的消息进入队列，并被消息读取线程成功读取；当队列中的消息已满时，如果消息生产线程继续往消息队列中写入消息，那么就会造成写入消息的线程在消息队列上阻塞，直到有消息被取走，新的消息成功写入消息队列为止。
- 消息是没有优先级的，对于同一个队列，所有的消息都严格按照先进先出的方式进出。
- Windows CE 中的消息队列是基于点对点操作的，它不能用来进行广播。

Windows CE 提供了如下几个函数，用来对消息队列进行处理。

```
// 创建一个新的消息队列，也根据名字打开现有的消息队列
HANDLE CreateMsgQueue(
  LPCWSTR lpszName,                  // 消息队列的名称
  LPMSGQUEUEOPTIONS lpOptions        // 消息队列的配置选项
);

// 打开一个现有的消息队列
HANDLE OpenMsgQueue(
  HANDLE hSrcProc,                   // 创建消息队列的进程句柄
  HANDLE hMsgQ,                      // 消息队列的句柄
  LPMSGQUEUEOPTIONS lpOptions        // 消息队列的配置选项
);

// 获得消息队列的信息
BOOL GetMsgQueueInfo(
  HANDLE hMsgQ,                      // 消息队列的句柄
  LPMSGQUEUEINFO lpInfo              // 消息队列的配置选项
);

// 从消息队列中读取消息
BOOL ReadMsgQueue(
  HANDLE hMsgQ,                      // 消息队列的句柄
  LPVOID lpBuffer,                   // 用户提供的用来接收消息的缓冲区
  DWORD cbBufferSize,                // 缓冲区的大小
  LPDWORD lpNumberOfBytesRead,       // 缓冲区实际使用的大小
  DWORD dwTimeout,                   // 在消息队列上等待超时的时间
```

```
    DWORD * pdwFlags                    // 消息的属性
);

// 向消息队列中写入消息
BOOL WriteMsgQueue(
    HANDLE hMsgQ,                       // 消息队列的句柄
    LPVOID lpBuffer,                    // 存放消息的缓冲区
    DWORD cbDataSize,                   // 缓冲区的大小
    DWORD dwTimeout,                    // 在消息队列上等待超时的时间
    DWORD dwFlags                       // 消息的属性
);

// 关闭消息队列
BOOL CloseMsgQueue(
    HANDLE hMsgQ                        // 消息队列的句柄
);
```

应用中,消息队列经常用来获得设备的装载/卸载通知。例如下面的代码展示了应用程序如何通过使用消息队列来获得文件系统挂载的通知。

```
DWORD NotificationsThread( LPVOID lpParameter )
{
    GUID    guid = STORE_MOUNT_GUID;
    HANDLE hMsgQ;
    DWORD   numRead;
    DWORD   flags;
    BYTE    buf[sizeof(DEVDETAIL) + MAX_DEVCLASS_NAMELEN * sizeof(TCHAR)];
    MSGQUEUEOPTIONS qoptions = { sizeof(MSGQUEUEOPTIONS), MSGQUEUE_NOPRECOMMIT, 0, sizeof(buf),
TRUE };

    // 创建消息队列
    hMsgQ = CreateMsgQueue( NULL, &qoptions );
    if( hMsgQ == NULL )
    {
        // 创建失败
        return 0;
    }
    // 注册设备等待通知
    hNotifications = RequestDeviceNotifications( &guid, hMsgQ,  TRUE );
    if( hNotifications == NULL )
```

```
    {
        // 注册失败
        return 0;
    }

    // 等待消息
    HANDLE waitHandles[] = { XXXXXXX, hStopEvent };
    while( WAIT_OBJECT_0 == WaitForMultipleObjects( 2, waitHandles, FALSE, INFINITE ) )
    {
        if( ! ReadMsgQueue( hMsgQ, buf, sizeof(buf), &numRead, 0, &flags ) )
        {
            return 0;
        }
        // 回调用户定义的文件系统挂载函数
        OnMountStorage( *((const DEVDETAIL*)buf), flags);
    }
    // 关闭消息队列
    CloseMsgQueue( hMsgQ );
    CloseHandle( hStopEvent );

    return 1;
}
```

2.3 内存管理

2.3.1 内存管理概览

内存管理是操作系统最为重要的模块之一。了解操作系统使用的内存结构是理解操作系统如何运行的关键。当接触一个新的操作系统时，我们会想到一系列问题。比如，如何在两个应用程序之间共享数据？系统将要查找的信息存放在什么地方？以及如何使我的程序能够更加有效地运行等等。理解操作系统如何管理内存，可以帮助我们更快和更准确地回答这些问题。本节将介绍 Windows CE 下的内存管理。

嵌入式设备拥有的物理内存通常都比较小。如今桌面 PC 拥有 512 MB 甚至 1～2 GB 的内存，大家也习以为常，但是嵌入式设备上通常只有几 MB 甚至几 KB 的内存。因此，应用程序经常须关注内存的使用量，有时候甚至要对内存斤斤计较。

所幸的是，尽管基于 Windows CE 设备的可用内存通常都很小，但是 Windows CE 的内存管理的功能却很完善。Windows CE 的内存管理几乎实现了 Windows XP/ME 等桌面操作系统内存管理的所有功能，并且针对嵌入式系统的特点对内存管理作了优化和改进。Windows CE 是一个 32 位的嵌入式操作系统。因此，与 Windows XP/ME 等桌面操作系统一样，运行在 Windows CE 上的应用程序具有 32 位的寻址能力。

如图 2.11 所示，Windows CE 采用层次化的结构进行内存管理。从下到上依次可分为物理内存、虚拟内存、逻辑内存和 C/C++语言运行时库。内存管理的每一层都会向外提供一些编程接口函数，这些编程接口可被上一层使用，也可直接被应用程序使用。

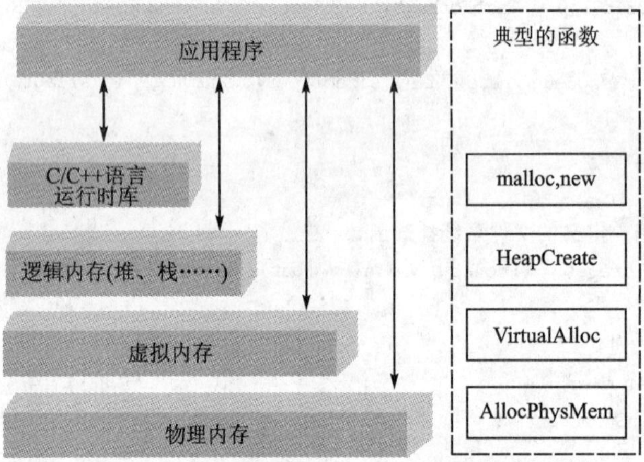

图 2.11　Windows CE 内存管理概览

虽然不同层次的内存管理都提供了一些接口供应用程序使用，但应用程序到底应该使用何种类型的内存模型，取决于两件事：所需要的内存管理类型和相关的功能在操作系统中是如何实现的。换言之，应用程序会进行大型数据库操作并且管理大量复杂的数据结构，还是程序只是简单地管理一些数组和链表。无论如何，理解内存管理的模型和所提供的函数都是非常有用的。

2.3.2　物理内存

如图 2.12 所示，在 Windows CE 中，RAM，ROM 和 Flash Memory 都被看成物理内存，而不仅仅是传统意义上的，只有 RAM 被认为是物理内存。

RAM 在 Windows CE 中像传统的物理内存一样，为操作系统和应用程序提供运行和缓冲空间。在一些早期的 Windows CE 设备中，例如手持 PC(Handheld PC)，在系统关机后可以通过电池继续对 RAM 刷新而保持 RAM 中的内容，使它不至于在断电后数据丢失。这样，系统下一次开机时就可以接着上次关机时的状态继续运行，只有当电池耗尽或者手动重启之后才会使系统复位。这种特性可给一些须一直运行的程序提供环境。尽管这是一种硬件特性，但是 Windows CE 操作系统的确对此提供了支持。

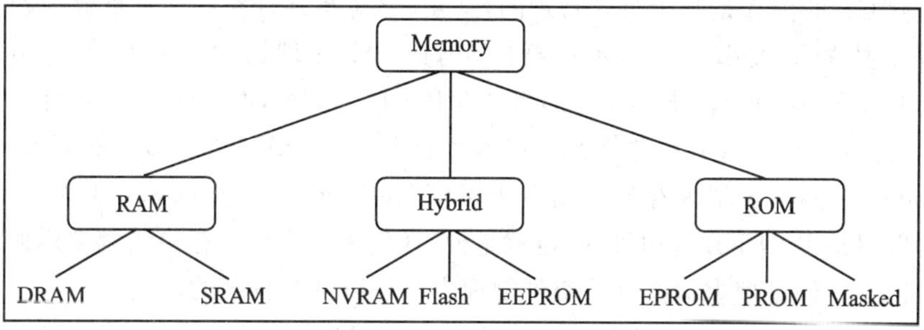

图 2.12　物理内存

ROM 在 Windows CE 中通常用来存储程序。其内容可断电永久保存，就像桌面 PC 中的硬盘一样，它通常包括操作系统映像本身和组成操作系统的一些其他文件。ROM 中的内容通常是不能改动的，这样也防止了操作系统的内容被无意改写。ROM 中的程序可被复制到内存中然后再执行，Windows CE 也支持本地执行（eXecute In Place，XIP），本地执行使代码无须复制到内存中，而直接在 ROM 中执行。在 ROM 中直接运行程序可以节省一些内存，但是这样也有一些缺点：一方面 XIP 的执行效率不如在 RAM 中执行效率高；另一方面 Windows CE 中的程序如果不使用 XIP 的话，那么可被压缩后放在 ROM 中，当程序被加载到内存中时再进行解压缩，这样可节省 ROM，但是压缩代码与 XIP 无法共存。

ROM 的一个替代品是 Flash Memory，也通常简称为 Flash 或闪存。Flash Memory 与 ROM 相比最大的优点是可擦写。这样它既可以用来存储操作系统本身，也可以用来存储后来安装的程序。从结构上分，Flash Memory 主要有 AND、NAND、NOR 及 DiNOR 等，其中 NAND 和 NOR 是目前主流类型。NOR（或非）在存储格式和读写方式上都与大家常用的内存相近，支持线性访问和随机读写，具有较高的速度，这也使其非常适合存储程序及相关数据。但是 NOR 型的最大缺点就是容量小。其特点是可支持本地执行 XIP。NAND（与非）的存储和传输是以页和块为单位的（与传统硬盘比较类似），相对适合大数据的连续传输。NAND 型闪存的优点就是容量大，目前以 G 为单位的 NAND Flash 也已经投入使用了。不过，NAND 型的速度较慢。

Windows CE 最大支持 512 MB 的物理内存，这对于绝大多数嵌入式设备来说都已经足够了。在下面一节中会看到原因。

2.3.3　虚拟内存

相比桌面 Windows 的内存管理，Windows CE 的虚拟内存管理是最为独特的。与 Windows XP 一样，Windows CE 也是 32 位的操作系统，因此 Windows CE 的虚拟寻址能力可达到 4 GB。但是与 Windows XP 的每个进程独享 4 GB 虚拟地址空间不同，Windows CE 中所有的进程共享一个 4 GB 的虚拟地址空间。

Windows CE 的内存是基于页式管理的，这 4 GB 虚拟地址空间又可被分为若干个页。不同的处理器支持的页大小通常是不一样的，例如 SH 处理器通常使用 1 K 的页，大多数 ARMV4 处理器支持 1 KB，4 KB，64 KB 和 1 MB 4 种页大小，而 X86 处理器通常使用 4 K 或者 4 MB 的页。Windows CE 操作系统支持两种页大小：1 KB 和 4 KB。在 Windows CE 中，与桌面 Windows 一样，虚拟内存的申请分为保留(reserve)和提交(commit)两个过程。虚拟地址空间的保留是以 64 KB 为边界的，也就是说，任何一次虚拟内存申请都会返回一个 64 KB 的整数倍的地址。但是把虚拟内存提交到物理内存是以页为粒度的。

管理虚拟内存的硬件是内存管理单元(Memory Management Unit，MMU)。MMU 负责把虚拟地址映射到物理地址，并且提供一定的内存保护。尽管 Windows CE 支持台式机的硬盘，但是基于 Windows CE 的设备中通常都没有硬盘，因此 Windows CE 无法把一些暂时不用的页换出到硬盘上来空出一些 RAM。然而，虚拟内存是 Windows CE 中的重要模块，它把进程申请的内存映射到物理内存，并且提供系统 4 GB 的寻址能力。在程序启动时，虚拟内存可按照需要即时地申请程序代码空间所需要的物理内存，而不是在程序启动时就把它完全加载到物理内存中。此外，应用程序也无须关心到底有多少物理内存剩余，程序需要的内存会被申请并且映射到虚拟地址空间中。如果没有剩余的物理内存了，那么内存申请就会失败。

如图 2.13 所示，这 4 GB 的虚拟地址空间又被分为两个 2 GB 区域：低地址 2 GB 是用户空间，供应用程序使用，应用程序申请的内存都会从低 2 GB 地址空间中返回；高地址 2 GB 是内核空间，供 Windows CE 操作系统本身使用。

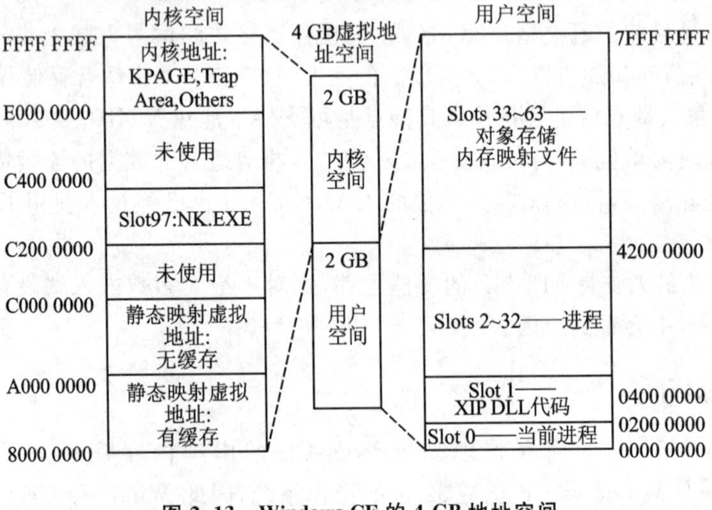

图 2.13　Windows CE 的 4 GB 地址空间

Windows CE 把 4 GB 虚拟地址空间分成若干个 Slots，每个 Slot 占 32 MB，Slot 的编号从 0 开始。Slots 0～32 对应的虚拟地址是 0x0000 0000～0x41FF FFFF，它们用于存放进程的虚拟地址空间。Slot 0 与 Slot 1 基本是在一起的。其中 Slot 0 用于映射当前在处理器上执行的进程（确切地说当前在处理器上执行的线程属于哪个进程）；Slot 1 由 XIP 的 DLL 代码使用。Slots 2～32 对应 Windows CE 中每个进程的 32 MB 虚拟地址空间，其中 Slot 2 通常被 Filesys. exe 占用。也就是说，理论上在 Windows CE 中最多可以有 30 个用户进程，对应 Slots 3～32。但实际上通常的 Windows CE 除了 NK. exe 和 Filesys. exe 还会产生很多进程，因此用户实际可以用的进程数大大少于 30 个。

讨论：为什么把 Slot 0 映射为当前进程的地址空间

Windows CE 中每个进程都有自己的 Slot，但是 Windows CE 还会把当前在运行的进程映射到 Slot 0。这样，当前运行的进程就有了两份映射。为什么 Windows CE 要“多此一举”呢？我们猜想大概有如下几个原因：

Windows CE 使用与桌面 Windows 一样的可执行文件格式——PE(Portable Executable)。PE 文件中假定进程的虚拟地址空间是从 0 地址开始算起的。在桌面 Windows 中每个进程都独占 4 GB 进程地址空间，这一点当然可以满足。但是在 Windows CE 中，所有进程共享一个 4 GB 虚拟地址空间，而除了 Slot 0 是从地址 0 开始的，其他 Slot 的起始地址都不是 0。如果不从 0 地址开始算，那么可执行文件须经过重定位(Relocation)操作才可以执行。重定位要求每个 EXE 都要附带重定位表，这无疑会增加 EXE 文件的大小。把当前执行的进程映射到 Slot 0 中，这就可以避免重定位，让所有的 EXE 的虚拟地址都从 0 地址算起。

此外，Windows CE 的程序一般都不是一个单独的可执行 EXE 文件，它们会引用一些 DLL，在程序中会有很多 EXE 和 DLL 之间的代码的交互调用。当加载 DLL 代码的时候，加载器可以保证所有进程中的 DLL 代码都被映射到同一块物理地址上。这是合理的优化，因为所有的 DLL 代码都是只读的，在多个进程间共享不会有任何问题。问题是这些 DLL 使用的数据，这些数据必须是每个进程都有一份唯一的拷贝，并且不能被共享。DLL 使用的数据必须放在相应的进程的 Slot 中。那么，共享的 DLL 代码如何能找到不共享的数据呢？答案是 DLL 总是从 0 地址开始的偏移找共享的数据。把正在运行的进程放在 Slot 0，就可以保证对任何一个进程，共享的 DLL 代码都可以通过同样的偏移访问到位于不同进程中的不共享的 DLL 数据。这样做是合理的，因为如果 DLL 要访问数据，DLL 所在的进程此刻必定在执行。这样使用 Slot 0 就解决了的共享 DLL 访问非共享的数据问题。

Slots 33～63 对应的虚拟地址空间是 0x4200 0000～0x7FFF FFFF。这块虚拟内存是由所有进程共享的，由于每个进程只有 32 MB 的虚拟地址空间，如果应用程序希望使用更多的虚拟内存，那么就可以在这个范围内申请。这个范围包括对象存储和内存映射文件。此范围内的最后一个 Slot 从 0x7E00 0000～0x 7FFFF FFFF，也就是 Slot 63，用来存放纯资源 DLL。如果某个 DLL 里面只有资源信息（例如图标、位图、菜单、对话框及字符串表等），这个 DLL 就会被加载到这个空间内。

从 0x8000 0000 开始是 Windows CE 内核使用的虚拟地址空间。虚拟地址 0x8000 0000～

0x9FFF FFFF 一段用来静态映射所有的物理地址。也就是说 Windows CE 会把所有的物理内存 1∶1 地映射到这段虚拟地址上。这段地址一共有 512 MB，这也就是 Windows CE 所支持的物理地址的最大值为 512 MB 的由来。

虚拟地址 0xA000 0000～0xBFFF FFFF 会重复映射所有的物理内存，如图 2.14 所示。这一段对物理内存的映射与 0x8000 0000 一段最大的不同是从 0x8000 0000 开始的一段物理内存是有缓冲的，而从 0xA000 0000 开始的一段是没有缓存的。通常，缓冲可以提高系统的 I/O 效率，但是对于一些 OAL 或者 Bootloader 中的设备驱动程序来说，使用缓冲有可能会造成灾难性后果，因为缓冲有可能会更改我们对设备的写操作顺序。因此在驱动程序中如果直接访问设备 I/O 或寄存器，那么通常使用 0xA000 0000 一段物理地址。

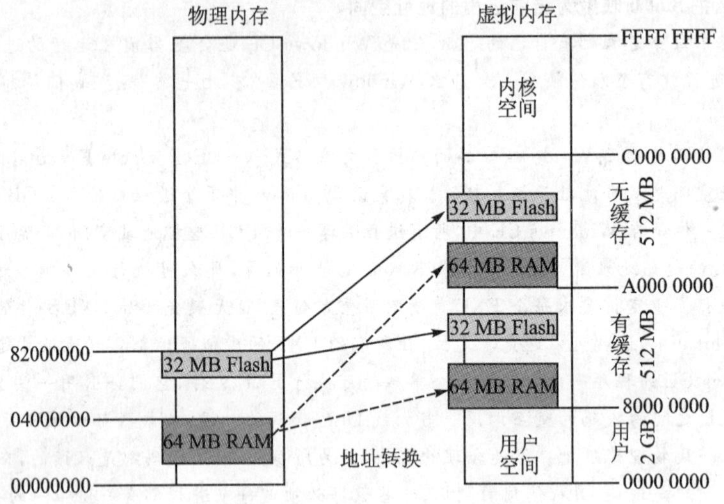

图 2.14　内核映射的物理内存

在 X86 和 ARM 处理器中，Windows CE 的静态内存映射是由 OAL 层中的 OEMAddressTable 数组决定的，在后面章节还会详细讲述。物理内存被映射到内核空间之后，Windows CE 内核中访问物理内存就变得相对简单。如果访问某个物理内存地址，那么只需把该物理内存地址加上 0x8000 0000 或者 0xC000 0000 就可以了。当然这种简便的方式只能由 Windows CE 内核使用。通常的应用程序是无法享受这种便利的。

0xC200 0000～0xC3FF FFFF 是 Slot 97，此 Slot 是 Windows CE 的核心进程 NK.EXE 专用的。可见，实现 Windows CE 操作系统的一些主要功能的 NK.EXE 本身的地址空间还是在核心态中的。

0xE000 0000～0xFFFF FFFF 一段最高的地址是内核使用的地址空间。对于不同的处理器体系结构，这里保存着不同的东西。通常会放置一些供虚拟内存用的页表和中断向量表等内核使用的数据结构。

下面就 Slot 0 来看看一个进程中虚拟地址空间的使用情况。在一个进程的 32 MB 虚拟地址空间中，最低的 64 KB 地址，也就是 0x0000 0000～0x0001 0000 是用来捕获野指针，通常是空指针 NULL 的。如果某个指针访问了低于 64 KB 的内存区域，那么 Windows CE 就可以捕捉这个错误。但是这样并不能捕获代码中所有的野指针。

64 KB 之上是进程的代码和数据以及一些堆和栈。进程申请虚拟内存是从低地址向高地址增长的。从 32 MB 虚拟地址空间最高地址开始，存放的是进程加载的 ROM DLL 的读写数据以及 RAM DLL 的数据(ROM DLL 的代码对所有进程来说可以共享一个拷贝，放在 Slot 1 中，但对于 DLL 的数据，就不得不为每个进程设立单独的拷贝)，DLL 代码和数据的增长是从高地址向低地址增长的。如果这两个高低增长相撞，那么就预示着进程已经耗尽了它的虚拟地址空间。尽管此时有可能还有多余的物理内存，但是已经无法使用它了。因为进程的虚拟地址空间已经用完了。单个进程的虚拟地址空间如图 2.15 所示。

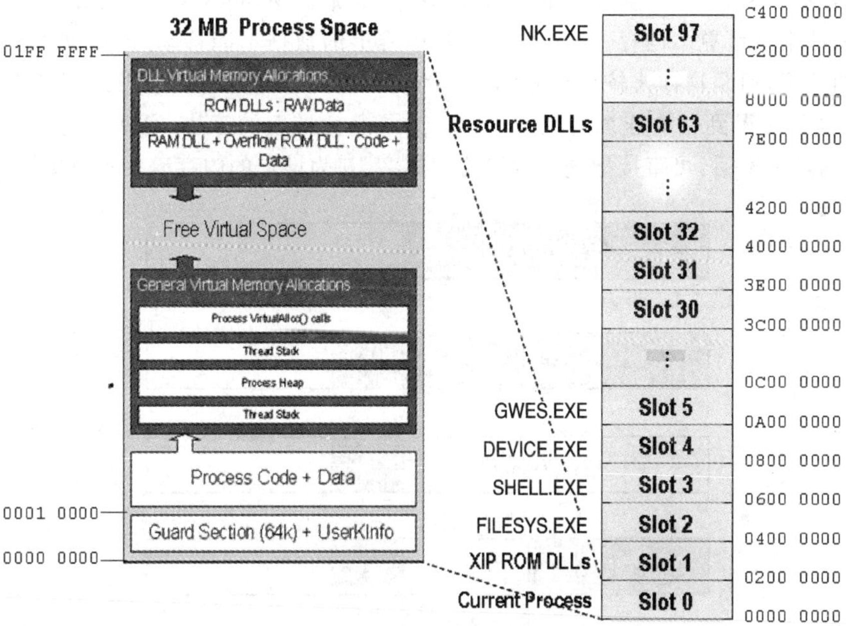

图 2.15 单个进程的虚拟地址空间

我们在前面提到过，虚拟内存的申请是以 64 KB 为边界的，这对进程加载 DLL 有非常重要的影响。这意味着每个 DLL 都要至少占用 64 KB 虚拟地址空间。也就是说理论上每个进程只能加载 512 个 DLL。要记住所有的 ROM XIP DLL 都会被映射到进程的虚拟地址空间中，因为进程有可能访问任何一个 XIP DLL。通常一个没有图形界面的 Windows CE 系统就会包含 100 个左右这样的 DLL，一个含有图形界面的正常 Windows CE 包含的这种 DLL 更多,因此这个问题应该引起重视。可以采取一些方法避免虚拟内存耗尽,例如把几个不到 64 KB 的小 DLL 合并成一个大 DLL 等。

2.3.4 逻辑内存

逻辑内存分为堆和栈两种。堆和栈对于程序代码中动态和静态的分配内存都有着重要的作用。

堆是进程中一块连续的虚拟内存空间。应用程序可以在堆上动态地进行内存申请和释放。申请堆上的内存每次可以申请 4 字节或者 8 字节,因为在堆上申请内存是以字节为单位的,而与页的大小无关。

在 Windows CE 中堆是通过句柄来访问的。所有的进程都有一个默认的堆,可用函数 GetProcessHeap()来得到默认堆。当进程创建时,默认堆会被一起创建,并且为之保留 192 KB 大小的虚拟内存。当然,如果进程需要更多内存,那么 Windows CE 会用 VirtualAlloc()函数来为默认堆申请更多内存。Windows CE 中堆上的数据不能移动,这种算法虽然简化了虚拟内存的分配,但是这样比较容易造成堆上的内存碎片。碎片过多会导致即使堆上可能没什么东西,也无法得到一块连续的虚拟内存。为了避免堆上的碎片,通常可建立一个单独的堆,当使用完这个堆后,可直接把这个堆删除。图 2.16 为堆上的内存碎片示意图。

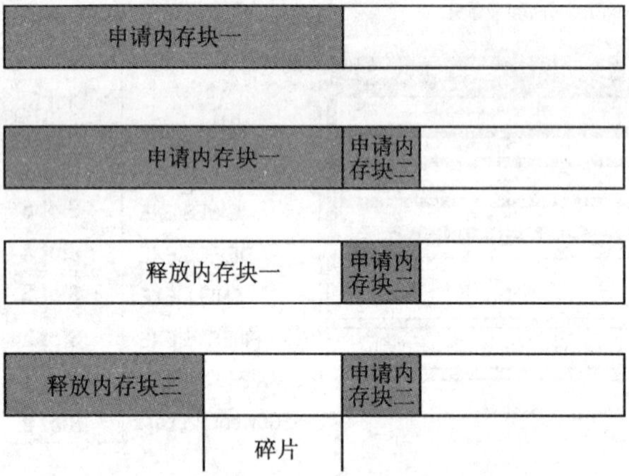

图 2.16 堆上的内存碎片

栈是进程中另外一个重要的数据结构,函数调用时进行参数传递,函数中的局部变量都占用栈上的内存,而且在函数调用结束后自动释放。栈是从高地址到低地址增长的。Windows CE 为每个线程分配 60 KB 的栈,并且把栈顶的 2 KB 拿来作为检测栈是否已满,因此每个线程用户可用栈为 58 KB。

应用程序可创建自己的堆,但是不能创建自己的栈。栈溢出会导致应用程序退出,因此不要在栈上放置过多的数据。在编译应用程序时,可使用编译器选项/STACK 覆盖默认栈的大小。

应用程序可使用 * _alloca()函数来在栈上保留一块内存。图 2.17 为 X86 下的函数调用栈。

```
int main(int argc, char* argv[])
{
    int i;
    char *p;

    i = 5;
    p = "Hello, world!";

        return 0;
}
```

图 2.17 X86 下的函数调用栈

2.3.5 C/C++语言运行时库的内存管理

在 C/C++语言的运行时库(C Runtimc Library,CRT)函数中,提供了一系列内存管理函数,例如 malloc/free 和 new/delete 等。在 Win32 的 CRT 库中,使用 CRT 库函数申请内存与使用 LocalAlloc()在堆上申请固定内存是一样的。CRT 库也使用进程默认的堆,这与 LocalAlloc()等函数也是一致的。

从操作系统角度来看,malloc 和 new 都返回默认堆上的一个指针,堆管理器并不对 CRT 库函数和 LocalAlloc()函数申请的内存进行区分,而是把它们一视同仁。因此,可选用自己熟悉的函数来动态申请内存,当然 C/C++语言运行时库函数可能移植性更好一点。此外 CRT 库的内存管理函数还提供一些附加的功能,例如 new 可自动调用 C++语言类的构造函数;delete 会调用类的析构函数等,这些功能是 Windows API 无法取代的。

2.3.6 使用虚拟内存

除了系统启动时 MMU 被启用之前的一小段代码之外,Windows CE 内核和应用程序都是工作在虚拟内存模式下的。Windows CE 提供了如下几个内存访问函数来访问虚拟内存。

```
// 申请虚拟内存
LPVOID VirtualAlloc(
  LPVOID lpAddress,                    // 希望的虚拟内存起始地址
  DWORD dwSize,                        // 以字节为单位的大小
  DWORD flAllocationType,              // 申请类型,分为 Reserve 和 Commit
  DWORD flProtect                      // 访问权限
);

// 释放虚拟内存
BOOL VirtualFree(
  LPVOID lpAddress,                    // VirtualAlloc 所返回的虚拟内存起始地址
  DWORD dwSize,                        // 虚拟内存块的大小
  DWORD dwFreeType                     // 释放的类型,分为 MEM_DECOMMIT 和 MEM_RELEASE
);

// 改变虚拟内存的访问权限
BOOL VirtualProtect(
  LPVOID lpAddress,                    // VirtualAlloc 所返回的虚拟内存起始地址
  DWORD dwSize,                        // 虚拟内存块的大小
  DWORD flNewProtect,                  // 新的访问权限
  PDWORD lpflOldProtect                // 返回的旧的访问权限
);

// 查询虚拟内存页的属性
DWORD VirtualQuery(
  LPCVOID lpAddress,                   // VirtualAlloc 所返回的虚拟内存起始地址
  PMEMORY_BASIC_INFORMATION lpBuffer,  // 返回的虚拟内存的信息
  DWORD dwLength                       // 缓冲区 lpBuffer 的大小
);
```

由于 Windows CE 下的虚拟内存管理 API 与 Windows 下的基本一致,在此不再赘述。可参考相关的 Windows 编程资料。

2.4 存储管理与文件系统

在 Windows CE 中,存储管理与文件系统都是在 FILESYS. EXE 中实现的。FILESYS. EXE 不仅实现操作系统中最基本的文件系统功能,而且还实现更多的附加功能。FILESYS. EXE 的体系结构如图 2.18 所示。

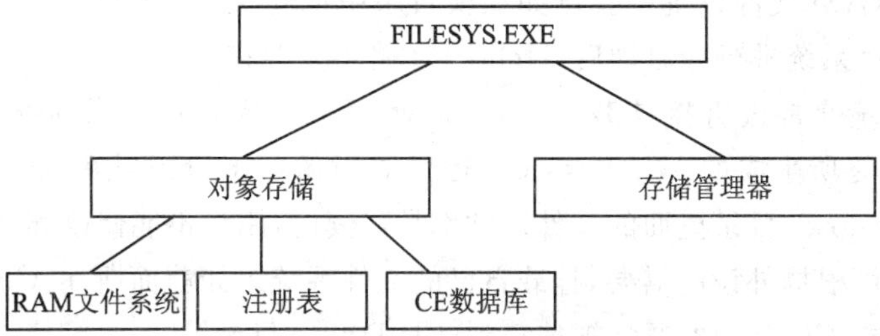

图 2.18 FileSys 的体系结构

2.4.1 对象存储

对象存储是一个被 FILESYS. EXE 控制的内存堆，如果有后备电源，它就可以为应用程序提供永久的存储。这在比较早期没有外存的 Windows CE 设备中非常有用。从逻辑上讲，对象存储分为 RAM 文件系统、注册表和 CE 数据库三部分。尽管 RAM 文件系统、CE 数据库和注册表共享同一个内存堆，它们物理上却并不须存在于对象存储中。它们可存在于 ROM 或者外部存储设备中。系统根据存储类型(包括文件、注册表或 CE 数据库)来创建和取得数据，而与具体的存储设备无关。

操作系统使用对象存储完成如下任务：管理栈和内存堆，按照需求压缩或展开文件，无缝集成基于 ROM 的数据和基于 RAM 的数据。

对象存储中的数据存储是基于事务(Transaction)的。与数据库系统中的事务概念一样。对对象存储的操作要么成功，要么失败返回操作前的状态，系统可负责数据的完整性。如果向对象存储中写入数据时电源突然中断，那么 Windows CE 可保证存储不被损坏。

对象存储中的 RAM 文件系统的总容量可达到 256 MB，单个文件的最大体积为 32 MB。Windows CE 允许的单个文件最大体积为 4 GB。

2.4.2 文件系统

Windows CE 中提供 3 种文件系统，分别是：

- RAM 文件系统；
- ROM 文件系统；
- 可安装文件系统。

Windows CE 中使用的文件系统类似于传统 Unix 的单根属性目录。它的根目录为“\”，其他所有的可安装文件系统和目录都被挂载到根目录之下。无论文件系统的类型是什么，都可通过 Win 32 API 中的文件系统函数对它进行访问。

RAM 文件系统通常被直接挂载到根目录下，也就是说，根目录下除了挂载的外存目录(例如：Compact Flash Card 有可能会被挂载到\Storage Card 目录)和\Windows 目录之外的所有文件都位于RAM文件系统中。例如在根目录中创建文件\Hello.txt,其实Hello.txt是位于RAM中的,对系统进行冷启动后,Hello.txt将不复存在。

ROM文件系统通常被直接挂载到\Windows目录。Windows目录里的内容通常就是RomImage.exe最终所生成的Windows CE运行时镜像(NK.bin或者NK.nb0)中的内容。这也就意味着Windows目录里面的文件通常都是只读的,用户不能修改和删除。

此外,用户还可根据外设的需要,挂载自己的文件系统。如前面所述,CF卡通常被挂载到\Storage Card目录,CD驱动器通常被挂载到\CD Driver目录等。

2.4.3 注册表

Windows CE与桌面Windows一样也使用注册表(Registry)来保存应用程序、驱动程序和用户的设定以及其他一些配置信息。Windows CE注册表也采用树形结构来管理配置信息。在Windows CE中,几乎所有的操作系统、驱动程序、应用程序的配置信息都存放在注册表中。注册表相当于整个系统级的配置文件中心数据库。

在注册表之前,通常不同的程序都会定义自己特定的配置文件,这些配置文件之间彼此格式都不一样而且彼此互相不能进行兼容。这样会造成配置文件比较零散,不容易进行管理。后来在16位Windows上用的比较多的是INI文件,在现在的桌面Windows中还经常可以看到INI文件的影子,但是Windows CE中没有直接提供INI文件的读/写函数。32位Windows上引入了注册表,操作系统为应用程序提供注册表访问函数,应用程序可以使用注册表保存自己的配置信息。使用注册表有利于对配置文件进行集中管理,也有利于不同的应用之间共享配置信息。注册表带来了诸多好处,但是也引入了一些问题,例如有些系统模块(COM组件)过分依赖注册表而产生的问题。近年来,工业界又比较倾向于使用XML来作为配置文件。

Windows CE的注册表支持4个根键,如表2.3所列。

表2.3 注册表的4个根键

键 名	描 述
HKEY_LOCAL_MACHINE	硬件和驱动配置数据
HKEY_CURRENT_USER	用户配置数据
HKEY_CLASSES_ROOT	OLE和文件类型匹配配置数据
HKEY_USERS	适用于所有用户的数据

由于嵌入式系统的特点,一些嵌入式设备是没有外存的。因此Windows CE的注册表提供了两种实现方式:基于RAM的注册表(RAM-Based Registry)和基于Hive的注册表(Hive-Based Registry)。在Windows CE中可选择使用任何一种注册表,注册表类型对于用户和应用程序来说是透明的。

2.4.3.1　基于 RAM 的注册表

正如其名，基于 RAM 的注册表把整个注册表作为一个对象存储堆存放在系统的内存中。这意味着如果对系统进行冷启动或者系统断电，那么对注册表的所有改动都会丢失。

使用基于 RAM 的注册表，对注册表的读/写访问操作会变得非常高效。因此基于 RAM 的注册表比较适用于没有外部存储，而且有电池保存内存数据(Battery-Backed RAM)的设备。如果有外存且经常冷启动的设备采用基于 RAM 的注册表，则须在系统断电时对注册表进行保存，等系统再次启动时对保存的注册表进行还原。

Windows CE 提供了两种方法用来断电保存基于 RAM 的注册表。

1. Windows CE 提供了两个系统 API 用来保存和还原整个注册表，它们的原型如下：

```
BOOL RegCopyFile(
  LPCWSTR lpszFile          // 保存注册表信息的文件的名字
);
BOOL RegRestoreFile(
  LPCWSTR lpszFile          // 保存注册表信息的文件的名字
);
```

如果要保存和恢复注册表，那么只须在系统断电时调用 RegCopyFile()函数将整个注册表保存为外存上的一个文件。当系统重新启动时，再调用 RegRestoreFile()函数将文件全部读出 RAM 中，然后再热启动系统，保存的注册表就可以生效了。值得注意的是，这次热启动是必须的，因为只有在系统启动时才会去检测 RegRestoreFile()放在 RAM 里的注册表信息。这种方法的优点是完全可使用应用程序来实现基于 RAM 的注册表的保存，而且这种方法相对简单。但是此方法的缺点是需要两次启动，因此效率相对比较低。

2. 第 2 种方法需要 OEM 的参与，OEM 可在 BSP 的 OAL 层中实现 WriteRegistryToOEM()和 ReadRegistryFromOEM()两个函数，它们的声明为：

```
DWORD ReadRegistryFromOEM(
  DWORD dwFlags,             // 参数,REG_READ_BYTES_START 表示读新的注册表
  LPBYTE lpData,             // 指向注册表数据的缓冲区,由 OS 分配
  DWORD cbData               // 缓冲区的大小
);

BOOL WriteRegistryToOEM(
  DWORD dwFlags,             // 参数,REG_WRITE_BYTES_START 表示写新的注册表
  LPBYTE lpData,             // 指向注册表数据的缓冲区,由 OS 分配
  DWORD cbData               // 缓冲区的大小,0 表示到达注册表尾部
);
```

Windows CE 会在系统启动和关闭时调用这两个函数来保存和恢复注册表。此种方法虽然可以避免两次启动,但缺点是 ReadRegistryFromOEM()函数的实现比较困难,因为在系统启动的时候,块设备驱动和文件系统的驱动都还没有加载,因此不能使用 CreateFile()和 ReadFile()这样的文件系统 API 来实现 ReadRegistryFromOEM()函数,只能使用一些更底层的操作来实现,例如直接对 Flash 的扇区进行读/写。

2.4.3.2 基于 Hive 的注册表

自 Windows CE 4.0 之后,Windows CE 提供了基于 Hive 的注册表。基于 Hive 的注册表把注册表数据存放在文件系统的文件上,这种文件被称做蜂箱 Hive。这就意味着无须在系统断电和启动时进行保存恢复注册表操作。

Hive 是注册表中的一组键及子键的统称。Hive 在文件系统上表现为单个文件。Windows CE 中有 3 种 Hive,如表 2.4 所列。

表 2.4 3 种 Hive

类 型	文 件	描 述
Boot Hive	ROM 中的 Boot. hv	HKEY_LOCAL_MACHINE, HKEY_CLASSES_ROOT, HKEY_USERS 中的所有数据。只在启动时使用
System Hive	由 OEM 决定(通常是 System. hv)	HKEY_LOCAL_MACHINE, HKEY_CLASSES_ROOT, HKEY_USERS 中的所有数据。包含设备范围内不随着用户改变而改变的数据
User Hive	User. hv	HKEY_CURRENT_USER 下的所有数据。包含用户特有的设置,每个用户都有一个单独的 User. hv

基于 Hive 的注册表适用于有永久存储并且须经常冷启动的设备。也可以看到,基于 Hive 的注册表把系统数据和用户数据分开存放,这就意味着基于 Hive 的注册表还提供多用户支持。对于每一个用户,可提供不同的 User. hv,当用户登录时加载相应的 User. hv,从而达到多用户目的。

2.4.4 Windows CE 数据库

在传统的文件系统中,一个文件通常被抽象为一个字节流,应用程序可通过操作系统提供的原语 open, close, read, write 及 seek 来对文件进行打开、关闭、读、写和定位操作。借助文件系统,应用程序对存储设备的访问变得简单、容易。但是在很多应用程序都需把一组记录作为一个列表来存储和访问。例如,一个电子邮件程序需要在本地保存接收到的所有邮件信息,每一封邮件又包括收件人、发件人、抄送人、主题和内容等。如果要把这些信息存放在字节流文件当中,那么通常需由应用程序来建立一个数据结构,并且负责把此数据结构序列化(Serialize)为字节流,然后再存储到文件中。当从文件中读取数据结构时,应用程序还负责把字节流反序列化(De-serialize)为数据结构。因为文件系统本身并不提供数据结构的存取。这也是很多面向对象的编程框架(例如 MFC)提供的永久化对象实例的方法。

Windows CE Database(CEDB)在字节流的基础上，对文件进行进一步的抽象，提供了与关系型数据库类似的数据结构化存储和访问。一个典型的 CEDB 层次结构图如图 2.19 所示。

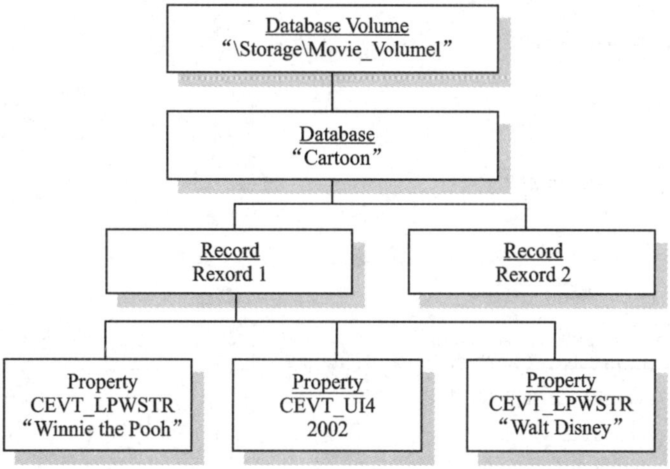

图 2.19　CEDB 层次结构图

CE 数据库最上层的是数据库卷标(Volume)，Volume 是一个对象存储中的文件，可位于 RAM 中，也可位于外部永久存储上，并且可随便复制、移动。一个 Volume 可包含一个或多个数据库，数据库(Database)是一系列记录(Record)的集合。每个记录是二维表中的一行，它可包含若干个属性(Property)。属性是二维表中的一列，每个属性都可有一定的数据类型(Data Type)，例如整型、字符串及 BLOB 等。还可为某个数据库指定排列次序(Sort Order)，数据库的 Sort Order 是一个属性，为数据库指定了 Sort Order 后，数据库中所有的记录都将按照 Sort Order 排序。

自 Windows CE 5.0 后，Windows CE 提供了两种数据库，分别叫做 CEDB(Windows CE Database)和 EDB(Embedded Database)。CEDB 和 EDB 的体系结构基本类似，但是 EDB 从如下几方面较 CEDB 有所增强。

- 更丰富的数据类型；
- 事务支持；
- 多用户访问；
- 多个 Sort Orders，Key Properties 和 Database；
- 性能增强，尤其是处理大型数据时。

Windows CE 提供了一系列的 API 用来操纵 CEDB 和 EDB。对于 CEDB 和 EDB，有些

API 是通用的，例如 CeCreateDatabaseEx2()，有些则是 CEDB 或者 EDB 特有的。关于 API 的详细列表，可参考 Windows CE 的在线帮助。下面的代码片断展示了如何建立 CEDB 并且向 CEDB 中添加各种数据类型的记录。

```
CEOID CeOid;
if ( ! (CeOid = CeCreateDatabase(szNewDBName, dwNewDBType, 0, NULL)) )
{
    // Error handling here
}
else
{
    HANDLE          hNewDB;
    FILETIME        FileTime;
    SYSTEMTIME      SystemTime;
    LPWSTR          lpStr, lpBlob;
    // Try to open DB
    hNewDB = CeOpenDatabase(&CeOid, NULL, 0, 0, NULL);
    if ( hNewDB == INVALID_HANDLE_VALUE)
        // Error handling
    else
    {
        CEPROPVAL  NewRecProps[4];

        NewRecProps[0].propid = PROP_ULONG;
        NewRecProps[0].wLenData = 0;
        NewRecProps[0].wFlags = 0;
        NewRecProps[0].val.ulVal = 0x7FFFFFFF;

        memset(&SystemTime, 0, sizeof(SystemTime));
        SystemTime.wYear = 1999;
        SystemTime.wMonth = 12;
        SystemTime.wDayOfWeek = 6;
        SystemTime.wDay = 25;
        SystemTimeToFileTime(&SystemTime,&FileTime);
        NewRecProps[1].propid = PROP_FILETIME;
        NewRecProps[1].wLenData = 0;
        NewRecProps[1].wFlags = 0;
        NewRecProps[1].val.filetime = FileTime;
```

```
        lpStr = (TCHAR *)LocalAlloc(LMEM_FIXED, 50 * sizeof(TCHAR));
        _tcscpy(lpStr, TEXT("This is a string property"));
        NewRecProps[2].propid = PROP_LPWSTR;
        NewRecProps[2].wLenData = 0;
        NewRecProps[2].wFlags = 0;
        NewRecProps[2].val.lpwstr = lpStr;

        lpBlob = (TCHAR *)LocalAlloc(LMEM_FIXED, 50   * sizeof(TCHAR));
        _tcscpy(lpBlob, TEXT("This is a blob property"));
        NewRecProps[3].propid = PROP_CEBLOB;
        NewRecProps[3].wLenData = 0;
        NewRecProps[3].wFlags = 0;
        NewRecProps[3].val.blob.dwCount = 50   * sizeof(TCHAR);
        NewRecProps[3].val.blob.lpb    = (LPBYTE) lpBlob;

        // write record out with 4  property fields
        if( ! CeWriteRecordProps(hNewDB, 0, 4, NewRecProps) )
            // Error
        CloseHandle(hNewDB);
    }
}
```

2.4.5 存储管理器

存储管理器(Storage Manager)的主要功能是管理所有的外存设备，例如 CF 卡、硬盘及 CD－ROM 等。从逻辑上讲，它包含块设备驱动管理器(Block Driver Manager)、分区管理器(Partition Manager)和文件系统驱动管理器(FSD Manager)。由于所有的文件、数据和卷标操作都由存储管理器负责，因此存储管理器对外部永久存储设备读/写访问时起到至关重要的作用。

存储管理器的体系结构如图 2.20 所示。

位于最下层的是各种外存设备。通常，直接与外存设备打交道的是块设备驱动程序，它从块设备中以固定大小的块读/写数据。块设备驱动程序通常向外导出流式接口。

块设备驱动程序之上的是可选的分区驱动程序。分区驱动程序主要负责为分区管理器解释块设备上的分区。分区被定义为存储设备上的逻辑块，例如我们熟悉的桌面操作系统中的 C 盘、D 盘等等。Windows CE 支持多种分区驱动程序，但每一个设备只能由一个分区驱动程序来管理。

文件系统过滤器(filter)是在应用程序与分区管理器之间的一层，它可截获所有的文件系

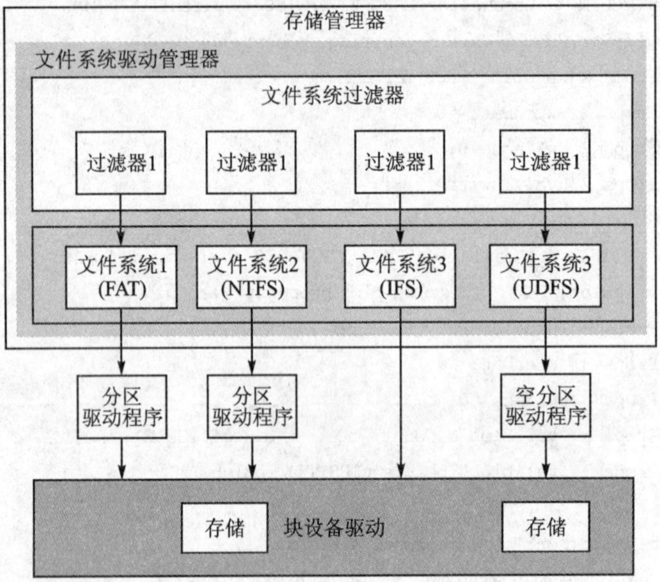

图 2.20　存储管理器的体系结构

统函数调用，因此文件系统过滤器通常被用来进行文件加密、文件压缩，在磁盘操作之前进行病毒查找等工作。

下面以读取磁盘上的一个文件为例，看看 Windows CE 的存储管理器是如何对存储设备进行管理的。

① 应用程序通过 ReadFile()函数请求操作系统进行文件读取操作。CoreDLL 中引发软中断并被操作系统 NK. EXE 截获，然后转到 FILESYS. EXE 执行。此过程在系统调用部分已经有了详细介绍。

② FILESYS. EXE 会通过对象存储来解析路径，查找此文件的位置。然后发现文件位于外存上。

③ FILESYS. EXE 通过文件系统驱动程序在外存的文件系统上查找此文件。如果这个文件系统包含多个分区，还要调用分区驱动程序在分区上查找文件，如果找到，则可进行读/写操作。

④ 真正的读/写是通过块设备驱动程序进行的。块设备驱动程序负责对外存上的某个块进行访问。

2.5　驱动管理与服务

在 Windows CE 中，绝大多数设备驱动的管理是由 Device. exe 实现的。服务是由

Services. exe 实现的。

在本书的驱动程序的相关章节将会详细讲述此部分内容。

2.6 用户界面与图形系统

图形系统为 Windows CE 提供图形界面服务，它是由 GWES. EXE 实现的。GWES 的全称为 Graphic Windowing and Event Subsystem。GWES 是用户应用程序和操作系统之间的图形用户接口。GWES 通过处理键盘、笔针动作来接受用户输入，并选择传送到应用程序 OS 的信息。GWES 通过创建并管理在显示设备和打印机上显示的窗口、图形以及文本来处理输出。

与桌面操作系统相比，Windows CE 中的 GWES 是 User32 和 GDI32 两个模块的并集。GWES 的核心是窗口。所有应用程序都须借助窗口以接收来自操作系统的消息，Windows 应用程序的运行须依靠外部发生的事件来驱动。GWES 提供控制其菜单、对话框以及图形显示的设备资源，还提供 GDI，以控制文本与图形显示。

GWES 中的 3 个关键模块图形(Graphic)、窗口(Windows)和事件(Event)三者关系密不可分。图形系统依赖窗口的设备上下文(Device Context，DC)来绘图，而窗口也需要图形系统来绘制自身。在 Windows 中的事件是通过消息机制实现的。消息总是要发送给某个窗口，而每个窗口都有一个 WinProc 来处理消息。图 2.21 展示了 GWES 中三个模块之间的关系。

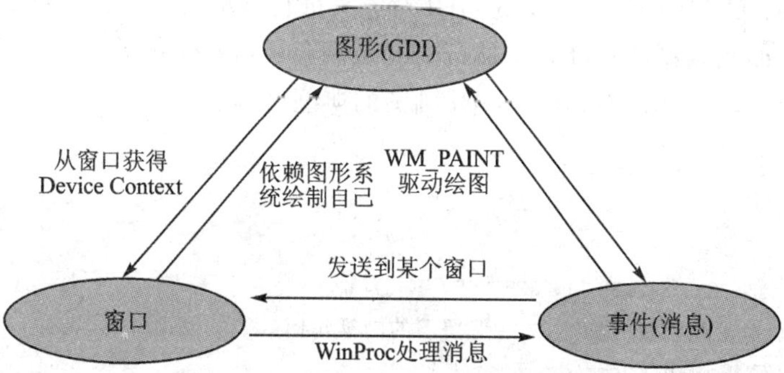

图 2.21 GWES 中图形、窗口和事件的关系

提示：

Windows CE 的图形、窗口及消息系统与桌面 Windows 非常相似。可以说 Windows CE 的窗口、消息和图形系统是桌面 Windows 的一个子集。Windows CE 下的相关 API 编程接口与桌面 Windows 的也非常相似。理解桌面版本的 Windows 的消息和图形机制，对于 Windows CE 下的编程非常有帮助。

此部分的详细内容，可参考 Charles Petzold 的经典名著《Windows 程序设计》。

2.6.1　图形系统

Windows CE 中使用图形设备接口(Graphics Device Interface,GDI)来处理程序的图形输出。在 Windows CE 操作系统下,绝大多数具备图形界面的应用程序都离不开 GDI,利用 GDI 所提供的众多函数可方便地在屏幕、打印机及其他输出设备上输出图形和文本等。GDI 使程序员无须关心硬件设备及设备驱动,就可将应用程序的输出转化为硬件设备上的输出,实现程序开发者与硬件设备的隔离,大大方便了开发工作。

要想在屏幕或者其他输出设备上输出图形或者文字,那么就必须先获得一个称为设备上下文(Device Context,DC)的对象的句柄,以它为参数,调用各种 GDI 函数实现各种文字或图形的输出。设备上下文是 GDI 内部保存数据的一种数据结构,此结构中的属性内容与特定的输出设备(显示器和打印机等)相关,属性定义了 GDI 函数的工作细节。设备上下文句柄一旦获得,那么系统将使用默认的属性值填充设备上下文结构。如果有必要,则可使用一些 GDI 函数获取和改变设备上下文中的属性值。

最常见的得到设备上下文的方法是使用 GetDC()函数,然后使用 GDI 函数进行画图,画图结束后使用 ReleaseDC()函数释放 DC。

Windows GDI 还提供了一系列画图原语函数。例如用来画直线的 LineTo();用来画椭圆的 Ellipse()用来画矩形的 Rectangle()等。应用程序可使用这些原语,在特定的 DC 上绘图。此外 Windows CE 还提供了大量的 GDI 对象来进行辅助绘图,这些 GDI 对象包括:位图(Bitmap)、画笔(Pen)、画刷(Brush)、字体(Font)及调色板(Palette)等。

下面的代码展示了使用 Windows GDI 画图的典型过程。

```
// 得到窗口 DC
HDC dc = GetDC(hWnd);
// 创建红色,虚线画笔
HPEN hpen = CreatePen(PS_DASH, 1, RGB(255, 0, 0));
// 设置 DC 的画笔为新创建的画笔,同时保留旧的画笔句柄
HPEN hOld = (HPEN)SelectObject(dc, hpen);
// 在窗口的 DC 上画线
LineTo(dc, 100, 100);
// 把 DC 的画笔属性重新设置为旧的画笔
SelectObject(dc, hOld);
// 删除画笔
DeleteObject(hpen);
// 释放窗口 DC
ReleaseDC(hWnd, dc);
```

2.6.2 窗口系统

窗口(Window)是 Windows CE 的核心,也是 Windows 系列操作系统得名的由来。在 Windows 中,所见到的图形界面中几乎所有的元素,包括:窗口、按钮、下拉菜单、树形控件、滚动条及列表框等全都是 Window。

通常,应用程序使用 CreateWindow()函数创建窗口,函数的声明如下:

```
HWND CreateWindow(
    LPCTSTR lpClassName,          // 窗口类的名称
    LPCTSTR lpWindowName,         // 窗口的标题栏名称
    DWORD dwStyle,                // 窗口的一些属性设置,例如是否有边框等等
    int x,                        // 窗口左上角的横坐标
    int y,                        // 窗口左上角的纵坐标
    int nWidth,                   // 窗口的宽度
    int nHeight,                  // 窗口的高度
    HWND hWndParent,              // 父窗口的句柄
    HMENU hMenu,                  // 窗口菜单栏的句柄
    HANDLE hInstance,             // 所属的模块的实例句柄
    PVOID lpParam                 // 传给 WM_CREATE 消息的附件参数
);
```

函数的第 1 个参数是窗口类的名称,通常应用程序使用 RegisterClass()函数向系统注册窗口类。窗口类包含了某一类窗口的公有信息。下面是窗口类的声明:

```
typedef struct _WNDCLASS {
    UINT style;                   // 窗口类的样式,包括是否发送双击消息等
    WNDPROC lpfnWndProc;          // 处理窗口消息的回调函数(WinProc)的指针
    int cbClsExtra;               // WNDCLASS 结构的附加数据长度
    int cbWndExtra;               // 窗口实例的附加数据长度
    HANDLE hInstance;             // WinProc 所在的模块实例句柄
    HICON hIcon;                  // 窗口的图标,在 Windows CE 中不支持
    HCURSOR hCursor;              // 窗口中默认的鼠标光标图案
    HBRUSH hbrBackground;         // 用来填充窗口背景的画刷
    LPCTSTR lpszMenuName;         // 窗口菜单的名称
    LPCTSTR lpszClassName;        // 窗口类的名称
} WNDCLASS;
```

因此,完整的窗口创建过程分为两步:首先,应用程序调用 RegisterClass()向系统注册一个窗口类,系统内部会记录所有已注册的窗口类的信息;然后,应用程序调用 CreateWindow()以某个已注册的窗口类为模板创建窗口。

对于同一个已注册的窗口类,可多次调用 CreateWindow()为它生成多个窗口实例。同时,系统已经默认注册了很多窗口类(例如按钮 Button 的窗口类),因此第 1 步是可选的。

如图 2.22 所示,创建窗口的过程与面向对象语言中对象的构造过程非常类似,面向对象语言中要声明一个类的实例,首先要对类进行声明,这等同于向系统注册窗口类;然后使用 new 操作符实例化对象,这等同于使用 CreateWindow()创建窗口类的实例。

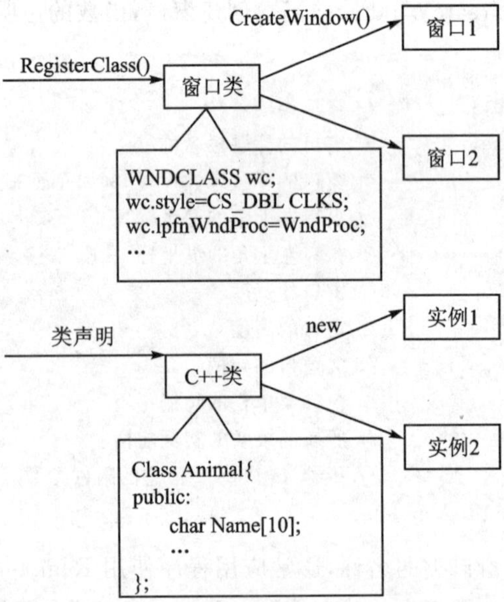

图 2.22 窗口创建与类的实例化比较

窗口实例化成功后,应用程序可调用 ShowWindow()函数显示窗口,然后,GWES 就会根据窗口的特点,使用 GDI 在屏幕上绘制和显示窗口。

2.6.3 事件系统

Windows 应用程序是以事件为驱动、消息机制为基础的。Windows 程序所做的一切都是响应发送给窗口过程的消息;不过由于事件只是概念化的东西,而由它产生的消息具有实际的使用意义,所以让我们简化一下,在这一部分只讨论消息,不讨论事件。即某个键按下的事件就称为此键按下的消息。

在 Windows CE 中,消息的定义如下:

```
typedef struct tagMSG {
    HWND        hwnd;           // 接受该消息的窗口的句柄
    UINT        message;        // 消息的类型
    WPARAM      wParam;         // 与具体消息类型相关的附加数据
```

```
    LPARAM      lParam;         // 与具体消息类型相关的附加数据
    DWORD       time;           // 发送消息时的时间
    POINT       pt;             // 发送消息时的鼠标位置。
} MSG, * PMSG, NEAR * NPMSG, FAR * LPMSG;
```

那么,针对某一条具体的消息,是如何产生,如何投递的呢? Windows 系统中每个线程都会有一个与之对应的消息队列。当有外部事件触发时,系统会负责产生一条消息,然后投递到相应线程的消息队列中等待处理。

在大多数 Windows 应用程序的主函数 WinMain()中,都可看到下面的消息循环。

```
    while (GetMessage (&msg, NULL, 0, 0))
    {
        TranslateMessage (&msg) ;
          DispatchMessage (&msg) ;
    }
```

这段代码有两个作用: ① 防止主函数运行结束导致进程结束;② 把消息从消息队列中取出来,并且派发到合适的窗口过程。窗口过程是用户可以自由修改的代码,它负责处理窗口消息。窗口过程的框架是一个大的 switch 语句。每一个条件负责处理一种窗口消息,用户可以在 WinProc 的框架下添加代码,根据需要处理不同的消息。下面的代码为当用户单击鼠标左键时,弹出的一个消息框。

```
LRESULT CALLBACK WndProc(HWND hWnd, UINT message, WPARAM wParam, LPARAM lParam)
{
    switch (message)
    {
    // 处理鼠标按下的消息
    case WM_LBUTTONDOWN:
        MessageBox(hWnd, L"Hello", L"Sample", 0);
        break;
    // 处理绘制窗口消息
    case WM_PAINT:
        hdc = BeginPaint(hWnd, &ps);
        ……
        EndPaint(hWnd, &ps);
        break;
    case WM_DESTROY:
        PostQuitMessage(0);
        break;
    default:
```

```
            return DefWindowProc(hWnd, message, wParam, lParam);
        }
        return 0;
    }
```

消息在 GWES、消息队列、消息循环和窗口过程之间的流向如图 2.23 所示。

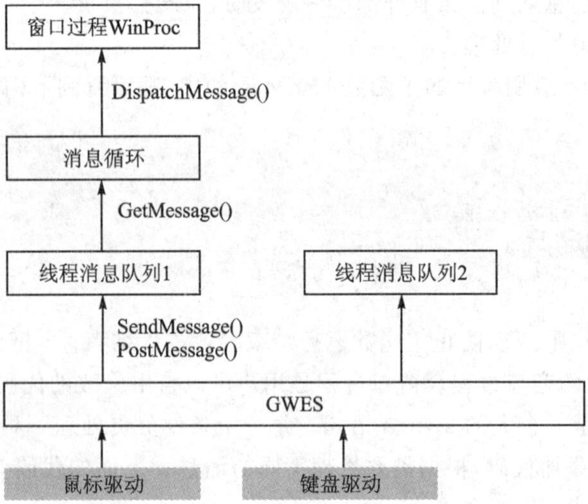

图 2.23　Windows CE 中消息的产生与流向

以单击鼠标触发 WM_LBUTTONDOWN 为例，来看看 Windows CE 中的消息系统的工作原理。

① 用户单击鼠标会触发一个硬件中断。Windows CE 捕获中断，并交给鼠标驱动程序处理。鼠标中断判断当前鼠标的状态。

② GWES 创建一条 MSG 消息，并填充 MSG 结构，然后根据鼠标的位置状态把这条消息投递到相应的线程消息队列等候处理。

③ 消息循环中的 GetMessage()函数从线程的消息队列中取出这条消息，然后使用 DispatchMessage()函数把消息发送到 MSG. hwnd 所描述的窗口。

④ 窗口过程函数被调用，从而形成 WM_LBUTTONDOWN 消息。

2.7　Windows CE 的应用特性

2.7.1　应用程序

与其他一些嵌入式操作系统相比，Windows CE 中的应用软件非常丰富。很多桌面

Windows 上我们耳熟能详的应用程序都已经被移植到了 Windows CE 上，而且很多 Windows CE 上的文件格式都与桌面版本的 Windows 兼容，熟悉桌面版本 Windows 的人可非常迅速地对 Windows CE 进行上手操作。

Windows CE 下的应用程序分为微软提供的应用程序和第三方独立软件开发商提供的应用程序。微软提供的应用程序可在 Platform Builder 中作为一个 OS 的组件添加到 OS 中。主要包括文件浏览器（Word，Excel，PowerPoint，PDF 及 Image 等）、Windows Messenger、ActiveSync 同步软件和几个小游戏等。第三方提供的 Windows CE 软件非常丰富，几乎可从 Internet 上获取到任何需要的软件。

微软提供了 SDK 和开发工具供第三方开发人员为 Windows CE 编写应用程序。关于应用程序的开发细节，请参考本书的相关章节。

2.7.2 网络通信

Windows CE 提供通过各种传输介质进行网络连接和通信。嵌入式设备可通过无线网络和有线网络与其他设备进行交互。用来进行通信的硬件可以是串口、并口、网络接口卡（Network Interface Card，NIC）、蓝牙设备、调制解调器、红外线、无线局域网……本小节将对 Windows CE 下进行的网络通信加以概述。Windows CE 提供了非常多的网络模块，这些模块被松散地组合在一起，而且彼此之间有一定的依赖关系。如果把 Windows CE 下的网络通信模块映射到 OSI 的 7 层参考模型下，那么它的体系结构大致可如图 2.24 所示。

1. 串　口

串口在 PC 机和嵌入式设备上比较常见，它们首先把并行的数据按位串行，然后再通过数据线逐位收发，到达目标机器后，再把串行的数据并行化。能够完成上述转换功能的电路，通常称为通用异步收发器（Universal Asynchronous Receiver and Transmitter，UART）。

标准的串口驱动程序负责处理串口或者红外端口的通信。红外端口也通常被视为串口。串口与红外端口可通过 Windows CE 提供的标准串口函数来访问。

应用程序可使用文件 API 打开、关闭和从串口读/写数据。此外，Windows CE 还提供了一系列控制函数，它们的命名规则一般为：<Action>Comm<Object>，例如 GetCommState()，ClearCommError()和 EscapeCommFunction()等等。

Windows CE 还提供了 SLIP/PPP 协议，通过此协议，可利用串口建立 TCP/IP 网络连接。

下面的代码片段展示了如何操作 COM1 端口。

```
hSer = CreateFile(TEXT("COM1:"), GENERIC_READ, 0, NULL, OPEN_EXSITING, 0, NULL);

rc = ReadFile(hSer, &ch, 1, &cBytes, NULL);
TransmitCommChar(hSer, 'a');

CloseHandle(hSer);
```

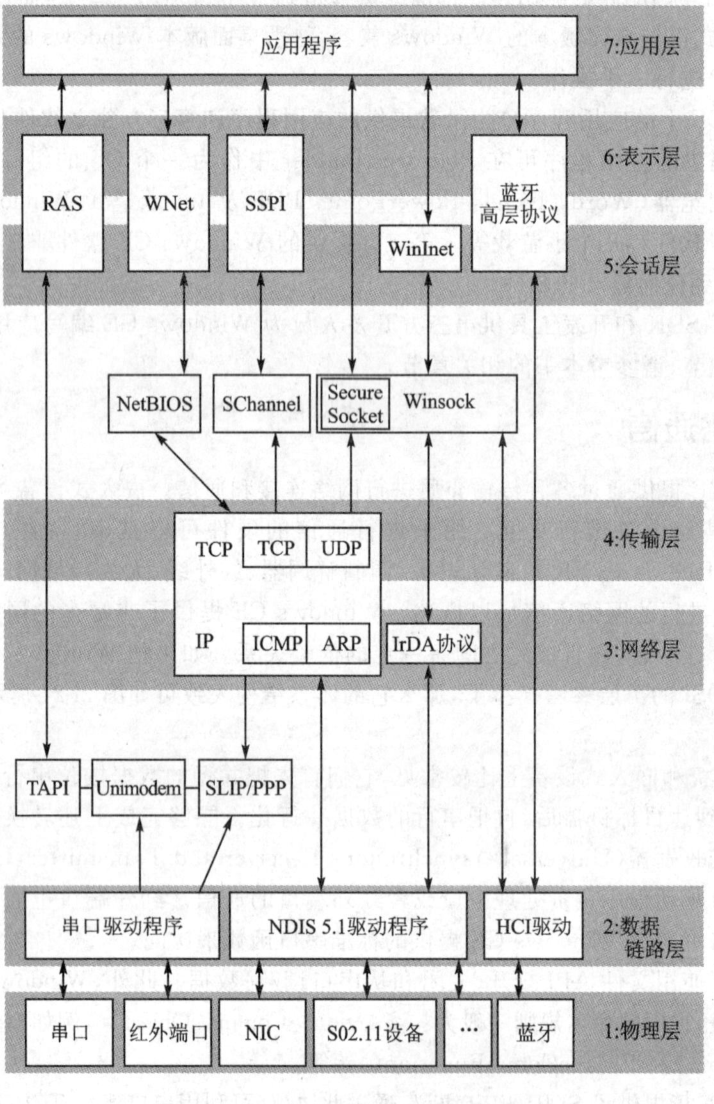

图 2.24 Windows CE 网络体系结构

2. IEEE 802.11

802.11 是 IEEE 最初制定的一个无线局域网标准,俗称 WiFi。它主要用于解决办公室局域网和校园网中用户与用户终端的无线接入,业务主要限于数据存取,速率最高只能达到 2 Mbps。由于它在速率和传输距离上都不能满足人们的需要,因此,IEEE 小组又相继推出了 802.11b 和 802.11a 等多个标准。

802.11 与以太网在数据链路层上保持兼容。特别是通过无线局域网发送 IP 分组的方式，与有线计算机通过以太网发送 IP 分组是一致的。这就意味着很多基于以太网的应用程序可以毫无修改地移植到无线局域网的环境下。而应用程序开发人员也可以使用与局域网同样的编程接口来访问无线局域网设备。

3. 蓝　牙

所谓蓝牙(Bluetooth)，是一种采用全球通用的短距离无线连接技术。使用与微波炉相同的 2.4 GHz 附近免付费、免申请的无线电频段。它的传输速率在 432 Kbps～721 Kbps 不等，未来的版本将达 2 Mbps。蓝牙的传输距离可以在 10 m 左右，植入了蓝牙芯片的手机、鼠标及耳机等，可作无线话音及数据讯息的传送，配合专用的扩大器(Optional Amplifier)，接发范围更可远达 100 m。

蓝牙标准规定了很多协议，它们按照松散方式被组织到各个层中。层的结构并不遵从 OSI 模型、TCP/IP 模型，或者其他任何已知的模型。但是在 Windows CE 下，应用程序可通过 Winsock API 扩展来访问蓝牙设备。例如，可用下面的代码建立一个蓝牙的套接字。

```
SOCKET s = socket (AF_BTH, SOCK_STREAM, BTHPROTO_RFCOMM);
```

4. TAPI

调制解调器(modem)可通过串口或者作为 PCMCIA 卡与设备连接。Windows CE 在数据链路层提供了 Telephony API(TAPI)。TAPI 是一系列用来操作 modem 的函数，它抽象了 modem 编程的细节。可把 TAPI 想象成一系列基于 API 的 AT 命令。TAPI 可动态地发现 modem 的特性。此外，TAPI 还可用来进行电话接听和呼叫、电话会议及呼叫转发等等操作，实现着一系列操作的函数被称做电话线服务(Line Service)。TAPI 也允许监测和配置附在 modem 或者其他电话线上的电话，这些函数被称做电话服务(Phone Service)。

为了支持 TAPI，modem 制造商须提供 modem 的驱动程序，它必须实现 TAPI Service Provider 接口(TSPI)。Windows CE 提供了一个通用的 TSPI 叫做 Unimodem，它可以支持大多数 modem。

TAPI 电话线服务函数通常命名为 line<Action><Object>，例如：lineAddProvider()。TAPI 电话服务函数通常命名为 phone<Action><Object>，例如：PhoneGetRing()。

5. TCP/IP

TCP/IP 已经是 Internet 上事实的标准。TCP/IP 模型分为 4 层，从下到上依次为：主机至网络、互联网层、传输层和应用层。其中互联网层和传输层至关重要。

互联网层以无连接的网络层为基础，它定义了分组格式和协议，称为 IP(Internet Protocol)。传输层定义了两个端到端的传输协议，一个是传输控制协议(Transport Control Protocol，TCP)，它提供可靠的，面向连接的流式接口协议；另外一个是用户数据报协议(User Diagram Protocol，UDP)，它是一个不可靠的，无连接的基于数据报的协议。

Windows CE 内置了 TCP/IP 协议栈,用来提供对 TCP/IP 的支持。随着技术的发展,TCP/IP 的 32 位寻址功能方案不足以支持即将加入 Internet 的主机和网络数。因而可能代替当前实现的标准是 IPv6。Windows CE 同样提供对 IPv6 的支持。

6. Winsock

为方便网络编程,20 世纪 90 年代初,微软公司联合了其他几家公司共同制定了一套 Windows 下的网络编程接口,即 Windows Sockets 规范。它不是一种网络协议,而是一套开放的、支持多种协议的 Windows 下的网络编程接口。Windows CE 下的 Winsock 已经基本上实现了与协议无关、调用多种协议的功能,较常使用的是 TCP/IP 协议。此外还有 IrSock 提供基于Socket的红外线设备传输,Blue Tooth Socket 提供基于 Socket 的蓝牙设备传输等。Socket 实际在计算机中提供了一个通信端口,可通过这个端口与任何一个具有 Socket 接口的计算机通信。应用程序在网络上传输,接收的信息都通过此 Socket 接口来实现。

7. WNet

WNet 是会话层和表示层的模块,WNet 与 WinSock 一样,也是一个与网络无关的模块。它提供网络上的文件、磁盘和打印机的共享。WNet API 主要提供下列功能:枚举网络上的可用共享资源;连接到网络上的共享资源;获取连接网络资源的信息和定位网络打印机。

8. WinInet

WinInet API 为 Windows CE 平台提供对 Internet 浏览协议的支持。这些协议包括 FTP、HTTP 及自动拨号等,但不包括 Gopher。WinInet 是线程安全(Thread Safe)的,这意味着对于多线程应用程序,可自由地从多线程中调用 WinInet API 而无须处理同步操作。

WinInet 通过 Socket 封装了 HTTP 和 FTP 等网络协议的实现细节。开发人员可通过 WinInet 提供的 API 轻松实现 HTTP 和 FTP 等协议,而无须知道协议的具体细则。例如,应用程序可调用 InternetReadFile()函数来从 FTP 或 HTTP 服务器下载文件。

2.7.3 多媒体

Windows CE 提供丰富的多媒体技术,并把桌面 PC 上常见的多媒体技术引入到嵌入式设备当中。Windows CE 的多媒体技术包含音频技术、图像技术和媒体技术。

1. 音频技术

Windows CE 支持波形音频(Waveform)I/O。通过波形音频 API,应用程序可支持波形 I/O,它也支持硬件音频混音器(Audio Mixer)API,音频混音器可使多路音频映射到单路上。应用程序可使用 PlaySound 函数播放某个 wav 文件,例如:

```
PlaySound (TEXT("\\Windows\\BELLS.WAV"), NULL, SND_SYNC);
```

同时,Windows CE 还提供波形音频接口(Waveform Audio Interface)。通过波形音频接口,应用程序可以获得对音频 I/O 设备的最大限度控制。这些函数都以 wave 打头,包括

waveIn * 和 waveOut * 两类，分别负责音频的输入和输出。

2. 图像技术

Windows CE 上的图像技术为 2D 和 3D 的图形显示提供了支持。主要技术有 GDI、DirectDraw、Direct3D Mobile、图形格式处理和多屏幕支持。

图形设备接口的主要任务是负责系统与绘图程序之间的信息交换，处理 Windows CE 程序的图形输出。在 Windows CE 下，绝大多数具备图形界面的应用程序都离不开 GDI，利用 GDI 所提供的众多函数可方便地在屏幕、打印机及其他输出设备上输出图形和文本等。GDI 的出现使程序员无须关心硬件设备及设备驱动，就可将应用程序的输出转化为硬件设备上的输出，实现程序开发者与硬件设备的隔离，大大方便了开发工作。由于 Windows CE 中的 GDI 与桌面 Windows 中的 GDI 从功能到编程接口都非常相似，因此就不作详细介绍了。可参考 Windows 程序设计方面的资料。

DirectDraw 已是桌面 Windows 平台上高性能 2D 图形显示的最常用技术。它提供了硬件加速的 2D 图形支持，使用 DirectDraw 可方便地编制出高效的视频处理程序。应用程序可通过 DirectDraw 接口快速访问硬件显示设备，同时它还提供了与 GDI 的兼容。DirectDraw 可实现对显卡内存的直接操作，也可实现对系统的内存的操作。如果在显卡内存不够或者需要开发人员指定使用系统内存的情况下，DirectDraw 将使用系统内存。Windows CE 上的 DirectDraw 基本上与桌面 Windows 的 DirectDraw 4 相兼容。

Direct3D Mobile 是 Windows CE 5.0 中新增加的特性。它为基于Windows CE 的设备提供 3D 图形输出的支持。Direct3D Mobile 源自桌面版本的 Direct3D，并且针对嵌入式设备作了特殊优化。与桌面 Windows 中的 Direct3D 相比，因为去除了不适合嵌入式设备的一些功能于硬件支持，Direct3D Mobile 的体积明显小于桌面的 Direct3D。Direct3D Mobile 的驱动程序允许构建纯粹基于硬件的 Direct3D Mobile 的实现，或者纯粹基于软件的实现，或者两者的混合。Direct3D Mobile 不仅支持浮点数，还支持 16.16 形式的定点数，这对于一些不支持浮点运算的嵌入式 CPU 来说无疑是非常大的优势。

Windows CE 内置了多种图片格式的编码与解码支持，包括 BMP，GIF，ICO，JPG 和 PNG。通过 Windows CE 中 Imaging.lib 暴露的一些接口，应用程序可对这些常用的图片进行编码、解码和显示。

多屏幕显示技术是指把输出切分到多个显示设备上，然后多个显示设备组成一个更大的显示屏幕。这在大型广告牌和大型晚会的背景中非常常见。Windows CE 也提供了多屏幕显示技术的支持。

3. 媒体技术

Windows CE 的多媒体技术提供对多媒体文件的解码和播放支持，包括常见 Windows Media Audio(WMA)、Windows Media Video(WMV)、DVD 播放、MP3 播放和 MPEG - 1 等。

应用程序可调用各种 Windows CE 提供的 API 接口来实现音频/视频播放。Windows

CE 提供了 DVD - Video API 来播放 DVD 光盘。此外还提供了 DirectShow 技术，它是在 DirectX之上的媒体层，支持来自本地或网络的各种视频、音频压缩格式的媒体文件的解码和播放，可从设备上捕捉多媒体流，也可处理各种压缩算法处理的流媒体。

此外，应用程序也可直接使用 Windows Media Player 播放器或者 Windows Media Player ActiveX 控件来播放多媒体文件。

2.7.4　Internet 客户端

Internet 客户端服务提供网页浏览器相关的应用和组件支持。通过 Internet 客户端，可向操作系统中添加浏览器应用程序，也可使用 Windows CE 提供的 Internet 客户端组件来构建自定义的浏览器。

总体来说，Windows CE 提供了两个可选的 Internet 客户端：Internet Explorer 6 和 Pocket Internet Explorer。Internet Explorer 6 的功能要比 Pocket Internet Explorer 强大很多，但是相应地，Internet Explorer 6 的体积也比 Pocket Internet Explorer 大出很多。Internet Explorer 6 比较适合于资源比较丰富，且对浏览器功能要求高的应用平台；Pocket Internet Explorer 适用于资源受限，对浏览器的功能要求不是很高的设备。Pocket PC 和 Smartphone 上使用的都是 Pocket Internet Explorer。

Pocket Internet Explorer 和 Internet Explorer 6 的主要不同点，如表 2.5 所列。

表 2.5　Pocket Internet Explorer 和 Internet Explorer 6 for CE 的主要不同

特　征	Pocket Internet Explorer	Internet Explorer 6 for CE
体积	最小 504 KB，最大 2.2 MB	最小 0.63 MB，最大 4.2 MB
打印	不支持	支持
HTML 编辑	不支持	有限的支持(cut/copy/paste/delete 和 undo/redo)
流媒体支持	通过 WMP ActiveX 控件 for PPC	通过 WMP 6.4 ActiveX 控件
HTML 浏览	HTML 4.01 和 XHTML 1.1（包括基本的 XHTML） 支持 table，form 和 frame	支持 HTML 4.01。除了 ABBR，Q 和 OPTGROUP 标签 支持 table，form，frame 和 floating frame
User Agent 字符串（指示浏览器的能力）	Mozilla/4.0（compatible；MSIE 4.01；Windows CE；PPC；240×320）	Mozilla/4.0（compatible；MSIE 6.0；Windows CE；OEMSTRING）
脚本支持	JScript	Jscript，VBScript
加密	64-bit 和 128-bit SSL	40-bit 和 128-bit SSL

此外，微软还提供了浏览器自定义的功能，可使用 Windows CE 提供的组件来构建符合需要的浏览器。严格地说，Windows CE 下并不包含标准的浏览器应用程序，微软提供了两个应

用程序的示例代码，展示如何使用浏览器组件自定义空间。这两个示例分别叫做 IESAMPLE 和 IESIMPLE，它们的主要区别在于 IESAMPLE 算得上是 Windows CE 下 IE 的“标准”版本，有工具栏、状态栏、地址栏，还有 Internet 选项、收藏夹等。和桌面版本 Windows 上的 IE 几乎一样；而 IESIMPLE 是简单的浏览器，只有基本的 IE 控件，用户界面上只有全屏显示的网页，默认用快捷键来操作。它们的完整源代码位于目录%_WINCEROOT%\PUBLIC\IE\OAK\IESAMPLE 和目录%_WINCEROOT%\PUBLIC\IE\OAK\IESIMPLE 下。如果需要，可参考这两个应用程序的源代码来自定义自己的浏览器。

2.7.5 安全性

安全服务是现代操作系统的核心部分。网络基础结构、系统管理策略和最终用户的体验都取决于安全服务的管理功能、灵活性和实施。Windows CE 提供了多种机制，来确保系统的安全性。应用程序与 Windows CE 中的安全组件的关系可用图 2.25 描述。

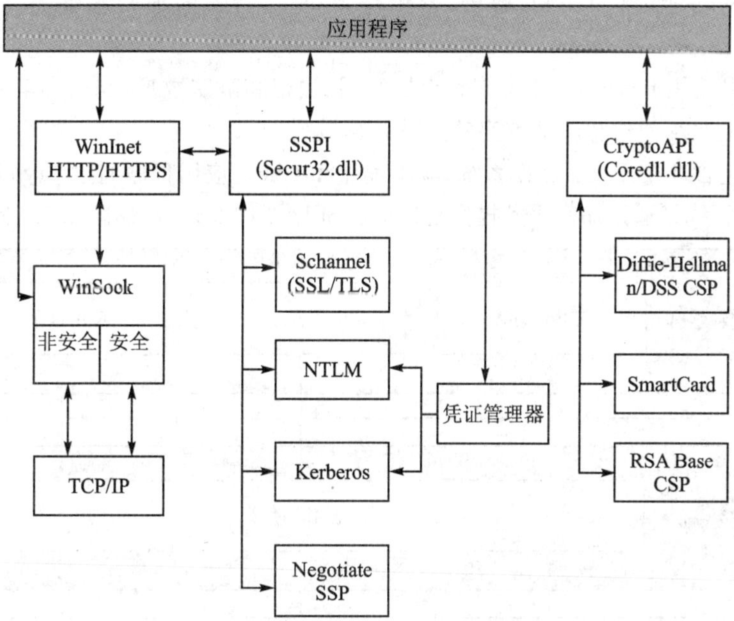

图 2.25 Windows CE 中的安全模型

参考资料：

本书不是介绍安全性和密码学的书籍，有些关于安全性的术语可能会导致读者的疑惑。如果读者需要了解安全性的更多知识，那么可参考如下几本书：

《应用密码学》(*Applied Cryptography：Protocols，Algorithms，and Source Code in C*)，Bruce Schneider

《编写安全代码》(*Writing Secure Code*, *Second Edition*), Michael Howard, David LeBlanc

《Windows 安全性编程》(*Programming Windows Security*), Keith Brown

1. 凭证管理器

当用户访问外界资源时,通常须提供凭证来进行身份验证和授权(最常见的是提供用户名和密码)。凭证管理器(Credential Manager)可缓存用户的凭证,这样用户就无须在每次访问外界资源的时候都出具凭证,而只须在第 1 次登录时提供凭证。此技术也被称做单点登录(Single Sign-On,SSO)。借助凭证管理器,基于 Windows CE 的设备也可实现单点登录。

2. 使用 CryptoAPI 加密数据

通过 CryptoAPI 提供的服务,应用程序开发人员可添加数据制作加密/解密方案、使用数字证书进行身份验证、为基于 Windows CE 的应用程序进行 ASN.1 的编码或解码操作。应用程序开发人员无须了解内部的实现细节,即可使用 CryptoAPI 中的函数。CryptoAPI 与许多执行实际加密功能(例如加密、解密、密钥存储和安全性)的加密服务提供者(CSP)协同工作。

应用程序可使用 CryptoAPI 生成和交换密钥、加密和解密数据、编码和解码证书、管理和保证证书的安全性及创建和验证数字签名并计算散列。

加密系统包含 3 个要素:操作系统、应用程序和 CSP。应用程序通过 CryptoAPI 层与操作系统通信,操作系统则通过加密服务提供者接口(CSPI)与 CSP 通信,如图 2.26 所示。

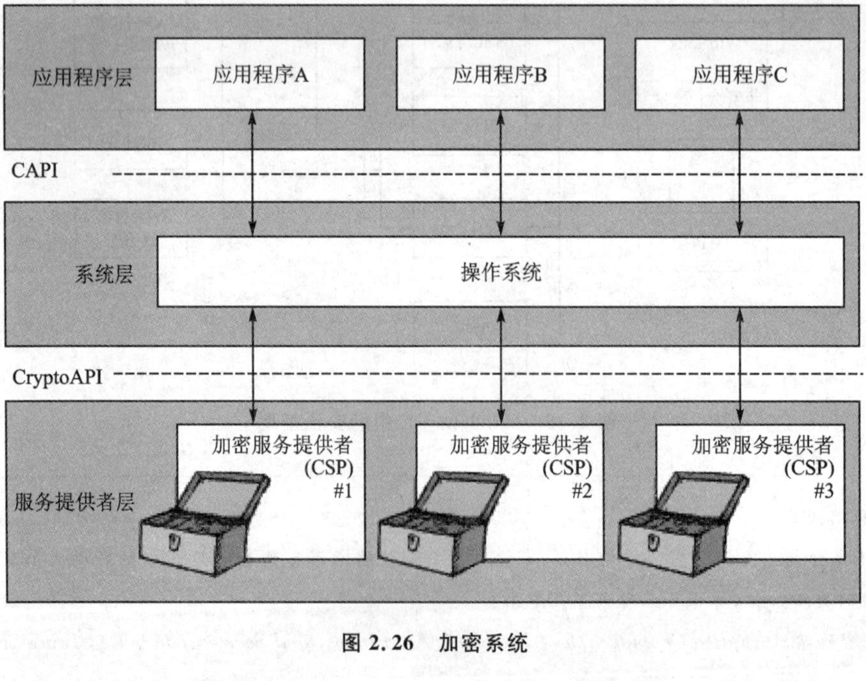

图 2.26 加密系统

CSP 是实现所有加密操作的独立模块，通常是一个 DLL。理想情况下，CSP 是一个与应用程序无关的模块，因此任何应用程序运行的都是同一种 CSP。但是，实际上某些有特定要求的应用程序须定制 CSP。OEM 可编写自己的 CSP 包并将其添加到系统中。

CryptoAPI 1.0 在 Windows CE 中提供的功能与在 Windows 2000 和 Windows NT 中提供的功能很相似；但是，Windows CE 仅支持 CryptoAPI 2.0 的子集。Coredll. lib 导出 CryptoAPI 1.0 函数；Crypto32. lib 导出 CryptoAPI 2.0 函数。所有这些函数都在 Wincrypt. h 头文件中定义。

3. 安全套接字层

安全套接字层(Secure Socket Layer，SSL)协议最初由 Netscape 企业发展，现已成为网络用来鉴别网站和网页浏览者身份，以及在浏览器使用者及网页服务器之间进行加密通信的全球化标准。SSL 通过安全套接字发送和接收经过加密的数据，因此可以保证信息安全。Windows CE 支持 SSL 2.0 和 3.0。应用程序可通过 WinInet API 或者直接通过 WinSock 使用 SSL。

安全套接字依靠身份验证来确定是否可信任远程主机。远程主机通过从证书颁发机构(CA)获取证书，建立自己的信任度。同样，CA 可能会从高一级的机构获取证书，依此类推，建立一条信任链。要确定证书是否可靠，应用程序必须确定根 CA 的身份，然后再确定其是否可靠。

Windows CE SSL 维护信任 CA 的数据库，该数据库独立于 CryptoAPI 2.0 证书存储区。当应用程序试图建立安全连接时，Windows CE 从证书链中提取根证书，并根据 CA 数据库进行检查。它通过证书验证回调函数将服务器证书和根据 CA 数据库得到的比较结果传递给应用程序。最终，应用程序负责验证是否可以接受证书。应用程序可接受或拒绝任何证书。如果某证书被拒绝，则连接建立失败。证书至少要满足两个条件：证书是当前使用的；证书代表的身份与正在建立连接的目标实体的身份相匹配。CA 数据库中包括根证书颁发机构的列表。注意，这些根证书颁发机构是有一定期限的，可能须定期更新。也可通过编辑注册表来更新数据库，以添加更多的 CA。

4. 安全性支持提供者接口

在 Secur32. dll 模块中提供的安全性支持提供者接口(Security Support Provider Interface，SSPI)是一个严格定义的通用 API，用于进行身份验证、消息的完整性检查和消息加密的集成安全服务。它在应用程序层协议和安全性协议之间提供了一个抽象层。因为不同的应用程序在网络上传输数据时所采用的识别或验证用户身份的方法以及加密数据的方法各不相同，因此 Windows CE SSPI 提供了访问包含各种身份验证和加密数据方案的 DLL 的途径。这些 DLL 被称做安全性支持提供者(SSP)。SSP 将不同的 SSPI 函数映射到该 SSP 专用的某个安全性协议的实现上。OEM 也可编写它们自己的安全包，然后将其添加到系统中。Windows CE 5.0 中可用的 SSP 有 Kerberos SSP，NTLM SSP，Schannel SSP 和 Negotiate SSP。

5. 创建可信赖的环境

如果 Windows CE 设备需要发送、接收和处理须保护的重要信息。那么,有可能就需要一种更底层的机制来保护 Windows CE 系统,如何保护系统呢?可为操作系统创建一个可信赖的环境,通过可信赖的环境,可防止操作系统加载未知模块,限制对系统 API 的访问,并禁止对系统注册表的某些部分执行写入操作。

可信赖的环境需 OEM 的支持,需在 OAL 层中实现几个函数,这部分内容在后面的章节讲解。

2.7.6 国际化

在国际交流合作越来越多的今天,设计适合多种语言、多个国家使用的软件是开发者们要解决的一大问题。Windows CE 对于国际化提供了内置的支持。理解 Windows CE 的国际化功能,对设计基于 Windows CE 的国际化软件是非常有帮助的。

参考资料:

对于国际化的更多知识,读者可参考微软出版社出版的《Microsoft Windows 国际化程序设计》一书。

1. Unicode 和 NLS

Unicode 是一种在计算机上使用的字符编码。它为每种语言中的每个字符设定了统一并且唯一的二进制编码,以满足跨语言、跨平台进行文本转换、处理的要求。Unicode 解决了传统 ASCII 码无法解决的软件国际化问题。

在桌面版本的 Windows 中,对于每一个涉及字符串操作的 API,Windows 都会提供两个 API,分别以 W 和 A 结尾,例如对于 MessageBox,Windows 提供了 MessageBoxA 和 MessageBoxW 两个函数分别对应 ASCII 码和 Unicode 码。根据是否定义了 UNICODE 宏来选择最终使用哪个 API。下面格式的代码经常出现在桌面版本 Windows 的头文件中。

```
// From winuser.h
#ifdef UNICODE
#define MessageBox   MessageBoxW
#else
#define MessageBox   MessageBoxA
#endif  // ! UNICODE
```

与桌面版本的 Windows 不同,Windows CE 中所有的字符串都使用 Unicode 表示,系统不支持 ASCII 码。所有的 API 接口中涉及的字符串都必须使用 Unicode 来描述。此外,由于某些特殊需要,Windows CE 还保留了 ASCII 码和 Unicode 码的互相转换函数 MultiByteToWideChar(以及 WideCharToMultiByte)。

此外 Windows CE 还提供了多语言支持(National Language Support,NLS)。NLS 可满足对全球不同地域(Locate)不同语言的支持。NLS 支持用户对应用程序设置不同的地域,并且根据地域的不同来获取不同格式的表示时间日期的字符串。应用程序可使用 Coreloc. lib 中提供的 NLS API 来达到多地域支持。下面的代码演示了如何使用 GetDateFormat()函数得到不同地域的日期字符串。

```
// Get the date format for different locales
GetDateFormat(
    MAKELCID(MAKELANGID(LANG_ENGLISH, SUBLANG_ENGLISH_US),SORT_DEFAULT),
    NULL,                   // Flags
    &tm,                    // Time
    L"ddd', ' MMM dd",      // Format String
    buf,                    // String buffer
    256);                   // Buffer Size
MessageBox(NULL, buf, L"NLS Test", 0);
GetDateFormat(
    MAKELCID(MAKELANGID(LANG_CHINESE,SUBLANG_CHINESE_SIMPLIFIED),SORT_CHINESE_PRC),
    NULL,    &tm,    L"ddd', 'MMM dd",    buf,    256);
MessageBox(NULL, buf, L""NLS Test", 0);
```

注意函数的第 1 个参数是 32 位的 LCID,几乎所有的 NLS 函数都会包括这样一个 LCID 参数。LCID 参数用来指定国家/语言。可使用 GetSystemDefaultLCID()函数获得当前系统的 LCID,也可使用 MAKELCID 宏构建任意的 LCID。在有 NLS 和中文支持的 Windows CE 系统下,上面一段代码得到的结果分别是“Thu, Jul 21”和“星期四,七月 21”。

2. 多语言用户界面

多语言用户界面(Multilingual User Interface,MUI)允许用户更改界面的语言。在构建 Windows CE 映像时,可选择相应的 MUI 支持,这样 Windows CE 会在单一的内核映像里包含多种语言支持,并且可设置默认的语言。系统总是以默认的语言启动。然后用户可通过控制面板修改显示的语言。但是这样需要一次软重启后才会生效。MUI 会显著增加操作系统的体积,因为用来支持其他语言的字符串灯资源会以资源 DLL(Resource dll)的形式内置在 OS 映像里。因此在选用 MUI 之前要确认有足够多的硬件资源。

Platform Builder 提供了 CreateMUI 工具来支持创建 MUI。这允许同一个操作系统映像包含多个语言包,并且可以在不同的语言之间切换。

3. 语言相关的支持

对于每种语言和地域,Windows CE 都提供了针对该语言的字体、输入法和键盘布局及键盘驱动支持。Windows CE 支持的完整 Locale 有:Arabic,Chinese (Simplified),Chinese (Traditional),English (U. S.),English (Worldwide) ,French,German,Hebrew,Indic,

Japanese，Korean 及 Thai。

例如对简体中文，Windows CE 提供了宋体字体还有微软拼音输入法。定制平台时，可根据需要添加。

2.7.7　错误报告

错误报告是 Windows CE 5.0 中添加的新功能，它是操作系统的一个可选组件。与熟悉的 Windows XP 的错误报告类似，在应用程序崩溃时，错误报告可自动收集崩溃时的系统和应用程序的状态信息（通常叫做 Dump File），并允许把收集的错误信息发送给微软或者 OEM 商，来更好地改善系统的可靠性。图 2.27 为 Windows CE 下的发送错误报告对话框。

图 2.27　Windows CE 下的发送错误报告对话框

Windows CE 提供两种获取 Dump File 的方式：自动模式和手动模式。在自动模式中，系统会抓取应用程序没有捕捉的异常（Second Chance Exception），然后自动生成 Dump 文件，接着打包提交到服务器；在手动模式中，可调用系统提供的 API 函数，手动创建某个程序某一时刻的 Dump File，以利于程序的调试。最常用的情况是某个程序造成了死锁，我们可使用函数手动创建该程序的 Dump 文件，然后查看死锁发生的原因。Windows CE 提供了一个函数 CaptureDumpFileOnDevice()来手动地获得 Dump，其声明如下：

```
BOOL CaptureDumpFileOnDevice(
  DWORD dwProcessId,              // 要抓取 Dump 的进程的 ID
  DWORD dwThreadId,               // 要抓取 Dump 的线程的 ID
  LPCWSTR pwzExtraFilesPath       // 可选，包含 Dump 的目录
);
```

Windows CE 提供了 3 种类型的 Dump 文件，不同的 Dump 文件大小不同，包含的内容也

不同。如表 2.6 所列。一般来说 Dump 文件越大，包含的信息也越多。

表 2.6　不同的 Dump 类型比较

Dump File 类型	大　小	描　述
上下文 Dump	4 KB～64 KB	● 崩溃系统的信息 ● 导致崩溃的异常 ● 出错线程的上下文 ● 进程所加载的模块列表 ● 进程的线程列表 ● 出错线程的调用栈 ● 出错时候指令指针(Instruction Pointer，IP)前后的 64 字节数据 ● 64 KB 出错线程的栈
系统 Dump	64 KB～几 MB	● 上下文 Dump 中的所有信息 ● 所有线程的上下文和调用栈记录 ● 整个设备的完整模块、进程及线程列表 ● 出错时候指令指针(Instruction Pointer，IP)前后的 2048 字节数据 ● 出错时当前进程的全局变量
完整 Dump	物理内存的大小加上至少 64 KB	● 上下文 Dump 中的所有信息 ● 所有使用内存的完整映像

Windows CE 的错误报告体系结构如图 2.28 所示。整个错误报告系统分为 4 个模块：错误报告生成模块、错误报告传输驱动程序、错误报告上传客户端和错误报告控制面板插件。

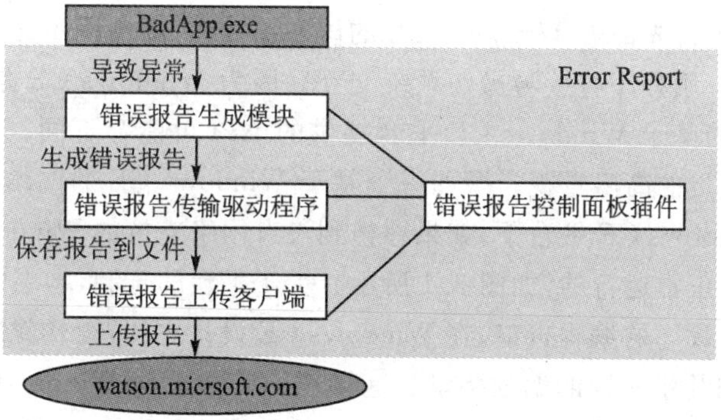

图 2.28　错误报告的结构

用户可在控制面板中通过错误报告控制面板插件对错误报告系统进行配置。当有用户未捕捉的错误发生时，首先，错误报告生成模块可捕捉到这个错误；然后通过错误报告生成模块生成 dump 文件；接着，通过错误报告驱动程序把错误报告保存为文件系统上的一个文件；最后，根据用户的选择，把错误报告发送到微软的服务器上。

第 3 章

应用程序开发总览

3.1 Windows CE 应用程序开发的几点说明

3.1.1 应用程序开发的界定

在 Windows CE 下，应用程序开发（Application Development）是针对驱动和内核而言的。应用程序开发是指针对给定的 Windows CE 平台，利用该平台提供的编程接口，使用特定工具，实现特定功能的程序设计活动。

在此概念中，有 3 个须注意的地方：

- 特定的 Windows CE 平台；
- 平台提供的编程接口；
- 特定的工具。

对于特定的平台，首先回顾 Windows CE 的体系结构图，应用程序处于整个 Windows CE 体系结构的最上层，应用程序直接与操作系统交互。因为 Windows CE 是一个可高度定制的操作系统，因此不同的基于 Windows CE 平台提供的 API 可能会不同。在应用移植时，这一点须引起应用开发人员的高度重视。譬如一个基于 Windows CE 的网络聊天程序，只能运行在有网络支持的 Windows CE 平台下，如果移植到没有网络支持的 Windows CE 平台上，那么这个应用程序是无法正常运行的，如图 3.1 所示。关于平台的定制，本书中有章节详细介绍。

对于 Windows CE 下的编程接口，在 Windows CE 设计之初，微软就决定对桌面Windows 和 Windows CE 采用几乎一样的编程接口。这样作一方面可使 Windows 下的应用开发人员快速，平滑地过渡到 Windows CE 平台下；另一方面有利于大量现有的桌面 Windows 下的应用程序移植到 Windows CE 平台下。

Windows CE 5.0 为应用程序开发人员提供了 3 种选择，它们分别是：

- Win32 应用程序编程接口（Win 32 Application Programming Interface，API）；
- 微软基础类（Microsoft Foundation Class，MFC）以及活动模板库（Active Template Library，ATL）；

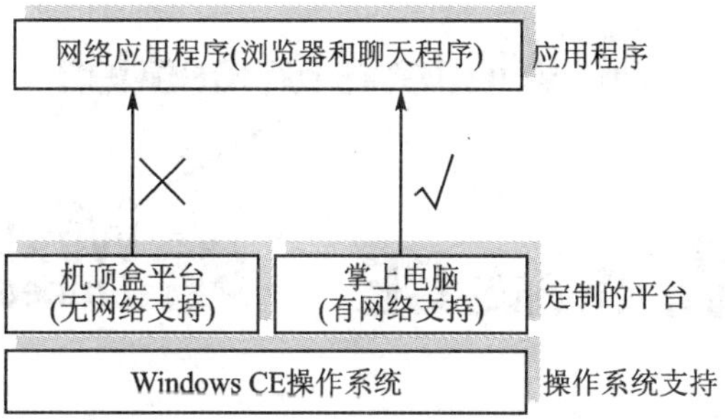

图 3.1　Windows CE 应用程序移植模型

● .NET Framework 精简版(.NET Compact Framework,.NET CF)。

熟悉桌面 Windows 程序设计的开发者对这些技术应该耳熟能详。因为 Windows CE 是一个嵌入式操作系统,在 Windows CE 下,这些技术与桌面 Windows 还是有很大区别的。

对于 Windows CE 下的开发工具,应用程序开发人员也有很多选择。微软提供了针对各种编程语言和 CPU 平台的编译器。同时,还提供了集成开发环境(Integrated Development Environment,IDE)供应用开发者使用。

本书的着重点将放在 Windows CE 5.x,以及基于 Windows CE 5.x 的 Windows Mobile 5.0 平台。同时为了知识过渡,也会涵盖部分 Windows CE 4.x 的内容。

3.1.2　基于 Windows CE 的平台介绍

基于 Windows CE 的平台有很多,在介绍基于 Windows CE 的平台前,有必要把几个比较容易混淆的词汇及其之间的关系解释一下。这些词汇包括:Windows Embedded,Windows CE,Windows XPE,Windows Mobile,Pocket PC 和 Smartphone 等。它们之间的关系如图 3.2 所示。

Windows Embedded 是微软的 Windows 产品在嵌入式领域的应用品牌,它并不是一个产品的名称。目前使用 Windows Embedded 品牌的产品有两个,分别是 Windows CE 和 Windows XP Embedded。而我们经常听说的 Windows Mobile 则是基于 Windows CE 的一个移动智能设备品牌,也不是产品名称。使用 Windows Mobile 品牌的产品有两个,Pocket PC 和 Smartphone。Pocket PC 是基于 Windows CE 的 PDA 专用平台;Smartphone 则是基于 Windows CE,并且增加了通信等模块,为智能手机专门开发的平台。

因此本书中涉及的应用程序开发既包括 Windows CE 平台开发应用程序,也包括 Windows Mobile 平台开发应用程序,这两者大致原理一致。可把 Pocket PC 和 Smartphone 看成微软为我们定制的基于 Windows CE 的平台。图 3.3 为 Windows Mobile 平台应用程序开发的变迁。

从图中,可看到 Pocket PC,Smartphone 以及其底层的 Windows CE 平台和开发工具、开

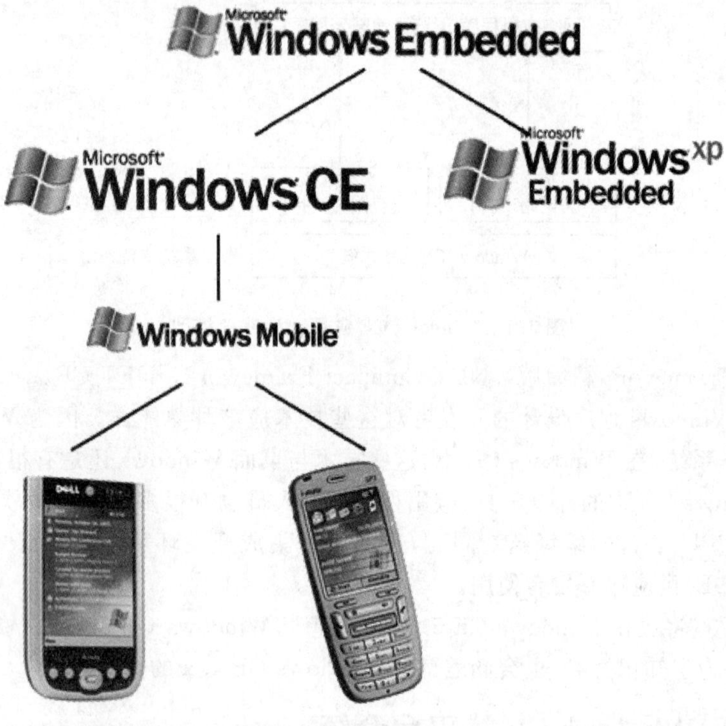

图 3.2　Windows Embedded 家族产品的关系

设备	2000	2002	2003	2003 第2版	Windows Mobile 5.0
操作系统	WinCE 3.0	WinCE 3.0	WinCE 4.2	WinCE 4.2	WinCE 5.x
开发工具	EVC3 (C++) EVB3 (VB)	EVC 3 (C++) EVB 3 (VB)	EVC4 (C++) VS.NET 2003 (C#, VB.NET)	EVC4 (C++) VS.NET 2003 (C#, VB.NET)	Visual Studio 2005 (C#, VB.NET, C++)
相关技术	MFC Win32, POOM	MFC, ATL Active Sync Connection Mgr MAPI OBEX Telephony	ATL 4.2, .NET CF Enhanced Emulator Configuration Mgr, Bluetooth, SMS	.NET CF SP2 VGA (PPC) QVGA (SP) Square Landscape	.NET CF 2.0 MFC 8.0, ATL 8.0 Broad managed code support Notifications Broker, Location, Camera, Watson, D3DM

图 3.3　Windows Mobile 平台应用程序开发的变迁

发技术的变迁。Windows Mobile 发展至今已经经历了 5 个版本，分别为：Pocket PC 2000、Pocket PC 2002 和 Smartphone 2002、Pocket PC 2003 和 Smartphone 2003、Windows Mobile 2003 第 2 版以及 Windows Mobile 5.0。其底层的 OS 也由 Windows CE 3.x 过渡到了 Windows CE 5.x。当然，开发工具和底层的开发技术也在不断地演化。

3.2 应用程序开发流程

在 Windows CE 下开发应用程序大致可分为 3 个步骤：

① 安装合适的 SDK；

② 编写代码和调试；

③ 发布应用程序。

图 3.4 为 Windows CE 下的应用程序开发流程。

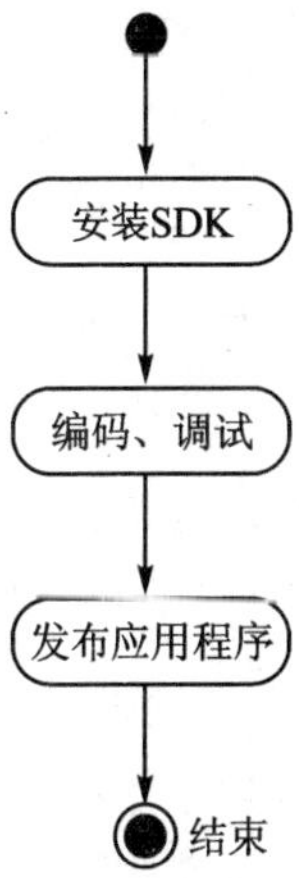

图 3.4 Windows CE 下的应用程序开发流程

3.2.1 安装 SDK

大多数应用开发者会选用 Visual Studio 或者 eMbedded Visual C++开发应用程序，如果是这样，那么安装合适的 SDK 是须做的第 1 步工作。

SDK(Software Development Kit)是一系列头文件、库文件、文档、平台管理器和运行时库的总称。应用开发人员可使用 SDK 为某个特定的平台开发应用程序。

桌面 Windows 开发人员可能对桌面 Windows 上的 Platform SDK 有所了解，使用 Platform SDK 可以为几乎所有版本的桌面 Windows 开发应用程序。为什么 Windows CE 不能像桌面 Windows 一样，有一个统一的 SDK 呢？问题的答案还是要回到嵌入式系统的特性。Windows CE 是一个可以定制、裁剪的操作系统，每一个 Windows CE 平台包含的功能都不尽相同，因此每个平台向应用程序提供的 API 集合都不相同。图 3.5 表示了不同的平台、不同的 SDK 及不同的应用程序。

桌面 Windows 与 Platform SDK

使用 Visual C++为桌面 Windows 开发应用程序同样须安装 SDK，微软也会在自己的网站上提供最新的开发桌面应用程序的 SDK(称为 Platform SDK)下载。但是绝大多数桌面 Windows 开发人员却对此一无所知。主要原因有两个：第一，桌面 Windows 是不可定制的。桌面 Windows 中包含的组件和功能模块相对固定，因此桌面 Windows 的 SDK 内容也就相对固定，我们几乎可使用同一套 Platform SDK 为所有桌面 Windows 开发应用程序。第二，Platform SDK 已经被集成到了 Visual C++中。在安装 Visual C++时，开发人员可能并不知道 Platform SDK 也同时被安装。

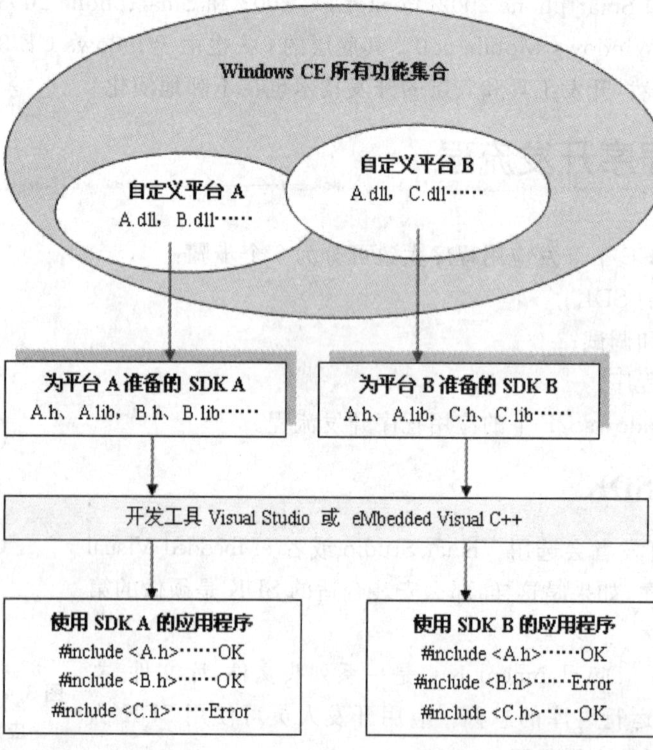

图 3.5 不同的平台，不同的 SDK 及不同的应用程序

Visual Studio 和 eMbedded Visual C++都依赖特定的 SDK 开发应用程序，只有安装了特定的 SDK 后，在开发工具的“新项目向导”中才会有相应的选项，如图 3.6 所示。

在 eMbedded Visual C++中，提供了 Platform Manager 来管理已经安装的 SDK，从菜单 **Tools|Configure Platform Manager...** 可打开 Platform Manager 对话框。如图 3.7 所示。

在 Visual Studio 中，可从菜单：**Tools|Options...|Device Tools|Devices** 中查看已经安装的 SDK。如图 3.8 所示。

可能注意到，在安装开发工具时，默认会安装一个称做“Standard SDK”的 SDK。前面已经介绍过，由于 Windows CE 操作系统的特性，不可能存在“标准”的 SDK。所谓 Standard SDK，只不是过是微软把 Windows CE 中最常用的一些功能取出来作为一个“标准”的 SDK，使用 Standard SDK 开发的应用程序，可在大多数 Windows CE 平台上运行。但是 Standard SDK 也并不是万能的。例如，Standard SDK 不支持中文和 DirectX 等。

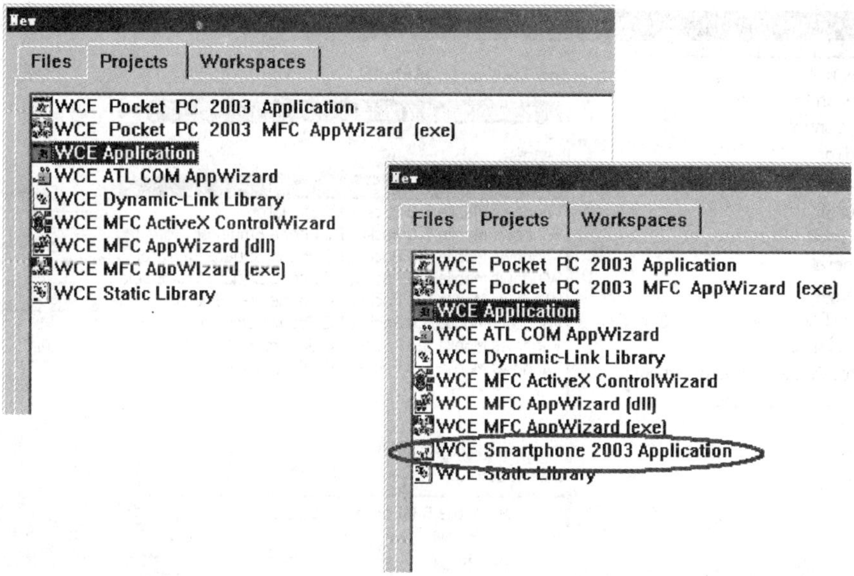

图 3.6　安装 Smartphone SDK 前后 EVC 中的“新项目向导”

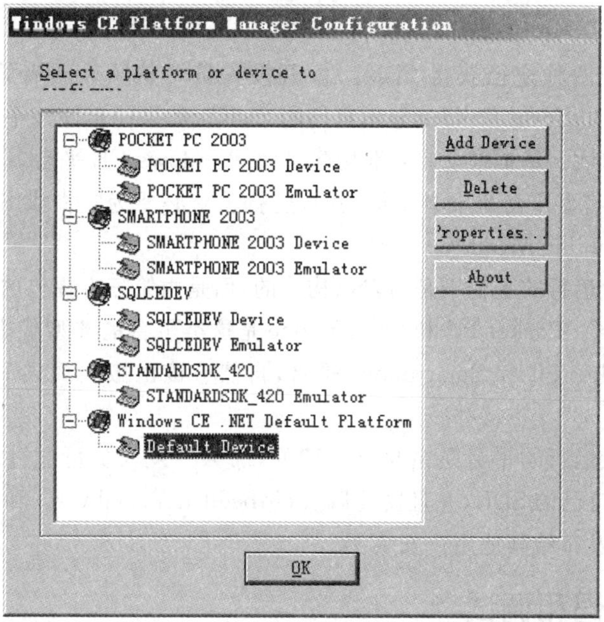

图 3.7　EVC 中的 Platform Manager

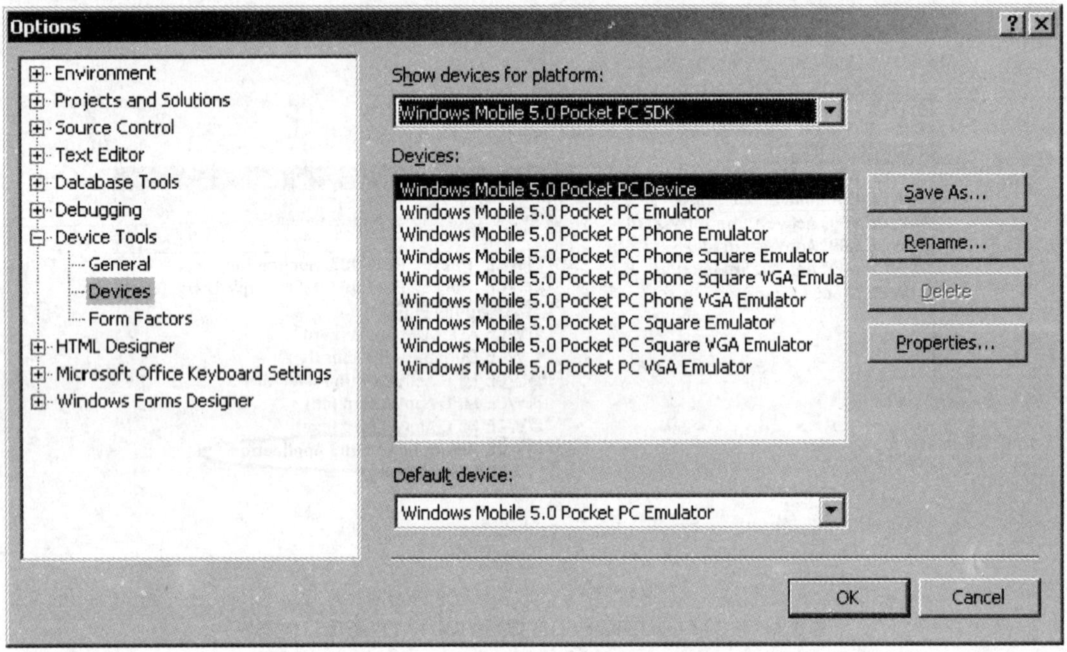

图 3.8　Visual Studio 中的设备管理器

应用开发人员有两种途径获得 SDK：① 开发人员可从微软或者第三方处获得 SDK；② 开发人员可通过 Platform Builder 导出自己的 SDK。如果他希望该平台可扩展，其他应用可在该平台上运行的话。基本理念是：谁构建了该 Windows CE 平台，谁就应该负责提供该平台的 SDK。当然，有些平台是没必要扩展的，也就没有必要为它提供 SDK。典型的代表是便携视频播放器(Portable Media Center)。

如果应用程序所运行的平台不是由自己构建的，而是由第三方提供的，那么第三方应该负责提供该平台的 SDK。Pocket PC 和 Smartphone 是这类平台的典型代表。微软构建了基于 Windows CE 的 Pocket PC 和 Smartphone 平台，自然应该由微软提供 Pocket PC 和 Smartphone 的 SDK。

如果应用程序所运行的平台是由自己构建的，那么开发人员可通过 Platform Builder 的导出 SDK 功能创建自己的 SDK，并且安装后供 eMbedded Visual C++和 Visual Studio 使用。也可把导出的 SDK 发布给其他用户安装。

3.2.2　编写代码和调试

安装好合适的 SDK 后，就可通过 eMbedded Visual C++或 Visual Studio 编写应用程序了。编码过程与普通的桌面 Windows 应用程序开发没有大的区别，但是在调试 Windows CE

下代码就不是那么简单了。虽然 Windows CE 和 Windows 使用相同的可执行 PE 文件格式，但是 Windows CE 下的可执行文件是无法直接在桌面 Windows 中运行的(用.NET Compact Framework 为 Windows CE 生成的托管代码可直接在装有.NET Framework 的 Windows 中运行，但这对于开发和调试没有任何意义)。因此，要调试 Windows CE 下的应用程序，有两种选择：使用模拟器(Emulator)或者在真实的 Windows CE 设备(Device)上运行。

3.2.2.1　使用模拟器调试

eMbedded Visual C++和 Visual Studio 都带有 Windows CE 的模拟器。模拟器是一个 Windows 应用程序，它在 Windows 操作系统下为 Windows CE 提供了虚拟的硬件执行环境，使 Windows CE 可在 Windows 中作为一个 Windows 进程执行。图 3.9 为 Windows Mobile 5.0 的模拟器界面。

图 3.9　Windows Mobile 5.0 的模拟器

其他模拟器

类似的在 Windows 上模拟硬件环境的软件还有很多。模拟 X86 平台的模拟器有 Virtual PC、VMWare 和开源的 Bochs。此外，还有很多模拟 ARM 和 MIPS 等硬件环境的模拟器，例如一些游戏机模拟器。比较著名的任天堂 Game Boy Advance 手掌机的模拟器 Visual Boy Advance 就是在 Windows 上模拟基于 ARM 的硬件环境的模拟器。它使一些掏不起腰包买游戏机的人也可在 Windows 上享受玩游戏的乐趣。

模拟器给开发人员带来的最大好处是在一台机器上就可完成 Windows CE 下的软件编码与调试，而无需 Windows CE 硬件设备，可省去繁琐的硬件连接与昂贵的硬件设备。

在 eMbedded Visual C++中，通过 WCE Configuration 工具栏，可选择在模拟器或设备调试应用程序，如图 3.10 所示。

在 Visual Studio 中，可通过 Device 工具条选择模拟器环境和设备环境。如图 3.11 所示。

像桌面 Windows 应用开发一样，可通过在代码中设置断点以及单步跟踪代码等方式进行调试。这些都是代码调试的基本操作，如果不熟悉这些操作可自行练习。

在 Windows CE 5.x 之前，Windows CE 的模拟器都是在模拟 X86 CPU 运行的。

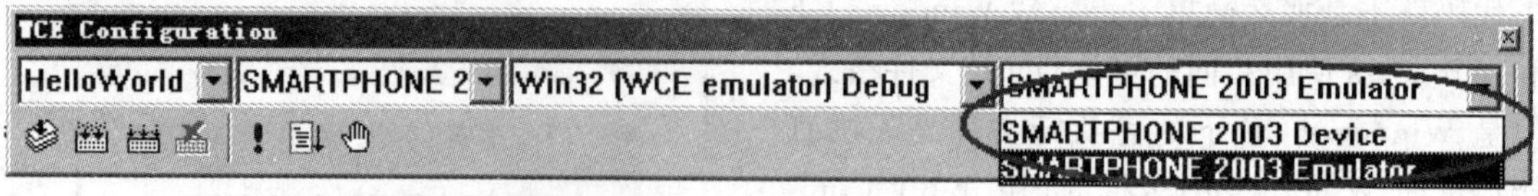

图 3.10　EVC 中设置用模拟器调试

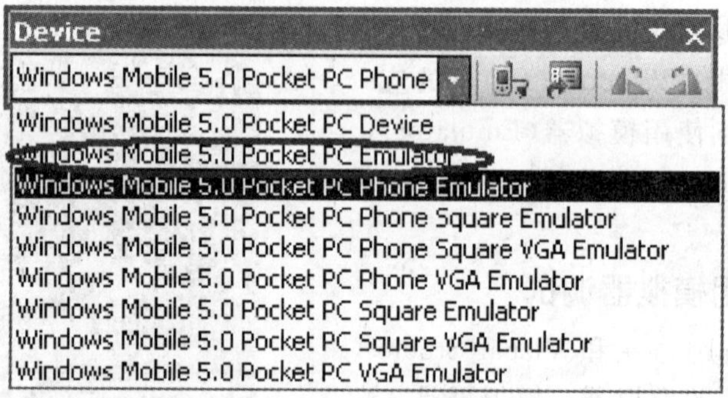

图 3.11　Visual Studio 中设置模拟器调试环境

Windows CE 5.x 中新增加了基于 ARM CPU 的模拟器。这样，如果应用程序最终运行的平台是 ARM，那么开发人员就可选用基于 ARM 的模拟器，进一步减小因为模拟器与真实设备体系结构不同造成的错误。

因 X86 与 ARM 的差异而造成的地址未对齐错误

因为 CPU 体系结构不同造成的错误中最"著名"的当属 ARM 中的内存访问对齐错误。在基于 X86 体系结构的模拟器中运行得很正常的程序，重新编译为 ARM 代码后经常会在设备上无法正确运行并导致地址对齐错误。这是因为在 ARM 体系结构的 CPU 中，内存的访问必须是 4 字节对齐的。而在 X86 体系结构的 CPU 中则没有这个要求，如果涉及指针操作，而且是奇字节的指针操作，那么很有可能引起内存访问的非字节对齐异常。Pocket PC 和 Smartphone 设备几乎都是基于 ARM 的，这一点需要开发人员格外注意。

使用模拟器，还可在 Windows CE 中方便地访问 Windows 中的文件。模拟器可把桌面 Windows 中的一个文件夹映射为 Windows CE 中的存储卡。方法是在模拟器中选择**Emulator|Folder Sharing**，(在 Windows Mobile 5.0 的 Emulator 中选择**File|Configure...|General|Shared Folder**)然后选择桌面 Windows 上的某个目录即可。如图 3.12 所示。

模拟器不但可用来测试应用程序，还可用来测试定制的 Windows CE 操作系统。使用模拟器的优点非常明显，但是模拟器毕竟只是一个虚拟的执行环境，其缺点也显而易见：模拟器只是模拟 Windows CE 可运行的部分硬件。因此，与红外、蓝牙、Wi-Fi、USB 及 IEEE 1394 等硬件设备相关的应用程序就无法在模拟器上运行。所以，本书仅仅在应用程序开发部分使用

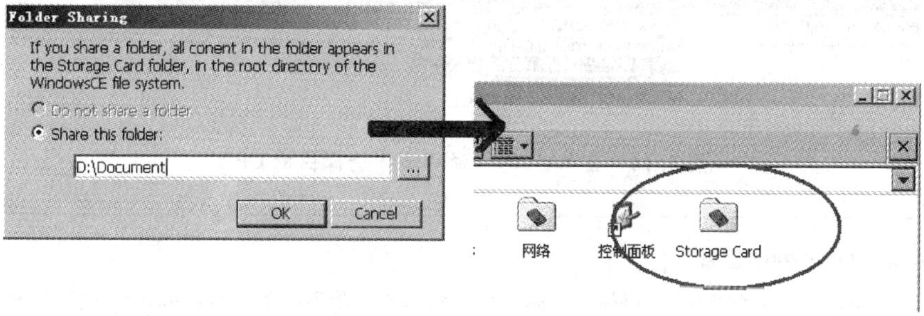

图 3.12　模拟器中的文件夹共享

模拟器，其余部分都使用硬件设备。建议读者在学习 Windows CE 时也尽量使用真实硬件，以免产生“模拟器依赖”。

3.2.2.2　使用 Windows CE 设备调试

使用基于 Windows CE 的设备调试类似于传统的嵌入式开发调试。有了开发机和目标机的概念，PC 机和 Windows CE 设备就分别充当开发机和目标机的角色。首先，需在 PC 机和 Windows CE 设备之间建立物理连接，如图 3.13 所示。用来下载应用程序和传输调试信息。物理连接可以是以太网、串口及 USB 线等等。事实上，Windows CE 中在开发机与目标机之间建立连接的方式非常多而且很容易令人迷惑，对于应用程序来说，最容易的连接方式是使用 ActiveSync。使用 ActiveSync 连通开发机与目标机后，就可以通过开发工具下载、调试应用程序了。关于 ActiveSync 的介绍可参考本书第 1 章。

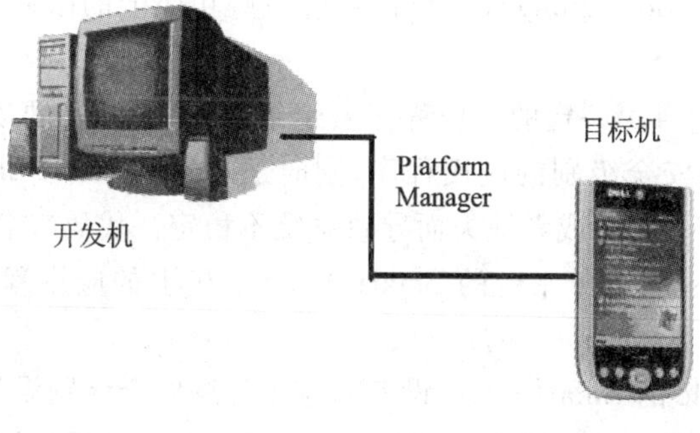

图 3.13　在 PC 机和 Windows CE 设备之间建立连接

其次一个值得注意的地方是，对于使用 C/C++语言编写的本机代码，要针对目标机选择合适的 CPU，如图 3.14 所示。如果目标机 CPU 是 ARM，则要针对 ARM CPU 编译代码；否则应用程序无法正确运行。

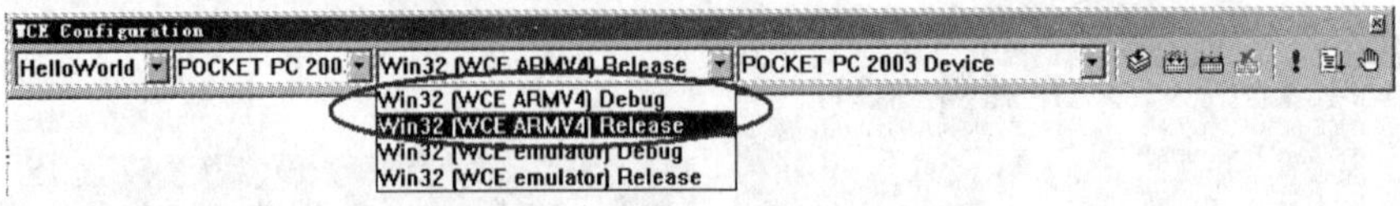

图 3.14 在 EVC 的编译环境中选择目标 CPU

配置 Smartphone 2003 设备

用 Smartphone 2003 设备调试应用程序时，经常会遇到应用程序不能下载的情况。这是由于 Smartphone 的安全限制。我们须通过 Smartphone SDK 自带的工具 spdps. exe 进行配置。spdps. exe 通常位于 X:\Program Files\Windows CE Tools\wce420\SMARTPHONE 2003\Tools 目录。

只要能够在目标设备和开发机之间正确地建立连接，通过设备调试与通过模拟器调试方法就基本上是一致的。

3.2.3 应用程序发布

当代码开发、测试结束后，就应该发布应用程序了。应用程序的发布涉及到的两个主要问题：代码签名和代码打包。

3.2.3.1 代码签名

在一些基于 Windows CE 的平台上会存储一些对用户非常重要的数据(例如个人电脑和手机)，因此，信息安全就变得非常重要。一些基于 Windows CE 的设备要求运行其上的应用程序必须进行代码签名(Code Signing)；否则就会有一些功能上的限制。Smartphone 是这种平台的代表。

Smartphone 设备都内置了一定的应用程序安全级别，来验证需要安装的应用程序，根据不同的授权允许安装不同安全级别的应用程序，同时还可保证 Smartphone 设备在安装应用程序时不会因为安装程序不完整或者缺失而导致系统不稳定。代码签名可使开发人员和发布人员确保其基于 Windows Mobile 平台的 Smartphone 手机上的应用程序在传递和执行的时候是安全可信的。

基于 Windows Mobile 的 Smartphone 设备的应用程序安全级别设计得非常灵活，以便满足各个不同移动运营商的需求。具体而言，Smartphone 支持 3 种授权模式，如表 3.1 所列。

世界各地的移动运营商或者硬件设备生产厂商根据上述安全级别对自己 Smartphone 设备进行安全级别定义。对于定义安全级别较高的 Smartphone 设备，无法安装没有经过代码签名的应用程序；对于一般安全级别的 Smartphone 设备，安装没有经过代码签名的应用程序时会有明显的程序不被信任提示，会警告最终用户正在安装不安全的应用程序；而很少会有 Smartphone 设备被定义成低安全级别和无安全级别。

表 3.1　Smartphone 的授权模式

授权模式	描　述
特权信任(Privileged Trust)	应用程序拥有高可信度的证书,可完全访问到操作系统底层 API
非特权信任(Unprivileged Trust)	应用程序拥有受限制的授权,并且受限访问操作系统底层 API
不被信任(Untrusted)	应用程序不允许在 Smartphone 设备上运行,并且不能访问系统底层 API

进行代码签名的另外一个优势是可确保应用程序在传递和分发时的完整性和一致性。代码签名的规范要求独立软件开发商 ISV 将开发的应用程序关键文件和整个安装程序包进行代码签名。当安装程序包或者安装程序中的任何一个关键文件被无意或者非法修改后,预先附着的代码签名就会失效。因此代码签名可为软件产品提供很好的完整性和一致性保证,并且可保护软件产品的版权。

应用程序的代码签名由微软的两家合作伙伴完成——VeriSign 和 Betrusted。同时,微软还提供了 Mobile2Market 计划用来帮助独立软件开发商来完成代码的发布和签名工作,详细的情况可参考:

http://msdn.microsoft.com/mobility/windowsmobile/partners/mobile2market

3.2.3.2　代码打包

在桌面 Windows 下,在程序发布时通常把与程序相关的文件做成.MSI 安装文件。在 Windows CE 下,发布应用程序通常须把应用程序打包成.CAB 文件。Windows CE 可解开.CAB 文件包进行软件对软件安装操作。

制作.CAB 文件需要两步:① 使用文本编辑器创建一个.INF 文件来描述安装包;② 使用 CabWiz.exe 工具把所有相关的文件打包,可在 SDK 的 Tools 目录下找到 CabWiz.exe。

INF 文件是纯文本文件。它是由一系列段落片段组成,每个片段的名字定义都在方括号()中,名字不区分大小写。每一个片段描述了文件的目标地址、快捷方式及注册表设置等信息,这些都会被写入.CAB 文件中,在安装时发挥作用。虽然这些片段可随意排放次序,但最好还是按照样例的次序,以提高可读性。

必需的 INF 文件节只有表 3.2 所描述的几个。

表 3.2　必需的 INF 文件节

节	描　述
Version	描述应用程序的创建者和版本
CEStrings	应用程序名和安装目录的字符串替换
DefaultInstall	描述安装应用程序的默认方法
SourceDisksNames	描述要打包的文件的路径名称
SourceDisksFiles	描述被打包进 CAB 文件的所有文件列表
DestinationDirs	描述在目标设备上的安装路径名称

下面是一个INF文件的例子，把Hello.exe打包进文件，并且在安装时向注册表写入了一些数据。

```
[Version]
Signature     = "$Windows NT$"          ; required as-is
Provider      = "Tongji"                ; maximum of 30 characters,
CESignature = "$Windows CE$"            ; required as-is

[CEStrings]
AppName       = "Hello"                 ; maximum of 40 characters,
InstallDir    = %CE1%\%AppName%         ; Program Files\HelloWorld

[SourceDisksNames]                      ; directory that holds application's files
1 = , "Common Files",,"C:\"

[SourceDisksFiles]                      ; list of files to be included in .cab
Hello.exe = 1

[DefaultInstall]                        ; operations to be completed during install
CopyFiles     = CopyToProgramFiles
AddReg        = RegData

[DestinationDirs]                       ; default destination directories for each operation section
CopyToProgramFiles       = 0, %InstallDir%

[CopyToProgramFiles]                    ; copy operation file list
"Hello.exe", Hello.exe

[RegData]                               ; registry key list
HKCU,Software\%AppName%,MajorVersion,0x00010001,1
HKCU,Software\%AppName%,MinorVersion,0x00010001,0
```

把上面的INF文件存到C盘根目录，然后使用CabWiz工具如下所列。

```
cabwiz.exe   "c:\Hello.inf"/dest "d:\"/err myfile.err
```

这样，就可在D盘根目录下生成.CAB文件了。如果有错误，那么会在myfile.err中描述错误的详细信息。

提示：

Smartphone 2003 下的.CAB 文件与通用的.CAB 文件略有不同，它增加了几个可选的 XML 文件。Smartphone 下的打包工具为 cabwizSP.exe。

此外，部分开发工具可自动完成安装包制作，从而进一步简化程序部署流程。

通过 ActiveSync 或者其他方式把.CAB 文件传到 Windows CE 设备上，就可直接在 Windows CE 设备上运行.CAB 文件进行安装操作。

3.3 Windows CE 的应用编程接口

3.3.1 Win32 API

Win32 API 是微软 32 位 Windows 平台的应用程序编程接口（Application Programming Interface）。所有在 Win32 平台上运行的应用程序都会直接或间接地调用这些函数。使用 Win32 API，应用程序可充分挖掘 32 位 Windows 的潜力。

Win32 平台是微软 32 位 Windows 的统称，包括 3 大类产品：桌面 Windows、服务器 Windows 和嵌入式 Windows。如图 3.15 所示。微软的所有 32 位操作系统平台都支持统一的 API，包括函数、结构体、消息、宏以及接口等等。使用 Win32 API 不但可开发出在各种平台上都能成功运行的应用程序，而且也可充分利用每个平台特有的功能和属性。

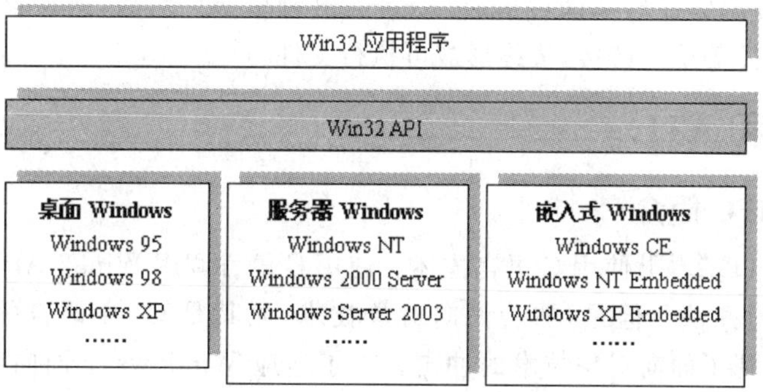

图 3.15　Win32 平台

正是由于 Win32 API 接口的良好定义，所以使用 Win32 API 编写的应用程序可在不同的 Windows 平台之间基本实现代码级的兼容。

图 3.16 简单展示了 Win32 应用程序的开发流程。

概括来说，一个标准的 Win32 源程序包括两部分：源代码文件和资源文件。源代码文件

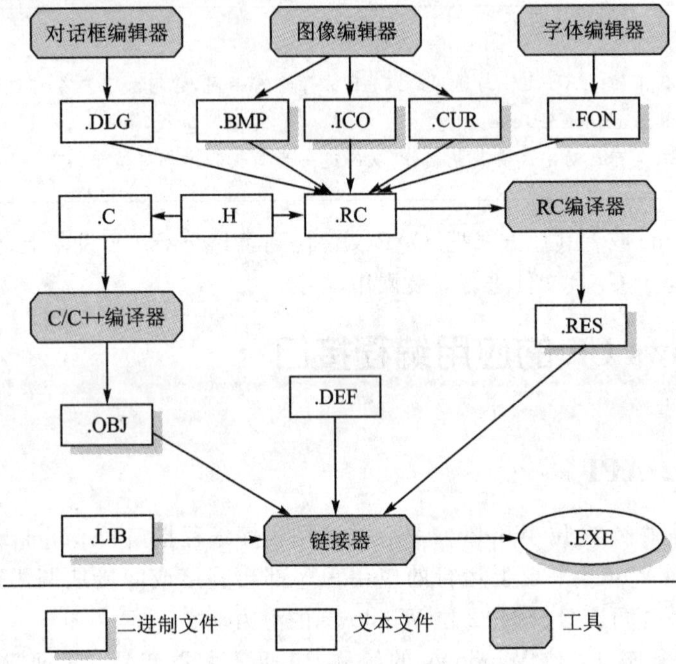

图 3.16　Win32 应用程序开发流程

由. C/. CPP/. H 等文本文件构成；资源文件由. RC 资源描述文件，. BMP/. ICO/. CUR 等图像文件及. FON 等其他二进制文件构成。源代码文件经过 C/C++编译器编译后形成目标文件；资源文件经过资源编译器编译后形成. RES 二进制资源。然后，链接器负责把目标文件、二进制资源及库文件等统一链接，最终形成可执行文件。

3.3.2　MFC 和 ATL

3.3.2.1　MFC 简介

Win32 API 接口基本上使用 C 语言描述。使用 C 语言调用 Win32 API 是 Windows 下最简单、最直接的编程办法。但是，随着面向对象技术，尤其是 C++语言的广泛使用，Win32 API 的编程模型受到了面向对象技术的冲击。为了适应 Windows 下面向对象程序设计技术的要求，微软推出了 MFC。

MFC 是一个基于 C++语言的面向对象的程序设计框架，它大大简化了 Windows 编程工作。MFC 充分利用 Microsoft 开发人员多年开发 Windows 程序的经验，并将这些经验融入到用户自己开发的应用程序中去。

使用 MFC 类库的好处是：一方面，MFC 提供了一个标准化的结构，如图 3.17 所示，这样开发人员可从一个较高的起点编程，从而节省大量的时间；另一方面，它提供了大量的代码，对程序的控制主要由 MFC 框架完成，而且 MFC 也完成了大部分的功能，可预定义或实现许多事件和消息处理等等。MFC 框架可由其本身处理事件，不须依赖程序员的代码；也可调用程序员的代码来处理应用程序特定的事件。

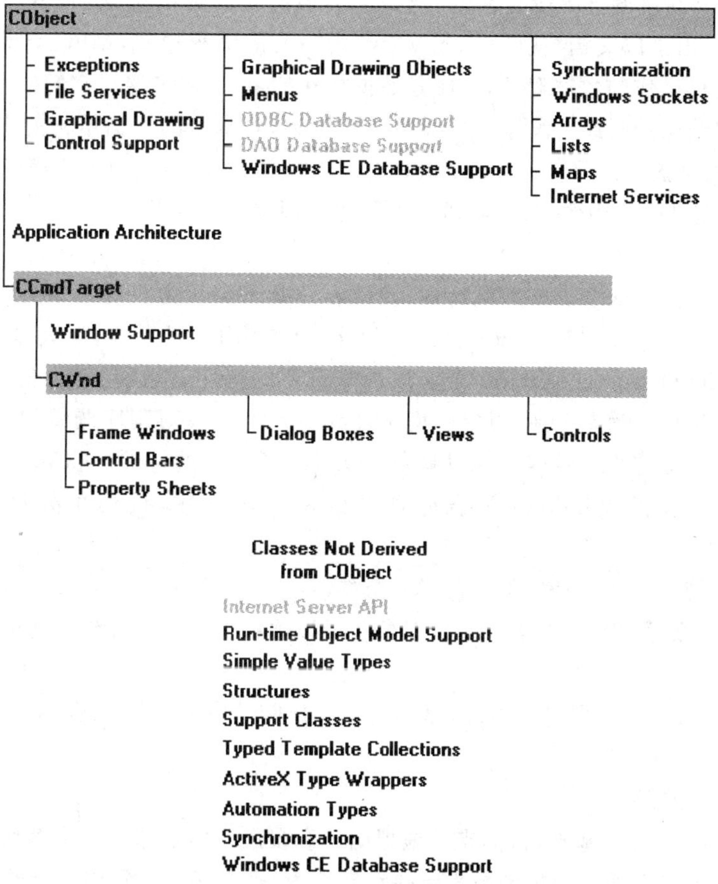

图 3.17　Windows CE 下的 MFC 类库结构图

对用户来说，用 MFC 开发的最终应用程序具有标准的、熟悉的 Windows 界面，这样的应用程序易学易用；另外，新应用程序还能用普通的、明确定义的形式，立即支持所有标准 Windows 特性。

Windows MFC 的特点如下所述：

1. 封　装

构成 MFC 框架的是 MFC 类库。MFC 类库是 C++类库。这些类或者封装 Win32API，或者封装应用程序概念等等，分述如下。

对 Win32API 的封装：通常，MFC 用一个 C++类来封装一个 Windows Object。例如，

class CWnd 是一个 C++类，它把 Windows 句柄(HWND)和与窗口有关的 API 函数封装在 CWnd 的类中，后者的成员变量 m_hWnd 就是前者的窗口句柄。

对应用程序概念的封装：使用 SDK 编写 Windows 应用程序时，总要定义窗口过程、注册 Windows Class 及创建窗口等等。MFC 把许多类似的处理封装起来，替程序员完成这些工作；另外，MFC 提出了以文档/视图(Doc/View)为中心的编程模式，MFC 类库封装了对它的支持。文档是用户操作的数据对象，视图是数据操作的窗口，用户通过它们处理、查看数据。

对常用数据结构的封装：作为一个程序设计框架，对常用的数据结构的支持是基本的要求。MFC 提供对动态数组(CArray)、链表(CList)、映射图(CMap)和字符串(CString)等的支持。使用 MFC 提供的常用数据结构，可大大简化应用程序的开发。

2. 继 承

首先，MFC 抽象出众多类的共同特性，设计出一些基类作为实现其他类的基础。这些类中，最重要的类是 CObject 和 CCmdTarget。CObject 是 MFC 的基类，绝大多数 MFC 类是其派生的，包括 CCmdTarget。CObject 可实现一些重要的特性，包括动态类型检测(Run Time Type Identify，RTTI)、动态创建、对象序列化(Serialization)及对程序调试的支持等等。所有从 CObject 派生的类都将具备或者可以具备 CObject 所拥有的特性。CCmdTarget 通过封装一些属性和方法，提供 Windows 消息处理的架构。MFC 中，任何可处理消息的类都从 CCmdTarget 派生。

针对每种不同的对象，MFC 都设计了一组类，对这些对象进行封装，每一组类都有一个基类，从基类派生出众多更具体的类。这些对象包括以下种类：窗口对象的基类是 CWnd、文档对象的基类是 CDocument 等。

开发人员可结合自己的实际情况，从适当的 MFC 类中派生出自己的类，实现特定的功能，从而达到编程目的。

3. 虚拟函数和多态

MFC 以 C++语言为基础，自然支持虚拟函数和多态。但是作为一个编程框架，有一个问题必须解决：如果仅仅通过虚拟函数来支持动态约束，那么必然导致虚拟函数表过于臃肿，消耗内存，效率低下。例如，CWnd 封装 Windows 窗口对象时，每一条 Windows 消息对应一个成员函数，这些成员函数为派生类所继承。如果这些函数都设计成虚拟函数，那么由于数量太多，实现起来不现实。于是，MFC 建立了消息映射机制，以一种富有效率、便于使用的手段解决消息处理函数的动态约束问题。

这样，通过虚拟函数和消息映射，MFC 类提供了丰富的编程接口。程序员继承基类的同时，把自己实现的虚拟函数和消息处理函数嵌入 MFC 的编程框架。MFC 编程框架将在适当的时候、适当的地方来调用程序的代码。

4. 与桌面 MFC 的异同

为了适应嵌入式和 Windows CE 的要求，Windows CE 中的 MFC 对桌面的 MFC 作了一定的改动。增加了一些 Windows CE 特有的类，并且删除了对其他一些类的支持。

为了对 Windows CE 的特性进行封装，Windows CE 上的 MFC 增加了对一些类的支持。包括封装 CEDB 的 CCeDBDatabase，CCeDBProp，CCeDBEnum 和 CCeDBRecord。还包括封装 Windows CE 中独特控件的 CCeCommandBar 和 CCeSaveModifiedDlg 以及其他一些类，例如，CCeDocList，CCeDocListDocTemplate 和 CCeSocket。

Windows CE 并不支持所有桌面 Windows 中的 MFC 类。例如，Windows CE 中的 MFC 不支持数据库连接中的 Data Access Objects (DAO)与 Open Database Connectivity (ODBC)；也不支持 Multiple-Document Interface (MDI)用户界面、Object Linking and Embedding (OLE)和 Rich Edit 控件。

3.3.2.2　ATL

Windows CE 也提供对 ATL 的支持。ATL 是 ActiveX Template Library 的缩写，它是一套 C++模板库。使用 ATL 能够快速地开发出高效、简洁的代码，同时对 COM 组件的开发提供最大限度的代码自动生成以及可视化支持。

自从 1993 年微软首次公布 COM 技术以后，Windows 平台上的开发模式发生了巨大的变化，以 COM 为基础的一系列软件组件化技术将 Windows 编程带入了组件化时代。广大的开发人员在为 COM 带来的软件组件化趋势欢欣鼓舞的同时，对于 COM 开发技术的难度和繁琐的细节也感到极其不便。COM 编程一度被视为一种高不可攀的技术，令人望而却步。开发人员希望能够有一种方便快捷的 COM 开发工具，提高开发效率，更好地利用这项技术。因此微软在 1995 年推出了一种全新的 COM 开发工具——ATL。

Windows CE 所支持的 ATL 是桌面 Windows 中 ATL 的一个子集。对 ATL 的具体使用介绍超出了本书的范围，可参考其他资料了解 ATL 的使用方法。

3.3.3　.NET Compact Framework

随着互联网时代的到来，微软希望用户能够在任何时候、任何地方、利用任何工具都可以获得网络上的信息，并享受网络通信所带来的便利。基于此目的，微软在 2000 年发布了.NET 战略。.NET 一种开发和运行软件的新环境。更准确地说，.NET 是一个 XML Web Services 平台。Web Services 是“未来的计算”。要实现下一代的分布式计算，最基本的一点就是要让所有的东西都成为 Web Services。既然 Web Services 如此重要，自然就迫切需要有一种可方便地开发、集成 Web Services 的平台，此平台就是.NET。

为了配合.NET 战略的需要，在桌面和服务器平台，微软推出了.NET Framework。通过.NET Framework 和 Visual Studio.NET，开发人员可创建 Windows 应用程序和 Web 应用程序。对于.NET Framework 可参考相关的资料，在这里不再赘述。

Microsoft .NET Compact Framework 是.NET 战略的重要部分，是为了在智能设备(如移动电话、PDA)和嵌入式系统上运行托管代码而设计的。.NET Compact Framework 简化了在智能设备上开发应用程序的过程。目前，智能设备包括 Pocket PC 2002，Pocket PC Phone Edition，Smartphone 2003，Windows Mobile 5.0 以及运行 Windows CE. NET，Windows CE 5.0 或更高版本的其他设备。

.NET Compact Framework 目前已经有两个版本：1.0 和 2.0。对于平台来说，Windows Mobile 2003 中自带了.NET Compact Framework 1.0 版本、Windows Mobile 5.0 附带了.NET Compact Framework 2.0 版本；对于开发工具来说，Visual Studio. NET 2003 附带了.NET Compact Framework 1.0 版本、Visual Studio 2005 附带了.NET Compact Framework 2.0。

.NET Compact Framework 有两个主要组件：公共语言运行时(Common Language Runtime，CLR)和.NET Compact Framework 类库。详述如下：

1. 公共语言运行时

公共语言运行时是.NET Compact Framework 的基础。CLR 的基本原理如图 3.18 所示。它提供了.NET Compact Framework 代码的运行环境，并负责在执行时管理代码，代码管理的形式可以是内存管理、线程管理、安全性管理、代码验证和编译以及其他系统服务。由于引入了公共语言运行时，运行于 Windows CE 上的代码被分为两种：托管代码(Managed Code)和本机代码(Native Code)。

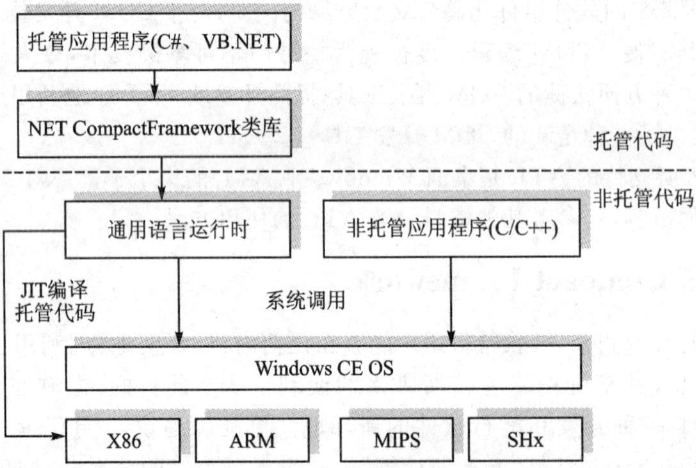

图 3.18 CLR 的基本原理

不针对公共语言运行时的代码称为非托管代码或本机代码。本机代码通常包含于具体 CPU 相关的机器码(Machine Code)中，它可直接在某种硬件平台下执行，但是由于本机代码与具体 CPU 相关，它不具有移植性。用 C/C++语言编写的代码都会被编译器编译成本机代码。

针对公共语言运行时的代码称为托管代码。托管代码是与硬件平台无关的中间代码，称为微软中间语言(Microsoft Intermediate Language，MSIL)。当用户编译一个.NET 程序时，编译器将源代码翻译成 MSIL。当程序执行并且遇到这些指令时，公共语言运行时负责把它们即时(Just In Time，JIT)地编译成 CPU 相关的本机代码，使托管代码能够以运行应用程序的硬件平台的本机语言运行。

托管代码的好处主要有两个：① 它是与硬件平台无关的，开发人员可利用托管代码创建适用于多种硬件平台的应用程序，而不用再担心如何为每个平台重新编译或重新生成可执行程序；② 它是与编程语言无关的，开发人员可用基于.NET 平台的任意编程语言编写代码，包括 C# 和 Visual Basic.NET 以及 J# 等，这些代码都会被编译成统一的中间代码。

即使移动应用程序与托管代码都是用 Visual Basic .NET 或 Visual C# .NET 编写的，也可在代码中调用本机代码(包括 Windows CE API)。.NET Compact Framework 提供的 P/Invoke 服务能够轻松地在托管代码中调用 Windows CE API。

2. .NET Compact Framework 类库

.NET Compact Framework 类库是与公共语言运行时紧密集成的可重复使用类的集合，是提供给开发者的编程接口。应用程序可利用这些库派生出所需的功能。

正如其他面向对象的类库一样，.NET Compact Framework 类库可用于完成许多常见的编程任务，包括界面设计、利用 XML、数据库访问、线程管理和文件输入/输出等。

.NET Compact Framework 类库是.NET Framework 类库扩展的子集。这包含两层意思：说是“子集”，因为一些无关紧要或不适合嵌入式应用的功能和类没有被包含在.NET Compact Framework 中；说是“扩展”，因为对于 Windows CE 平台来说，.NET Compact Framework 中增加了一些独有的类库支持。

图 3.19 展示了桌面版.NET Framework 1.0 与嵌入式.NET Compact Framework 1.0 类库之间的区别。

如果说.NET Compact Framework 1.0 仅仅是微软在智能设备上运行托管代码的一次尝试的话，那么.NET Compact Framework 2.0 无疑是一个质的飞跃，它让在移动设备上用托管代码编写应用程序成为可能。

.NET Compact Framework 2.0 随着 Windows Mobile 5.0 和 Visual Studio 2005 一起发行。与 1.0 版本相比，2.0 版本主要增加了如下内容：

- 语言增强。一些.NET Framwork 2.0 新增加的特性，例如范型、局部类型以及匿名方法等也都在.NET CF 2.0 里面有支持。
- 功能增强。.NET CF 大约实现了 30%的.NET Framework 类库，并且还针对 Windows Mobile，增加了许多 Windows Mobile 平台特有的类库支持，例如：Direct 3D Mobile、摄像头操作及 Pocket Outlook 操作等。

在基于 Windows Mobile 5.0 的设备上开发纯应用程序，.NET Compact Framework 2.0 是较好的选择。通常 Windows Mobile 设备都把.NET Compact Framework 2.0 固化在 Flash 中。

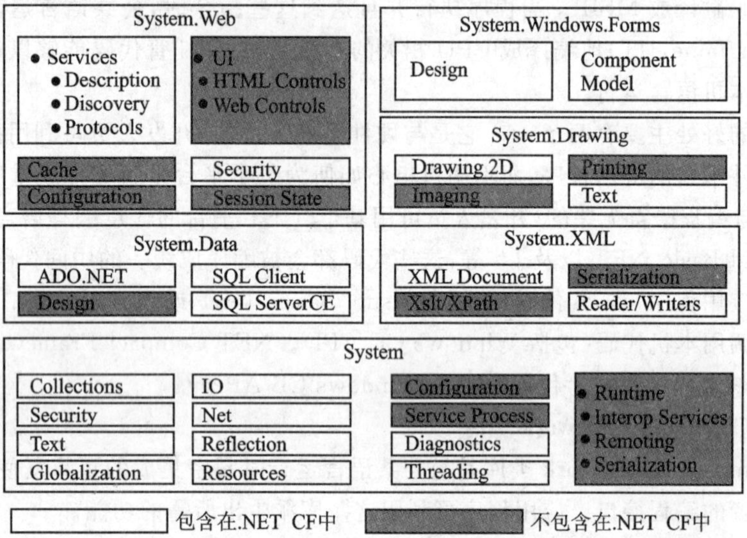

图 3.19 .NET Framework 1.0 与.NET Compact Framework 1.0 类库对比

关于.NET Compact Framework 的更多信息，可参考.NET Compact Framework 的 FAQ：

http://www.microsoft.com/china/msdn/library/NetFramework/netcompactframework/understandingnetcfFAQ.mspx

3.3.4 如何做出选择

Win32 API，MFC 及.NET Compact Framework 三种应用程序的开发选择各有优劣。对应用程序开发人员来说，可自行选择，但选择过程中须考虑多方面的因素。本部分将着重讨论最重要的两个因素：运行时占用的资源以及应用程序开发的速度。

1. 运行时占用资源的大小

除了 Win32 API 不需要运行时支持，MFC 和.NET Compact Framework 都需要运行时的支持。在自定义操作系统时，添加这些运行时本身也会影响操作系统的大小。如果对最终操作系统映像的大小要求比较严格，那么是否添加这些运行时也是须考虑的因素。

为了说明包括 MFC 和.NET Compact Framework 时的 Windows CE 平台大小差异，可在 Platform Builder 中构建一个“Internet Appliance”平台。表 3.3 列出了各个发行版本的最终大小比较。

从表 3.3 可看到，MFC 的运行时库会占掉 400 KB 左右的资源，而.NET Compact Framework 会使操作系统映像体积膨胀到 1.3 MB 左右。对于桌面操作系统中越来越大的硬盘，这点空间算不了什么，但是对于只有几 MB 的 RAM 和 ROM 的嵌入式设备来说，这些空间还是不得不考虑的因素。

表 3.3　Win32,MFC 和.NET CF 的运行时大小

运行时	大小/字节	基于 Win32 平台增加的大小/字节
Win32 API	9805231	0
MFC	10234415	429184
.NET Compact Framework	11201459	1396228

2. 开发效率 VS 运行效率

我们在象牙塔里都学习了太多关于算法运行时效率的评定,包括时间效率和空间效率以及 O(n)等。从计算机科学的角度分析这些固然没错,但是从软件工程的角度分析,开发时的效率也非常值得重视,这直接与项目的进度计划、人月消耗紧密相连。那么开发 Windows CE 应用程序的 3 种选择对项目的开发效率和运行效率有什么影响呢? 如图 3.20 所示,总体来说,对于运行时效率的排序,由高到低依次是 Win32 API,MFC,.NET Compact Framework;对于开发效率的排序,由高到低则为.NET Compact Framework,MFC,Win32 API。

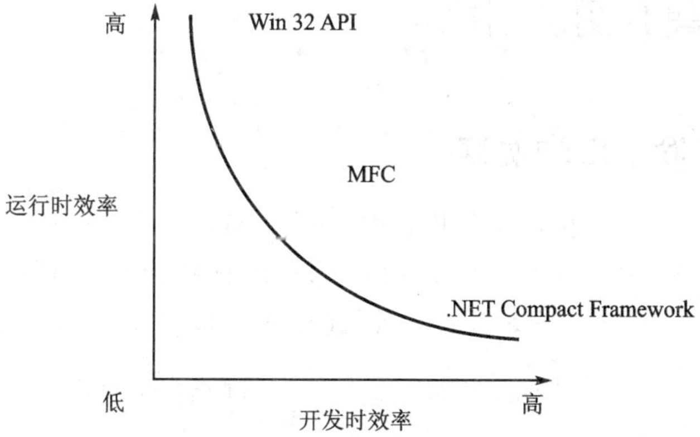

图 3.20　运行时效率 VS 开发式效率

当然,上面的结果只是针对总体一般而言,并不是绝对的评判标准。具体的开发效率和运行效率判断还取决于其他很多因素。例如,开发人员的经验、软件的架构设计及项目管理成熟度等。

3. 总　结

在选择开发技术时,除了上述两个主要的因素,还有其他要考虑的因素,包括: 是否基于现有代码作移植、系统的安全性与稳定性、对实时性的支持及是否要部署在多种体系结构的硬件平台上等。

表 3.4 对 3 种选择做了比较详尽的对比,可参考做出选择。

表 3.4 Win32、MFC 和.NET CF 的对比

项 目	Win 32 API	MFC	.NET Compact Framework
运行时体积	无	400 KB	1.3 MB
开发效率	低	中	高
运行效率	高	中	低
可执行文件跨硬件平台运行	不能	不能	能
编写驱动程序	能	理论上可以，但不建议这样做	不能
编程语言	C/C++	C++	C#，VB.NET
Pocket PC 2003/Pocekt PC 5.0	支持	支持	支持
Smartphone 2003	支持	不支持	支持
Smartphone 5.0	支持	支持	支持

3.4 开发工具介绍及对比

3.4.1 应用开发工具的选择

在 Windows CE 4.x 上，微软为应用程序的开发人员提供了 3 种开发工具：Visual Studio .NET 2003 用来开发基于.NET Compact Framework 的托管 C++代码；eMbedded Visual C++和 Platform Builder 4.x 用来开发本机代码。Windows CE 4.x 下的应用开发模型如图 3.21 所示。

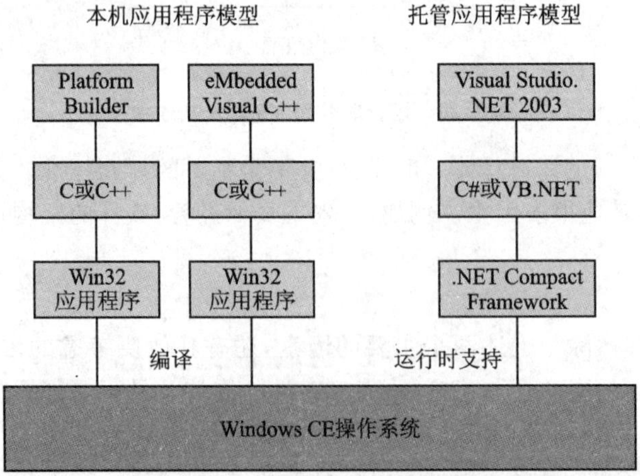

图 3.21 Windows CE 4.x 下的应用开发模型

在 Windows CE 5.x 中，仍可使用 Platform Builder 5.x 进行应用程序开发。最大的变化是 eMbedded Visual C++的作用已经被 Visual Studio 2005 替代。Visual Studio 2005 既可用来开发基于.NET Compact Framework 2.x 的托管代码，也可用来开发本机代码。因为 Platform Builder 的最大作用是用来定制内核，因此应用程序开发完全可通过 Visual Studio 2005 完成。随着 eMbedded Visual C++被 Visual Studio 2005 取代，Windows CE 的产品线就更加明晰了：纯应用程序开发通过 Visual Studio；内核定制通过 Platform Builder。Windows CE 5.x 下的应用开发模型如图 3.22 所示。

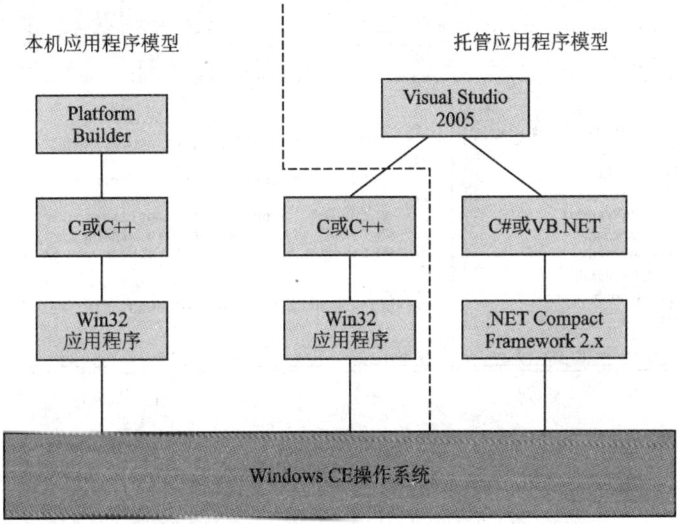

图 3.22　Windows CE 5.x 下的应用开发模型

因此，在本书中会涉及 4 种应用程序的开发工具：eMbedded Visual C++，Visual Studio .NET 2003，Visual Studio 2005 和 Platform Builder。至于如何选择开发工具，可参考表 3.5。

表 3.5　几种开发工具对比

项　目	eMbedded Visual C++	Visual Studio .NET 2003	Visual Studio 2005	Platform Builder
Windows CE 4.x	支持	支持	部分支持	支持
Windows CE 5.x	支持，但不推荐	不支持	支持	支持
托管代码	不支持	支持	支持	不支持
本机代码	支持	不支持	支持	支持
MFC 代码	支持	不支持	支持	不支持

3.4.2　eMbedded Visual C++ 4.0

eMbedded Visual C++是专门用来开发基于 Windows CE 的本机应用程序的工具。最新版本为 4.0，可为 Windows CE 4.x 和 Windows CE 5.x 开发应用程序。

从此工具的名字上就可看出 eMbedded Visual C++与桌面的 Visual C++关系密切。的确，eMbedded Visual C++的功能与桌面 Visual C++的功能基本相同，连一些快捷键都是一样的。熟悉 VC6 的读者可很快上手。eMbedded Visual C++ 4.0 集成开发环境如图 3.23 所示。

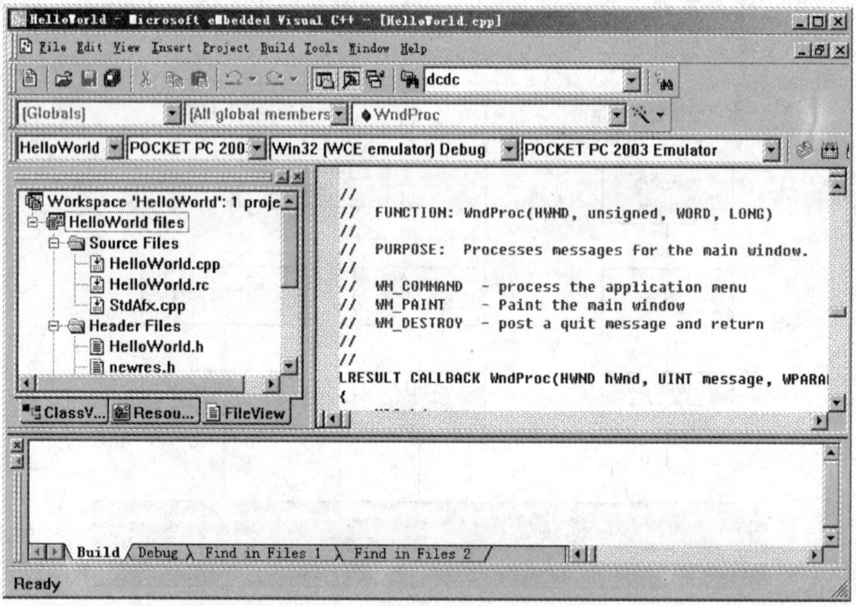

图 3.23　eMbedded Visual C++ 4.0 集成开发环境

提示：eMbedded Visual Basic

在 Windows CE 4.0 之前，微软还有一款开发工具叫 eMbedded Visual Basic，简称 EVB，它的功能与桌面的 Visual Basic 6 基本一致，可为 Windows CE 开发 VB 代码。EVC 和 EVB 统称 eMbedded Visual Tools。但是随着 COM 和 OLE 技术逐渐被.NET 取代，eMbedded Visual Basic 最高版本只有 3.0，可开发 Windows CE 3.0 上的应用程序。现在已经基本上淘汰了。

3.4.3　Visual Studio

Visual Studio 2005 是微软于 2005 年推出的集成开发环境，是 Visual Studio.NET 2003 的后续产品。对于嵌入式开发者来说，Visual Studio 2005 与 VS.NET 2003 最大的区别是增加了本机代码的开发，以及对.NET Compact Framework 2.0 的支持。Visual Studio 中的“新建项目”对话框如图 3.24 所示。

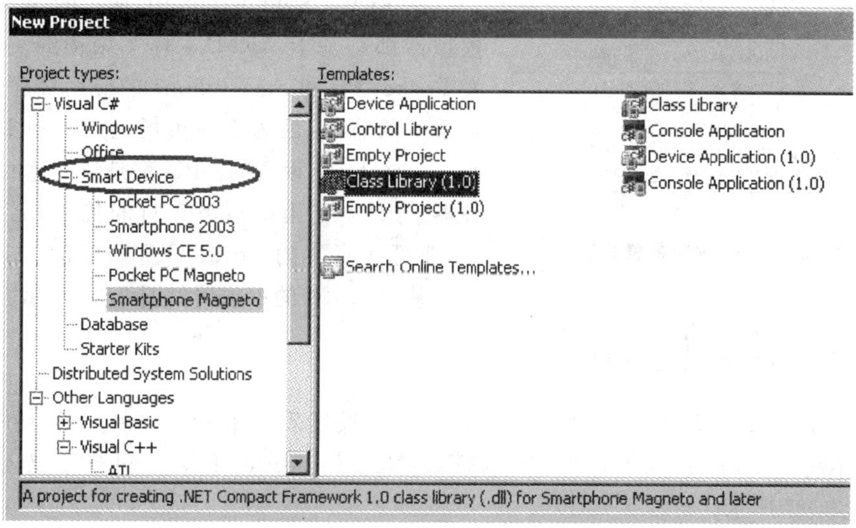

图 3.24　Visual Studio 中的新建项目对话框

在 Visual Studio 2005 中，IDE 强化了对图形界面设计的支持。开发人员可以所见即所得的方式设计 Pocket PC 和 Smartphone 的应用程序，这样就避免了以前在 IDE 中无法知道目标设备的确切分辨率而导致的图形界面问题。Visual Studio 2005 中所见即所得的 UI 编辑器如图 3.25 所示。

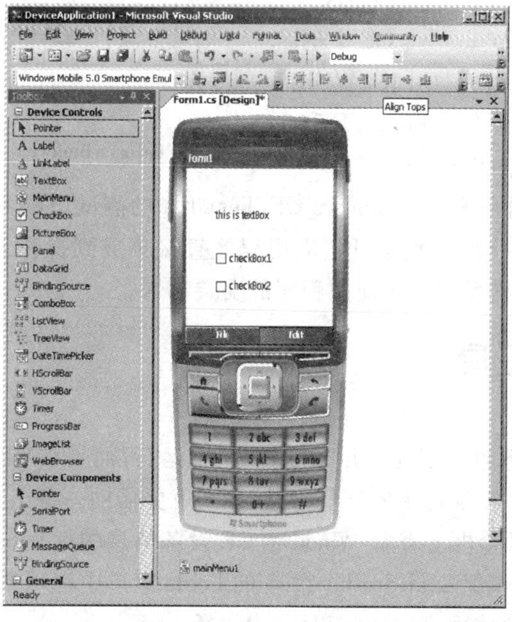

图 3.25　Visual Studio 2005 中所见即所得的 UI 编辑器

在 Visual Studio 2005 中，所有的 Windows CE 模拟器都是基于 ARMV4 体系结构的。这对于开发 Pocket PC 和 Smartphone 的应用程序来说有非常重要的意义，因为现在市场上所有的 Pocket PC 和 Smartphone 设备的 CPU 都是清一色的 ARM 处理器。这样，在模拟器下运行的代码，无须重新编译，即可在真实的 Pocket PC 和 Smartphone 上运行。基于 ARM 的模拟器如图 3.26 所示。

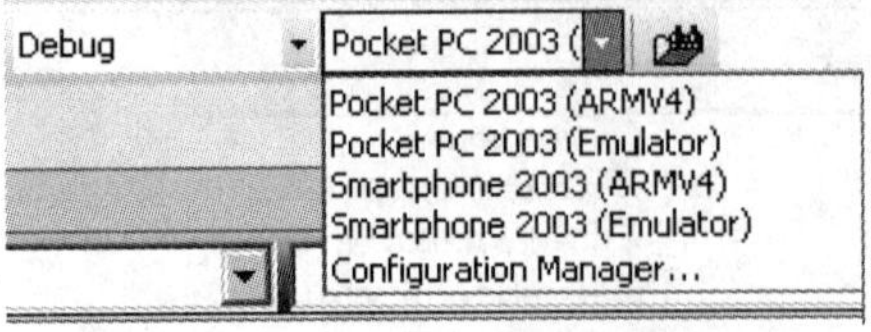

图 3.26 基于 ARM 的模拟器

3.4.4 Platform Builder

Platform Builder 主要作用是定制 Windows CE 操作系统，但是也可使用 Platform Builder 进行应用开发。在 Platform Builder 中选择**File|New Project or File...** 可打开“新建项目”对话框，如图 3.27 所示。

WCE Application 和 WCE Console Application 分别对应 Windows CE 下的图形应用程序和命令行应用程序；WCE DIRS Project 建立一个 DIRS 文件，会把项目融合到 Platform Builder 的构建系统中一起构建；WCE Dynamic-Link Library 和 WCE Static Library 分别针对 Windows CE 下的动态链接库 DLL 和静态链接库 LIB；WCE Transport Layer 用来编写 Windows CE 和开发机之间的连接插件；WCE TUX Dynamic-Link Library 用来编写 Windows CE Test Kit 的测试用例。

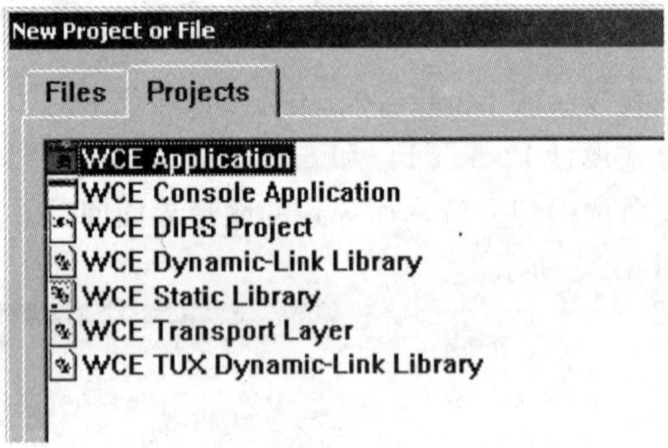

图 3.27 Platform Builder 中的 New Project or File 向导

使用 Platform Builder 的优点是可把应用程序直接集成到操作系统映像中，使应用程序与操作系统一起发布，这样就避免了应用程序的安装部署。

3.5 使用远程工具

由于 Windows CE 下的应用程序并不在 PC 机上运行，而是在 CE 设备上运行。如果想通过 PC 机查看 Windows CE 设备中的某些信息，那么就要借助一些工具来实现。Windows CE 中提供了一系列用来在 PC 机上查看 Windows CE 设备信息的远程工具。在 eMbedded Visual C++，Platform Builder 和 Visual Studio 2005 的**Tools** 菜单中都可找到这些远程工具。远程工具共有 10 个，就功能总体而言，远程工具分为 3 类。

● 用来进行调试的有：Remote Heap Walker,Remote Process Viewer 和 Remote Spy
● 用来进行性能监测的有：Remote Call Profiler,Remote Kernel Tracker 和 Remote Performance Monitor
● 用来进行远程信息管理的有：Remote File Viewer,Remote Registry Editor,Remote System Information 和 Remote Zoom-in

下面将逐一对这些远程工具进行简介。

提示：建立连接

在使用这些远程工具之前，都要首先保证 PC 机与基于 Windows CE 的设备已经建立了应用程序的连接。最简单的方式是通过 ActiveSync 进行连接。当然也可通过 TCP/IP 方式。

3.5.1 Remote File Viewer

Remote File Viewer 可远程查看和管理 Windows CE 设备上的文件系统。它的功能与桌面上的资源管理器较类似。Remote File Viewer 窗口如图 3.28 所示。

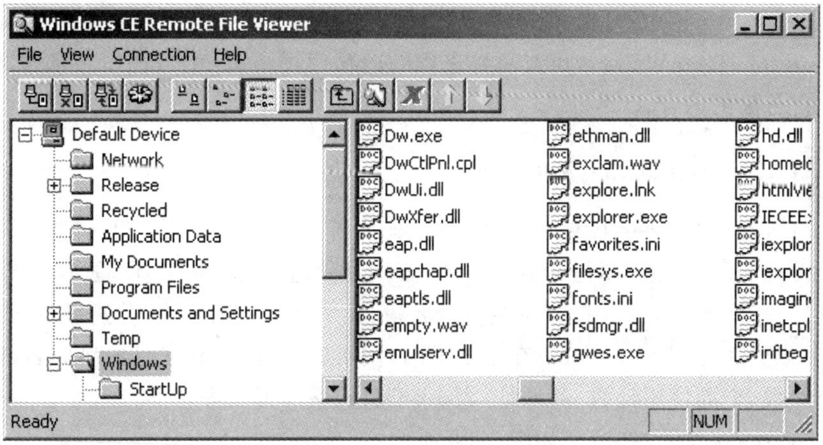

图 3.28 Remote File Viewer

通过 Remote File Viewer，不但可查看 Windows CE 设备文件系统中的文件，还可对文件进行删除、重命名及查看属性等操作；也可通过远程工具在 PC 端和 Windows CE 设备之间进行文件传输操作。

3.5.2 Remote Heap Walker

Remote Heap Walker 是用来查看系统中进程以及进程堆的状态信息工具，通过 Remote Heap Walker 可查看：设备上正运行进程的名字、ID 及使用的所有堆的 ID、进程的一个堆中的首地址、块大小及标志(Fixed,Free)以及堆中每个块(Block)的实际内容。

Remote Heap Walker 窗口如图 3.29 所示。

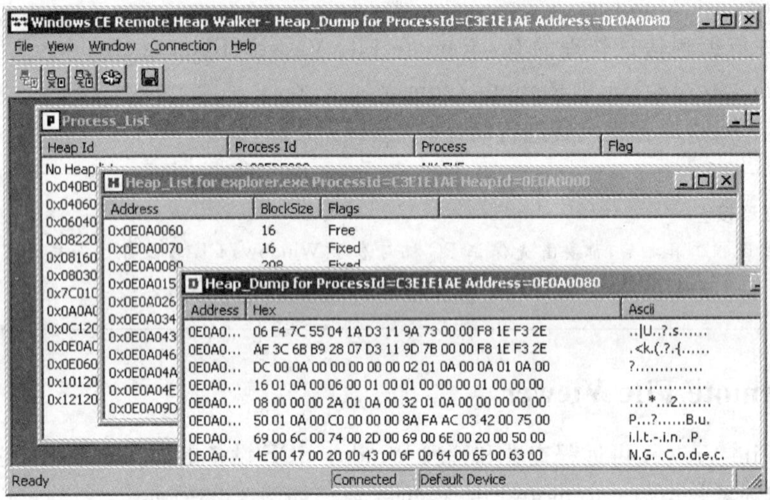

图 3.29 Remote Heap Walker

通过 Remote Heap Walker,可查看到进程的内存使用情况,也可使用它来检测应用程序是否释放了它分配的内存。

3.5.3 Remote Process Viewer

Remote Process Viewer 共有 3 部分,分别显示当前内核中所有进程、进程中的线程及进程中所有加载的 DLL。在显示进程的窗口中,分别显示进程名、进程 ID、基本优先级级别、拥有的线程总数、基地址、Access Key 及主窗口名;在显示线程的窗口中,分别显示线程 ID、当前进程 ID、线程优先级及 Access Key;在显示 DLL 模块的窗口中,分别显示模块名、模块 ID、当前进程使用计数、全局使用计数、基地址、大小、模块句柄及路径等。

Remote Process Viewer 窗口如图 3.30 所示。

Remote Process Viewer 所显示的数据都比较容易看懂,唯一有必要说明的是 Access Key 和 Current PID。在前面章节讲述 Windows CE 系统进行函数调用时提到系统调用机制,为了保证效率,在函数调用时会发生线程在多个进程中迁移的情况,Current PID 就是表明线程目前在哪个进程中运行的标志。而前面也提到过系统调用会改变线程的访问权限。线程的访问权限就是由 Access Key 指定的,每个进程都有自己的 Access Key,而且进程的 Access Key 是正交的,同时每个线程也有一个 Access Key,系统如何确定某个线程有权限访问某个进程的资源呢? 就是通过把进程的 Access Key 与线程的 Access Key 进行"与"操作。如果"与"操作结果为 1,则有访问权限;反之则没有访问权限。

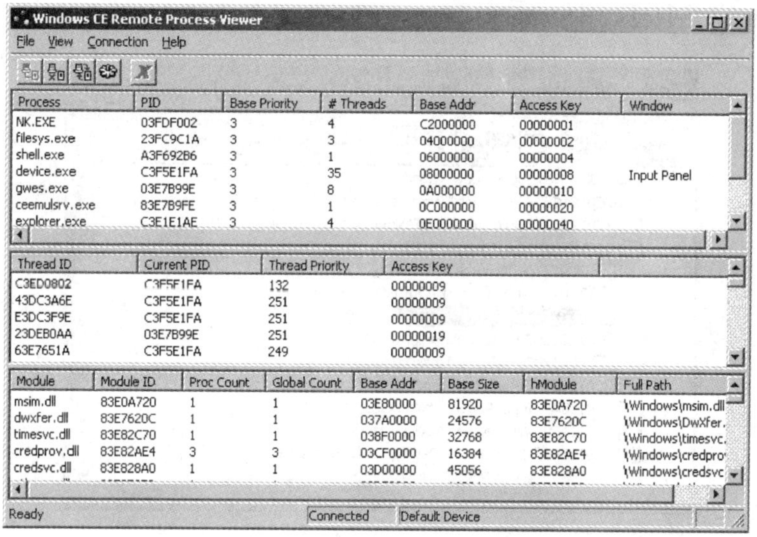

图 3.30　Remote Process Viewer

3.5.4　Remote Registry Editor

远程注册表编辑器用来管理和查看 Windows CE 设备上的注册表。其使用方法与桌面的注册表编辑器较类似,在此不再赘述。Remote Registry Editor 窗口如图 3.31 所示。

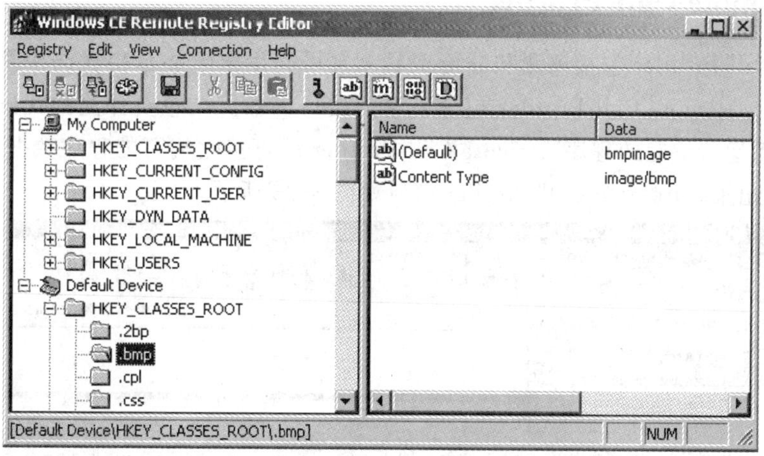

图 3.31　Remote Registry Editor

3.5.5　Remote Spy

此程序和桌面 Visual Studio 中附带的工具 Spy++较类似。它能够列出所有 WindowsCE

设备平台下的窗口和窗口信息。在此不再赘述。Remote Spy 窗口如图 3.32 所示。

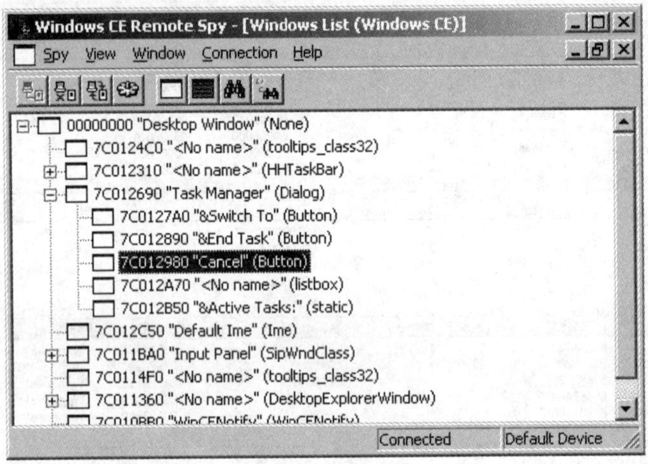

图 3.32 Remote Spy

3.5.6 Remote Zoom In

这是一个远程截屏软件,可远程截取 Windows CE 设备上正在运行的画面。由于其功能比较单一,这里就不多介绍了。

3.5.7 Remote Call Profiler

Remote Call Profiler 包括评测和分析工具。它可利用图形显示出代码中算法的效率或资源占用情况。Remote Call Profiler 包含一系列接口函数。在想要评测的代码中调用这些接口函数,然后运行编写的程序,Remote Call Profiler 就可接收编写的程序数据并记录,最后利用图形显示出来。Remote Call Profiler 窗口如图 3.33 所示。

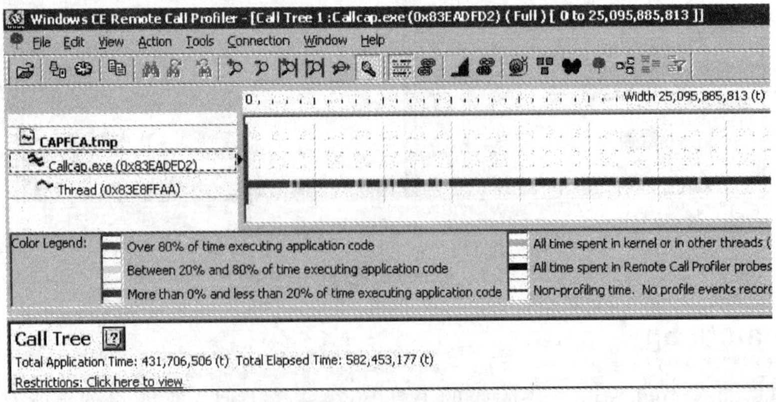

图 3.33 Remote Call Profiler

此工具可找到代码中运行时间最长的代码段，或者找到代码性能的瓶颈所在。开发人员可针对这些代码做一些特殊的优化，以解决效率问题。

3.5.8 Remote Kernel Tracker

Remote Kernel Tracker 可监视 Windows CE 设备中的事件发生和处理情况，并以可视化时序图的形式进行显示。

Remote Kernel Tracker 可监视系统中的线程交互、内部依赖、系统状态信息、系统事件，中断及系统中所有线程的创建、运行、停止和休眠。Remote Kernel Tracker 窗口如图 3.34 所示。

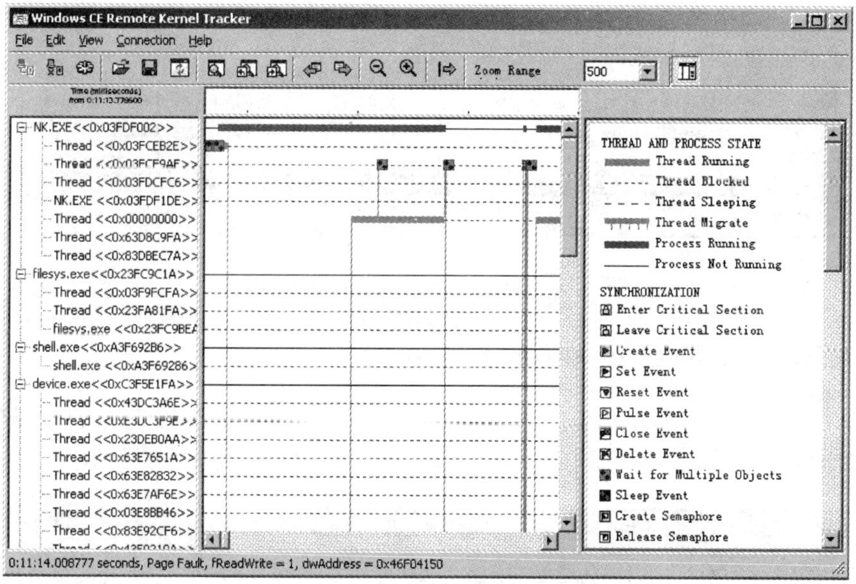

图 3.34 Remote Kernel Tracker

Remote Kernel Tracker 对于评测系统的实时性非常有帮助，可在 Remote Kernel Tracker 工具中查看到系统从硬件中断产生到处理的延迟，以及系统调用的事件消耗等对实时性来说重要的数据。

此外 Remote Kernel Tracker 还可跟踪内存的申请和释放，因此，也可用来监测应用程序的内存泄露。

3.5.9 Remote Performance Monitor

Remote Performance Monitor 与桌面的 Performance Monitor 的使用方法类似。它能够监视的 Windows CE 系统中的状态有：Remote Access Server (RAS)、Internet Control

Message Protocol（ICMP）、TCP/UDP/IP、内存、电池、Windows CE 系统、进程和线程。Remote Performance Monitor 窗口如图 3.35 所示。

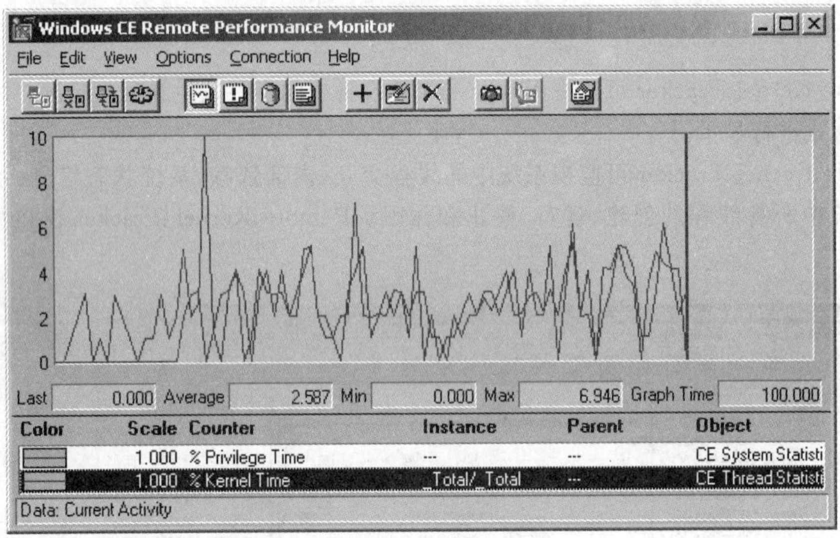

图 3.35 Remote Performance Monitor

3.5.10 Remote System Information

此工具可显示远程设备中的系统信息，包括系统信息概要、内存、电源信息、设备驱动程序以及一些图形界面信息等。Remote System Information 窗口如图 3.36 所示。

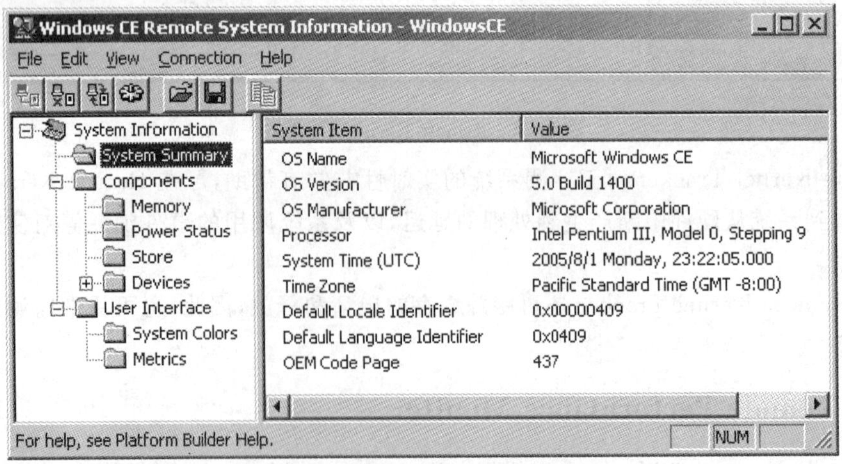

图 3.36 Remote System Information

第 4 章

操作系统设计

Platform Builder 为基于 Windows CE 开发嵌入式系统的工程师提供了非常便利的集成开发环境。通过 Platform Builder，开发人员可方便地定制自己的 Windows CE 操作系统。Platform Builder 其实是一套完整的开发 Windows CE 嵌入式系统的工具集合，不仅包括 Platform Builder IDE 而且还包括很多其他工具，但是通常提到的 Platform Builder 或者 PB，都是指 Platform Builder 集成开发环境。

本章将详细介绍 Platform Builder 的功能和使用方法。

4.1 在 PC 机上运行 Windows CE

在详细了解 Platform Builder 之前，首要任务是让 Windows CE 先运行起来。运行 Windows CE 的最简单途径是使用 Platform Builder 自带的模拟器。但是正如前文所述，模拟器有不少缺点，因此从最开始，我们就选择了在真实的设备上运行 Windows CE。最容易获得的真实设备是我们熟悉的 PC 机。

Windows CE 可很好地运行在 PC 机上面。习惯上，把运行 Windows CE 操作系统的 PC 机称做 CEPC。通过建立和运行 CEPC，也可对 Windows CE 和 Platform Builder 有最基本的认识。

4.1.1 硬件准备

要运行 CEPC，首先需要两台 PC 机，需求如下：

开发机或工作站：

- 256 MB 内存；
- 以太网网卡；
- 安装有 Platform Builder。

目标机：

- 至少 64 MB 内存；
- 以太网网卡；

- 鼠标及键盘；
- 软盘驱动器；
- 软盘一张，作为启动盘。

然后，须把两台机器通过以太网进行连接。确保两台机器物理连通，在后面的流程中须通过以太网下载操作系统运行时映像，如图 4.1 所示。

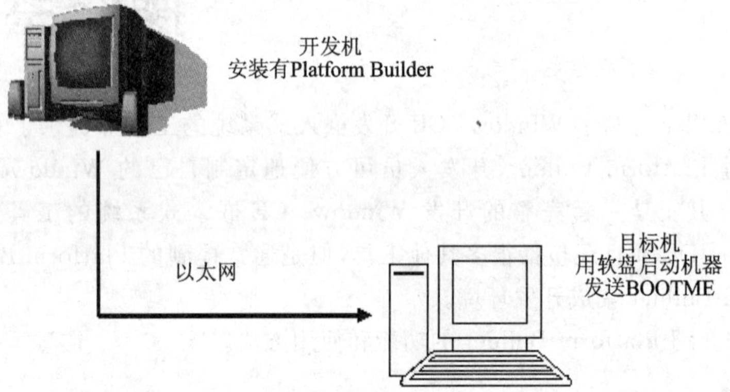

图 4.1　连接开发机和目标机

4.1.2　为 CEPC 构建运行时映像

接下来使用 Platform Builder 构建运行在 CEPC 上的 Windows CE 映像。

在开发机上打开 Platform Builder，选择**File** 菜单下的**New Platform...** 菜单项，打开新建平台向导(New Platform Wizard)。

新建平台向导的作用是帮助建立新的基于 Windows CE 的平台。向导共分 3 个大步骤：

① 选择 BSP；

② 选择设计模板；

③ 添加组件。

向导的第 1 步是欢迎界面，直接单击 Next 跳过。

向导的第 2 步是为新建的 OS 映像命名和输入保存路径。用户界面如图 4.2 所示。OS 映像的名称对操作系统的配置和内容不会有任何影响，只是一个标记。在 Windows CE 5.0 中操作系统映像的默认保存路径是 WINCE500 下的 PBWorkspaces 目录。通常无须更改默认路径，但是要确保所在的硬盘分区有 1 GB 左右的硬盘剩余空间，用来存放构建 OS 时生成的各种文件。为 OS 命名并且输入路径之后，单击 Next 跳到下一步。

新建平台向导的第 3 步是选择合适的 BSP。界面如图 4.3 所示。向导左面的列表中列出了所有已经安装的 BSP。BSP 与目标板是一一对应的，BSP 中包括某一块目标板上所有外设

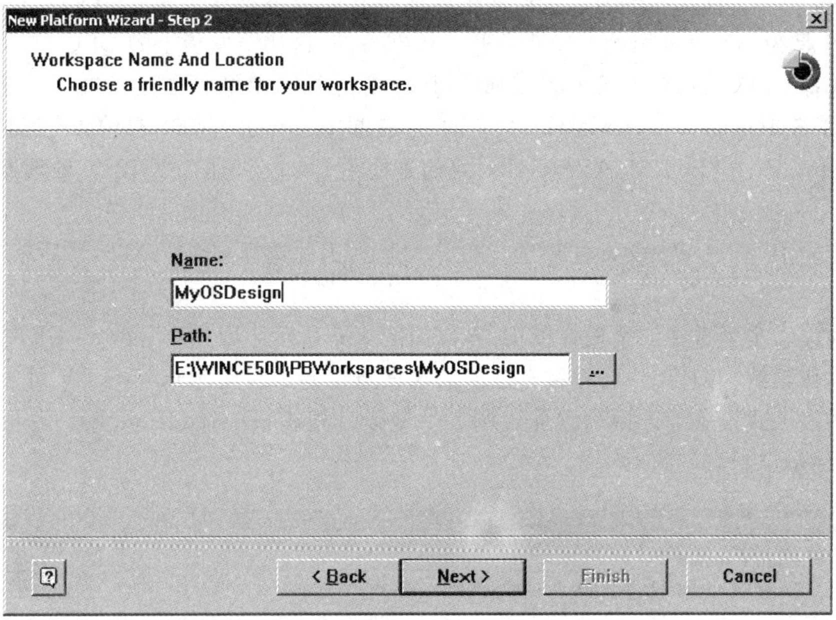

图 4.2 New Platform Wizard 第 2 步

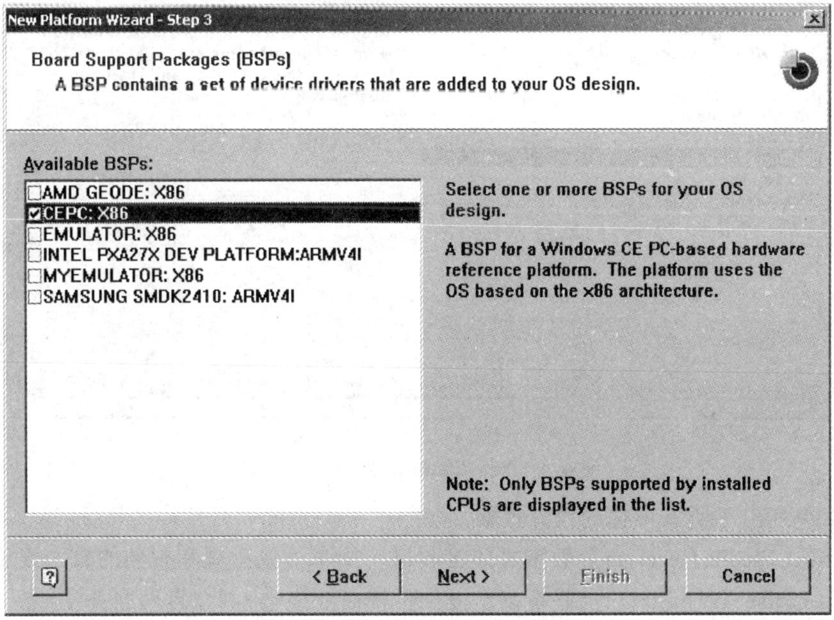

图 4.3 New Platform Wizard 第 3 步

的驱动程序。BSP 的显示方式是："开发板名称：CPU 体系结构"，例如 AMD GEODE：X86 表示此 BSP 是为 AMD 公司的 GEODE 开发板准备的，这块开发板上的 CPU 是 X86 体系结构。如果选择 EMULATOR：X86，那么最终构建的运行时映像只能运行在 X86 模拟器上；SAMSUNG SMDK2410：ARMV4I 对应的是三星公司的 SMDK2410 开发板；INTEL PXA27X DEV PLATFORM：ARMV4I 对应的是使用 Intel 公司的 PXA27X 处理器系列的开发板。

在此实验中，要把 Windows CE 运行在 PC 机上，因此选择 CEPC：X86，然后单击 Next 跳到下一步。

向导的第 4 步是选择一个设计模板，界面如图 4.4 所示。因为 Windows CE 是一个通用的嵌入式操作系统，并且用户可根据自己的需求任意定制。因此 Windows CE 可被用在很多不同用途的嵌入式设备上。微软预先定制了一些设计模板（Design Template）。可从这些模板开始，进一步定制自己的 OS。

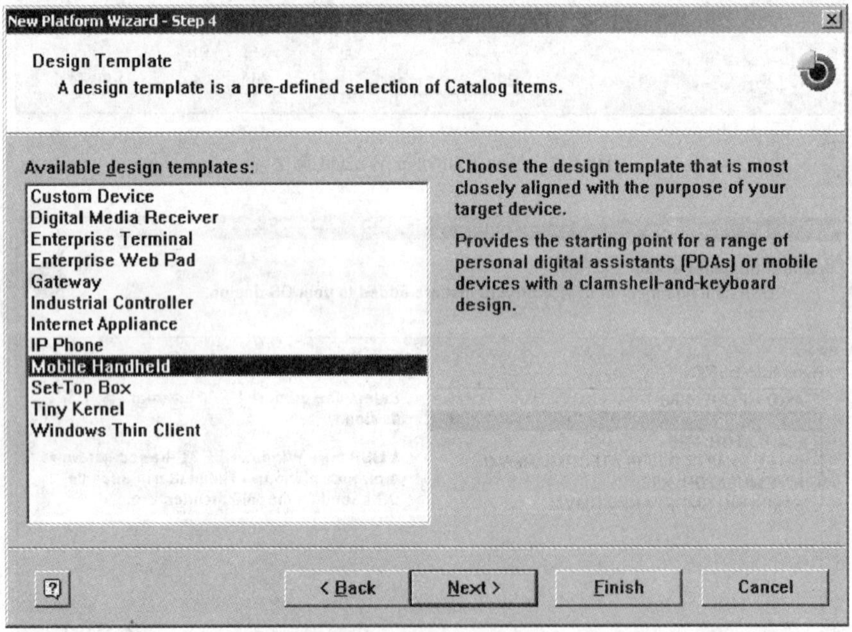

图 4.4 New Platform Wizard 第 4 步

向导左边列出了所有可选的设计模板，包括：

- Digital Media Receiver 数字媒体接收器。用来播放音频和视频的数字娱乐设备。
- Enterprise Terminal 企业终端。提供各种商业终端，例如自助服务亭，电子支付终端及自动贩售机等。
- Enterprise Web Pad 企业平板电脑。

- Gateway　网关。提供网关设备的基本支持。
- Industrial Controller　工业控制器。提供自动工控设备的人机界面或可编程逻辑控制器。
- Internet Appliance　Internet 设备。提供基于浏览器的因特网访问设备。
- IP Phone　IP 电话。VOIP 的电话支持。
- Mobile Handheld　移动手持设备。类似于 PDA 的掌上设备。
- Set-Top Box　机顶盒。用在数字电视上的机顶盒设备。
- Tiny Kernel　小内核。提供 Windows CE 最基本功能，只有一个内核，没有图形界面等其他组件。
- Windows Thin Client　Windows 瘦客户端。提供一个可用远程桌面连接协议(RDP)远程登录 Windows 服务器的嵌入式设备。

如果对上面提供的设计模板都不满意，则可选择 Custom Device。这样微软不会选择任何默认组件，可从零开始完全自定义自己的操作系统。包括可选择是否需要图形界面，是否需要文件系统等。

在这里选择 Mobile Handheld 并且单击 Next 到下一步。

接下来的几步是添加/删除各种组件，界面如图 4.5 所示。根据选择设计模板的不同，选择组件的步骤有可能不一样。同样，用户可根据自己的需要，添加/删除各种组件。选择结束后，单击 Next 到下一步。

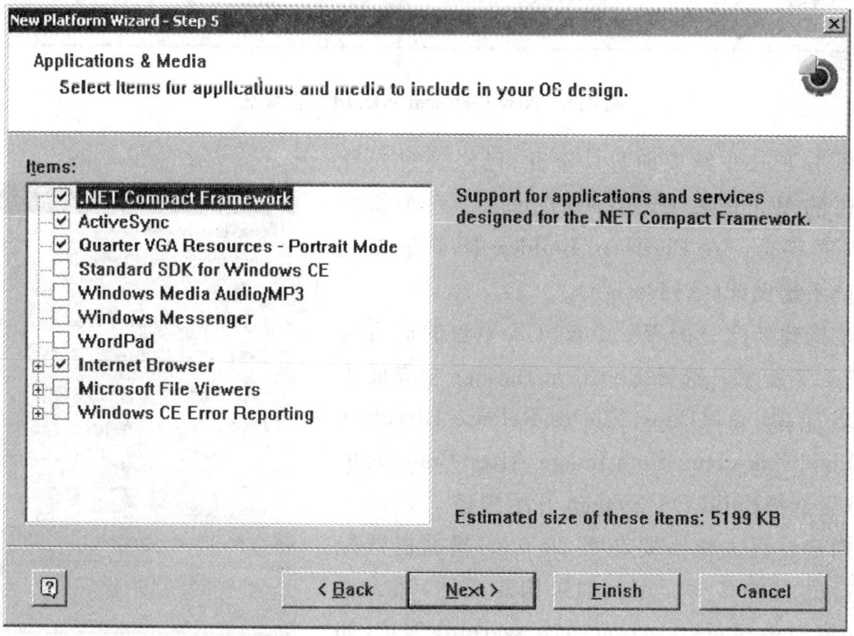

图 4.5　New Platform Wizard 第 5 步

新建平台向导的最后一步是安全警告，界面如图 4.6 所示。如果选择了一些有潜在安全性风险的组件（大多数都是一些与网络相关的组件），那么就会弹出这一步，可从这一步提供的连接中查看可能存在的安全风险的详细描述。

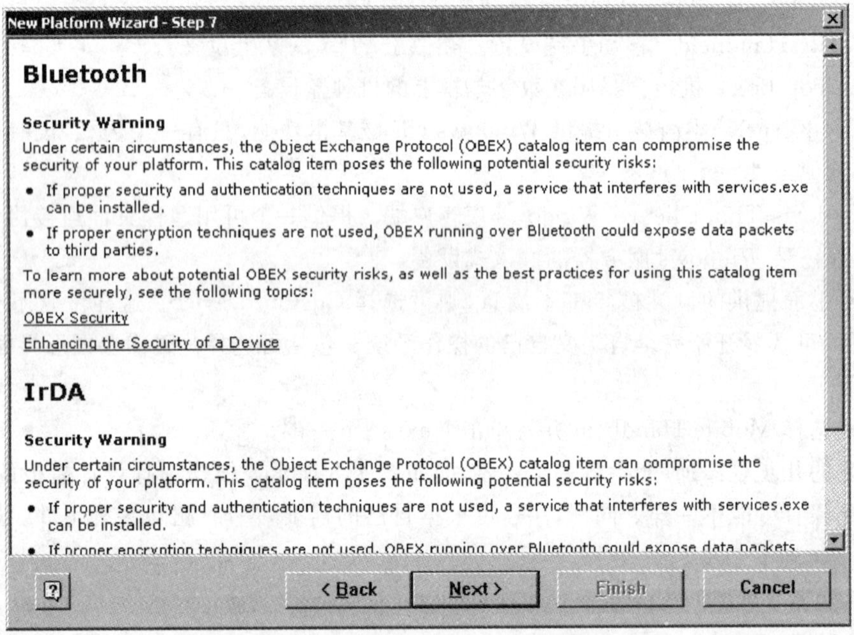

图 4.6　New Platform Wizard 安全警告

最后单击 Finish 结束向导。至此，已经通过向导选择了需要的 Windows CE 组件，并建立了一个新的 Windows CE 平台。在 Platform Builder 中，这通常也被叫做操作系统设计（OS Design）。

下一步构建新建立的 Windows CE 平台的运行时映像，如图 4.7 所示。选择 Platform Builder 主界面中的**Build OS** 菜单，确保**Copy File to Release Directory After Build** 和**Make Run-time Image After Build** 两项被选中，然后选择**Build OS|Sysgen** 开始构建。

整个构建过程大概需要花费 20 min，根据机器配置和所选择的组件多少而定。如果构建成功，那么会在 Output 窗口中显示“0 error(s)，x warning(s)”，如图 4.8 所示。

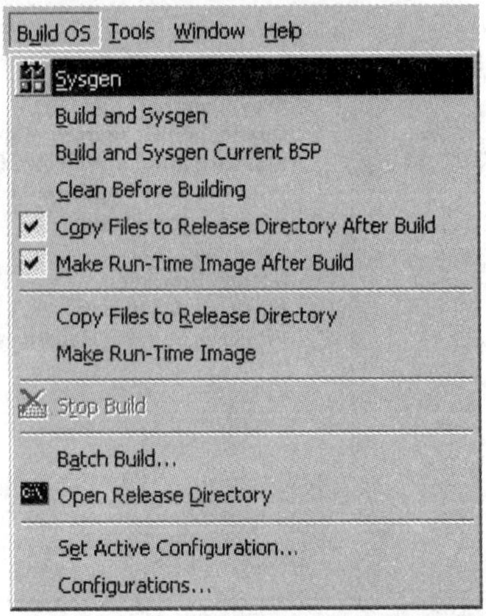

图 4.7　构建 Windows CE 运行时映像

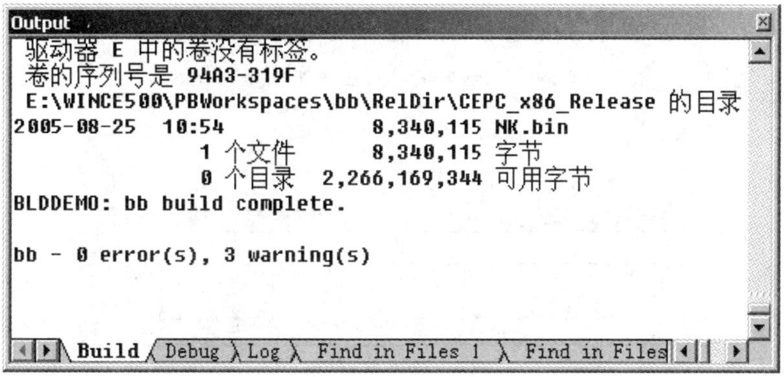

图 4.8 构建结束

Warning 一般不会影响操作系统的正常运行。这样，就得到了操作系统运行时映像，默认的名字是 NK. bin。

4.1.3 创建 CEPC 启动盘并启动目标机

下一步是创建 CEPC 的启动盘。准备一张软盘，放入开发机的软驱。Platform Builder 提供了一个制作 CEPC 启动盘的工具。在 Platform Builder 的安装目录中，一般位于“Program Files\Windows CE Platform Builder\5.00\CEPB\UTILITIES”，有 3 个文件：cepcboot. 144，websetup. exe 和 websetup. exe. manifest。

首先运行 websetup. exe，然后单击 Install 来安装 WebImage。提示安装成功后单击Exit，退出程序。安装对话框如图 4.9 所示。

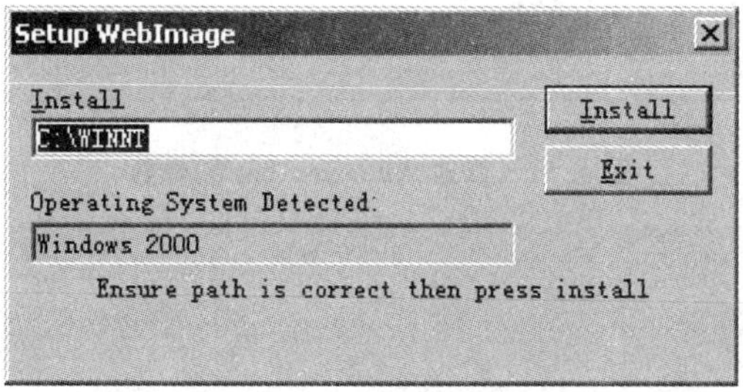

图 4.9 安装 WebImage

然后双击 cepcboot. 144 文件打开 CEPC 启动盘制作工具。确保软盘已经放进软驱，然后单击 A Drive 开始创建启动盘。界面如图 4.10 所示。

启动盘创建结束后，须修改启动盘上 Autoexec. bat 中的两个参数，用记事本打开 A:\Autoexec. bat 文件，“记事本”窗口如图 4.11 所示，找到如下几行：

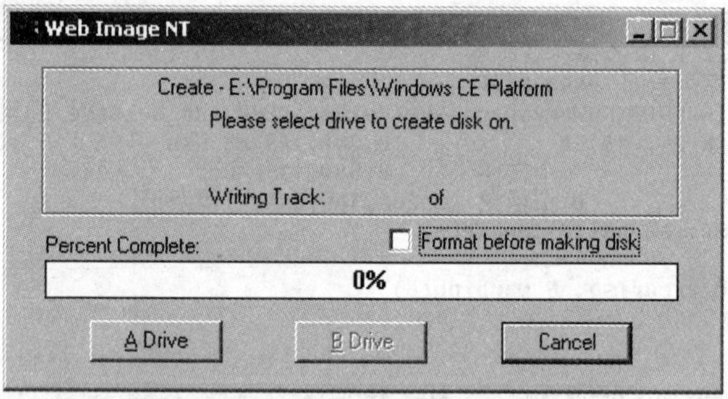

图 4.10 制作 CEPC 启动盘

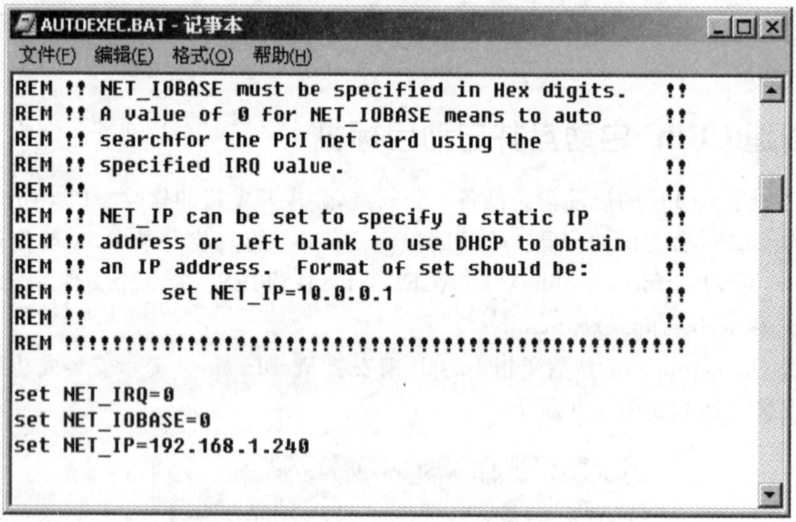

图 4.11 修改 Autoexec.bat 的参数

```
set NET_IRQ =
set NET_IOBASE =
set NET_IP =
```

需在这里设置目标机的网卡 IRQ 号、IO 基地址和 IP 地址。如果目标机上只有一块 PCI 网卡，那么可把 NET_IRQ 和 NET_IOBASE 都设置为 0，这表示启动盘上的引导程序会自动在 PCI 总线上搜索第 1 个网卡。NET_IP 表示目标机的 IP 地址，要确保目标机的 IP 地址与开发机的 IP 地址在同一个网段内，这样目标机发送广播时开发机才可以收到。如果网内有 DHCP 服务器，那么 NET_IP 选项也可以不填。启动盘上的引导程序会从 DHCP 服务器上自动申请一个 IP。

下一步是使用这张软盘启动目标机。启动结束后，会显示如图 4.12 所示的菜单画面。第 1 项是通过本地的 nk.bin 启动 Windows CE；第 2、3 及 4 项是通过以太网下载 nk.bin 并且启动 Windows CE（3 个选项的分辨率和颜色位数不同）；第 5 项是通过串口下载 Windows CE 映像；第 6 项是检测可用的显示模式。可以选择 2、3 及 4 中的任意一项。然后目标机开始发送广播，并且准备接收开发机发送过来的操作系统映像。

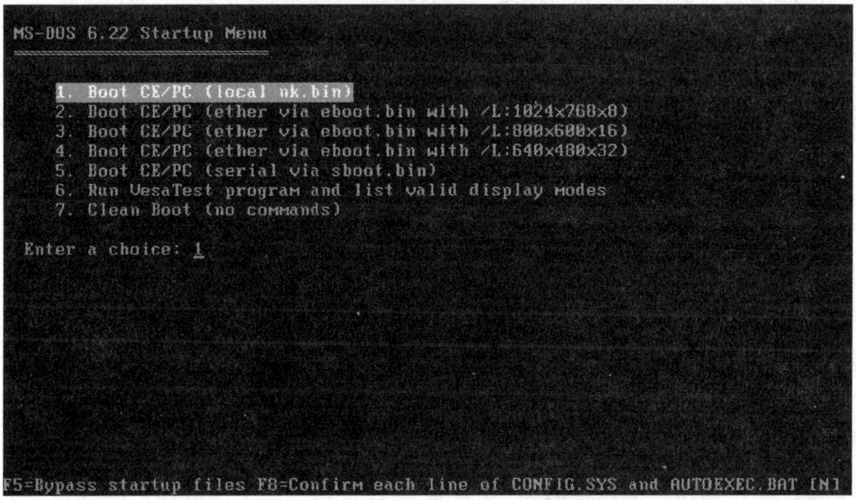

图 4.12　Windows CE 启动盘的菜单画面

4.1.4　下载运行 Windows CE

在开发机一端，选择 Platform Builder 菜单的 **Target|Connectivity Options...** 打开 Target Device Connectivity Options 对话框。在 Download 和 Transport 两个下拉菜单中都选择 Ethernet，表示用以太网来下载操作系统映像，也通过以太网来传输 CE 设备和开发机之间的通信消息。

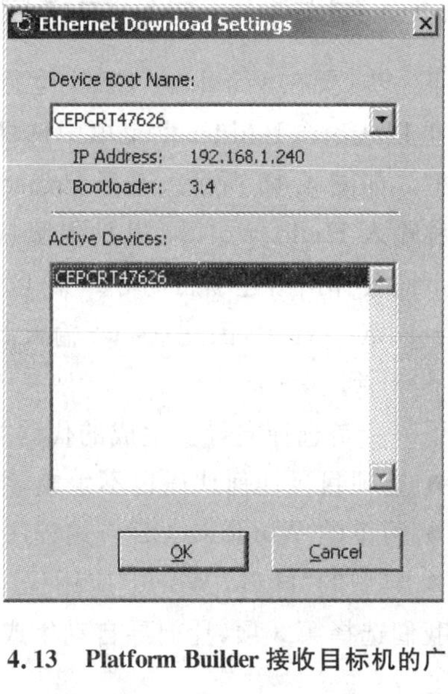

图 4.13　Platform Builder 接收目标机的广播

然后单击 Download 右边的 Settings 按钮，打开 Ethernet Download Settings 对话框。如果开发机已经成功地收到了目标机的广播，那么在 Active Devices 列表框里面就会显示出来，如图 4.13 所示。把目标选中，还会显示目标机的 IP 地址和 Bootloader 的版本。然后单击 OK。这样，开发机上的 Platform Builder 就进入准备发送操作系统运行时映像的状态。

要开始下载，只须单击 Platform Builder 主菜单的 **Target | Attach Device** 。如果一切正常，那么会显示如图 4.14 所示的下载运行时映像到目标机的对话框。下载消耗的时间与网速和运行时映像文件的体积有关。

图 4.14　下载 Windows CE 映像到目标机

下载结束后，Platform Builder 的 Output 窗口会打出一些 Windows CE 的启动信息。然后，在目标机上就可看到 Windows CE 的图形界面了。

4.1.5　编写和运行应用程序

下一步，要在 Windows CE 上运行自己编写的应用程序。

在 Platform Builder 主菜单中选择 **File | New Project or File...** 打开 New Project or File 对话框。如图 4.15 所示。选择 Projects 选项，然后在项目类型中选择"WCE Application"，项目名称输入 Hello World。其他保留默认值，然后单击 OK。

下面会弹出新建项目向导。第 1 步须输入一些项目信息，这些信息最终会被放到自动生成的 readme.txt 中，因此这一步输入的内容对项目代码不会有大的影响，可任意输入。然后单击 Next 到下一步。

下一步是选择向导要生成的代码类型，有 3 个选项可以选择。对话框如图 4.16 所示。

- 空项目　任何代码也不生成，须自己添加代码；
- 简单的 Windows CE 应用程序　生成只带有 WinMain 主函数的代码；
- 典型的"Hello World"应用程序　生成 Hello World 程序的框架代码。

我们选择第 3 项，让向导自动生成 HelloWorld 程序的代码。然后单击 Next 到向导的第 3 步。

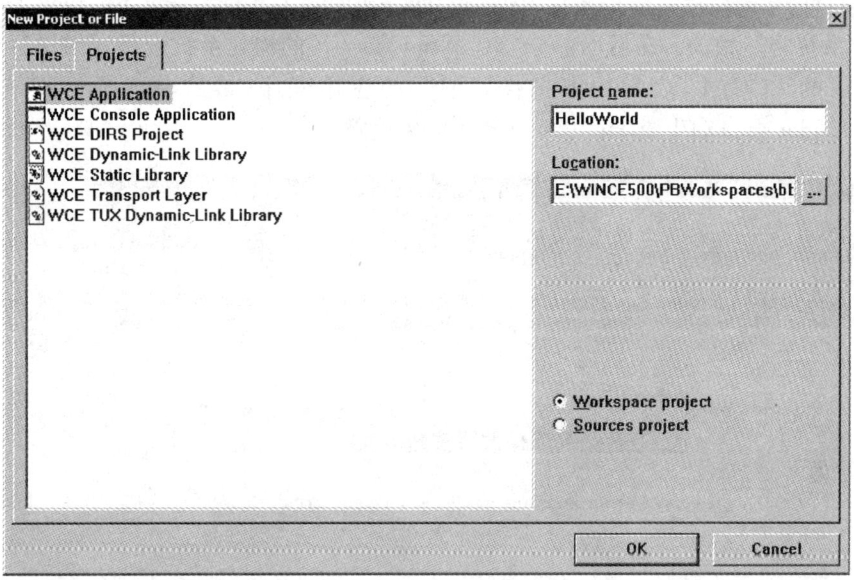

图 4.15　New Project or File 对话框

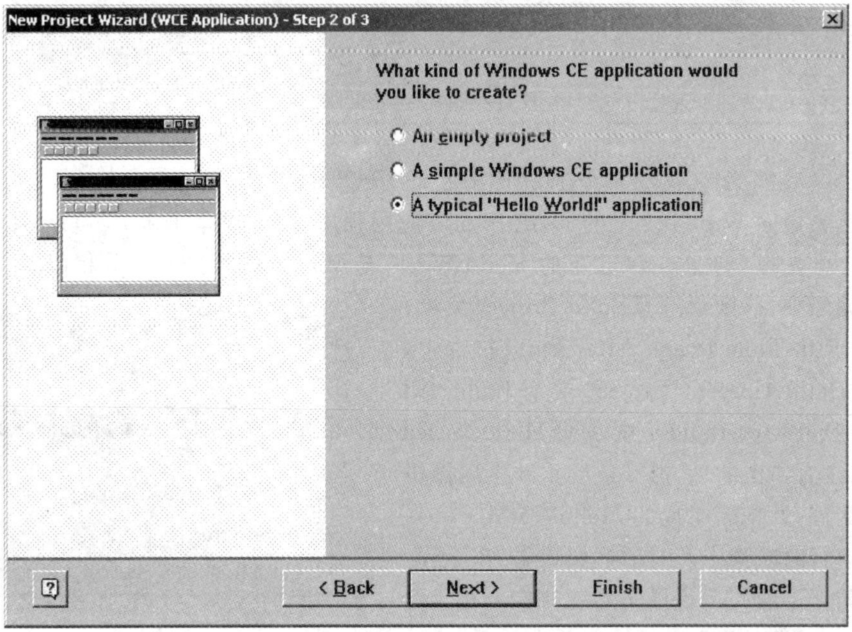

图 4.16　New Project Wizard 第 2 步

新建项目向导的最后一步是选择 Release Type，如图 4.17 所示。Release Type 与 Windows CE 的构建系统密切相关。在后面部分会对 Windows CE 的构建系统进行详细地解释。这里可选择默认的 LOCAL，表示用本机代码编写的应用程序，然后单击 Finish 结束向导。Platform Builder 会自动生成 Hello World 的框架代码。

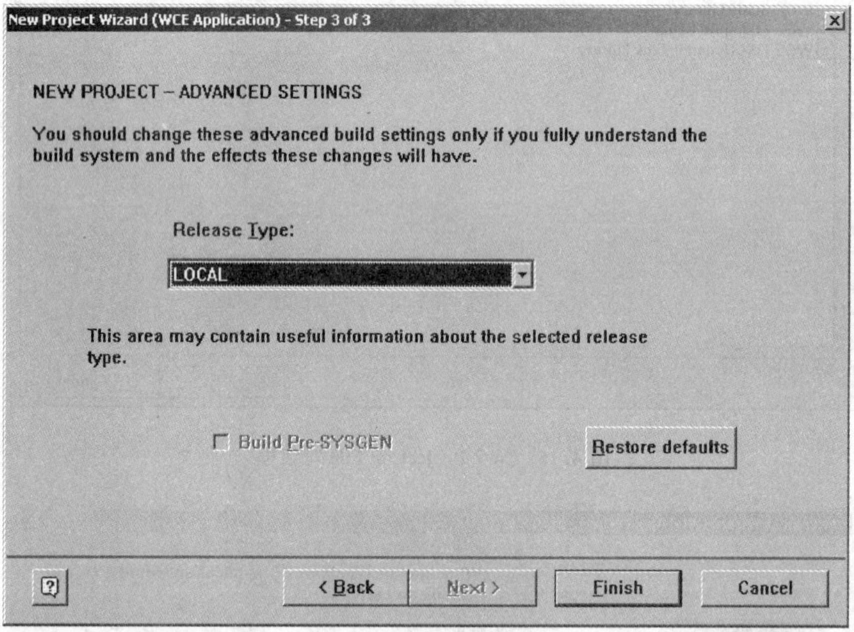

图 4.17　New Project Wizard 最后一步

如果熟悉桌面 Windows 下的 Hello World 应用程序，那么可单击 File View 菜单查看生成的文件。会发现 Windows CE 下的 Hello World 与 Windows 下的有几分相似。

若要编译项目，则可选择 **Build Project** 菜单，确保 **Make Run-Time Image After Build** 被选中，然后选择 **Build Current Project** 或者 **Build All Projects**。Platform Builder 会编译 Hello World 项目，如果没有错误的话，那么还会重新生成操作系统映像文件，并把新生成的 HelloWorld.exe 一起打包到运行时映像中。对话框如图 4.18 所示。

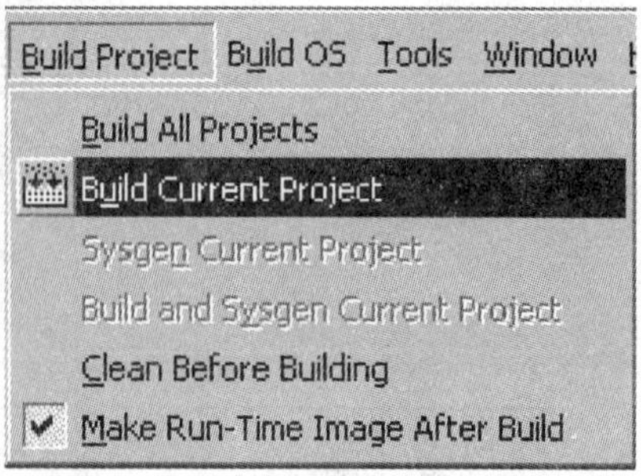

图 4.18　编译 Hello World 项目

然后重新下载并运行操作系统映像。在目标机的 Windows CE 中选择开始菜单中的 Run... 打开运行对话框，接着输入 Hello World 并回车，就可在 Windows CE 上运行 Hello World 程序了。

通过前面的操作,认识了运行 Windows CE 和开发基于 Windows CE 的应用程序与桌面 Windows 都有很大区别。下面将介绍 Platform Builder 的其他一些特性。

4.2　Platform Builder 集成开发环境

4.2.1　Platform Builder 主界面

Platform Builder 的图形界面继承了微软集成开发环境的一贯特点。如果熟悉微软的 Visual Studio 开发环境,那么对 Platform Builder 可很快上手。Platform Builder 主界面如图 4.19 所示。

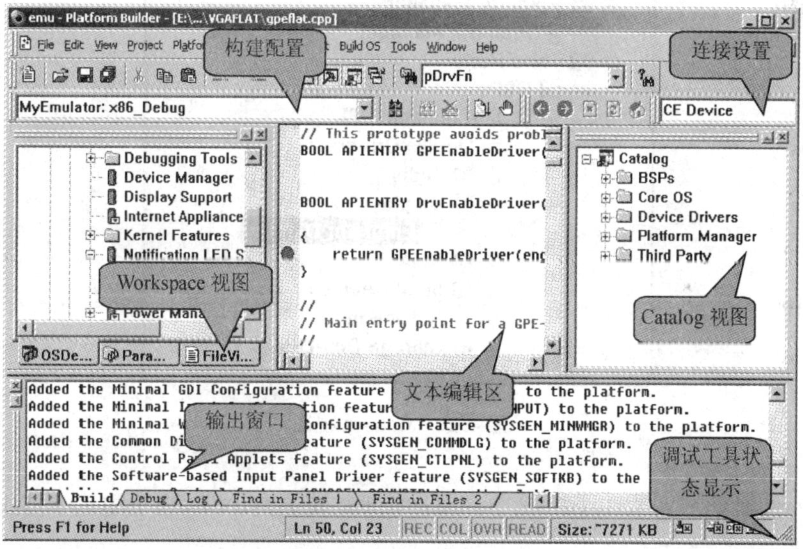

图 4.19　Platform Builder 主界面

整个界面分为整齐的 5 块:上方为菜单与工具栏,下方为输出窗口,左侧为工作区 Workspace 视图,右侧为 Catalog 视图,中间为文本编辑区。

工具栏上值得注意的是构建配置选项,在这里可选择构建操作系统的 Debug 或 Release。操作系统的 Debug 版与 Release 版的区别与应用程序的 Debug 版和 Release 版类似。Debug 版的操作系统更有利于调试;Release 版运行的速度更快,但是可能缺少必要的调试信息。

输出窗口在构建操作系统、编译应用程序和调试的时候会输出一些信息。通常对找出问题比较有帮助。

Catalog 视图和 Workspace 视图在下文会有详细介绍。

4.2.2 Catalog 视图与 Feature 管理

Windows CE 是一个高度模块化的操作系统，整个操作系统是通过不同的模块拼接而成的。在 Windows CE 中，一个模块就被叫做一个 Feature(特性)或者一个 Catalog Item。

Platform Builder IDE 中右侧的 Catalog 视图如图 4.20 所示。它列出了 Windows CE 中所有可选的 Feature。这些 Feature 被分为 BSPs、Core OS、设备驱动器(Device Drivers)、平台管理器(Platform Marager)和第三方特性(Third Party)5 大类。

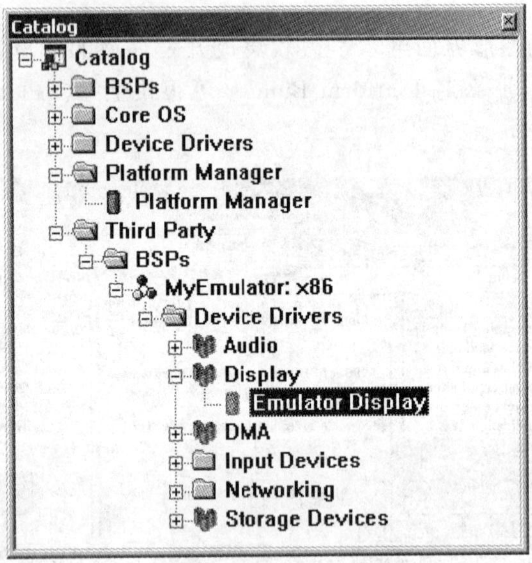

图 4.20 Catalog 视图

组织结构如下：

- BSPs 列举了所有 Platform Builder 中已经安装的 BSP，在 Platform Wizard 中可被选用。
- Core OS Windows CE 操作系统本身的特性，其中包括：
  - Applications and Services Development Windows CE 中可用来开发应用程序和服务的库和系统功能。例如.NET Compact Framework、MFC、ATL、C 运行时库及 SQL Server CE 等。
  - Applications-End User 微软提供的可直接发布给最终用户的应用程序。包括 ActiveSync 的 CE 端、远程桌面连接程序、Word、Excel、PDF 文件查看工具及 Windows Messenger 聊天程序等。
  - Communication Services and Networking 网络相关的特性。包括 WAN、LAN 和 PAN 上的一些协议实现。

- Core OS Services　操作系统的核心特性。包括并口、USB口支持、内存映射文件及消息队列等。
- Device Management　设备管理特性。包括SNMP和设备管理客户端。
- File Systems and Data Store　文件系统和数据存储选项。包括注册表、存储管理器及文件系统等特性。
- Fonts　各种可选的字体。
- Graphics and Multimedia Technologies　图形和多媒体支持。包括各种音频、视频组件。例如Direct 3D Mobile、DirectShow、MPEG4解码及GIF解码等。
- International　国际化支持。包括各种语言的输入法和MUI图形界面。
- Internet Client Services　访问因特网的组件，包括IE6和Pocket IE以及它们的各种组件。
- Security　安全性支持。各种用来认证、授权和加密的组件。
- Shell and User Interface　图形界面组件。例如各种风格的菜单及XP风格的皮肤等。
- Voice over IP Phone Services　VOIP相关的组件。包括RTC协议的实现等。
- Windows CE Error Reporting　Windows CE的错误报告组件。

- Device Drivers　各种设备驱动程序。
- Platform Manager　平台管理器，负责Windows CE设备与PC机的连接。
- Third Party　第三方公司提供的组件。

对于每一个Feature，可通过右击，然后选择Property来查看此Feature的属性信息。图4.21显示的是Pocket Internet Explorer的属性对话框。其中General选项卡包括组件名称、提供厂商、发布日期、版本和大概体积。Variables选项卡包括此组件的环境变量，环境变量与Windows CE的构建系统关系密切，在构建系统一节会介绍。Support选项卡包括此组件支持的CPU类型。

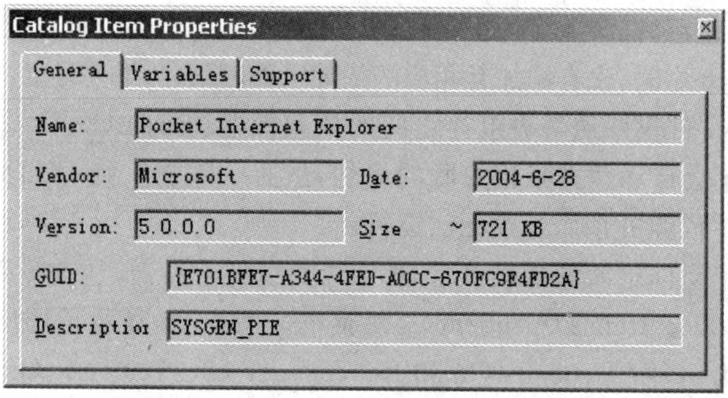

图4.21　Catalog Item 的属性

在 Catalog 视图和 OS Design 视图中，每个模块前面都会有一个图标。不同的图标代表不同的意思。其中一些比较常见的图标及其含义列于表 4-1 中。

表 4.1 Feature 的常见图标及含义

图　标	Catalog 视图中的含义	OS Design 视图中的含义
	该 Feature 是 BSP	该 Feature 是 BSP
	特性组，在它下面的特性只能从多个中选择一个	—
	必选的 Feature	必选的 Feature
	可选的 Feature	可选的 Feature
	此 Feature 带有附加提示。可通过在该特性上右击，选择**Notification...**来查看相应提示	—
	普通的 Feature	用户没有选择此 Feature，用户选择的其他模块依赖于该模块，因此被加到 OS Design View 中
	—	用户选择的 Feature
	—	Feature 的源代码，直接双击该图标可跳转到 FileView 的相应模块
	这些 Feature 在当前的 OS Design 中不可用	—

如果要把某个 Feature 添加到自定义的操作系统设计中，那么只需用鼠标右击此Feature，在弹出菜单中选择 Add to OS Design 即可，如图 4.22 所示。

Platform Builder IDE 中左侧 Workspace 视图中的 OS Design 视图，如图 4.23 所示。显示了当前操作系统设计中已经选择的所有 Feature。如果要把某个已经选定的 Feature 从 OS Design 中删除掉，那么只需在 OS Design View 中选中此组件，然后按键盘的 Delete 键，或者右击在菜单中选择 Remove Item from User-specified Catalog Item(s)即可。

也许会想到，不同组件之间可能会有某种依赖关系。例如 Internet Explorer 浏览器可能会依赖于 TCP/IP 协议实现组件；一些应用程序代码可能会用到 C Runtime 库或 COM。如果把某个组件添加到 OS Design 中时，没有添加其相应的依赖组件，那么此组件肯定也无法正确地运行。

Platform Builder 可很好地解决组件之间的依赖问题：当向 OS Design 中添加某个组件时，Platform Builder 会自动搜索其相关联的组件，然后一并加入到 OS Design 中。这样就不会因为某个组件缺少依赖关系而导致无法运行。

如果要查看某个组件之间的依赖关系，那么可在组件上右击，从快捷菜单中选择 Dependencies...来打开 Catalog Item Dependencies 对话框。图 4.24 显示了网络驱动接口 NDIS 的依赖关系。依赖分为两种：Depends On 和 Dependency Of。Depends On 的意思是当前的组件依赖于那些组件。Dependency Of 中显示的是当前组件是哪些组件的依赖项。

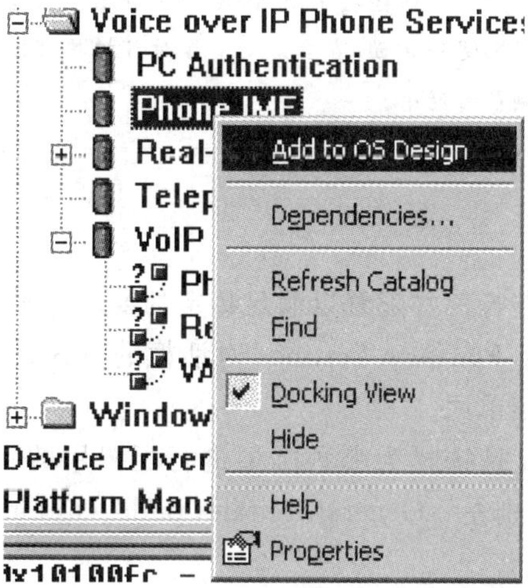

图 4.22　添加 Feature 到操作系统设计

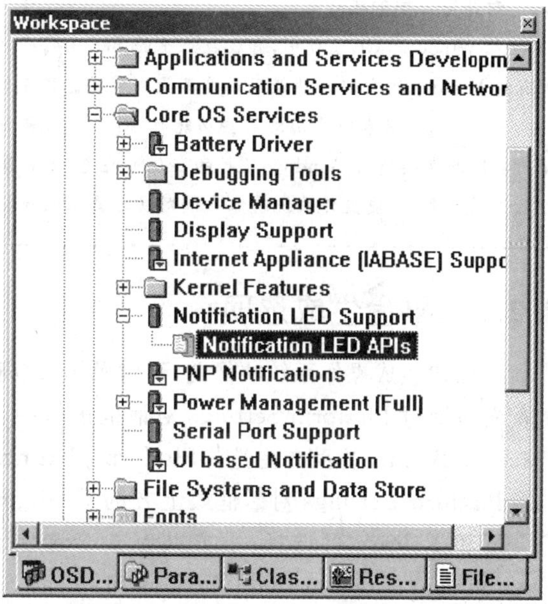

图 4.23　Workspace 的 OS Design 视图

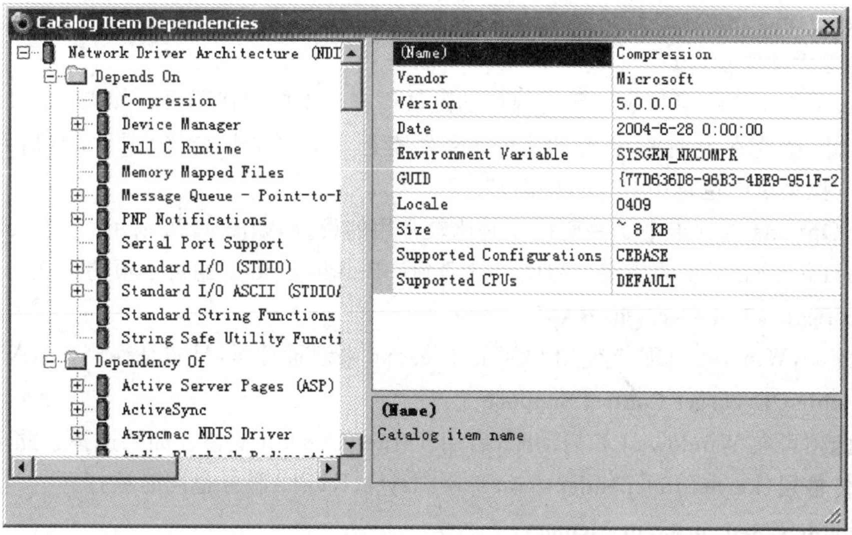

图 4.24　组件的依赖关系

对开发人员的挑战

在 Windows CE 5.0 中，有成百上千的 Feature。对于定制 Windows CE 操作系统的开发人员来说，记住所有的 Feature 及它们的功能恐怕是不太现实的。但是，知道和记住尽可能多的模块是非常必要的。

一方面，在需求中要用到某些功能时(例如 JPG 图片解码)，可知道这些功能 Windows CE 是否已经有内置的实现。直接使用 Windows CE 的实现可避免"重新发明轮子"；另一方面，在自定义平台时可把尽可能多的无关模块去掉，使操作系统映像在满足功能需求的前提下作到尽可能小。

4.2.3　平台生成选项

在构建生成操作系统映像前，可对操作系统映像进行一些配置以满足特定的要求。平台的配置是通过 Platform Settings 对话框进行的。打开 Platform Settings 对话框的方式是在 Platform Builder 主菜单上选择**Platform|Settings...**菜单项。

Platform Settings 对话框最上方的 Configuration 是选择为哪种类型进行配置用的，有 Debug 和 Release 可选择；下方共有 6 个选项卡，分别是：General，Locale，Build Options，Environment，Custom Build Actions 和 Image Settings。

Platform Setting 的 General 选项对话框，如图 4.25 所示。在**General** 选项卡中，Release Directory 指定了构建生成的文件和最终 OS 映像文件的存放目录，Build Type 是构建类型，分为 Debug 和 Release；Platform OS build tree 是 Windows CE 的安装目录，最好不要改动；File name for run-time image 是最终生成的运行时映像的名称，默认为 nk.bin，这已经是约定俗成的名称了，也无须改动。

在**Locale** 选项卡中可指定运行时映像的默认语言和支持的代码页。如果要让 OS 的默认语言为中文，就要在此选项卡上的 Locales 列表框上勾选"中文(中国)"，然后在 Default language 下拉菜单中也选中"中文(中国)"。

Build Options 选项卡中是一些构建时比较常用的设置，如图 4.26 所示。

在 Platform Builder 的使用过程中经常遇到。Build Options 的每一项的含义如下：

1. Buffer tracked events in RAM

选择此项，Windows CE 会使用 OSCapture.exe 来记录日志，日志是存放在 RAM 里的。

2. Enable CE Target Control Support

选择此项可在 Windows CE 启动时，启用 Target Control 支持。如果选择了此项，那么内核无关的传输层(kernel independent transport layer，KITL)服务也同时被打开。

3. Enable Eboot Space in Memory

选择此项会在内存中为 Eboot 保留出 Config.bib 文件指定的内存空间，这样 Eboot 就可把部分信息写入此空间，操作系统可读取 Eboot 留下的信息。

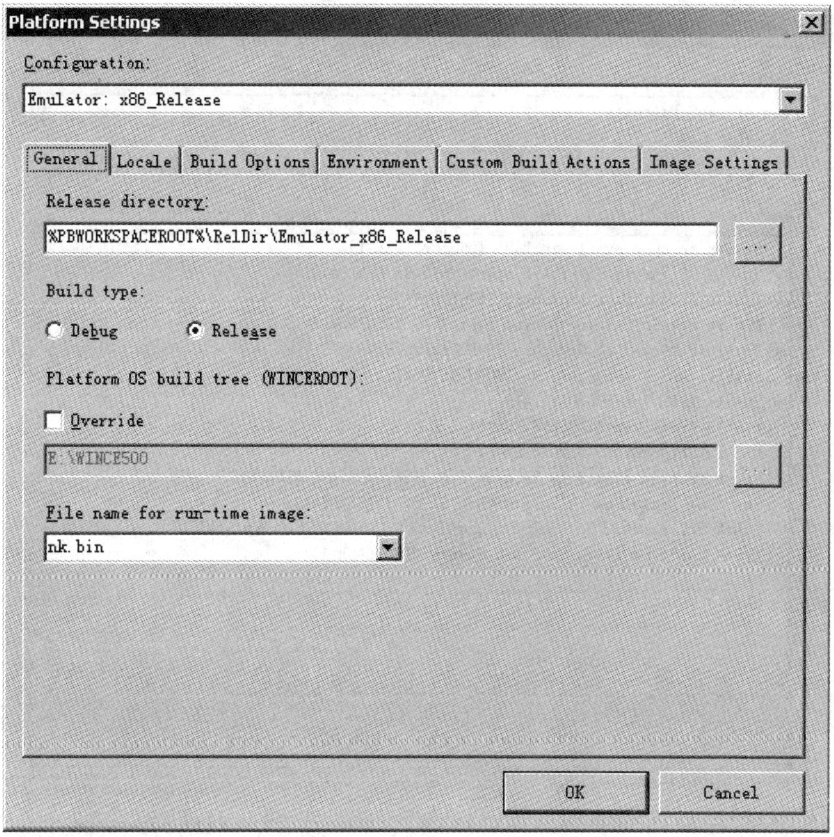

图 4.25 Platform Setting 的 General 选项

4. Enable Event Tracking during Boot

选择此项可打开 Windows CE 的事件跟踪服务。

5. Enable Full Kernel Mode

选择此项,Windows CE 中所有线程都会运行在核心态(关于 Windows CE 下核心态和用户态的定义可参考前文介绍)。这会使整个系统相对不稳定,但是也可提高系统的运行效率。

6. Enable Kernel Debugger

选择此项可启用内核调试器,这样就可对 Windows CE 设备进行内核调试。

7. Enable KITL

选择此项可打开 KITL 服务,KITL 负责在目标机和开发机之间传递各种信息。

8. Enable Profiling

选择此项可打开 Windows CE Kernel Profile 服务,这样就可对内核的运行性能指标进行剖分,以便对系统进行优化。

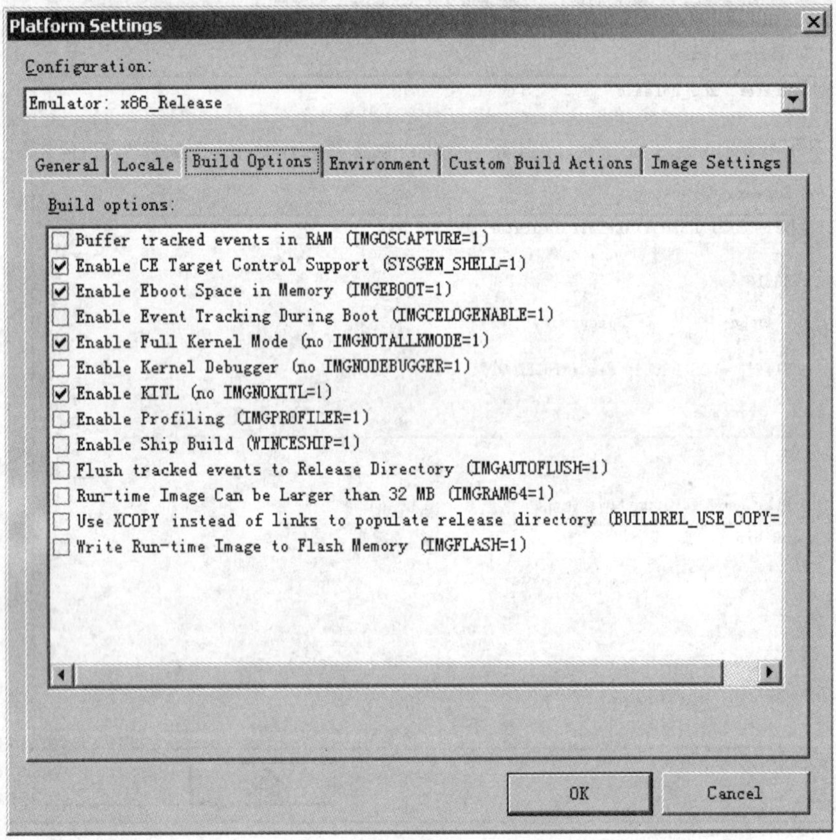

图 4.26 Platform Setting 的 Build Options 选项

9. Enable Ship Build

此项只有在 Release 配置中才会出现。取消此项选择，Windows CE 会输出很多信息帮助调试。

10. Flush Tracked Events to Release Directory

选择此项可把事件跟踪的结果发送到 Release 目录中，也会同时打开事件跟踪服务。

11. Run-time Image Can be Larger than 32 MB

选择此项，Windows CE 的最终运行时映像可大于 32 MB。

12. Use XCOPY Instead of Links to Populate Release Directory

选择此项表示在构建 Windows CE 的第 3 个步骤 Release Copy 时，使用 XCOPY 命令来复制文件，而不是使用 Copylink 命令。

13. Write Run-time Image to Flash Memory

允许运行时映像被烧写到 Flash 中。如果选中此项，那么在有些硬件平台中，不但会生成

NK. bin 文件，还会生成 NK. nb0 文件。NK. nb0 可直接用烧写工具烧写到开发板的 Flash ROM 中，开机就自动启动运行。是否会生成 NK. nb0 文件，还要看具体平台 BSP 的配置。

在**Environment**选项卡中，可为构建系统设置附加的环境变量。

在**Custom Build Actions**选项卡中，允许在构建的 Sysgen 和 Make Image 两个步骤前后加入自定义的其他操作。

Image Settings选项卡列出了要包含到 OS 映像中的项目列表。

4.2.4　平台初始化文件

在 Windows CE 的构建系统中，共有 4 种平台初始化配置文件，分别是 *.BIB，*.DAT，*.DB 和 *.REG。不同的初始化文件有不同的作用，深刻理解和灵活运用这些配置文件是定制适合目标平台的 Windows CE 操作系统的关键。

4.2.4.1　REG 文件

如果熟悉桌面 Windows 中的注册表文件，那么会觉得 Windows CE 中的 REG 文件非常眼熟。Windows CE 生成过程中的 REG 文件使用了与桌面 Windows 的 REG 文件几乎相同的格式。它们之间的主要差异是 Windows 版本的 REG 文件顶部没有版本标记。这样做可防止意外地将 Windows CE 的 REG 文件合并到开发工作站的注册表中。

Windows CE 的 REG 文件用来向生成的运行时映像的注册表中添加默认的键值。也就是说，在 REG 中写入的注册表值，会被默认地放到运行时映像的初始注册表中，这对于给操作系统添加一些默认配置非常有用。

注册表文件的格式如下：

```
[KEY1]
"ValueName1" = {Value Type}:{data}
"ValueName2" = {Value Type}:{data}
[KEY2]
"ValueName1" = {Value Type}:{data}
...
```

其中 KEY 表示是注册表键；ValueName 指示了注册表值的名称；ValueType 是数据类型；data 是数据。下面是一个典型的 REG 文件示例。

```
[HKEY_LOCAL_MACHINE\SOFTWARE\Tongji\MyApp]
    "Version" = dword:0500
    "Build" = dword:0b3f
    "Greeting" = "Hello!"
    "Messages" = multi_sz:"Windows CE is Cool!","Myapp is also cool"
    "AppData" = hex:01,00,02,00,03,00
```

这段注册表文件的含义如表 4.2 所列。

表 4.2　示例注册表的含义

名　称	类　型	值
Version	REG_DWORD	0x0500。DWORD 值总被当作十六进制数，因此没有使用"0x"前缀
Build	REG_DWORD	0x0b3f
Greeting	REG_SZ	"Hello!"
Messages	REG_MULTI_SZ	"Windows CE is Cool! \0Myapp is also cool\0\0"
AppData	REG_BINARY	01,00,02,00,03,00 同样总是假设采用十六进制

4.2.4.2　DAT 文件

DAT 文件用来指定当系统冷启动时，FileSys.exe 应当如何初始化 RAM 文件系统结构。可通过 DAT 文件在 Windows CE 文件系统的根目录上挂接其他文件夹，也可使用 DAT 文件把已经存在的文件（例如位于"/Windows"中的文件）复制到某个指定的目录中。

DAT 文件的语法有点古怪，但并不复杂，下面是一个 DAT 文件的示例。

```
root:-Directory("My Documents")
root:-Directory("Program Files")
Directory("\Program Files"):-Directory("My Projects")
Directory("\Program Files"):-Directory("Accessories")
Directory("\Program Files"):-Directory("Communication")
Directory("\Program Files\My Projects"):-File("My Project Program", "\Windows\Myproj.exe")
root:-File("\control.lnk", "\Windows\control.lnk")
```

在此例子中，首先使用 root 命令在 Windows CE 文件系统根目录中建立了两个新文件夹："My Documents"和"Program Files"；然后，又使用 Directory 命令在 Program Files 文件夹中新建了 3 个子目录："My Projects"，"Accessories"和"Communication"；最后两句分别把\Windows\Myproj.exe 复制到了 My Projects 目录中，并重命名为 My Project Program，把\Windows\control.lnk 复制到了根目录下，命名为 control.lnk。

4.2.4.3　DB 文件

DB 文件用于为对象存储区定义默认的基于 RAM 的数据库。关于 Windows CE 数据库的介绍，请参考本书前面章节。Windows CE 的构建系统，除了为 ActiveSync 设置自动连接外，很少使用默认数据库。

DB 文件的语法如下：

```
Database : "db_name" : hex_type : num_sort_order : <sort order specifier> 1
Record :
```

```
Field : field_hex_propid : value
End
End Database
```

其中 db_name 表示数据库的名称;hex_type 为数据库设置一个十六进制的描述符,这样就可通过它搜索数据库;num_sort_order 指定了数据库中 sort order 的个数,后面跟 sort order 的描述符;field_hex_propid 是数据库中某个 Field 的十六进制描述符;value 是一个字符串或十六进制数的值。

下面是一个 DB 文件的示例。

```
Database: "DB_notify_events" : 0 : 1 : 0001001F : 0
Record :
Field : 0001001F : "repllog.exe"
Field : 0002001F : "AppRunAtRs232Detect"
Field : 00030013 : 9
End
End Database
```

此 DB 文件建立了一个名为"DB_notify_events"的数据库,并且建立了 3 个 Field。这样一旦检测到 RS232 事件,就可运行 repllog.exe 程序。因此 ActiveSync 在串口上也可实现“热插拔”操作。

4.2.4.4 BIB 文件

BIB 的全称为 Binary Image Builder,顾名思义,BIB 文件的作用是指示构建系统如何构建二进制映像。BIB 文件会指示哪些文件被打包到运行时映像中,同时还会指示如何往目标板上加载模块和文件。

BIB 文件共分为 4 节,分别为 MEMORY,CONFIG,MODULES 和 FILES。它们的作用如表 4.3 所列。

表 4.3 BIB 文件的节描述

节	描 述
MEMORY	定义可用的物理内存,包括起始地址、大小和内存类型。此节必须被放在 config.bib 文件中,放在 Platform/MyBSP/Files 目录中
CONFIG	定义了一些附加选项来定制输出。默认情况下,此节也要被放在 config.bib 文件中
FILES	指定放在运行时映像中的文件列表
MODULES	指定放在运行时映像中的模块列表,包括 EXE 和 DLL 文件,与 FILES 的区别是放在 MODULES 中的文件通常是代码文件,并且构建系统不会压缩这些文件,因此代码可实现本地执行 XIP

Windows CE 构建系统须通过 MEMORY 节知道哪段物理内存是 RAM，哪段物理内存是 ROM，以及它们的大小。MEMORY 节的格式非常简单，如下所示。

```
Name[空格]    Address[空格]    Size[空格]    Type
```

其中 Name 是此段内存的名称，名称并没有特别的含义，但是名称必须是唯一的；Address 表示内存的起始地址，用十六进制数表示，是用虚拟内存；Size 指定了此段内存的长度，也用十六进制数表示；Type 是此段内存的类型，有如下几种可选值：

- FIXUPVAR　用此选项可改变内核模块中的全局变量的值。
- NANDIMAGE　如果开发板上有 NAND 的 Flash，那么可把此段内存标为 NANDIMAGE 类型。如果 BootLoader 支持 BinFS，那么就可使放在 NAND 中的 bin 文件支持本地执行 XIP(默认情况下只有 NOR 的 Flash 才可支持本地执行 XIP)。此段内存必须页对齐。
- RAM　指定此段内存是 RAM。Windows CE 可用这些内存来执行程序和存放 RAM 文件系统。此区域必须是连续的，同时必须页对齐。
- RAMIMAGE　运行时映像会被放在此段内存上。物理上，此段内存可为 RAM 也可为 NOR Flash，但通常为 NOR Flash。标为 RAMIMAGE 内存的名称必须与 bib 文件中的运行时名称相同，一般为 NK。
- RESERVED　声明此段内存是保留区，Windows CE 不会使用此段内存，通常用 RESERVED 关键字保留 DMA 缓冲。

下面为一个 MEMORY 节的示例，这段代码取自 Windows CE 5.0 中自带的 SMDK2410 的 BSP(WINCE500\PLATFORM\SMDK2410\FILES\config.bib)。

```
MEMORY
;    Name                   Address     Size        Type
     NK                     80001000    01E00000    RAMIMAGE
     RAM                    8C200000    01E00000    RAM
     FLASH                  92000000    00100000    RESERVED
; Common RAM areas
     AUD_DMA                8c002000    00000800    RESERVED
     SDIO_DMA               8c010000    00010000    RESERVED
     ARGS                   8C020800    00000800    RESERVED
     DBGSER_DMA             8c022000    00002000    RESERVED
     SER_DMA                8c024000    00002000    RESERVED
     IR_DMA                 8c026000    00002000    RESERVED
     EDBG                   8c030000    00020000    RESERVED
DISPLAY                     8c100000    00100000    RESERVED
```

此段内容表示从地址 0x80001000 开始的 30 MB 空间用来存放运行时映像；从 0x8C200000 开始的 30 MB 内存是 RAM 区，可供应用程序使用；从 0x92000000 开始的 1 MB 内存是被保留的。此外，还保留了 8 块内存，都是声音、红外、串口和显示的 DMA 区域。

CONFIG 节是一些附加的选项，用来告诉构建系统如何生成运行时映像。比较常用的有：

- AUTOSIZE　如果运行时映像在 RAM 中，此选项允许自动地把运行时映像没有使用的 RAM 分配给 Windows CE 操作系统，当作物理 RAM 使用，而无须更改 bib 文件。
- PROFILE　指定是否在运行时映像中包含用来性能剖分(profile)符号和结构。
- BOOTJUMP　指定启动时系统的跳转地址，默认会跳向 Startup 函数的地址。
- COMPRESSION　指定构建系统是否压缩运行时映像中的可写部分。如果此部分被压缩，那么 Windows CE 运行时会把这部分解压缩到 RAM 中；如果没有被压缩，则直接把这部分复制到 RAM 中。
- KERNELFIXUPS　指定构建系统是否对内核的可写区域进行重定位。如果设为 ON，则默认会把内核的可写区域重定位到物理 RAM 的起始地址。
- RAMFLAGS　指定内核特性的一些位掩码。0x00000001 表示禁用按需调页，这样某个模块在运行前就要被完全装入物理 RAM 中；0x00000002 表示禁止 Full Kernel Mode；0x00000010 表示只信赖 bib 文件中放在 MODULES 块中的文件；0x00000020 指示内核不要清空 x86 的 TLB；0x00000040 表示启用 DLL 的/base 链接选项，这样 DLL 就可被加载到某个预先定义的地址。
- ROMSTART　指定 ROM 映像的起始地址。
- ROMWIDTH　指定 ROM 的宽度。可为 8，16 或 32。32 表示构建系统会把整个 ROM 映像作为一个文件；16 表示构建系统会把整个 ROM 映像分为两个文件，按 16 位 WORD 奇偶存放；8 表示构建系统会把整个 ROM 映像分为 4 个文件，按 8 位 BYTE 依次存放。这对于不同的硬件 ROM 非常有用。
- ROMSIZE　指定 ROM 映像的大小，通常也就是开发板上 ROM 的大小。

下面是一个 CONFIG 节的示例，取自 Freescale 公司的龙珠 MC9328MX1 开发板 BSP。

```
CONFIG
    COMPRESSION = ON
    KERNELFIXUPS = ON
    PROFILE = OFF
    ROMFLAGS = 0
    ROMWIDTH = 32

IF IMGFLASH !
    AUTOSIZE = ON                ; Use Autosize to utilize unused RAM for NK.BIN
    ROMSIZE = 01A00000           ; Change this size if your image is bigger
```

```
    ROMSTART = 88200000          ; Run for SDRAM Version
ENDIF
IF IMGFLASH
    ROMSTART = 90000000          ; Run for ROM version
    ROMSIZE = 02000000           ; 32MB ROM size
ENDIF
```

在此段代码中,启用了压缩和内核重定位,禁用了 PROFILE,ROMFLAG 设置为 0,表示默认启用 Full Kernel Mode 和按需调页,并且把 ROM 映像放在一个文件中。然后,判断是否设置了 IMGFLASH 环境变量,如果没有设置此环境变量,就打开 AUTOSIZE,同时把 ROMSTART 设定到 SDRAM 上,如果设置了 IMGFLASH,就把 ROMSTART 设置到 ROM 上。

MODULES 和 FILES 用来指定打包到运行时映像中的文件。不同的是构建系统对压缩 FILES 中的文件而不压缩 MODULES 中的文件。因此,通常把 WAV,BMP 等数据文件放在 FILES 中,而把 EXE,DLL 等代码文件放在 MODULES 中,这样,没有经过压缩的代码就可本地执行。如果把一个 DLL 放在 MODULES 中,那么它只会被加载到 Slot 1 中;如果把此 DLL 放在 FILES 中,它会被映射到所有 Slot 的虚拟内存中,这将大大消耗进程的虚拟内存空间。

MODULES 和 FILES 的语法也是一样,相对简单,如下所示。

```
Name[空格]    Path[空格]    Memory block[空格]    Section override[空格]    Type
```

其中 Name 是在运行时映像中文件的名称。Path 是要打包文件的完整路径和名称。Memory block 指定把此文件放在 MEMORY 节的哪一段内存中。Section override 可被设置成 MODULES,FILES 或置空,如果设置了此项,那么构建系统会根据此设置来决定这一项是 MODULES 还是 FILES,而不管文件在哪个节中。Type 是文件的类型,常用的标志有:S 表示系统文件,H 表示隐藏文件,U 表示不压缩此文件,D 表示不能对此文件进行调试,N 表示此文件不受信任,M 表示对此文件禁止按需调页。

下面是一段 MODULES 的示例,取自 common. bib 文件。

```
; @CESYSGEN IF CE_MODULES_DEVICE
   device.exe      $(_FLATRELEASEDIR)\device.exe      NK  SHM
   devmgr.dll      $(_FLATRELEASEDIR)\devmgr.dll      NK  SHM
   regenum.dll     $(_FLATRELEASEDIR)\regenum.dll     NK  SH
   busenum.dll     $(_FLATRELEASEDIR)\busenum.dll     NK  SH
; @CESYSGEN ENDIF
```

此段代码表示如果设置了 CE_MODULES_DEVICE,那么就把_FLATRELEASEDIR 目录的 device. exe,devmgr. dll,regenum. dll 和 busenum. dll 打包到运行时映像中,放在 NK 内存段,并且指定 device. exe 和 devmgr. dll 为系统文件、隐藏文件和禁止按需调页;同时把

regenum.dll 和 busenum.dll 指定为隐藏文件和系统文件。

BIB 文件的使用如图 4.27 所示。

假设某开发板的内存布局低地址是 Flash ROM，高地址是 RAM，可把 Windows CE 的运行时映像放在 Flash ROM 中，RAM 当作程序执行的内存和 DMA 缓冲区。在 MEMORY 段中，可把 Flash ROM 标记为 RAMIMAGE，把程序执行可用的内存标记为 RAM，把 DMA 缓冲标记为 RESERVED；在 CONFIG 段中，可用 ROMSTART 和 ROMSIZE 指明 ROM 的起始和大小；在 FILES 和 MODULES 段中，则指明哪些文件要被打包到运行时映像中。

在 Platform Builder Workspace 中的 Parameter View 中，如图 4.28 所示，可看到对当前平台起作用的所有配置文件列表。

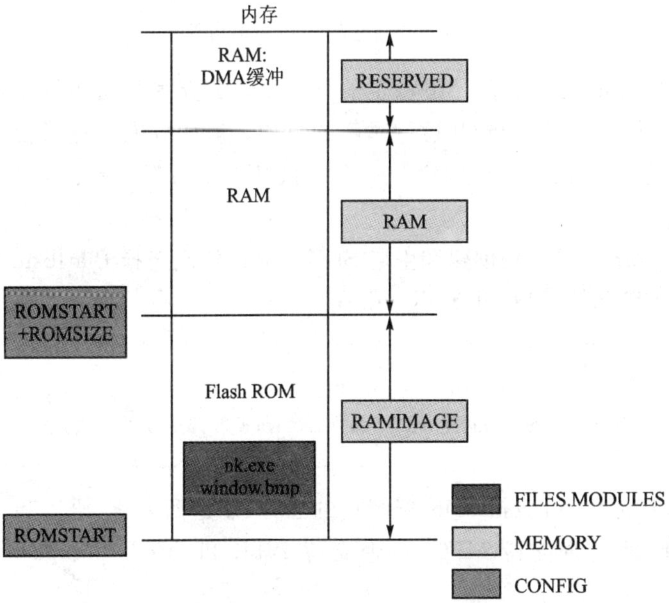

图 4.27　用 BIB 配置运行时映像

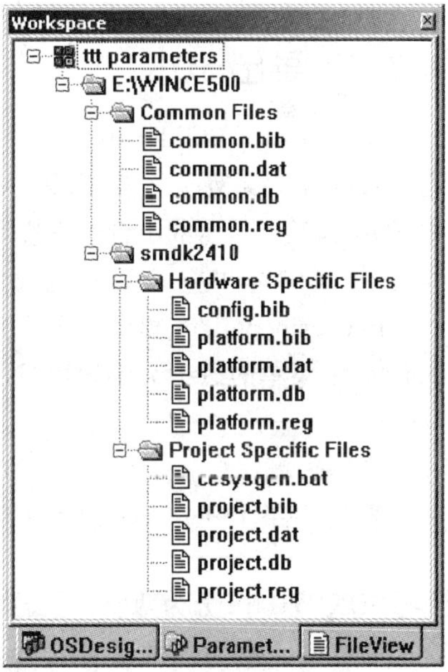

图 4.28　Platform Builder Workspace 的 Parameter View

可看到配置文件共有 3 类：以 common 命名的 Common Files，以 platform 命名的 Hardware Specific Files 和以 project 命名的 Project Specific Files。这 3 类配置文件的作用范围是不同的。common.* 文件的作用域是所有的 OS Design，对 common.* 文件的修改会影响到所有的 OS Design，因此 common.* 文件一般不须改动，使用默认的文件即可满足要求；platform.* 文件的作用范围是使用该 BSP 的 OS Design，因此一般把与硬件相关的配置信息放到 platform.* 文件中；project.* 文件的作用范围仅仅是当前 OS Design，一般在 project.* 文件中只存放与本项目相关的一些配置信息。图 4.29 表示了平台初始化文件的作用范围。

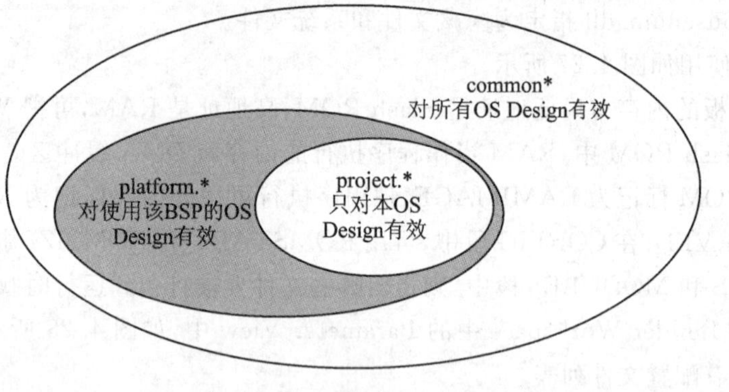

图 4.29 平台初始化文件的作用范围

4.2.5 导出SDK

在 Platform Builder 中,还可为自己定制的平台导出特定的 SDK,以供应用开发人员使用。SDK 是一系列头文件、库文件、文档、平台管理器和运行时库的总称。应用开发人员可使用 SDK 为某个特定的平台开发应用程序。在 Windows CE 下 SDK 和 Windows CE 平台的对应关系可参考本书应用程序开发章节。

Platform Builder 提供了 SDK Wizard 向导,来创建和生成 SDK。通过依次选择 Platform Builder 主菜单的**Platform|SDK|New SDK...**可打开 SDK Wizard。

注 意

在启动 SDK Wizard 之前,要确保自定义的平台已经被成功构建并且可成功地运行;否则 SDK 会生成失败。

SDK Wizard 分为两步：① 输入产品信息,包括 SDK 安装包的名称、制造商名称、语言和产品版本；② 输入开发语言支持,包括是否支持 MFC、是否支持 ATL 和.NET Compact Framework 等。

SDK Wizard 只是收集了创建 SDK 所需要的最基本信息。在完成 SDK Wizard 后,还可通过 SDK Settings 对话框对 SDK 进行更详细的设置。在 Platform Builder 菜单中选择 **Platform|SDK|Configure SDK...** 可打开 SDK Settings 对话框,如图 4.30 所示。

SDK Settings 对话框可设置打包生成的 SDK 的详细信息。除了 Product Properties 选项卡与 Development Languages 选项卡的内容与 SDK Wizard 相同之外,Install 选项卡可配置要生成 MSI 安装文件的名字和目录信息;EULA/Readme 可指定在安装 SDK 时要显示的最终用户许可协议和 ReadMe 文件;Splash Screen 可指定安装 SDK 时的启动画面文件;CPU 指定该 SDK 支持的 CPU 类型;Emulation 可指定模拟器的皮肤及分辨率等;Startup Server 可设置 Windows CE 端连接代理的启动方式;Transport 选项设置Windows CE 设备与开发机之

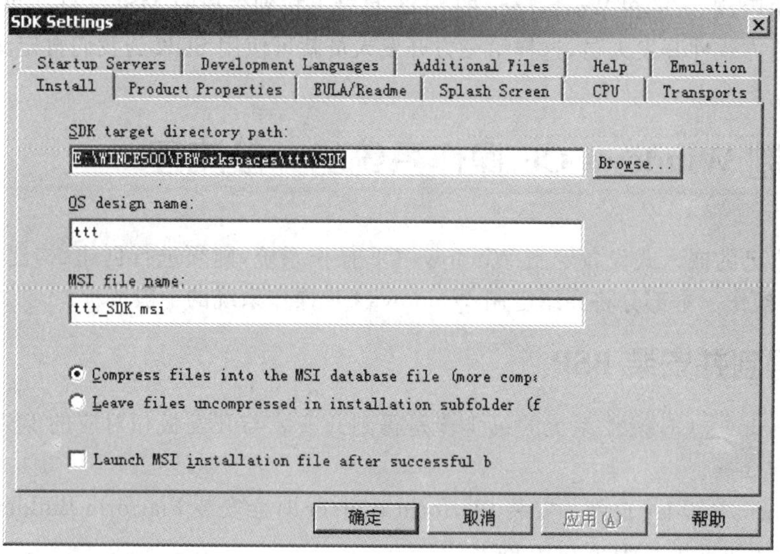

图 4.30　SDK Settings 对话框

间的传输方式。

SDK 配置结束后，最后一步是把 SDK 打包，生成 MSI 安装文件。选择菜单**Platform|SDK|Build SDK...**可开始打包 SDK。对话框如图 4.31 所示。

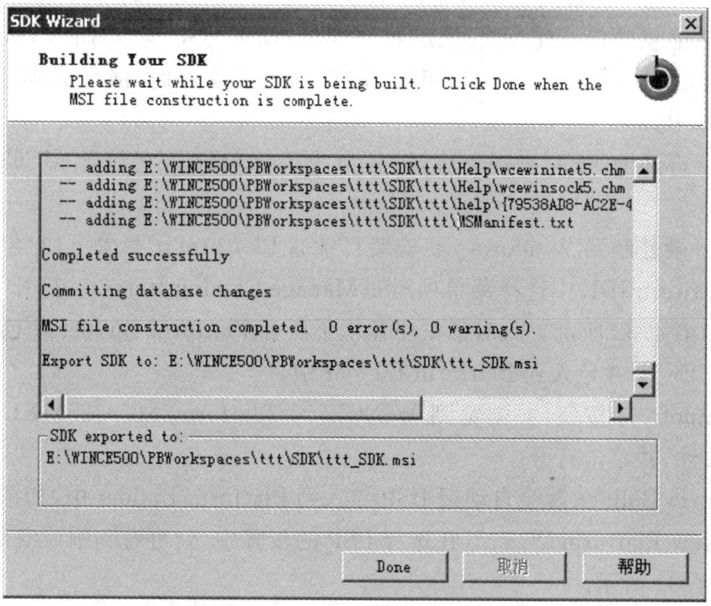

图 4.31　Build SDK

打包成功后，默认可在 Workspace 的 SDK 目录下找到生成的 MSI 文件。可把此 MSI 文件提供给第三方软件开发人员，这样第三方开发人员就可使用 SDK 为我们自定义的平台开发应用程序了。

4.3　定制 Windows CE 操作系统的一般流程

如果为自己的嵌入式设备定制 Windows CE 操作系统，则须进行创建、构建、运行和发布 OS 等一系列操作。本部分将介绍定制 Windows CE 操作系统的一般流程。

4.3.1　得到并安装 BSP

定制 Windows CE 操作系统的第 1 步是得到并安装与开发板相对应的 BSP。得到 BSP 的途径大致有 3 条。

- Platform Builder 自带　安装 Platform Builder 时会安装 Platform Builder 自带的一些 BSP，例如三星 SMDK2410 的 BSP；
- 从硬件 OEM 厂商处获得　如果硬件开发商声称他们的开发板支持 Windows CE，则一般会同时提供 Windows CE 的 BSP；
- 自主研发。

得到 BSP 之后，要把 BSP 安装到 Platform Builder 中。通常从 OEM 手中得到的 BSP 有源代码和 MSI 安装包两种形式。如果是以 MSI 安装包形式提供的 BSP，安装 BSP 则相对简单，只需像安装其他软件包一样，运行安装程序即可；如果 BSP 是以源代码形式提供的，则须手工安装。下面以 Freescale 公司的 MC9328MX1 开发板为例，演示如何手工在 Platform Builder 中安装 BSP。

从 Freescale 得到的 BSP 是一个目录，名为 MC9328MX1，它包含 MC9328MX1 BSP 的代码。

首先，把此目录复制到 Windows CE 安装目录的 Platform 子目录下，它包含所有的 BSP。

然后，在 Platform IDE 中选择菜单项**File|Manage Catalog Items...** 打开 Manage Catalog Items 对话框，如图 4.32 所示。此对话框中显示了所有 Platform Builder 中已经安装的组件。必须把 BSP 的 CEC 文件导入到 Platform Builder 中。

最后单击**Import...** 按钮，并浏览到 WINCE500/Platform/MC9328MX1 目录下，选择该目录下的.cec 文件，并单击打开。

这样，Platform Builder 就会自动把 BSP 导入到 Platform Builder 中，如图 4.33 所示。

再次打开 New Platform Wizard，在选择 BSP 的步骤中，就可看到刚才安装的 BSP 已经可以使用了，如图 4.34 所示。

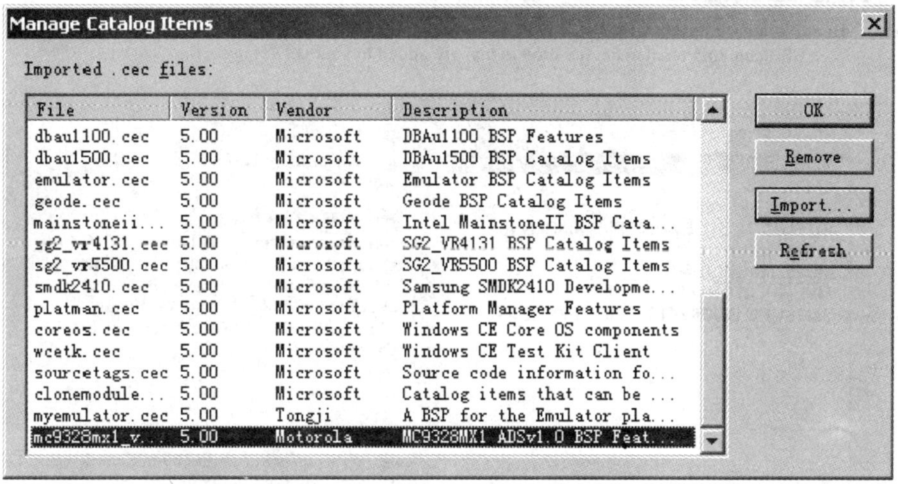

图 4.32 Manage Catalog Items 对话框

图 4.33 Import Catalog Item 对话框

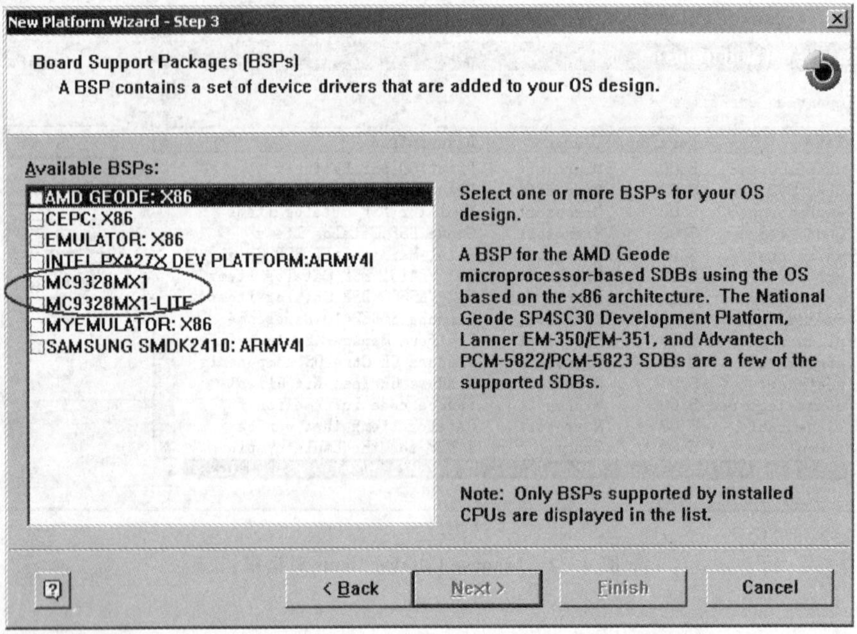

图 4.34 新安装的 BSP 已经可用

4.3.2 定制操作系统

第 2 步是根据具体的应用需要，选择合适的 OS 组件，并且构建运行时映像。

可从微软提供的几种设计模板开始，进行进一步的自定义。也可从头开始，自己选择所有的组件。

提示：HLBASE 和 IABASE

在 Windows CE 5.0 以前的版本中，OS 被分为两大配置：HLBASE 和 IABASE。HL 是 Headless 的意思，HLBASE 即没有图形界面的 Windows CE；IABASE 就是有图形界面的 Windows CE。不同的配置有不同的可选组件。在 Windows CE 5.0 中，HLBASE 和 IABASE 被统一了，称做 CEBASE。但是我们依然可创建没有图形界面的 Windows CE。

此步骤结束后可在最终的发布目录中得到代表 OS 运行时映像的 bin 或 nb0 文件。可能得到的结果可参考表 4.4。

常见的 Windows CE 运行时映像有以 bin 和 nb0 为扩展名的两种格式。

bin 文件是默认的 Windows CE 运行时映像格式。它按照 Section 组织文件的内容，每个 Section 都有自己的起始地址、长度和校验和。bin 文件不能直接被执行，必须按照一定的格式解开到内存里才能执行。

表 4.4 构建结束后可能得到的文件

文件名称	描 述
Nk. bin	必需。按照 section 组织的二进制操作系统映像
Nk. nb0	可选。可直接烧到 Flash 中,支持 XIP 的操作系统映像
Eboot. bin	可选。按照 section 组织的二进制以太网 BootLoader 映像
Eboot. nb0	可选。可直接烧到 Flash 中,支持 XIP 的以太网 BootLoader 映像

nbx(有可能是 nb0,nb1……根据配置而定)文件是可被烧进 Flash ROM 中的按位分(Byte-For-Byte)的原始数据,可直接从 Flash ROM 中本地执行。

一般来说,如果某硬件平台具有可本地执行的 Flash ROM,则在开发时通常会使用 EBoot 下载 NK. bin 文件调试,而在最终产品发布的时候,会把 NK. nb0 文件烧写到 Flash ROM 中发布。

提示:本地执行

本地执行(eXecute In Place,XIP)是关于 ROM/FLASH 代码启动的一个新技术。传统中,存在一个规则,即代码必须从 RAM 空间启动执行,原因是多方面的:CPU 取指令的过程是基于线性地址的,而磁盘等非 RAM 类的存储介质的访问是非线性寻址的(如通过设备/柱面/扇区等参数)、以块为访问单位的(CPU 寻址是字节单位的),且 ROM 类介质还面临不可写的问题。而 XIP 则允许程序代码不进入 RAM,直接在 ROM 中执行。

操作系统和应用程序必须从 RAM 启动执行的规则,对嵌入式系统的最大影响是需要较大的 RAM 空间开销。如果 XIP 执行方式可行,则将有效地节省 RAM 的开销,并加快系统的启动时间(即拷贝到 RAM 的时间开销)。

优点:本地执行时,代码段不必先加载到物理内存中,Windows CE 只分配虚拟地址空间给代码段,并把它映射到 Flash ROM 上。这就大大节省了物理内存。

缺点:XIP 只支持允许线性访问的 Flash ROM(常见的 NOR Flash 是线性访问的,而 NAND Flash 是块访问的)。XIP 加载方式的缺点就是执行速度相对较慢,CPU 访问 ROM 的速度远慢于访问 RAM 的速度。因此 XIP 不太适合实时性要求较高的场合。

4.3.3 下载到开发板上运行调试

第 3 个步骤是把运行时映像下载到开发板上进行运行调试。通常来说,须做如下工作:

- 得到并安装 BootLoader;
- 配置网络连接;
- 配置调试串口(可选);

- 配置 Platform Builder 连接设置；
- 下载运行映像。

4.3.3.1 得到并安装 BootLoader

BootLoader 的作用是把 Windows CE 的运行时映像从开发机下载到目标机。因此 BootLoader 必须在 OS 被下载前就先安装在目标机上，并且与 Platform Builder 交互。

原则上来说，BootLoader 可通过任何可用的物理连接下载运行时映像，例如并口、串口、USB 及网线等。目前最为常见的 BootLoader 一般都通过以太网下载运行时映像，称为 Etherent BootLoader，简称 EBoot。本部分内容也是以 EBoot 为例，介绍下载的通用流程。

BootLoader 是 BSP 的一个部分。通常，在构建操作系统时，也会得到 BootLoader 的可执行映像。只需把 BootLoader 的映像用硬件厂商提供的 Flash 烧写工具烧写到开发板的 Flash 中让它开机执行即可。

4.3.3.2 配置网络连接

要通过以太网下载 Windows CE 运行时映像，还要配置以太网网络连接。可通过两种方式连接开发机与目标机。

① 可通过 HUB 连接，如图 4.35 所示。把开发机与目标机都连接到 HUB 上。如果这样配置网络，通常同一网段内还会有一个 DHCP 服务器。这样，目标板就可以通过 DHCP 服务获得 IP 地址，进行下载。

② 通过以太网交叉网线把目标板与开发机连接，如图 4.36 所示。不过此时目标板的 IP 地址需要自己指定(通常是在 EBoot 中的选项)。

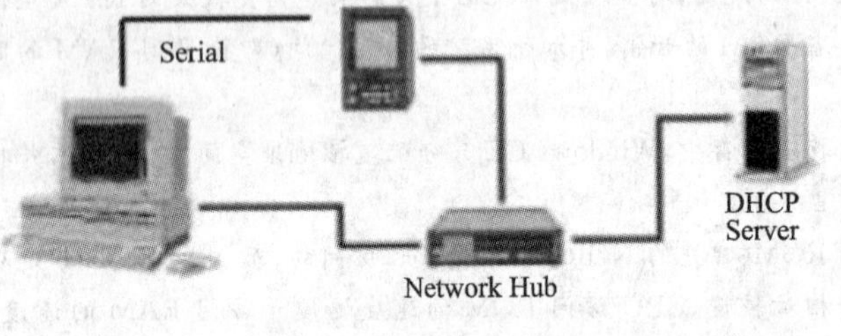

图 4.35 通过 HUB，使用 DHCP 与目标机连接

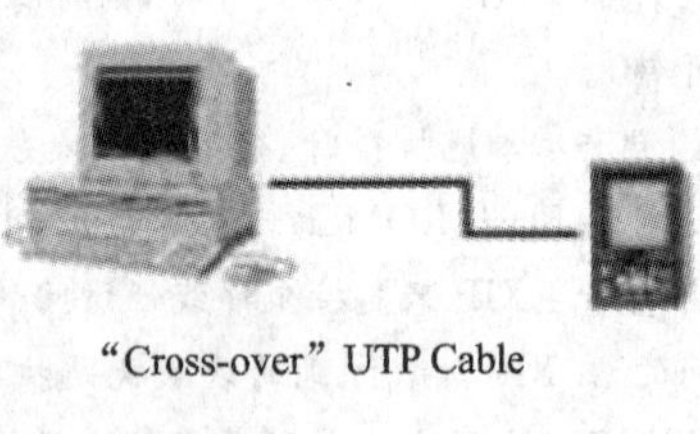

图 4.36 通过交叉以太网线直接对连

4.3.3.3 配置调试串口(可选)

在 EBoot 下载的过程中，通常需要开发机上的终端程序通过串口连接目标板，对 EBoot 进行控制，同时输出调试信息。Windows 上自带了终端工具“超级终端”。超级终端可用串口连接开发机与目标板，并且通过超级终端对 EBoot 发送控制命令，如图 4.37 所示。

通常，可在超级终端中设置开发板的 IP 地址及是否使用 DHCP 等选项，根据 EBoot 提供的不同功能而不同，当选择下载后，EBoot 开始向网段内发送广播。

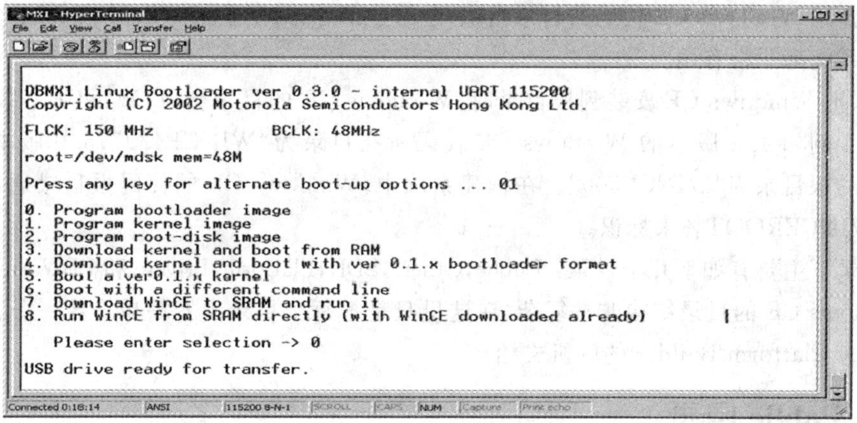

图 4.37 超级终端

提示：CeTerm

Platform Builder 里面自带了一个终端工具，随 Platform Builder 而安装，叫做 CeTerm，它位于目录%_PUBLICROOT%\COMMON\OAK\BIN\I386 下。与超级终端相比，这是一个比较“轻量级”的终端工具，但是方便易用。

4.3.3.4 配置 Platform Builder 连接设置

此步骤要在 Platform Builder 中配置以太网连接，以确定目标板。具体步骤请参考 4.1.4 小节。

4.3.3.5 下载运行映像

此步骤主要是通过以太网下载映像，具体步骤请参考 4.1.4 小节。

如果 Windows CE 映像不能正常运行，那么有可能还须进行一些调试工作。

4.3.4 发布操作系统

此步骤主要工作是把 Flash 版的 Windows CE 映像烧写到开发板的 Flash ROM 中。这样，Windows CE 开机就可运行了。

烧写 Flash 需要硬件厂商提供的工具，通常可通过 JTAG 端口或串口对 Flash 进行烧写操作。

4.4 Windows CE 的目录组织

安装完 Platform Builder 后，Platform Builder 和 Windows CE 本身都被安装到本机上。

本部分将介绍 Windows CE 代码的目录组织，学习这部分，对于了解 Windows CE 以及进一步学习构件系统都非常有用。

通常，把 Windows CE 安装到根目录时，Windows CE 的目录会以“WINCE＋版本号”的方式命名。例如 4.2 版本的 Windows CE 代码所在目录为“WINCE420”；5.0 版本的 Windows CE 的根目录为“WINCE500”。在构建系统中，Windows CE 的代码根目录通常用环境变量%_WINCEROOT%来标识。

根目录下主要有如下几个目录：Public，Others，SDK，Platform，Private 和 PBWorkspaces。

Windows CE 的目录结构非常复杂，在这里只是把每个目录内容简单介绍一下。详细的资料可参考 Platform Builder 的联机文档。

4.4.1 Public 目录

Public 目录下的内容极其复杂，如表 4.5 所列，它涵盖了构建工具、代码及库等很多信息。在构建系统中，_PUBLICROOT 环境变量用来标志 Public 目录。

表 4.5 Public 目录的内容

目　录	内　容
CEBASE	微软提供的一些设计模板、头文件及批处理文件，用来构建内核映像时使用
Common	微软提供的与平台无关的通用模块，包括驱动程序、构建用的批处理与一些组件。
DATASYNC	在桌面 Windows 和 Windows CE 之间同步用的组件
DCOM	DCOM 的组件
DIRECTX	DirectX 相关的组件
GDIEX	图像处理相关的组件，例如 GIF 及 JPG 等
IE	IE 浏览器相关的组件，有部分源代码
NETCF	.NET Compact Framework 相关的组件
RDP	远程桌面连接 RDP 相关的组件
SCRIPT	Jscript 和 VBScript 脚本引擎相关的组件
SERVERS	网络相关的服务
SHELL	Windows CE 的 Shell 组件
SHELLSDK	支持 Pocket PC 界面 AygShell 的库
SPEECH	语音识别和朗读的 SAPI 组件
SQLCE	SQL Server CE 2.0 的二进制文件
VIEWERS	微软的文件浏览器组件，包括 PDF，Word 及 Excel 等的二进制文件，没有源代码
VOIP	基于 SIP 标准的 VOIP 模块
WCEAPPSFE	Windows CE 的应用程序模块，包括 WordPad 及收件箱等
WCESHELLFE	Windows CE 的 Shell 应用模块，包括 Dr Watson 及任务管理器等

Public目录下的Common目录中还有非常多的内容。大致包含一些与平台无关的代码和工具,Common目录下有几个子目录值得关注。

1. %_PUBLICROOT%\Common\OAK\Catalog目录

此目录存放与Platform Builder CEC相关的内容。Platform Builder中的CEC文件基本都存放在该目录下。

2. %_PUBLICROOT%\Common\OAK\Drivers目录

此目录是所有微软提供的外设驱动程序代码。代码是按照外设的种类存放的。在编写驱动程序的时候,此目录的代码非常有参考价值。

3. %_PUBLICROOT%\Common\OAK\MISC目录

此目录存放在构建时用到的一系列批处理文件和其他工具。

4. %_PUBLICROOT%\Common\OAK\CSP目录

此目录是CPU Support Package的存放目录,与某个CPU相关的通用代码都存放在该目录下。

4.4.2 Private目录

Private目录存放Windows CE操作系统私有的源代码,Windows CE的核心模块代码都放在此目录下。在构建系统中,Private目录由环境变量_PRIVATEROOT标识。但是这个目录中的代码没有完全开放,因此仅仅列出了以下一少部分。

```
├─SERVERS            Windows CE服务的源代码
│  ├─ASP                 Active Server Page引擎的实现
│  ├─HTTP                HTTP Web服务器的实现
│  ├─INC                 头文件
│  ├─MSMQ                MSMQ的实现
│  ├─SERVICES            服务进程Services.exe的代码
│  ├─SMBPRINT            SMB打印共享
│  ├─SOAP2               SOAP tookit的实现
│  ├─UPNP                UPnP的实现
│  └─WEBPROXY            Web代理服务的实现
├─SHELL          Windows CE Shell组件
├─TEST           一些Windows CE的测试代码
├─WCESHELLFE     空目录...
└─WINCEOS        Windows CE操作系统的部分代码
   ├─COMM                通信协议模块的实现
   │  ├─BLUETOOTH            蓝牙
   │  ├─DHCP                 DHCP协议
   │  ├─DHCPV6LITE           IP V6版的DHCP
```

```
|    ├─INC            头文件
|    ├─IR             红外协议
|    ├─NDISMODS       NDIS 模块
|    ├─PM             协议管理器 Auxiliary Function Driver 的实现
|    ├─PPP2           PPP 协议
|    ├─TAPI           TAPI 协议
|    ├─TCPIPW         TCP/IP 协议的实现
|    └─WS2            WinSock 2
├─COREOS            操作系统核心模块
|    ├─CEPTR          CE 下的指针操作
|    ├─CORE           包括内存管理在内的操作系统功能
|    ├─DEVICE         设备管理模块
|    ├─FSD            文件系统驱动
|    ├─GWE            图形界面
|    ├─INC            头文件
|    ├─NK             NK.exe 的部分源代码
|    ├─SHELL          调试代理 Shell.exe 的代码
|    └─STORAGE        存储支持
├─UTILS             一些工具
└─INC               头文件
```

4.4.3 Platform 目录

Platform 目录中存放的是所有的 BSP，在构建系统中用环境变量%_PLATFORMROOT%标识。Platform 中的每一个子目录代表一个 BSP。一般来说 BSP 的名字与开发板的名字一致。

在 Windows CE 5.0 中引入了 Production Quality Board Support Package(PQBSP)的概念，对 BSP 的目录排列和命名都有严格的限制，在第 6 章会详细介绍 PQBSP 的目录要求。

具体每个目录的描述信息如下。

```
├─CEPC           在 PC 机上运行 Windows CE 所需的 BSP
├─GEODE          x86 结构的 AMD GEODE CPU 开发板的 BSP
├─MAINSTONEII    Intel MainstoneII 硬件平台开发板的 BSP
├─SMDK2410       三星 2410 ARM 结构 CPU 的开发板的 BSP
├─COMMON         多个 BSP 用到的公用代码
├─EMULATOR       运行 Windows CE 模拟器所需的 BSP
└─MC9328MX1      Motorola 开发板的 BSP(自行安装)
```

4.4.4 Others 目录

Others 目录包含 Windows CE 中一些模块的二进制库文件和代码。如果在 OS Design 中选择某些组件,那么这些二进制代码就会被包含到最终的操作系统映像中。

具体每个目录的描述信息如下。

```
├─WCETK              Windows CE Test Kit 的客户端(运行在 CE 上)程序
├─VISUALSTUDIO       Visual Studio 中用到的工具,例如:智能设备身份验证实用工具
├─ATL                ATL 的头文件,库文件和源代码
├─MFC                MFC 的头文件,库文件和源代码
├─PLATMAN            Platform Manager 的客户端(运行在 CE 上)程序
├─SAMPLES            MFC 和 ATL 的示例代码
├─SQLCE20            Windows CE 上支持 SQLCE 的库文件
└─EDB                Windows CE 上支持 EDB 的库文件
```

4.4.5 SDK 目录

SDK 目录存放的是构建系统用到的编译器与其他一些辅助工具,在构建系统用_SDK-ROOT 环境变量标识 SDK 目录。在 SDK\BIN\I386 下存放构建系统可能用到的工具。而 4 个子目录 ARM,MIPS,SH 和 X86 分别是针对 Windows CE 所支持的 4 个平台的 C/C++语言与汇编语言的编译器。

4.4.6 PBWorkspaces 目录

PBWorkspaces 目录是 Platform Builder 工具默认的项目目录。每一个用户创建的 OS Design 项目都是该目录下的一个子文件夹。

4.5 Windows CE 的构建系统

4.5.1 构建系统概览

Windows CE 构建系统(Build System)负责根据用户选择特性,为目标设备构建 Windows CE 运行时映像。

生成运行时映像有两种可选方式:使用 Platform Builder 集成开发环境构建或者使用命令行工具构建。在 Windows CE 5.0 中,使用 Platform Builder 集成开发环境构建运行时映像的机制与使用命令行是完全一致的。Platform Builder 集成开发环境仅仅是命令行构建系统的一个简单封装。所有工作最终都是通过命令行构建系统完成的。

本部分就以命令行为例，介绍 Windows CE 构建系统的详细信息。

提示：编译、链接和构建

在本书中，经常会提到3个词：编译、链接和构建，因此有必要把这3个词的含义澄清一下。

编译的英文是Compile，指的是把源代码文件通过编译器转化为目标文件的过程。编译过程的输入文件是C/CPP/H等文本文件、输出是OBJ目标文件。

链接的英文是Link，指的是把多个OBJ目标文件及LIB库文件链接成一个可执行文件的过程。链接过程的输入是OBJ/LIB等库文件，输出是EXE/DLL等可执行文件。

构建的英文是Build，指的是生成整个操作系统的过程。构建涵盖了对源代码的编译、对库文件的链接，还有可能包含映像文件打包等其他附加操作。在3个概念中，构建的范围最大。

Windows CE 的构建过程涉及各种各样的工具，这些工具包括一些可执行文件和批处理文件，它们之间通过环境变量交互。可通过把某个环境变量设为某个值来在不同的工具之间传递信息。可在命令行中输入 set 命令查看当前所有的环境变量列表，如图 4.38 所示。

图 4.38　环境变量列表

环境变量在 Windows CE 的构建系统中起了至关重要的作用，环境变量主要有3类用途。

1. 指定重要的目录

环境变量的值表示一个重要的目录，在构建的时候可能需要多次使用该目录。例如：

```
_WINCEROOT = E:\WINCE500
_FLATRELEASEDIR = E:\WINCE500\PBWorkspaces\voip\RelDir\MyEmulator_x86_Release
_SDKROOT = E:\WINCE500\sdk
_MAKEENVROOT = E:\WINCE500\public\common\oak\misc
```

2. 指定 OS 包含的组件

用户在 Platform Builder 中选择了某个组件，并且选择"Add to OS Design"时，命令行就把此组件相对应的环境变量设为1，每个组件相对的环境变量可在组件的 Property 框中查看。例如：

```
SYSGEN_MININPUT = 1
SYSGEN_SHELL = 1
SYSGEN_STDIOA = 1
SYSGEN_TIMESVC_API = 1
SYSGEN_TIMESVC_DST = 1
SYSGEN_TIMESVC_SNTP = 1
```


3. 构建时的配置信息

记录一些配置信息，例如 Platform Setting 对话框中的配置选项还有一些与编译器相关的选项，都会记录在环境变量里。例如：

```
IMGEBOOT = 1
IMGNODEBUGGER = 1
IMGNOLOC = 0
IMGSTRICTLOC = 0
WINCEDEBUG = retail
```

大致而言，Windows CE 的构建分为 4 个步骤，按顺序命名为 Sysgen，Build，Release Copy 和 Make Image。它们的主要工作如图 4.39 所示。

Sysgen 过程根据用户选择的组件集合生成特定平台的头文件以及二进制文件；Build 过程对一些源代码文件进行编译链接；Release Copy 过程把前两步得到的可执行文件复制到环境变量_FLATRELEASEDIR 指定的目录中；最后一步 Make Image 过程把在该目录中的所有文件打包生成 NK.bin 运行时映像文件。在本书后面的章节中，将对构建过程中的每一个步骤详细说明。

提示：编译微软共享的源代码

在安装 Platform Builder 时，用户可选择是否要同时安装微软共享的源代码；如果安装了共享的源代码，则构建时可选择是否要编译这些共享的源代码；如果选择了编译微软共享的源代码，则在第1步 Sysgen 前先编译这些源代码，此过程的主要工作与 Build BSP 的过程类似。编译微软共享的源代码会花费大量的时间，在通常的构建过程中都会把这一步跳过。

在 Platform Builder IDE 中，可选择**Build OS**菜单下的**Build and Sysgen**来编译这些共享的源代码。在命令行环境中，运行 blddemo. bat 工具时，默认会编译这些代码，除非在使用 blddemo. bat 工具时加上命令行参数-q。

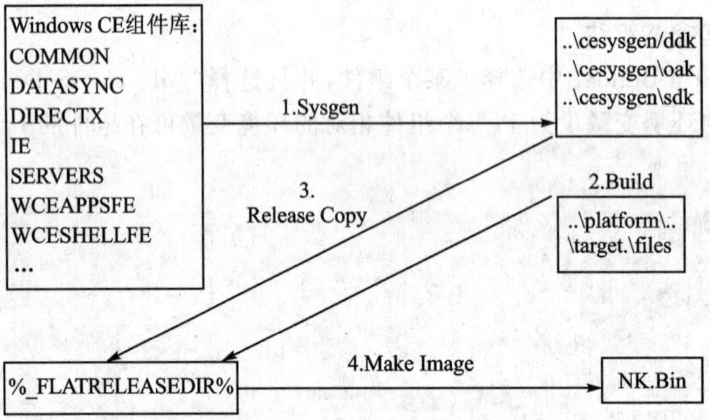

图 4.39 Windows CE 构建系统概览

因为整个构件系统的核心都是基于命令行的，因此有必要介绍一下在 Windows CE 下如何创建命令行构建环境。

4.5.2 创建命令行构建环境

创建命令行构建环境的主要工作就是设置一些环境变量，然后使用微软提供的一系列命令行工具构建操作系统，大致需要如下工作。

- 创建 Workspace；
- 配置组件和设置；
- 构建运行时映像。

4.5.2.1 创建 Workspace

Windows CE 提供 Wince. bat 批处理文件来创建命令行构建环境。它会设置一些新的环境变量，这些环境变量会指向 Windows CE 源代码树的某些目录，并且在以后的步骤中被构建系统使用。Wince. bat 存放在目录%_WINCEROOT%\PUBLIC\common\oak\misc\下。它接受 3 个参数，语法如下：

```
Wince.bat {_TGTCPU} {_TGTPROJ} {_TGTPLAT}
```

- _TGTCPU 表示目标 CPU 的种类，例如 ARMV4I，MIPS16，MIPSII，MIPSII_FP，

MIPSIV,MIPSIV_FP,SH4 及 X86 等；

- _TGTPROJ 表示要构建的项目存放的目录；
- _TGTPLAT 是要使用的 BSP 名称，例如 SMDK2410、CEPC 等。

在调用 Wince.bat 前，必须手动设置_WINCEROOT 环境变量；否则 Wince.bat 会执行失败。

下面代码演示了如何使用 Wince.bat 创建 Workspace。把下面的代码输入到文本文件中，保存为 BAT 文件，然后打开 Windows 2000/XP 的命令行 Cmd.exe，再在 Cmd 中运行该 BAT，就可得到 Workspace。

```
set _WINCEROOT = D:\WINCE500
set _FLATRELEASEDIR = D:\WINCE500\PBWorkspaces\MyOSDesign\rel
set _PROJECTROOT = %_WINCEROOT%\PBWorkspaces\MyOSDesign\WINCE500\projroot

call %_WINCEROOT%\PUBLIC\common\oak\misc\wince.bat x86 MyOSDesign emulator
```


无须理解 Wince.bat 到底是如何工作的。执行上述批处理文件后，Wince.bat 会设置若干环境变量，主要可分为如下几类：

1. BSP 提供的环境变量

Wince.bat 调用选择的 BSP 所提供的批处理文件来设置一些环境变量，在例子中，Wince.bat 调用%_WINCEROOT%\PLATFORM\EMULATOR 下的 Emulator.bat 文件，设置如下环境变量。

```
BSP_EMULDRIVEMAP = 1
BSP_NO1394 = 1
BSP_NOCOMCARD = 1
BSP_NOFIR = 1
BSP_NOIDE = 1
BSP_NOPCCARD = 1
BSP_NOPCIBUS = 1
BSP_NOPCMCIA = 1
BSP_NORNDIS = 1
BSP_NOSIR = 1
BSP_NOTOUCH = 1
BSP_NOUSB = 1
BSP_NOUSBSER = 1
```

2. 一些重要的路径信息

Wince.bat 根据传入 Wince.bat 的参数和当前的环境变量配置设置一些重要路径，在构建时，构建系统会引用到这些路径，主要有：

```
PREFAST_ROOT = E:\WINCE500\public\common\oak\bin\i386\prefast\
_FLATRELEASEDIR = E:\WINCE500\PBWorkspaces\MyOSDesign\rel
_MAKEENVROOT = E:\WINCE500\public\common\oak\misc
_PLATFORMDRIVE = E:
_PLATFORMROOT = E:\WINCE500\platform
_PRIVATEDRIVE = E:
_PRIVATEROOT = E:\WINCE500\private
_PROJECTDDKROOT = E:\WINCE500\PBWorkspaces\MyOSDesign\WINCE500\projroot\ddk
_PROJECTOAKROOT = E:\WINCE500\PBWorkspaces\MyOSDesign\WINCE500\projroot\oak
_PROJECTROOT = E:\WINCE500\PBWorkspaces\MyOSDesign\WINCE500\projroot
_PROJECTSDKROOT = E:\WINCE500\PBWorkspaces\MyOSDesign\WINCE500\projroot\sdk
_PROJPUBLICROOT = E:\WINCE500\PBWORKSPACES\MyOSDesign\WINCE500\PUBLIC
_PUBLICDRIVE = E:
_PUBLICROOT = E:\WINCE500\public
_SDKDRIVE = E:
_SDKROOT = E:\WINCE500\sdk
_TARGETPLATROOT = E:\WINCE500\platform\emulator
_WINCEDRIVE = E:
_WINCEROOT = E:\WINCE500
```

其中，比较重要的路径解释如表 4.6 所列。

表 4.6 Wince.bat 设置的路径环境变量

环境变量	描 述
_FLATRELEASEDIR	指定构件过程中最终打包文件的存放路径，在 Release Copy 过程把所有要打包的文件复制到该目录
_MAKEENVROOT	存放 Makeflie.def 和各种 Sources 的文件夹，通常指向%_PUBLICROOT%\common\oak\misc
_PROJECTROOT	存放当前项目 Sysgen 产生的文件。默认值是%_PUBLICROOT%\%_TGTPROJ%，可在调用 Wince.bat 前提前设置

3. 其他环境变量

其他一些环境变量在构建中起辅助作用，主要如下所示。

```
BUILD_DEFAULT = -nmake -i -nmake -c
COPYCMD = /y
_HOSTCPUTYPE = i386
IMGNOTALLKMODE = 1
LOCALE = 0409
```

```
_CURSLMTREE = MyOSDesign
_DEPTREES = winceos dcom gdiex ie script servers shellsdk shell rdp wceshellfe wceappsfe viewers
directx voip datasync netcf SQLCE ostest speech MyOSDesign
_WINCEOSVER = 500
_WINCECALLED = 1
_TGTCPU = x86
_TGTCPUFAMILY = x86
_TGTOS = CE
_TGTPLAT = emulator
_TGTPROJ = MyOSDesign
___BUILDLOGFILE = Build_19046.log
___BUILDLOGGEROUT = E:\WINCE500\BuildLogs\Build_19046.log
___BUILDLOGPATH = E:\WINCE500\BuildLogs
```

其中_DEPTREES环境变量指明了要构建的所有树。在后面的构建过程中就会按照该环境变量包含的值依次构建每一个目录。通常,_DEPTREES包含Public目录下的所有子目录和当前项目的目录。

此外,还需在%_PROJECTOAKROOT%\misc下创建一个Cesysgen.bat文件,在构件过程中构建系统会调用此bat文件,如果不创建该文件,那么构建将失败。通常,只需在Cesysgen.bat中输入如下内容即可。

```
@echo off
call %_PUBLICROOT%\cebase\oak\misc\cesysgen.bat %*
goto :EOF
```

还可在目录%_PROJECTOAKROOT%\misc下创建Project.bib,Project.dat,Project.db与Project.reg 4个文件。把与本项目相关的注册表及数据库等信息放在这些文件中。

比较简单的方法,可把目录%_PUBLICROOT%\CEBASE里面的内容直接复制到_PROJECTROOT下。这也就是此目录叫做CEBASE的原因,CEBASE目录为所有的项目提供目录和文件模板。

提示

在5Windows CE 5.0以前的版本中,Public目录下存在HLBASE和IABASE两个目录。HLBASE为没有图形界面的Windows CE项目提供模板;IABASE为有图形界面的Windows CE项目提供模板。在Windows CE 5.0中,这两个目录被合并了,统称为CEBASE。

4.5.2.2 配置OS组件和设置

下一步是配置在最终的OS映像中包含的模块以及进行一些其他设置,这两项工作都可通过设置特定的环境变量完成。

标识 OS 组件的环境变量通常以 SYSGEN 开头，例如 SYSGEN_DOTNET 表示.NET Compact Framework；SYSGEN_VIEWER_XLS 表示 Excel View 应用程序。可在 Platform Builder 的 Catalog Item Properties 中查看每个组件的环境变量，如图 4.40 所示。也可参考 Platform Builder 帮助文档中的 Windows CE Features 一节。

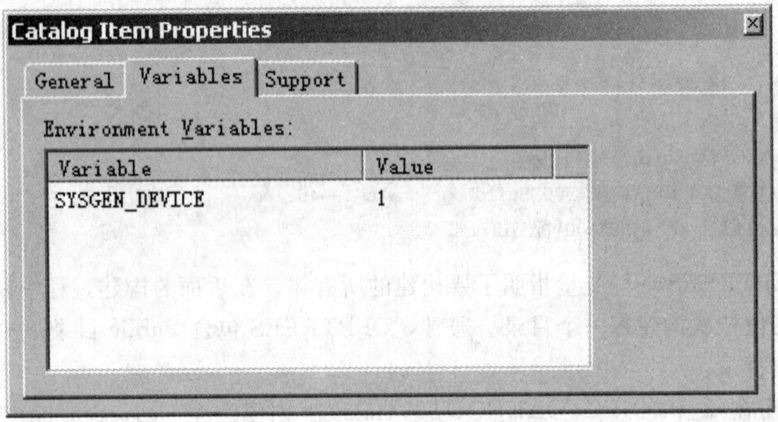

图 4.40　Platform Builder UI 中的组件环境变量

要选择某个组件，只需在命令行中使用 set 命令把其相应的环境变量设置为 1 即可。下面的代码把电池驱动程序加进 OS Design 中。

```
set SYSGEN_BATTERY = 1
```

依然无须关心组建之间的依赖关系，在构建时，构建系统会解决组件的依赖关系。

就像使用 Platform Builder 一样，也可从某个 OS Design 的设计模板开始。这些设计模板都是批处理文件，放在目录%_PUBLICROOT%\CEBASE 下，以设计模板的名称命名，例如：Gateway.bat，Enterprise_web_pad.bat 及 Set_top_box.bat 等。这些批处理文件包含某个设计模板中的所有组件的环境变量。下面是 Mobile_handheld.bat 文件的节选。

```
call clearsysgenvars.bat

set SYSGEN_SHELL = 1
set SYSGEN_AS_BASE = 1
set SYSGEN_AS_FILE = 1
set SYSGEN_AUDIO = 1
set SYSGEN_AUTH = 1
set SYSGEN_AUTH_NTLM = 1
set SYSGEN_AUTH_SCHANNEL = 1
```

```
set SYSGEN_AUTORAS = 1
set SYSGEN_AYGSHELL = 1
:
```

要使用这些设计模板，只需在命令行调用这些批处理文件，就可选择相应的设计模板组件。

对于一些构建选项设置，也同样可通过设置环境变量的方式实现。例如 IMGNOKITL 表示禁止 KITL 调试；IMGFLASH 表示生成 Flash 版的运行时映像。设置这些环境变量，与在 Platform Builder 的**Platform|Setting** 对话框中选择相应的设置的效果是一样的。

4.5.2.3 构建运行时映像

当所有环境变量都设置好后就万事俱备，只欠构建了。可通过一个叫做 BldDemo. bat 的批处理文件执行构建操作。BldDemo. bat 通常存放在目录%_PUBLICROOT%\common\oak\misc 下。

BldDemo 的语法如下：

```
BldDemo [clean|noclean] [rel|norel] [makeimg|nomakeimg] [传给 Cebuild.bat 的参数]
```

其中 clean|noclean 指示是否在构建前先清除目录%_PROJECTROOT%\cesysgen 和%_PLATFORMROOT%\cesysgen 中的内容。一般来说，如果更改了运行时映像中选择的组件设置(也就是更改了 BSP_ * 和 SYSGEN_ * 的环境变量设置)，则须使用 clean 选项。

rel|norel 表明是否进行构建过程第 3 步 Release Copy。如果选择了 norel，则构建在 Sysgen 和 Build 后停止。

makeimg|nomakeimg 表明是否进行构建过程第 4 步 Make Image。如果选择了 nomakeimg，则构建在 Release Copy 后停止。

最后是传给 Cebuild. bat 的参数。

BldDemo 常见的用法有如下几个。

```
blddemo clean        // 首先清空 cesysgen 目录，然后构建系统
blddemo  - q         // 快速构建，不调用 build.exe 编译微软开放的源代码
blddemo clean  - q   // 首先清空 cesysgen 目录，然后执行快速构建
```

BldDemo. bat 调用一系列的其他工具来执行整个构建过程，这些工具大多数都位于目录%_PUBLICROOT%\common\oak\misc 与目录%_PUBLICROOT%\COMMON\OAK\BIN\I386 下，它们的功能如表 4.7 所列。

BldDemo. bat 调用工具流程如图 4.41 所示。步骤如下：

① BldDemo. bat 设置一些内部使用的环境变量；

② BldDemo. bat 调用 CeBuild. bat 来执行 Sysgen 和 Build 过程；

表 4.7　BldDemo. bat 调用的工具

工具名称	描　述
CeBuild. bat	负责执行整个 Sysgen 和 Build 过程，包括编译源代码树和链接库文件
BuildRel. bat	负责执行 Release Copy 过程，把生成的文件复制到_FLATRELEASEDIR 目录
MakeImg. exe	负责把_FLATRELEASEDIR 目录下的文件按照 BIB 文件的指示打包成最终的 bin

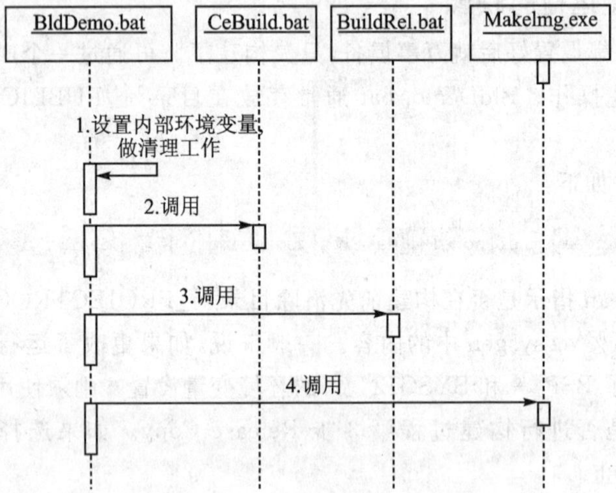

图 4.41　BldDemo. bat 调用工具流程图

③ BldDemo. bat 调用 BuildRel. bat 来执行 Release Copy 过程；

④ BldDemo. bat 调用 MakeImg. exe 来执行 Make Image 过程。

CeBuild. bat 负责 Sysgen 和 Build 过程。在整个构建过程中，CeBuild. bat 起着至关重要的作用，因此有必要把 CeBuild. bat 的工作过程作详细解释。

① CeBuild. bat 会清理以前的日志文件，并且对传入的参数进行处理。

② CeBuild. bat 根据环境变量_DEPTREES 的值，对于_DEPTREES 中的每一棵树，依次调用 CeBuildTree. bat 来构建每一个代码树。在 Windows CE 中，组件（包括代码和二进制）是以树的形式放置的，每棵树就是一个 Public 或 Private 目录下的子目录。可把树想象成是逻辑上构建系统的小单元。而 CeBldTree. bat 就是负责构建某一棵树的。

③ 如果选择了编译私有源代码，那么 CeBuildTree. bat 调用 CeBuild1. bat 来编译私有源代码。CeBuild1. bat 的工作原理在后面的部分讲解。

④ CeBuild. bat 调用 Sysgen. bat 去生成某个树。关于 Sysgen. bat 的工作原理将在 4. 5. 3

小节详细介绍。

⑤ CeBuild. bat 对选择的 BSP 调用 SysgenPlatform. bat 来进行 BSP 的 Sysgen。

⑥ CeBuild. bat 对 BSP 调用 CeBuild1. bat 来编译 BSP 目录的源代码。

图 4.42 为 CeBuild. bat 流程的顺序图。

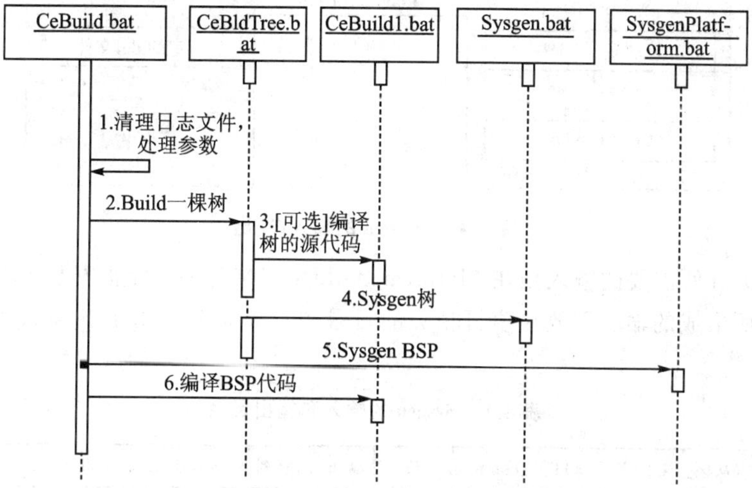

图 4.42 CeBuild. bat 流程的顺序图

通常，当 BldDemo. bat 成功退出后，整个 Windows CE 的构建过程也就结束了，可在 _FLATRELEASEDIR 目录下找到生成的二进制文件。至此，我们已经了解了如何在命令行环境下搭建 Windows CE 的构建环境并且对系统进行构建。下面将对每个过程进行更详细的介绍。

4.5.3 Sysgen 过程

Sysgen 是 System Generation 的简写。它的主要功能是根据用户设置的一些组件环境变量，生成相应的头文件及可执行文件，供最终的 Windows CE 运行时映映打包时使用。

Sysgen 是一个最能体现 Windows CE 为一个模块化和可定制操作系统的步骤。对某一棵要 Sysgen 的树来说，Sysgen 的输入包括一系列从 Public 和 Private 目录下编译好的 Lib 文件(通常在安装 Platform Builder 时安装到机器上)、未经过筛选的头文件与主控文件 CeSysgen. bat(通常位于%_PROJECTROOT%\oak\misc\cesysgen. bat)；Sysgen 的输出包括经过筛选的头文件与用户选择组件包含的可执行文件 exe 和动态链接库文件 dll。其中 Sysgen 过程产生的头文件会被打包到导出的 SDK 中，而产生的可执行文件和动态链接库文件会被打包到 Windows CE 运行时映像中。在整个 Sysgen 的过程中，所有操作都是按照用户事先设置的环境变量进行的。因此，只有用户选择的组件最终被处理和输出，才能达到操作系统定制的目的。Sysgen 的输入/输出如图 4.43 所示。

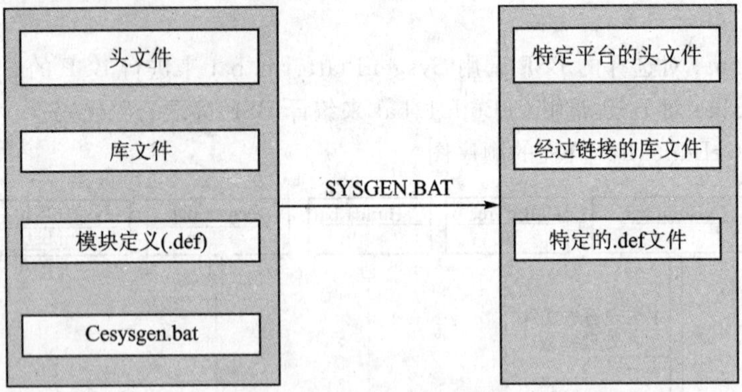

图 4.43 Sysgen 的输入/输出

通常,Sysgen 所需要的输入项在 Platform Builder 安装时都已经被安装到本地了,而经过 Sysgen 之后,所生成的输出则放在项目相关的目录中。表 4.8 列出了 Sysgen 的输入和输出目录。

表 4.8 Sysgen 的输入和输出目录

输入文件(从%_PUBLICROOT%\common 目录)	输出文件(到%_PROJECTROOT%\cesysgen 目录)
sdk\inc*.*	sdk\inc
ddk\inc*.*	ddk\inc
oak\inc*.*	oak\inc
oak\files\common*.*	oak\files

Sysgen 过程主要是通过批处理文件 Sysgen.bat 完成的。Sysgen.bat 的工作顺序如图 4.44 所示。

Sysgen.bat 的工作顺序叙述如下:

① Sysgen.bat 处理传进来的命令行参数,包括-h,-b,-c 及-q 等。详细用途可参考 Windows CE 的联机帮助。

② Sysgen.bat 调用 Cesysgen.bat 文件。Cesysgen.bat 文件通常位于目录%_PROJECTROOT%\oak\misc\下。因此,对于每一个项目,都有独立的 Cesysgen.bat 文件,这有利于针对具体的项目进行定制。Cesysgen.bat 文件设置一些环境变量,在接下来的 Sysgen 过程中会用到这些环境变量。主要有如下 3 类:

- <tree>_MODULES　指定某棵树下包含的组件。这里<tree>是 s_DEPTREES 环境变量所包含的所有项。
- CE_MODULES　指定 COMMON 目录树下的所有组件。对于 COMMON 目录树,因为它是构成操作系统核心的模块,因此构建系统对于这棵树是单独对待的。

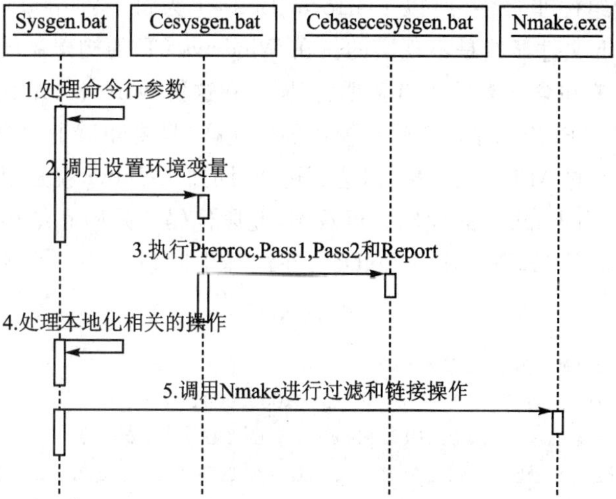

图 4.44　Sysgen. bat 的顺序图

● <module>_COMPONENTS　指定某个模块所需要的组件。这里的<module>是所有<tree>_MODULES 环境变量所列出的项。

整个设置环境变量的过程按照顺序分为 3 个步骤，分别称做 Preproc，Pass1 和 Pass2。其中 Preproc 一般用来初始化用到的<tree>_MODULES 和<module>_COMPONENTS 环境变量；Pass1 和 Pass2 用来解决组件之间的内部和外部依赖，并且设置相应的环境变量。

③ Cesyagen. bat 文件调用 Cebasecesysgen. bat 文件来处理上述的 3 个步骤，一般来说 Cebasecesysgen. bat 位于每棵树的根目录下。

④ Sysgen. bat 处理一些多语言和本地化相关的操作。

⑤ Sysgen. bat 调用 Nmake 来对所选的模块进行过滤和链接工作。Nmake 处理<tree>/cesysgen/目录下的 makefile。

过滤工作主要是通过 CeFilter. exe 完成的。在 Sysgen 过程中，Nmake. exe 调用 CeFilter. exe 来完成此项工作，CeFilter. exe 位于目录%_PUBLICROOT%\COMMON\OAK\BIN\I386 下。过滤主要是针对头文件. h 与上文介绍的 4 种平台配置文件（REG，DAT，DB 和 BIB）而言的。CeFilter 根据用户选择的环境变量，对这些文本文件进行处理，把用户没有选择的模块过滤掉，只保留有用的模块。

为了理解为什么须这么做，我们来考虑这样一个场景。如果我们构建了一个平台，并且为这个平台选择了内存映射文件（Memory-Mapped File）组件但是没有选择纤程（Fiber）组件，那么在生成的 SDK 中，我们希望看到的是所有与内存映射文件相关的 API 声明都被包含在 windows. h 中，而所有与纤程相关的 API 都没有在 windows. h 中声明。这样，当用户使用纤程相关的 API 时，就会导致编译失败。但保证了所有在该平台上运行的程序都不会调用到纤程函数。由于可选的组件非常多，所以 Platform Builder 为每一种用户可选组件的排列组合都保留一份 windows.h 文件显然是不现实的。在 Windows CE 的构建系统中，现有的作法是只保留一份 windows.h，它包含所有的 API 声明，但同时在这份 windows.h 中还加入一些标记性的注释语句，来标记哪些 API 声明是属于哪个模块的。这样，只要知道了用户的选择，就可把用户没有选择的组件所暴露的 API 声明去掉，以达到过滤目的。CeFilter 就是用来完成此项任务的。

下面是一段取自 shellapi.h 的代码。可看到，此段代码的开始和结尾有两行注释，分别包含@CESYSGEN IF 和@CESYSGEN ENDIF，在注释中间包含了一个宏定义和 3 个 API 函数的声明。

```
// @CESYSGEN IF COREDLL_SHORTCUT
#define SHORTCUT_OVERWRITE                    0x00000001
DWORD WINAPI SHCreateShortcut(LPTSTR szShortcut, LPTSTR szTarget);
DWORD WINAPI SHCreateShortcutEx(LPTSTR lpszDir, LPTSTR lpszTarget, LPTSTR szShortcut, LPDWORD
lpcbShortcut);
BOOL WINAPI SHGetShortcutTarget(LPCTSTR szShortcut, LPTSTR szTarget, int cb);
// @CESYSGEN ENDIF
```


这样，当 CeFilter 工具过滤 shellapi.h 的时候，会在头文件中的注释里寻找@CESYSGEN 标记，然后根据标记的内容和用户的选择，决定此段头文件内容是否该被保留。

图 4.45 为 CeFilter.exe 流程的活动图。

对 REG，DAT，DB 和 BIB 文件的处理过程是一样的。下面一段代码取自目录%_PUBLICROOT%\COMMON\OAK\FILES\下的 common.bib 文件。

```
; @CESYSGEN IF CE_MODULES_PLATMAN
   cemgrc.exe       $(_FLATRELEASEDIR)\cemgrc.exe        NK
   cetlkitl.dll     $(_FLATRELEASEDIR)\cetlkitl.dll      NK
   cetlstub.dll     $(_FLATRELEASEDIR)\cetlstub.dll      NK
   tcpipc.dll       $(_FLATRELEASEDIR)\tcpipc.dll        NK
   tlcesrv.dll      $(_FLATRELEASEDIR)\tlcesrv.dll       NK
; @CESYSGEN ENDIF
```

此段代码表示如果用户选择了 Platform Manager 组件，则把 Cemgrc.exe，Cetlkitl.dll，Cetlstub.dll，Tcpipc.dll 和 Tlcesrv.dll 加到 NK 中去。

Nmake.exe 的另外一个任务是根据环境变量的设置，把微软提供的 *.lib 库文件链接成可执行文件 exe 和动态链接库文件 dll，如图 4.46 所示。

有一点须强调的是，此过程并不对源代码进行编译，而只是对一些已经编译好的 Lib 文件进行链接。编译源代码的工作是由微软完成的，这样一方面可保护微软的私有源代码；另外一方面可解决二进制文件之间的依赖关系。

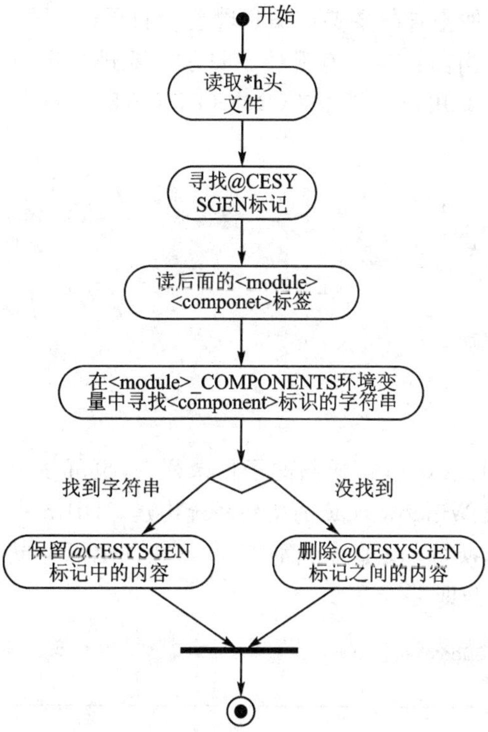

图 4.45 CeFilter.exe 流程的活动图

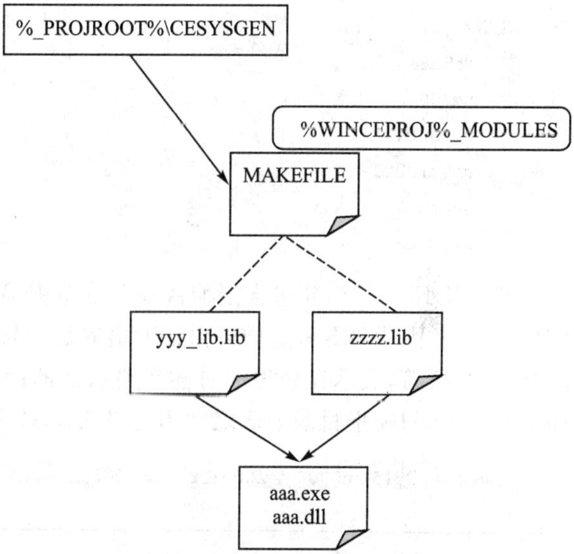

图 4.46 Sysgen 过程使用 nmake 链接库文件

在过滤和链接结束后，Sysgen 还要经过 Postproc 过程才完全结束。此过程的主要目的是给一些特别的树一个机会，在此过程中替换掉系统提供的一些组件。由于不是很常用，所以在此就不再作详细介绍。

4.5.4 Build 过程

当整个系统都已经生成完毕后，现在就可编译项目内部的源代码了。BSP 的源代码和 Platform Builder 中新建的应用程序都在这一步被编译。其中 BSP 的源代码如果以前曾经编译过并且没有改动，构建系统会跳过 BSP 的编译；Platform Builder 中建立的应用程序由于依赖于操作系统平台所选择的模块，因此只有在 Sysgen 模块结束后才能进行编译。

在 Windows CE 5.0 之前，构建系统只能编译本机代码。但是 Windows CE 5.0 的构建系统既可编译本机代码(.C 和.CPP 文件)，又可编译 C＃写的托管代码(.CS 文件)。

源代码是通过 Build.exe 进行编译的。Build.exe 使用 SOURCES 文件和 DIRS 文件编译源代码。SOURCES 文件包含要编译的源代码文件列表等一系列宏，稍候会对 SOURCES 文件的用法和格式进行详细介绍。Build.exe 还有对子目录进行递归编译的功能，这对于按目录分级存放的源代码编译起来非常方便，只需在顶级目录调用 Build.exe，则其子目录下的源代码也可被递归地进行编译。Build.exe通过DIRS文件来查找要递归编译哪些子目录。DIRS文件是一些当前目录的子目录列表，告诉Build.exe当前目录下有哪些子目录需要进行递归编译。下面是一个DIRS文件的例子，它取自%_PUBLICROOT%\COMMON\OAK\DRIVERS\NETCARD\目录下。

```
DIRS = \
    dp83815     \
    ne2000      \
    ne2000isr   \
    smsc100fd   \
    netmui      \
    e100bex
```

其中"DIRS="语句包含当前目录下希望用Build.exe进行递归的子目录列表，也可使用DIRS_CE来代替DIRS，这样可保证列出的目录只被Windows CE的构建系统构建。DIRS中的"\"是续行符，表示在处理的时候忽略后面的回车换行。因此，上面的DIRS文件也可写成如下的样子，只需把目录列表之间用空格或TAB隔开即可。


```
DIRS = dp83815 ne2000 ne2000isr smsc100fd netmui e100bex
```

提示：SOUCES,DIRS和Build.exe

了解Windows的DDK的读者可能对使用SOUCES,DIRS和Build.exe编译代码的机制比较熟悉。在Windows DDK中的源代码也是通过SOUCES,DIRS和Build.exe来进行编译的。但是Windows CE的构建系统中对Build.exe作了一些特殊的改动。因此它与DDK中的Build.exe不能通用。

事实上，微软的大多数产品的源代码都是通过这种机制编译的，而很少采用Visual Studio开发工具的.dsw或.sln文件来组织代码。

图4.47展示了Build.exe工作流程图。Build.exe首先在当前目录下查找DIRS文件，如果存在DIRS文件，则依次从DIRS中读取子目录，并且会递归地把子目录设置为当前目录，从而转到子目录工作；如果当前目录不存在DIRS文件，则Build.exe会查找SOURCES文件，如果当前目录也没有SOURCES文件，那么对这个目录的操作就结束了，Build.exe会回溯到上级目录继续工作；如果当前目录中存在SOURCES文件，则会调用Nmake.exe对当前目录进行编译和链接。

注 意

Build.exe不允许在当前目录下同时拥有SOURCES和DIRS文件。如果一个目录中既有DIRS，又有SOURCES，则构建系统会报错。

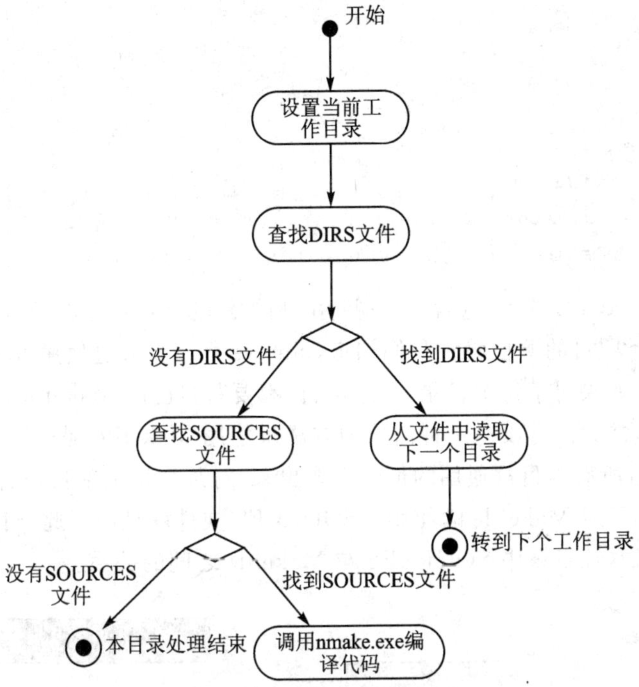

图 4.47　Build.exe 工作流程图

现在讨论 SOURCES 文件。下面是一个 Platform Builder 生成的 Hello World 应用程序所带的 SOURCES 文件。

```
# -----------------------------------------------------------
#   Sample sources file
# -----------------------------------------------------------

WINCEREL = 1
RELEASETYPE = LOCAL

INCLUDES
 = $ (_WINCEROOT)\public\common\oak\inc; $ (_WINCEROOT)\public\common\sdk\inc;

TARGETNAME = hello
TARGETTYPE = PROGRAM
TARGETLIBS = \
   $ (_PROJECTROOT)\cesysgen\sdk\lib\ $ (_CPUINDPATH)\coredll.lib \
```

```
SOURCES = \
   aa.cpp \
   aa.rc \

PRECOMPILED_CXX = 1
PRECOMPILED_PCH = StdAfx.pch
PRECOMPILED_OBJ = StdAfx.obj
PRECOMPILED_INCLUDE = StdAfx.h
```

总体而言，SOURCES 文件包含了一些用户的宏定义，这些宏定义会被 Makefile 和 Nmake 使用，来编译项目的源代码。我们知道，Nmake 程序要通过使用 Makefile 来知道如何对源代码进行编译，如果对于每个目录、每个项目，都要写自己的 Makefile，虽然灵活性是最高的，但是工作量也非常大。有没有一种简单的方法来使用 Makefile 呢？比较简单的办法是可把一些 Makfile 中对所有项目都通用的部分提取出来，对某个特定项目，只需把不同的内容添加进来，这样就简化了对 Makefile 的使用。SOURCES 文件就是出于此种目的而诞生的。

图 4.48 展示了本地目录中 SOURCES 与 Makefile 之间的关系。

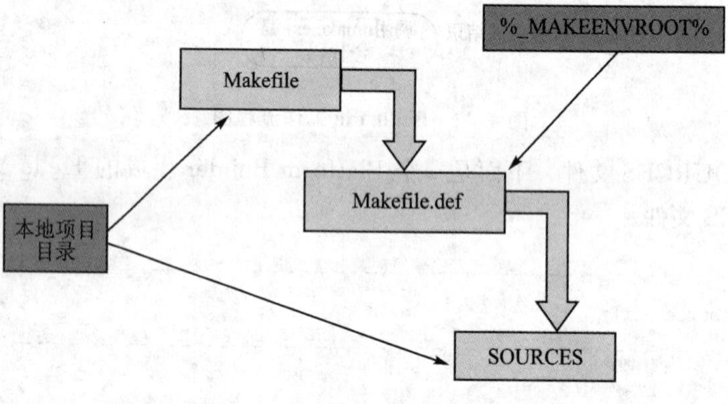

图 4.48　SOURCES 与 Makefile 的关系

在要被构建的目录中，如果该目录包含 SOURCES 文件，那么在相同目录一定还会有另外一个 Makefile 文件。通常，此 Makefile 只包含一行内容，如下所示。

```
#
# DO NOT EDIT THIS FILE!!!   Edit .\sources. if you want to add a new source
# file to this component.   This file merely indirects to the real make file
# that is shared by all the components
#
! INCLUDE $(_MAKEENVROOT)\makefile.def
```

_MAKEENVROOT 是 Wince.bat 设置的一个环境变量，通常指向 Wince.bat 所在的目录，也就是%_PUBLICROOT%\COMMON\OAK\MISC 下。Makefile.def 文件几乎有 3000 行，是被所有 Windows CE 项目共享的公用 Makefile 模板，在 Makefile.def 中定义了很多宏的具体用法与推导规则。同时，在 Makefile.def 中还有这样一条语句（Windows CE 5.0 版本中第 200 行）：

```
! INCLUDE .\sources.
```

这样 Makefile.def 就包含本地的 SOURCES 文件。因此，当构建系统在某个目录中调用 Nmake 时，Nmake 会去使用该目录中的 Makefile，然后 Makefile 把 Makefile.def 展开到本地，Makefile.def 还会把本地的 SOURCES 文件包含进来。这样，本地 SOURCES 文件中定义的宏与 Makefile.def 中的宏共同起作用，就形成了一份完整的可被 Nmake 使用的 Makefile。

表 4.9 列出了在 SOURCES 文件中最常用的一些宏。应该对这些宏尽量熟悉。

表 4.9　SOURCES 文件中常用的宏

宏	解　释	在示例 sources 文件中的值
INCLUDES	包含.h 头文件的查找目录列表。如果该目录中有一个文件 a.h，那么在相应的 cpp 文件中就可用 #include <a.h> 来包含该头文件	$(_WINCEROOT)\public\common\oak\inc
TARGETNAME	最终生成的 exe，dll 或 lib 文件的文件名，不包括扩展名	hello
TARGETTYPE	编译生成的目标类型。通常有三种：LIBRARY 表示把目标编译成 LIB 静态库文件；DYNLINK 表示把目标编译成 DLL 动态链接库文件；PROGRAM 表示编译成 EXE 可执行文件	PROGRAM（与 TARGETNAME 的值一起，表示最终会生成 hello.exe 文件）
SOURCES	要被编译和链接的源代码文件列表，可为 CPP 文件或 RC 文件等	aa.cpp 和 aa.rc
TARGETLIBS	要动态链接到导入库文件列表	Coredll.lib
SOURCELIBS	要静态链接到目标文件中的库文件列表	空（默认）
RELEASETYPE	指定构建后生成文件的存放位置，可为 OAK，SDK，DDK，LOCAL 或 PLATFORM 等值。分别指定生成后的文件对应的存放目录	LOCAL
CDEFINES	指定传递给编译器的 DEFINE 开关内容，用户指定的内容会被追加到 makefile.def 中指定内容的结尾	空（默认）

此外,SOURCES 文件还支持另外一些宏,虽然这些宏并不常用,但是在查看 SOURCES 文件时最好也有些了解。表 4.10 列出了 SOURCES 文件中的另外一些所支持的宏定义。

表 4.10 SOURCES 文件中支持的宏

宏	解 释	示例与备注
COPYRES	如果设置了此变量,则会把资源文件复制到 release 目录	默认为空
RESFILE	如果指定了 COPYRES 宏,则可通过 RESFILE 宏指定.res 文件的名字	—
DEFFILE	指定 DLL 的导出文件名,默认为空	DEFFILE=coredll.def
DLLBASE	如果要生成 DLL 文件,可用此宏来指定 DLL 加载的基地址	DLLBASE=0x71500000
DLLENTRY	如果要生成 DLL 文件,可用宏来指定 DLL 的入口函数	DLLENTRY=_DllMainCRTStartup
EXEBASE	指定生成 EXE 文件的加载基地址,默认为 0x00010000	EXEBASE=0x00040000
EXEENTRY	指定生成 EXE 文件的入口函数	EXEENTRY=main
LDEFSTACK	指定程序中为栈保留的空间大小。默认为 64 KB	LDEFSTACK=/STACK:131072
PRECOMPILED_CXX	是否对 C++文件使用与编译。构建系统默认对 C 程序预编译,如果代码是用 C++写的,并且希望预编译,则须指定此项	PRECOMPILED_CXX=1
PRECOMPILED_INCLUDE	指定预编译头文件的名字	PRECOMPILED_INCLUDE=StdAfx.h
PRECOMPILED_OBJ	预编译头文件生成的 obj 文件	PRECOMPILED_OBJ=StdAfx.obj
PRECOMPILED_PCH	指定预编译生成的 pch 文件的名字	PRECOMPILED_PCH=StdAfx.pch
PRECOMPILED_TARGET	与 PRECOMPILED_OBJ 等效	—
PREPROCESSDEFFILE	如果 DEF 里面有条件编译须预处理,则须把此宏设置为 1	—
RDEFINES	指定传入资源编译器 rc.exe 的 DEFINE 开关内容	—
SKIPBUILD	如果此宏设置为 1,则对当前目录的构建被跳过	SKIPBUILD=1
WINCEMAP	是否生成 map 文件,默认为 1	—
WINCETARGETFILE0	指定在构建当前目录之前须进行的依赖性构建工作	—
WINCETARGETFILES	指定在构建当前目录之后须进行的依赖性构建工作	—

其实 C/C++编译器包含的开关是远远不止这些宏可以涵盖的。如果需要更复杂的构建操作(例如不要让构建系统除掉 exe 中的重定位信息),那么可搜索 Makefile. def 中的宏定义或编译器开关项来了解更多的宏定义。

如果上述的规则都不能满足要求,那么还可通过制定自己的编译规则来达到目的。通常可在本地目录的 Makefile 中指定自己的规则,如下所示。

```
! INCLUDE $(_MAKEENVROOT)\makefile.def
#    在这里添加自己的规则
```

同样须提醒的是,在 Makefile 中最好只定义规则,所有的宏都应写到 SOURCES 文件中。

4.5.5 Release Copy 过程

当系统和平台都已经构建结束后,现在构建系统的任务是收集前两步构建所生成的所有文件,把它们复制到一个平坦的目录中。环境变量_FLATRELEASEDIR 指示了要复制的目标文件夹。如果在调用 Wince. bat 前没有设置此环境变量,则 Wince. bat 会把它初始化成%_WINCEROOT%\release。事实上,此目录并不"平坦",但重要的是前面两步 Sysgen 和 Build 的结果都会被复制到同一个目录中。

BuildRel. bat 负责完成整个复制工作。其工作的顺序图如图 4.49 所示。

① BuildRel. bat 检查传进来的命令行参数。

- -h 表示显示使用帮助,然后退出;
- -u 表示在复制之前不清空_FLATRELEASEDIR 目录;
- -f 表示不复制生成的二进制文件,而只复制 files 目录下的文件。此参数仅对用户希望手工更新目录有用。

② BuildRel. bat 检查 BUILDREL_USE_COPY 环境变量,如果该环境变量被设置为 1,则 BuildRel. bat 选用命令行工具 xcopy 来复制文件。默认的情况下构建系统采用 CopyLink 工具来复制文件。

CopyLink 不会对文件进行真正地复制,而只为文件建立硬链接(Hard Link),从而大大节省磁盘空间,加快复制速度。但是硬链接是 NTFS文件系统才会有的特性,FAT32 文件系统不具有建立硬链接功能。这也就意味着 Copy-

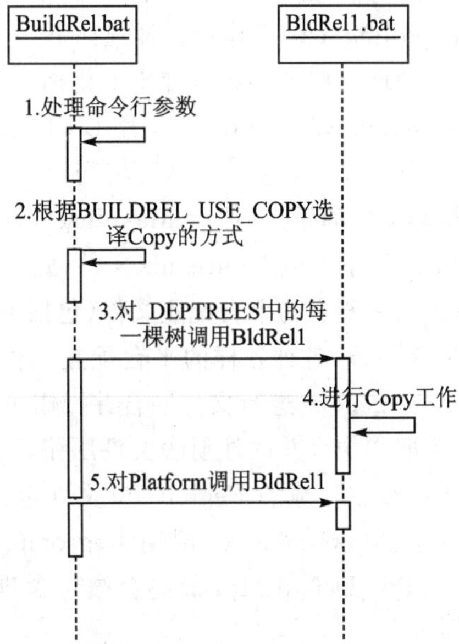

图 4.49 BuildRel. bat 工作的顺序图

Link 功能只能在 NTFS 文件系统的磁盘上有效。如果在 FAT32 文件系统上进行系统构建，那么必须设置 BUILDREL_USE_COPY 环境变量（可手动设置，也可在 **Platform | Settings | Build Options** 中进行设置）。

③ BuildRel. bat 对环境变量_DEPTRESS 中的每一项分别调用 BldRel1. bat 进行实际的文件复制。

④ BldRel1. bat 进行复制工作，下面的几个路径是 BldRel1. bat 复制的来源：

```
Public\<target-project>\cesysgen\oak\target\<cpu-path>
Public\<target-project>\cesysgen\files
Public\<tree>\oak\target\<cpu-path>
Public\<tree>\files
```

⑤ BuildRel. bat 调用 BldRel1. bat，把 BSP 目录下生成的文件复制到 Release 目录。

至此，整个 Release Copy 过程就结束了。

4.5.6 Make Image 过程

当所有构建生成的文件都被收集起来后，构建的最后一步是把_FLATRELEASEDIR 目录下的相关文件打包，以生成最后的运行时映像。工具 MakeImg. exe 负责完成整个 Make Image 操作。MakeImage. exe 是一个比较复杂的程序，它会调用很多其他的工具来共同完成 Make Image 过程。图 4.50 为 MakeLmg. exe 执行的活动图。

MakeImg. exe 工作流程详述如下：

① 处理一些与多语言和本地化相关的操作。

在 Windows 中，Locale 是用 LCID 来表示的。例如 0x0409 表示英语，0x0804 表示简体中文等。MakeImg. exe 首先从环境变量 LOCALE 中取得 LCID，该 LCID 标识了当前所构建的 Windows CE 的语言；然后 MakeImg. exe 调用 NLS 压缩工具 Cenlscmp. exe，在_FLATRELEASEDIR 下形成 Wince. nls 文件；此文件最终被打包到 NK. bin 中。

② 合并所有的平台配置文件（包括 BIB，DB，REG 和 DAT）。

在这一步，各种各样的平台配置文件都被合并，以便进行下一步的操作。MakeImg. exe 调用 Fmerge. exe 进行文件的合并操作。表 4.11 列出了 Fmerge 合并的平台配置文件。

③ 把②中合并的注册表文件压缩。

上一步中生成的 Reginit. ini 文件包含系统初始化的注册表，通常为文本文件，体积较大。在这一步，MakeImg. exe 调用 Regcomp. exe，把该文件压缩成二进制的注册表文件，叫做 Default. fdf。Default. fdf 最终会被包含进 Nk. bin 中。在系统冷启动时，Default. fdf 始终被加载。

④ 把②中生成的 Initobj. tmp 文件中的 ASCII 码转化成 Unicode 码。

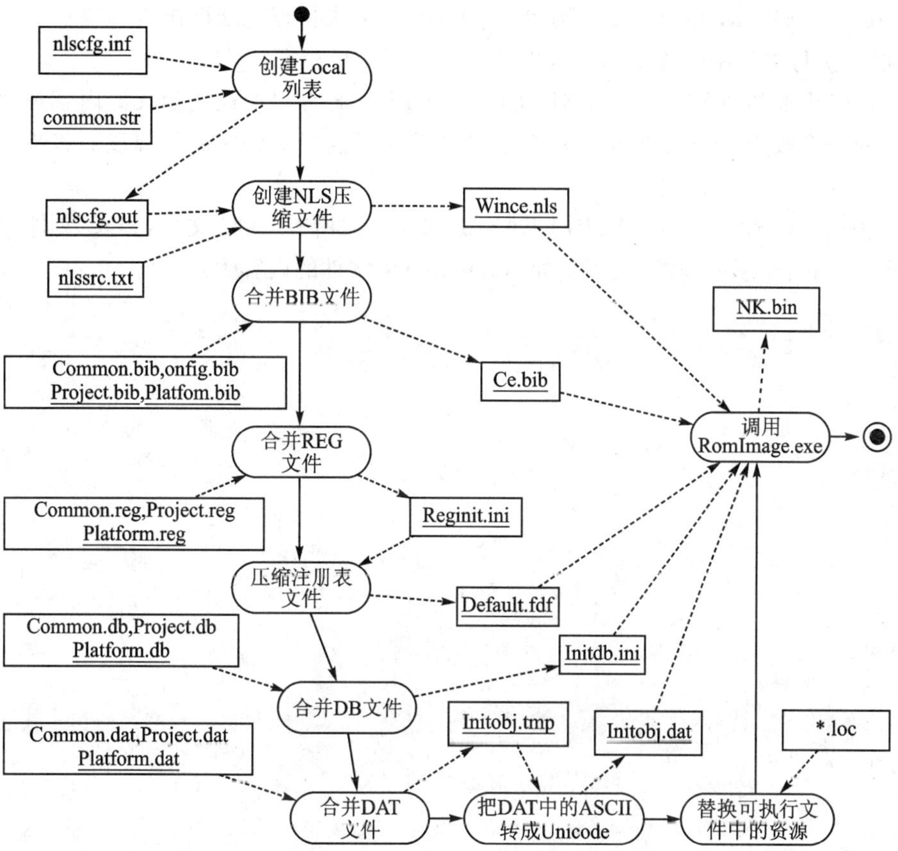

图 4.50　MakeImg. exe 执行的活动图

表 4.11　Fmerge 合并的平台配置文件

输入文件名	类　型	输出文件名	注　释
Common. bib，Config. bib，Project. bib，Platform. bib	BIB	Ce. bib	包含要打包到 Nk. bin 中的所有文件列表。调用 RomImage. exe 时会使用该文件
Common. reg，Project. reg，Platform. reg	REG	Reginit. ini	系统初始化的注册表。后面会被 RegComp. exe 压缩
Common. dat，Project. dat，Platform. dat	DAT	Initobj. tmp	系统初始化的内存文件系统，会被 Txt2ucde. exe 转化为 Unicode 码
Common. db，Project. db，Platform. db	DB	Initdb. ini	系统初始化的数据库

②中合并 DAT 生成的 Initobj. tmp 文件是由 ASCII 码组成的，我们知道，在 Windows CE 中，所有的字符都必须是 Unicode 码，因此，在这一步有必要把 Initobj. tmp 文件中的 ASCII

码转成 Unicode 码。MakeImg. exe 调用 Txt2ucde. exe 来执行此步操作。

⑤ 把可执行文件中的资源部分转化成 Locale 指定的资源。

对于已经生成的可执行文件(EXE,DLL 和 CPL),通常与本地化相关的内容都存放在可执行文件的资源段中。如果要实现本地化,则须替换可执行文件中的资源段。该步骤就是完成此项操作的。

MakeImg. exe 读取%_FLATRELEASEDIR%下的所有 LOC 文件,LOC 文件中存放的是须替换的可执行文件名称列表。例如 common. loc 文件的内容为:

```
coredll
commctrl
msim
commdlg
crypt32
rnaapp
connmc
netui
netmui
unimodem
tapi
btsvc
softkb
gwes
waveapi
filesys
coredll
gwes
commctrl
```

MakeImg. exe 会对其中的每一项内容,调用 Res2exe. exe 程序,用目录%_FLATRELEASEDIR%/%LOCALE%下的资源文件替换可执行文件中已存在的资源。例如对于 coredll 项,如果 Locale 选择了中文,则 MakeImg. exe 会调用如下命令:

```
res2exe -r -c \0804\coredll.res coredll.dll
```

⑥ 根据 Ce. bib 打包整个操作系统映像。

最后一步 MakeImg. exe 调用 RomImage. exe 来打包所有的文件。RomImage. exe 的用法如下:

```
romimage [options] filename.bib [-o outputfile]
```

RomImage.exe 接受 BIB 文件作为参数，根据 BIB 文件的内容打包，在该步中，MakeImg.exe 会调用如下命令：

```
romimage ce.bib
```

从而根据 Ce.bib 的内容把所有须打包的文件打包，生成 Nk.bin。

4.5.7 解决构建时的错误

如果在构建过程中发生了错误，则须找出错误的原因并进行解决。通常，找出错误的原因有两种途径：

1. 查看输出信息

在 Platform Builder IDE 的 Output 窗口或命令行中，可通过查看命令行工具的输出信息来找到错误的原因。通常一些比较简单的错误都可通过此种方式解决。例如：构建运行时映像时，遭遇硬盘空间不足或者选择的模块太多，导致 Nk.bin 的体积超过预设值。

2. 查看日志文件

在构建过程中，Windows CE 的构建系统会把一些输出重定向到几个日志文件中。通过阅读日志文件，可知道详细的构建信息，从而更好地找出错误的原因。通常，日志文件被放在目录%_WINCEROOT%下。日志文件的描述如表 4.12 所列。

表 4.12 构件系统的日志文件

文件名称	描 述
build.log	包含构件系统各个步骤的详细输入/输出信息，是解决构建错误的最主要依据
build.wrn	构建过程中出现的警告(Warning)信息
build.err	构建过程中出现的错误信息

错误的原因有可能是多种多样的。但大致来说，可按照构建运行时映像的 4 个过程归纳，大概有如下几种。

1. Sysgen 过程中的错误

如果在 Sysgen 过程中出错，通常原因都是由于缺少文件。例如：缺少操作系统组件的库文件或者配置文件。此外，批处理文件运行失败也有可能导致 Sysgen 出错。

如果 Sysgen 提示缺少了某些文件，那么常常是因为组件之间的依赖设置不正确。此种情况在第三方的代码中比较可能发生，当然 Platform Builder 自带的组件也有可能，此时可查找所缺少的文件属于哪个组件，然后把该组件添加进系统，一般问题就可解决了。

2. Build 过程中的错误

Build 过程主要是对源代码进行编译和链接。因此 Build 过程中的错误通常都是由于编译或链接失败造成的。编译失败是由于代码中的语法错误；链接失败则是由于有外部的符号没有解决或者重复。

要解决 Build 过程的错误,可充分利用应用程序开发或在其他 Win32 平台下积累的编程经验。看懂并熟悉编译器和链接器的错误信息有时候是至关重要的,而这通常需一点一滴的积累。

3. Release Copy 过程中的错误

Release Copy 过程主要是文件的复制。因此,错误只可能是文件复制失败造成的。例如没有足够的磁盘空间以及在 FAT32 文件系统上使用了 Copylink 方式复制文件等。

4. Make Image 过程中的错误

Make Image 过程的错误主要是由 RomImage. exe 造成的。例如 RomImage 在 Ce. bib 上调用失败。

此步经常出现的错误是打包时找不到某些文件。如果出现这个错误,则可查看目录%_FLATRELEASEDIR% 下最终生成的 Ce. bib 文件:该文件是在何种情况下被包含的以及属于哪个模块,然后加以解决。

此外,如果生成的 Flash 映像 NBX 文件大于 Config. bib 文件中指定的大小,那么通常会被切分成多个小文件。这虽然只产生一个 Warning,但是它会导致最终的 Flash 运行时映像无法执行,应引起足够重视。

4.6 创建自定义组件

Windows CE 提供了丰富的组件。大多数情况下,仅仅依靠自带的组件库,很难提供完整的解决方案。通常,我们须编写自己的代码,以实现某些具体功能。Platform Builder 具有很好的可扩展性,它允许第三方的代码和组件集成到 Platform Builder 中去,然后像操纵 Platform Builder 自带的组件一样操纵这些第三方组件。

创建自定义组件有两个级别:一种较简单的方法是提供代码或已经编译好的二进制文件,并把它制作成 Platform Builder 的一个组件,用户就可像操作 Platform Builder 自带的组件一样对它进行操作了;另一种方法是把自己的代码集成到 Windows CE 的构建系统中,作为一棵树,这样可获得最大的可控性和灵活性。

要实现第 1 类功能,只需要自己创建一个 CEC 文件,并把它导入到 Platform Builder 即可;实现第 2 类功能则须创建一棵完成的代码树。第 2 种方法相对复杂并且在实际开发中用的不是很多,所以在这里仅仅介绍第 1 种开发方法。

4.6.1 CEC 文件格式

Platform Builder 中,所有可在 IDE 中直接操纵的 Catalog 组件,都必须由一个 CEC 文件来描述。CEC 文件是一个以 CEC 为扩展名的文本文件,它记录了所描述组件的名称、类别及版本等所有信息。Platform Builder 把所有的 CEC 文件都放在目录%_PUBLICROOT%\

COMMON\OAK\CATALOG\CEC 下。下面是一个简单的 CEC 文件的例子,取自该目录下的 PlatMan.cec。

```
CECInfo
(
    Name(Platman)
    GUID({1850C9B7 - 98A2 - 11d3 - 993F - 00105AC7264F})
    CECVersion(5.00)
    Vendor("Microsoft")
    Description("Platform Manager Features")
)

//   "platmgr" type and "cemgrc" implementation
ComponentType
(
    Name( platmgr )
    Vendor("Microsoft")
    GUID( {B3509BCE - F1E4 - 11d2 - 85F6 - 004005365450} )
    Description( "Platform Manager" )
    Group( "\Platform Manager" )
    Vendor("Microsoft")
    Implementations
    (
        Implementation
        (
            Name( "Platform Manager" )
            GUID( {B3509BCF - F1E4 - 11d2 - 85F6 - 004005365450} )
            Description( "Platform Manager (SYSGEN_PLATMAN)" )
            FeatureVariable(SYSGEN_PLATMAN, 1)
            Vendor("Microsoft")
            Version("5.0.0.0")
            Date("06 - 11 - 2004")
            BuildMethods
            (
                BuildMethod
                (
                    Step( buildrel )
                    GUID( {B3509BD0 - F1E4 - 11d2 - 85F6 - 004005365450} )
                    CPU( "default" )
                )
```

```
            )
         )
      )
   )
```

从上面的代码可看到，CEC 文件就是一个文本文件，它由这样几个块构成：CECInfo 块、ComponentType 块、Implementations 块和 BuildMethods 块。

注意：CEC 文件与 Unified Build System

在 Windows CE 5.0 之前，通过 Platform Builder IDE 与通过命令行进行操作系统构建的机制是不一样的。因为以前的 CEC 中存储了大量的组件依赖和构建方法等信息。在使用 IDE 进行时，Platform Builder 使用 CEC 文件里面的信息解决依赖等信息。由于 IDE 与命令行构建的不一致性，也导致了一些问题。

正如上面介绍的，在 Windows CE 5.0 中，微软把图形界面与命令行两套构建系统进行了统一，叫做 Unified Build System。使用 IDE 解决组件之间的依赖依然可通过命令行的批处理(参见本书 4.5.3 小节)。正因如此，以前 CEC 文件里面的很多选项与参数也没有存在的必要了，因而被去掉。

CEC 文件组成块详述如下：

1. CECInfo 块

CECInfo 块在每个 CEC 文件中只有一个，位于文件的最开始，记录 CEC 文件的最基本信息。表 4.13 为 CECInfo 块中的元素及其描述。

表 4.13 CECInfo 块的元素

名　称	描　述	在例子中的值
Name	CEC 文件的名字，通常与 CEC 文件同名	Platman
GUID	可选项，CEC 文件的 GUID，用来唯一标志此文件	{1850C9B7-98A2-11d3-993F-00105AC7264F}
Description	可选项，CEC 文件的一段文本介绍信息	"Platform Manager Features"
Vendor	可选项，CEC 文件的制作商	"Microsoft"
CECVersion	CEC 文件的版本号，支持如下几个：2.12，3.0，4.0 和 5.0	5.00

2. ComponentType 块

ComponentType 块是 CEC 文件中的基本块，它记录该组件的一些信息，此信息会在 Platform Builder 的 Catalog 中反映出来。当把 CEC 导入 Platform Builder 后，在 Catalog 对话框中，ComponentType 块会被当作特性组对待。表 4.14 为 ComponentType 块的元素及其描述。

3. Implementations 块

Implementations 块被嵌套在 ComponentType 块中间，描述此组件的详细实现信息。一个组件可有若干个实现。当组件被导入 Platform Builder 后，一个 Implementation 就对应一个特性。表 4.15 为 Implementation 块的元素及其描述。

表 4.14　ComponentType 块的元素

名　称	描　述	在例子中的值
Name	该组件的名称	platmgr
GUID	可选项，该组件的 GUID	{B3509BCE-F1E4-11d2-85F6-004005365450}
Description	该组件的文本描述	"Platform Manager"
Group	在 Platform Builder 的 Calalog 中显示的目录	"\Platform Manager"
Vendor	可选项，组件的制作商	"Microsoft"
MaxResolvedImpsAllowed	可选项，最多允许把此组件加到一个操作系统设计中多少次。默认为 1	默认
Implementations	该组件的一组具体实现	略
Implementation	具体实现中的一个	略

表 4.15　Implementations 块的元素

名　称	描　述	在例子中的值
Name	该实现的名称，在 Catalog 中显示为对应特性的名称	"Platform Manager"
GUID	可选，该实现的 GUID	{B3509BCF-F1E4-11d2-85F6-004005365450}
Description	可选项，该实现的文本描述	"Platform Manager (SYSGEN_PLATMAN)"
Vendor	可选项，组件的制作商	"Microsoft"
FeatureVariable	与该特性相关联的 SYSGEN 环境变量，在 Platform Builder 中如果用户添加了该特性，则 PB 会自动向命令行添加该项对应的环境变量和值	SYSGEN_PLATMAN, 1
Version	可选项，该实现的版本号	"5.0.0.0"
Date	可选项，实现的日期	"06－11－2004"
ImplSize	可选项，该实现的大小，Platform Builder 会使用这个值来估计平台的最终大小。因此建议编辑这个值，否则会导致 Platform Builder 的估计不准确	默认
Children	该特性的子特性。如果子特性被用户选择，则父特性也会一起被加到操作系统中；如果父特性被选择，则所有的子特性都会一起加到操作系统中	—
OptionalChildren	该特性可选的子特性。添加父特性不会把相应的子特性也一起添加进操作系统，但是添加子特性会把父特性添加进操作系统	—
BSPPlatformDir	可选项，列出这个实现所相关联的 BSP 目录。这样，该特性会在列出的 BSP 下面显示出来	—

4. BuildMethods 块

BuildMethods 在以前版本的 CEC 中起着重要的作用，但是现在已经几乎被废弃了，因此在这里不再作详细介绍。唯一有用的一点是，如果组件随着源代码发布的话，那么可在 Platform Builder IDE 中把组件与对应的代码 SOURCES 关联起来。方法是在 BuildMethods 中加入 Action 元素，如下所示。

```
Action ( ´#SRCCODE(SOURCES," $ (_WINCEROOT)\platform\CEPC\Drivers\PCMCIA\ ")´ )
```

这句话表示当前的组件对应了一个 SOURCES 文件，存放的位置是(_WINCEROOT)\platform\CEPC\Drivers\PCMCIA。这样，SOURCE 文件中列出的源代码都可在 Platform Builder 中显示出来。

由于 Platform Builder 中的一些术语与 CEC 文件中的术语存在差异，可能会造成一些混淆，为了使描述更清晰，图 4.51 展示了 Platform Builder 的 Catalog 视图与 CEC 文件中元素的对应关系。

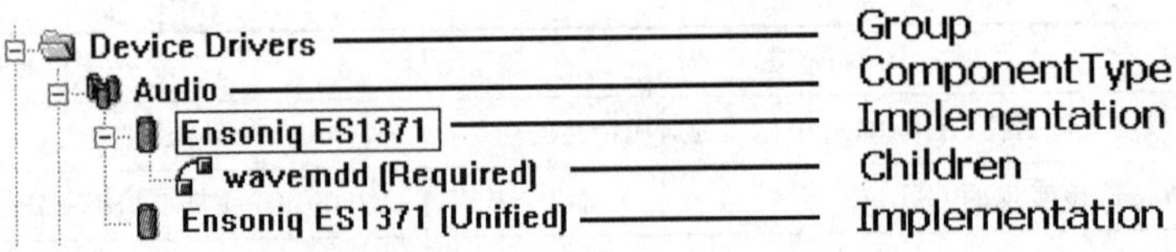

图 4.51　CEC 中的元素与 Catalog 视图中的对应关系

把 CEC 文件导入 Platform Builder 的方法在 4.3.1 小节已有介绍。其实，安装 BSP 就是把 BSP 的 CEC 描述文件导入到 Platform Builder 中，原理是一样的，在这里就不再赘述了。

4.6.2　CEC Editor 工具

如果要为自定义的组件编辑 CEC 文件，那么当然可按照上面的介绍，使用任意一款文本编辑器进行编辑。但是更好的方法是使用 Platform Builder 自带的工具 CEC Editor，它可使用图形化的方式创建 CEC 文件。

图 4.52 为 CEC Editor 工具对话框。选择 Platform Builder IDE 的 Tools|CEC Editor... 菜单项可打开 CEC Editor 工具。Platform Builder 安装过程中，也会自动把 CEC 文件的打开方式与 CEC Editor 相关联。

由于 CEC Editor 工具使用比较简单，本文就不再详细介绍了，可自行摸索。但有以下几点提示：

- 可使用 Insert 菜单下的菜单项添加新的特性组与特性。

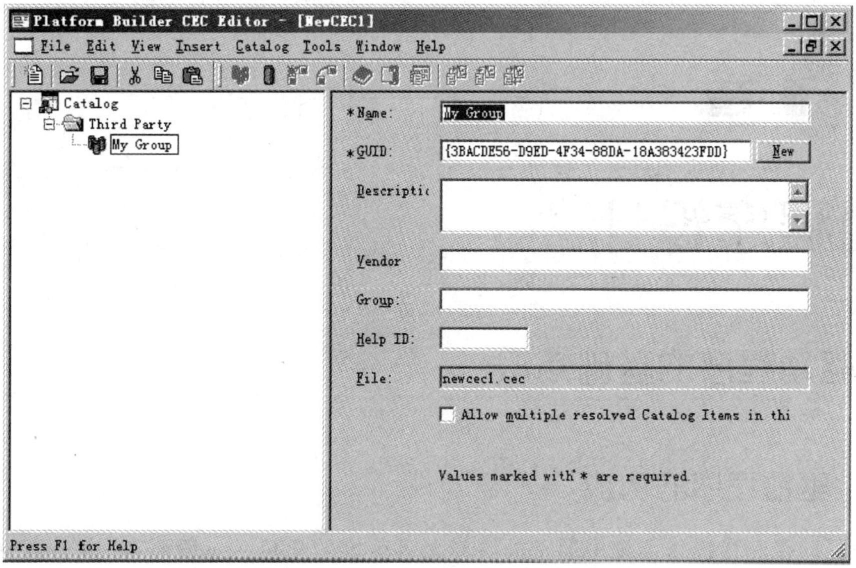

图 4.52 CEC Editor 工具对话框

- 在 CEC Editor 中编辑完成后，可直接把该文件导入 Platform Builder 中，方法是选择 CEC Editor 菜单项的 Catalog|Add to Catalog。同样还可在该菜单下对 CEC 文件进行更新和删除操作。

第5章

驱动程序设计

5.1 驱动程序的基础知识

5.1.1 驱动程序的功能

设备驱动程序在操作系统中通常扮演着无名英雄的角色。一般而言，由于驱动程序的存在，大多数操作系统上的应用程序都是与硬件无关的，应用程序的开发者和最终用户通常都不必关心底层的硬件到底是如何工作的。但是 Windows CE 操作系统之所以能够支持各种各样的硬件设备，毫无疑问，是因为对每一款硬件设备，都有其对应的设备驱动程序；否则这款硬件就无法在 Windows CE 下正常使用。

设备驱动程序是操作系统与硬件交互的方式，是连接硬件与操作系统之间的桥梁。通常，设备驱动程序在操作系统与硬件之间扮演着特殊的角色，它们是一个个独立的“黑盒子”，使某个硬件可响应一些定义良好的编程接口，同时完全隐藏了设备工作的细节。这组标准化的接口通常由操作系统定义，它们一般与驱动程序的类型相关而与具体的硬件无关。驱动程序的作用就是实现这组接口，并将这些接口的实现“映射”到具体的对硬件的某项操作上。通常，这组接口被称做驱动程序接口。

图 5.1 为一个简单的驱动程序的模型。

假设一个网络应用程序要通过网卡发送信息。网络应用程序本身并无须知道这台机器上配备的网卡型号和工作原理，它只需调用操作系统的函数（系统调用）与操作系统交互，在图 5.1 中，sendpackage()函数就是对操作系统进行的系统调用。

就操作系统而言，操作系统依然不需要直接与硬件交互，而仅仅需要与驱动程序交互。对于某一类型的驱动程序，例如图 5.1 中的网卡，操作系统会公开一些预先定义的驱动程序接口，而所有网卡驱动程序都会实现这些接口（例如图 5.1 中的 SendPackge()函数）。这样当操作系统访问网卡时，就通过这些统一的接口与驱动程序交互，对于不同型号、不同品牌的网卡，操作系统与网卡驱动交互的接口是统一的。

真正访问硬件操作发生在驱动程序中。不同的硬件，通常其工作机制不同。驱动程序的

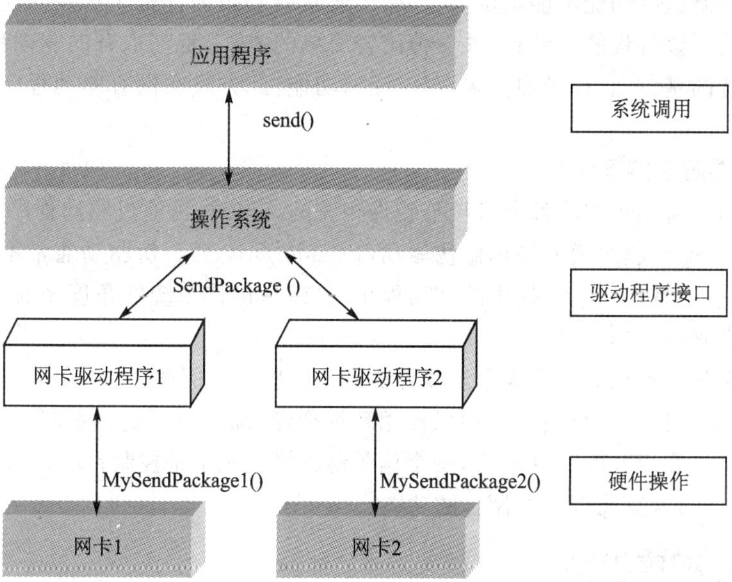

图 5.1　驱动程序模型

任务，就是把操作系统的驱动接口"映射"到具体的功能实现中。例如图 5.1 中，对于操作系统提供的 SendPackage()接口，网卡驱动程序 1 与网卡驱动程序 2，对不同的网卡有不同的实现，这些实现才是与具体硬件实现紧耦合的代码。不同的硬件设备一般不能直接通用。

因此，通过驱动程序的抽象，操作系统与应用程序都可实现与具体的硬件无关，因而增强了整个系统的灵活性。

5.1.2　何时编写驱动程序

通常，任何一款操作系统都会自带大量的硬件驱动程序作为支持。对开发人员来说，编写驱动程序的机会似乎远远不如编写应用程序那样多。但是在下面几种情况下，依然须编写自己的驱动程序。

1. 操作系统没有内置支持的硬件

这是最常见的编写驱动程序的理由。当开发一套解决方案时，其中有可能会用到一些第三方甚至是自制的硬件设备。但是操作系统并没有提供这些设备的驱动程序。如果须让设备工作起来，那么唯一的方法就是自己编写这些设备的驱动程序。

系统不支持的硬件比较常见的是一些二级的设备。例如基于串口的 GPS 卫星定位系统，以及基于 USB 口的麦克风/电风扇等。

2. 扩展已有驱动的功能

有时会遇上这种情况：我们已有了某个外设的驱动程序，但是此驱动程序只实现了硬件的部分功能。如果这些功能不能满足要求，那么通常就必须为它提供扩展功能。一种解决方案是从头开始编写该外设的驱动；另外一种比较简单的方式，是把现有的驱动程序进行封装，在提供原有功能的基础上，再增加更多、更广泛的功能，此方式在没有驱动程序源代码的情况下更为有效。

3. 提供软件层面的服务

并非所有的设备驱动程序都是直接与硬件相关的。有时，可通过驱动程序，提供软件层面的一些服务，这种驱动程序通常被称做伪驱动(Pseudo Driver)。伪驱动通常不会直接与某个硬件交互，而仅仅实现操作系统提供的驱动程序接口，从操作系统的角度来看，伪驱动与普通的驱动程序没有其他不同。

伪驱动最常见的使用方式是为上层软件提供一些服务。例如在不支持环境变量的操作系统上(Windows CE就是一个例子)，如果使用环境变量，那么就可通过编写一个伪驱动，来实现环境变量服务。在Windows CE下，一个伪驱动的典型例子是控制台(Console)。系统通过增加一个伪驱动，可实现命令行控制台的功能。

5.1.3 驱动程序模型

随着操作系统与外部设备的复杂性越来越高，操作系统与外设交互的复杂程度也在不断地提高。为了简化驱动程序的编写，在很多操作系统上，通常人们会把驱动程序分成不同的互相分离的层。一般来讲，每一层都会提供一些预先定义的接口，用来处理I/O的数据。分层带来的一大好处是开发人员在编写驱动程序的时候，通常只须提供或修改某些层的实现，而不用从头开始编写整个驱动程序。这时首先要把外设及其驱动程序进行分类，例如网卡设备、显卡设备、打印机及串口等，然后把某一类外设的共性提取出来，作为独立的一层，并提供通用的代码或库。对于这一类设备，驱动开发人员就无须再重复实现这些通用的部分，从而提高开发的效率。这些通过提取某些驱动的共性而被抽象出来的接口和层，通常就被称做驱动模型。

对于Windows平台，最为熟知的应该是桌面Windows的WDM(Windows Driver Model)模型了。WDM体系结构实行分层处理，即设备驱动被分成了若干层，典型地分为：高层驱动程序、中间层驱动程序及底层驱动程序。每层驱动再把I/O请求划分为更简单的请求，以便传给更下层的驱动执行。最底层的驱动程序收到I/O请求后，通过硬件抽象层，与硬件作用，从而完成I/O请求工作。

5.1.4 编写驱动程序的几个要素

学习和编写简单的驱动程序并不困难。但是，如果想成为一个优秀的驱动程序开发人员，那么，下面几个要素是缺一不可的。

1. 要了解驱动程序所针对的硬件

设备驱动程序的代码是直接与硬件进行交互的。因此，开发人员必须对所要开发的硬件的原理、功能和工作方式有充分的了解。这通常需要开发人员耐心地阅读这些硬件规范和白皮书。这一步通常是不可或缺的，没有捷径可走。

2. 要了解目标操作系统下驱动的工作机制

通常，在不同的操作系统下驱动程序有不同的工作机制，而且不同的操作系统对驱动程序也有不同的管理方式。这些在不同平台上的工作机制归纳起来有如下几点：如何加载和卸载驱动程序，如何初始化驱动程序，如何访问外设的 I/O，如何处理中断，如何处理 DMA，如何使用内存及如何进行异步操作……

对于不同的操作系统，上述问题的答案肯定是不一样的。这就需要驱动开发人员针对某一个具体的操作系统，去了解其驱动工作原理；否则，遇上对应的问题通常无从下手。

3. 要了解驱动程序的模型

仅仅知道驱动程序在操作系统下的工作原理还是不够的。正如前面所介绍的，通常对于某一类外设，操作系统都会提供特定的驱动模型。例如对于网卡驱动程序，Windows CE 提供了 NDIS 接口，某个网卡如果要在 Windows CE 下正常工作，则须实现 NDIS 接口提供的一些接口函数；而在 Linux 操作系统下，虽然对网卡驱动程序也有抽象，但是它提供的数据结构和接口与 NDIS 大相径庭。因此，对于驱动开发人员，了解所开发驱动程序的驱动模型也是必不可少的工作。

总而言之，如果希望成为一位优秀的驱动程序开发人员，那么上面的几个要素缺一不可。如果觉得开发驱动程序"很困难"，那么可从以上几个要素来查找自己的缺陷和不足。

由于本书不是介绍硬件方面的专业书籍，因此对于某些硬件的工作原理和机制，不进行详细介绍。如果读者需要这方面的资料，那么请查阅其他书籍。在本章中，将回答第 2 条要素中列出的几个问题，详细介绍 Windows CE 驱动程序的工作方式。

5.2 Windows CE 驱动程序

5.2.1 Windows CE 驱动程序开发简介

操作硬件是驱动程序的首要任务。为了硬件操作方便，在有些操作系统中，驱动程序的代码会被编译成.LIB 库文件并与操作系统内核链接，然后驱动程序与操作系统就成为一个整体，启动时随着操作系统一起启动加载，系统关闭时随着系统一起关闭。此驱动模型的效率可能会很高，但是灵活性和扩展性较差。对于一些简单的应用和一些对效率要求较高的应用场景，这种驱动模型有用武之地。

另外一种驱动程序模型是操作系统在启动后对硬件进行延迟加载，但是依然把驱动程序加载到操作系统的内核空间中。桌面 Windows 就是此类模型的一个典型例子,驱动程序工作在操作系统的地址空间内,但是实现了驱动的动态加载。

Windows CE 的驱动模型与前两者都不同,它是经过重新设计的,有自己独一无二的特点。用一句话概述,就是在 Windows CE 下,所有的驱动程序都以用户态下的 DLL 文件形式存在。换言之,编写 Windows CE 驱动程序用到的方法及工具与编写其他任何一个普通的 DLL 毫无二致,这些驱动程序都运行在用户态下。与所有的 Win32 DLL 一样,Windows CE 驱动程序 DLL 中的代码要得以运行,必须被一些进程动态加载到地址空间。

提示:动态链接库

Windows 下的动态链接库(Dynamic Link Library,DLL)自 1985 年 Windows 诞生时就已经存在了。尽管这些年,DLL 的功能有了很大改善,但是 DLL 的基本原理并没有改变。DLL 是包含有独立代码或数据的模块,它们通常会有选择性的向外界暴露一些函数接口,供其他应用程序或另外一个 DLL 调用。DLL 最大的优势是可在运行时被动态加载,并且可在使用同一个 DLL 的多个程序之间实现共享。与 DLL 相对应的是静态库 Lib,使用 Lib 库时必须把 Lib 中的代码和数据统统复制到目标模块中去。

把驱动程序作为用户态的 DLL 来实现有如下优点:

首先,给操作系统和驱动程序带来了很大的灵活性。操作系统可在运行时动态地加载所需要的驱动程序,这样可轻松地实现很多外设的即插即用(Plug & Play)。

其次,把驱动程序放在用户态而不是核心态来实现,也增强了系统的稳定性。传统上认为,把驱动程序放在操作系统的内核态来执行,可方便地对外部设备资源进行访问又不会增加系统的额外开销。但是这样也对操作系统内核的稳定性带来了严峻的考验。在内核模式下,某个编写糟糕的驱动程序的崩溃会直接导致整个操作系统全盘崩溃,因为很多第三方厂商提供的驱动程序都要运行在内核模式下,这样有可能导致内核的稳定性下降。但是如果把驱动程序放在用户态下,那么就可把内核地址空间完好的保护起来,驱动程序的崩溃不会影响到操作系统内核。

最后,把驱动程序放在用户态下可给驱动开发人员提供便利。在 Windows CE 下,编写一个设备驱动程序 DLL 与编写一个普通的 DLL 毫无二致,调试驱动程序也会因此变得简单。而且驱动程序开发人员几乎可使用应用程序开发人员使用的所有资源;驱动开发人员可使用 C Runtime()函数处理字符串操作,甚至可使用 Win32 API 与用户进行交互。如果不考虑体积和效率,那么甚至可在驱动程序里面调用 MFC 的库函数。

5.2.2 Windows CE 驱动程序的宿主

如上文所述,Windows CE 的驱动程序是一个 DLL 文件。像所有的 Windows DLL 一样,DLL 是无法单独被加载和运行的。如果要运行 DLL 中的代码,那么必须先有一个 EXE 进程，把该 DLL 加载到自己的地址空间内，然后才可执行 DLL 中的代码。Windows CE 下的驱动程序也必须被其他 EXE 加载。

在 Windows CE 中，有 3 个系统的进程会加载和执行驱动程序的 DLL。它们是 Device.exe，GWES.exe 和 FileSys.exe。它们各自加载的驱动程序类型如图 5.2 所示。

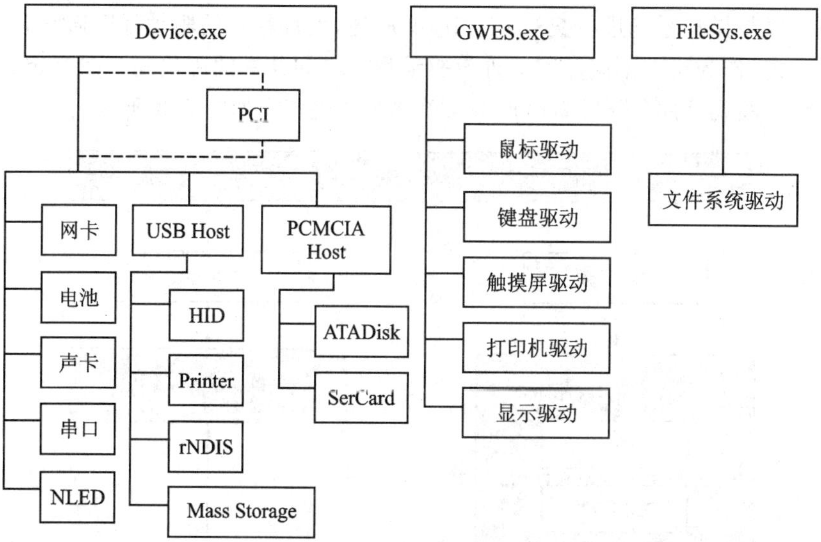

图 5.2　系统进程与其加载的驱动程序

Device.exe 在 Windows CE 中又被称做设备管理器。它负责加载和管理 Windows CE 下绝大多数的设备驱动程序，包括网卡驱动、电池驱动、声卡驱动、串口驱动、USB 设备驱动及 PCMCIA 驱动等。下面的内容将详细介绍设备管理器。

如果某个驱动程序仅仅被 GWES 进程使用，则 GWES.exe 会加载它，此驱动程序通常是一些与图形界面相关的 I/O 设备驱动。例如鼠标键盘驱动、显卡的驱动及触摸屏的驱动等。由于这些驱动程序的功能通常与图形界面的功能紧密耦合，因此被 GWES.exe 加载和使用可提高驱动和图形的效率。

FileSys.exe 在系统中负责管理 Windows CE 中的对象存储和文件系统。因此，FileSys.exe 须负责加载所有的文件系统驱动程序。例如 FAT 文件系统驱动程序及 CDFS 文件系统驱动程序等。

注　意

在 Windows CE 5.0 以前的版本中，也有一些驱动程序是与操作系统的某些组件静态链接的。比较典型的例子是 Notification LED(NLED)驱动程序。在 Windows CE.NET 4.2 中，NLED 驱动程序会被编译成一个库文件（通常称为 nleddrv.lib），然后与 GWES 模块进行链接，最终形成 GWES.exe，这样 NLED 就成了

GWES.exe 模块的一部分。以前，这类驱动程序被称做是内置(Built-In)的驱动程序。但是在 Windows CE 5.0 中，NLED 已从 GWES 中移出来，成为了被一个 Device.exe 加载的 DLL 文件。

5.2.3　分层驱动程序与单体驱动程序

驱动程序要与操作系统进行交互，正如前文所述，设计精良的驱动程序通常会把一类外设的共性提取出来，作为可在不同品牌的外设驱动程序之间共享的源代码。在 Windows CE 中，存在两种类型的驱动程序：分层驱动程序与单体驱动程序。如图 5.3 所示。

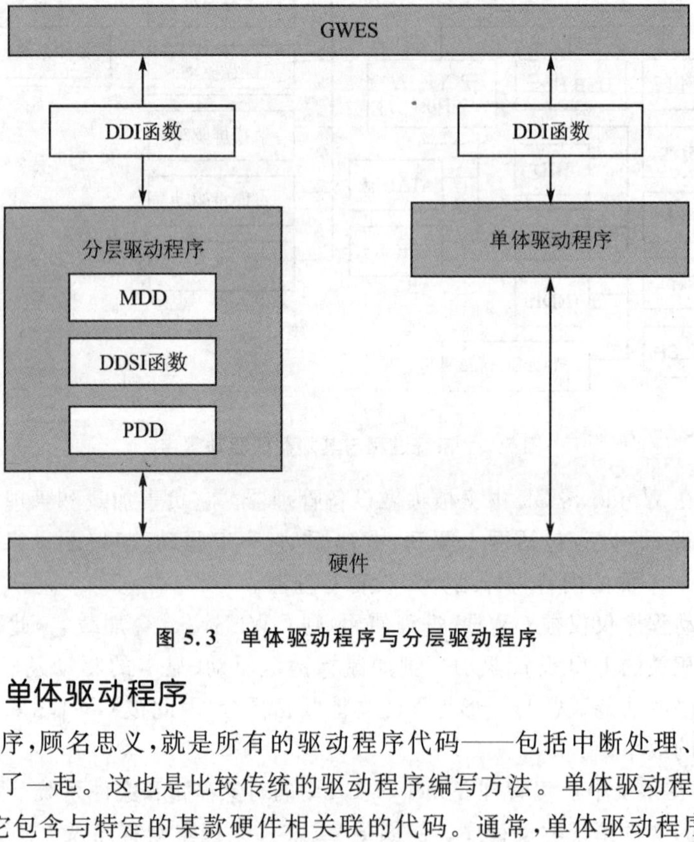

图 5.3　单体驱动程序与分层驱动程序

5.2.3.1　单体驱动程序

单体驱动程序，顾名思义，就是所有的驱动程序代码——包括中断处理、I/O 操作及硬件控制等都被放在了一起。这也是比较传统的驱动程序编写方法。单体驱动程序的代码直接与硬件交互，因此它包含与特定的某款硬件相关联的代码。通常，单体驱动程序会暴露 DDI 接口(Device Driver Interface)给操作系统，DDI 函数是操作系统与驱动程序交互的接口协议。

因为单体驱动程序对驱动程序的代码不作分层处理，因此驱动程序的代码相对紧凑，对于一些效率要求较高的场合，选用单体驱动程序可能会提高驱动的性能；同时，对于一些较简单的硬件设备驱动，使用单体驱动程序模型，可更加清晰明了。

5.2.3.2　分层驱动程序

分层驱动程序把驱动程序的代码分为两层：上面一层叫模型设备驱动(Model Device Driver,MDD),下面一层叫平台相关驱动(Platform Dependence Driver,PDD),通常为简单起见分别把它们叫做 MDD 和 PDD。

MDD 层包含某一类型的驱动程序所通用的代码；而 PDD 层包含特定的硬件或平台专用的代码。当操作系统访问硬件时,MDD 层会调用特定的 PDD 函数来访问硬件。在编写分层驱动程序时,通常对于某个类型的驱动程序,Platform Builder 中会自带此类型驱动的 MDD 代码,MDD 的代码是无须更改的,只须修改 PDD 层的代码。换言之,当移植示例驱动程序的代码时,只需对 PDD 层的代码进行修改。

给驱动程序分层后,MDD 和 PDD 之间还需要一个接口协议。这样,在分层驱动程序中,就有两类接口函数：在操作系统与 MDD 之间的 DDI 与 MDD 和 PDD 之间的 DDSI(Device Driver Service provider Interface)。当操作系统访问硬件时,首先通过使用 DDI 函数与驱动程序交互,然后在驱动程序内部,MDD 再通过 DDSI 函数与 PDD 进行交互,PDD 完成真正的硬件访问操作。

通常,MDD 层的代码与 PDD 层的代码会被编译成独立的静态 Lib 库,然后进行链接,形成可执行的驱动程序。因此,MDD 和 PDD 的划分只是在源代码逻辑层面,在驱动程序的二进制可执行代码中不会存在 MDD 与 PDD 的分层。

MDD 层通常有如下特性：

- 包含某一类驱动程序所通用的代码；
- 调用 PDD 层访问硬件设备；
- 与 PDD 层代码链接,定义 PDD 层必须实现的 DDSI 函数,并且在代码中使用这些函数；
- 对于操作系统实现 DDI 函数,供操作系统与驱动程序交互；
- 进行中断处理；
- 对于同一类型的驱动程序,代码可重用；
- 编译后生成的 Lib 库可与不同的 PDD 库进行链接；
- 通常无须改动(改动可能会在未来的操作系统版本中带来移植问题)；
- 中断处理线程 IST 通常位于这一层。

PDD 层的特性如下：

- 包含与某款硬件相关的代码；
- 对于不同的硬件产品或标准,有不同的实现；
- 只能与某一类 MDD 协同工作；
- 实现 MDD 所需要的 DDSI 函数。

对驱动程序分层带来了一定的灵活性,使驱动程序的编写变得更为清晰、简单,但是给驱动程序分层却并不是必须的，分层之后，MDD层对PDD层的函数调用会给驱动程序带来额外的性能开销。当性能至关重要时，就应该考虑是否对驱动程序进行分层。

提示：尽量采用分层驱动程序

在我们接触的很多Windows CE的驱动程序代码中，对驱动程序都没有进行分层，原因可能有两方面：一方面是驱动开发人员的知识有限；另外一方面是把驱动程序的代码从别的操作系统下移植到Windows CE上，采用单体驱动更加简单。

虽然对驱动程序分层会有一些弊端，但是总体而言，对驱动程序分层利大于弊。除非性能对于驱动程序至关重要，DDSI函数调用带来的额外开销的确带来了性能影响，成为了驱动的瓶颈（事实上瓶颈通常都是由于编写糟糕的代码或对硬件的不理解，而不是DDSI函数）。我们建议在开发驱动程序的时候，尽量采用分层的驱动程序。因为这样不但可重用一些代码，而且把驱动程序向以后的Windows CE中移植也会变得相对简单。

在Platform Builder自带的驱动程序中，声卡驱动程序的代码是典型的分层驱动程序的例子。它可在%_WINCEROOT%\PUBLIC\COMMON\OAK\DRIVERS\WAVEDEV目录下找到。声卡驱动程序的代码提供了在Windows CE下声卡的一种工作方式。当然，声卡驱动并无须这样做，如果用户喜欢，那么甚至可用轮循的方式实现声卡驱动的代码。

5.2.4　Windows CE驱动程序的分类

通常把具有相同属性或功能的设备驱动程序归为一类。同一类型的外设一般具有类似的功能。例如对于以太网卡，虽然不同厂商的网卡性能和实现可能各有不同，但是它们的功能都是类似的。

类似的功能意味着它们可有类似的接口和类似的实现代码。事实上，在为某一款设备编写驱动时，大多数情况下都是拿类似的驱动程序代码进行修改，而不是从零开始完全重新编写。

在Windows CE中，驱动程序也可被分成若干类，表5.1列出了Windows CE所支持的设备驱动类型。

表5.1　Windows CE支持的驱动类型

设备类型	驱动接口	Windows 9x/NT的兼容性	评　论
通用流式驱动	流式I/O	不兼容	—
串口	分层驱动程序	不兼容	—
网络	NDIS 5.1	Windows 9x/NT的子集	—
打印机	打印机专用接口	Windows 9x/NT的子集	Windows CE的打印机驱动模型与Win32打印驱动模型类似

续表 5.1

设备类型	驱动接口	Windows 9x/NT 的兼容性	评 论
音频	流式 I/O 接口,分层	不兼容	分为 MDD 层与 PDD 层,MDD 与操作系统之间通过流式接口通信。把声卡驱动作为单体流式接口驱动也是可行的
显卡	分层	Windows NT 的子集	Windows CE 的显卡驱动接口 DDI 是 Windows NT GPE 类的一个子集,提供硬件加速和软件仿真能力
PC Card	分层	不兼容	PC Card 驱动负责管理 PC Card 槽,而不是 PC Card 本身
触摸屏	分层	不兼容	—
鼠标	分层	不兼容	—
键盘	分层或单体	不兼容	—
电池	分层	不兼容	Windows CE 5.0 中把电池驱动从 GWES 移到了设备管理器中
块设备	流式 I/O 接口	不兼容	—
计时器	单体	不兼容	负责处理与多媒体相关的计时例程
并口	流式 I/O 接口,分层	不兼容	Windows CE 中的并口驱动只是为了通过并口进行打印,而不是通用的数据传输
蓝牙 HCI 传输	单体	—	—
Direct 3D Mobile	单体	不兼容	Direct 3D Mobile 驱动为 Direct 3D 中间件提供显存管理等工作
Direct Draw 驱动	DDraw 驱动接口	基本兼容	基本上是桌面 Windows 的修订版本,大同小异
IEEE 1394 驱动	独有接口	基本兼容	与桌面 Windows 的驱动基本一致
智能卡(Smart Card)	流式接口	不兼容	提供智能卡支持
Flash Media	流式接口	不兼容	提供对 Flash 存储设备的操纵
HID 驱动	专有接口	—	USB HID 的驱动
PCI 总线驱动	专有接口	—	提供 PCI 总线的枚举等功能
SD 卡		—	包括总线驱动,主控制器驱动和客户端驱动三部分
USB Function 驱动	专有接口	不兼容	为 USB Function Controller 和 USB Function Client 提供支持
USB Host 驱动	专有接口	不兼容	为 USB Host Controller 和 USB Host Client 提供支持

当在为某一款设备编写驱动程序前，最好首先查看一下这个表格。如果设备属于其中的某一类，那么就可参考一些类似驱动程序的示例来实现驱动程序；如果要编写的驱动程序不再列表中，那么这通常意味着必须为自己的设备定义自己的驱动程序类别，或许这会花费更多的精力。

5.2.5　示例驱动程序的代码

或许编写驱动程序最困难的部分是不知道如何开始。通常，阅读现有的驱动程序源代码是学习编写驱动程序的一个不错的方法。在 Platform Builder 中自带了大量的驱动程序代码，可通过阅读这些代码来学习编写驱动程序。

从 Windows CE 5.0 开始，微软引入了 Production-Quality Device Driver 的概念。这主要是为了提高驱动程序代码的可靠性和稳定性，也意味着 Platform Builder 自带的驱动程序的质量比以前有大的提高。一般而言，Production-Quality Device Drive 包含如下特性：

- 不经修改就可在总线上工作；
- 尽量减少驱动程序在不同的硬件平台上移植所作的改动；
- 对于特定的驱动技术，实现尽量多的功能；
- 在 Platform Builder IDE 的 Catalog View 中要有对应的可选项；
- 对硬件设备所依赖的总线不作任何假设；
- 对源代码有充分的注释；
- 尽量使用 Windows CE 5.0 的特性；
- 尽量减少 PDD 的代码，使驱动程序更加方便移植；
- 对于资源的分配，尽量使用注册表进行配置；
- 提供可重用平台无关的库。

大部分驱动程序的代码放在目录%_WINCEROOT%\public\COMMON\oak\drivers\下，这些驱动程序都是与平台无关的。此外，对于不同的平台，在 BSP 目录中也有一些驱动程序的代码，它们在%_WINCEROOT%\platform\<BSP Name>\src\drivers\中，这些驱动都是与平台相关的。

通常，从平台相关的代码开始学习编写驱动程序是个不错的方法，因为它们可直接在此平台上运行。用户可查看驱动程序的运行、代码和资源分配(例如 IRQ、端口地址、内存映射 I/O 及 DMA 缓冲地址等)，然后尝试着修改驱动程序的代码。与平台无关的驱动一般不能直接运行，需要针对特定的平台进行一些改动。

表 5.2～5.11 是 Platform Builder 中提供的所有 Production-Quality 驱动程序的列表。

表 5.2　块设备驱动程序

驱动程序	源代码位置	二进制文件
ATAPI PCI/IDE 存储块设备驱动	Public\Common\OAK\Drivers\Block\ATAPI\Common	Atapi. dll
USB host mass storage client(优盘)	Public\Common\OAK\Drivers\USB\Class\Storage\Class Public\Common\OAK\Drivers\USB\Class\Storage\Disk\SCSI2	Usbmsc. dll Usbdisk6. dll
USB function mass storage 驱动	Public\Common\OAK\Drivers\USBFN\Class\Storage\Transport\BOT	Usbmsfn. dll
SD 卡驱动	Public\Common\OAK\Drivers\SDCARD	Sdmemory. dll

表 5.3　显示设备驱动程序

驱动程序	源代码位置	二进制文件
ATI Rage XL Expert 98 (Warbird)	Public\Common\OAK\Drivers\Display\RageXL	Ddi_ragexl. dll
Silicon Motion 3DR (Cougar)	Public\Common\OAK\Drivers\Display\SMI3DR	Ddi_3dr. dll
Geode/MediaGX LCD controller driver	Public\Common\OAK\CSP\X86\Geode\GXVIDEO\Base\Base Public\Common\OAK\CSP\X86\Geode\GXVIDEO\Base\RBase	Ddi_gx. dll Ddi_rgx. dll
MediaQ MQ200	Public\Common\OAK\Drivers\Display\MQ200	Ddi_mq200. dll
Intel PXA27x 开发平台下的平板驱动	Public\Common\OAK\CSP\ARM\Intel\PXA27X\Display\PXA27X_LCD	Pxa27x_lcd. dll
VGA 帧缓冲驱动	Public\Common\OAK\Drivers\Display\VGAFlat	Ddi_flat. dll
三星 SMDK2410 下的平板驱动	Public\Common\OAK\CSP\ARM\Samsung\S3C2410X\Display\S3C2410X_LCD	S3c2410x_lcd. dll

表 5.4　Flash 驱动程序

驱动程序	源代码位置	二进制文件
MirrorBit NOR flash 驱动	Public\Common\OAK\Drivers\Block\MSFlashFMD\FASL\FASLD	Fasld. dll
SD NAND flash PCI 驱动	Public\Common\OAK\Drivers\Block\MSFlashFMD\SDNPCI\SDNPCID	Sdnpcid. dll
NOR flash Strataflash	Public\Common\OAK\Drivers\BLOCK\MSFlashFMD\Strata\StrataD	Stratad. dll
SMDK2410 下的 SmartMedia NAND flash (SMFLASH) 驱动	不提供	Smflash. dll

表 5.5 网络驱动程序

驱动程序	源代码位置	二进制文件
供通过以太网调试用的 Realtek RTL8139 网卡驱动	Public\Common\OAK\Drivers\EthDbg\RTL8139	Rtl8139dbg. dll
供通过以太网调试用的 SMC9000 网卡驱动	Public\Common\OAK\Drivers\EthDbg\SMC9000	Smc9000. dll
NE2000 兼容的通用以太网适配器驱动。包括 PCI,PC CARD 和 ISA 驱动	Public\Common\OAK\Drivers\NetCard\NE2000	Ne2000. dll
基于 SH4 硬件平台的 SMS SMSC100FD 以太网适配器驱动	Public\Common\OAK\Drivers\NetCard\SMSC100FD	Smsc100fd. dll
National Semiconductor DP83815 (MacPhyter) 以太网适配器驱动	Public\Common\OAK\Drivers\NetCard\DP83815	Dp83815. dll
Intel Pro E100BEX 以太网适配器驱动	Public\Common\OAK\Drivers\NetCard\E100BEX	E100bex. dll
CISCO Aironet 340/350 PCMCIA WLAN 卡驱动	不提供	Pcx500. dll
Intersil Prism2 WLAN PCMCIA 驱动	不提供	Islp2nds. dll
Realtek RTL188x 802.11b 驱动	不提供	Rtl1880nf. dll

注 意

这里列出的以太网驱动程序有两种类型：一种是普通的 NDIS 结构的驱动程序,可在产品中使用;另外一种是通过以太网进行调试用的驱动程序,这种驱动程序相对简单,通常它会在 BootLoader 和 OAL 中使用,以实现下载内核映像和内核调试的作用,此驱动只在开发的时候有用,一般不会集成到最终的产品中。

表 5.6 PC Card 驱动程序

驱动程序	源代码位置	二进制文件
PC Card MDD	Public\Common\OAK\Drivers\PCCard\MDD\MDD_Both	Pcc_serv. dll
Texas Instruments PC Card 槽驱动(12XX,14XX 和 15XX 的 PC Card 控制器)	Public\ Common \ OAK \ Drivers \ PCCARD \ TIPCCard \ TIPCCard_Both	Pcc_tipccard. dll
i82365 槽驱动	Public\Common\OAK\Drivers\PCCard\I82365	Pcc_i82365. dll
PCMCIA 驱动	Public\Common\OAK\Drivers\PCCard\PCMCIA	Pcc_pcm. dll
三星 SMDK2410 BSP 中的 PC Card 驱动程序	Platform\SMDK2410\SRC\Drivers\PCCard	Pcc_smdk2410. dll
AMD DBAu1000, DBAu1100 和 DBAu1500 开发板的 AMD Au1 PCMCIA PC Card 主控制器驱动	Platform\DBAU1000\SRC\Drivers\PCCard	Pcc_au1. dll

表 5.7 电源管理器的驱动程序

驱动程序	源代码位置	二进制文件
电源管理器的 PDD	Public\Common\OAK\Drivers\PM\PDD\Common Public\Common\OAK\Drivers\PM\PDD\Default Public\Common\OAK\Drivers\PM\PDD\PDA	Pm_pdd_common. dll Pm_default_pdd. dll Pm_pda_pdd. dll

表 5.8 SD 卡驱动程序

驱动程序	源代码位置	二进制文件
基于“SDA Standard Host Register Specification 1.0”的 SDIO 标准主控制器驱动程序	不提供	SDHC. dll
SD 总线驱动,它导出用来开发其他 SD 卡和 SDIO 客户端驱动的 API	不提供	SDBus. dll
SMDK2410 开发板上的三星 2410 SDIO 主控制器驱动	不提供	Sdhc_sc2410. dll
Intel PXA27x 开发板上的 PXA27x SD 主控制器驱动	不提供	Sdhc_mainstoneii. dll

表 5.9 串口驱动程序

驱动程序	源代码位置	二进制文件
Com16550 串口驱动 for 16550 UARTs	Public\Common\OAK\Drivers\Serial\COM16550 Public\Common\OAK\Drivers\Serial\SER16550	Com16550. dll Ser16550. lib
AMD DBAu1000, DBAu1100, and DBAu1500 开发板上的 AMD Au1 UART 驱动程序	Public\Common\OAK\CSP\MIPS\AMD\AU1\Serial	Au1uart. dll
三星 SMDK2410 板上的 S3C2410x 串口驱动程序	Public\Common\OAK\CSP\ARM\Samsung\S3C2410X\Serial	S3c2410x_serial. dll
USB 转串口驱动	Public\Common\OAK\Drivers\USBFN\Class\Serial	Serialusbfn. dll

表 5.10 USB Function 驱动程序

驱动程序	源代码位置	二进制文件
Netchip NET2280 USB 2.0 function 总线驱动	Public\Common\OAK\Drivers\USBFN\Controller\NET2280	Net2280. dll
Intel PXA27x 开发平台上的 PXA27x USB function 驱动程序	Public\Common\OAK\CSP\ARM\INTEL\PXA27X\USBFN	Pxa27x_usbfn. dll
Intel PXA25x 开发平台上的 USB function CSP 驱动程序	Public\Common\OAK\CSP\ARM\Intel\PXA25X\USB\Function\PDD	Pxa25xusbfn. dll
SMDK2410 平台下的三星 2410 USB function 总线驱动程序	Public\Common\OAK\CSP\ARM\Samsung\S3C2410X\USB\Function	Sc2410usbfn. dll

表5.11 USB Host 驱动程序

驱动程序	源代码位置	二进制文件
EHCI USB 2.0 host 控制器驱动程序	Public\Common\OAK\Drivers\USB\HCD\USB20\EHCIPDD	Ehci.dll
USB 驱动程序接口	Public\Common\OAK\Drivers\USB\USBD	Usbd.dll
遗留的 OHCI USB host 控制器驱动程序	Public\Common\OAK\Drivers\USB\HCD\OHC	Ohci.dll
OHCI USB host 控制器驱动程序	Public\Common\OAK\Drivers\USB\HCD\OHCD2	Ohci2.dll
UHCI USB host 控制器驱动程序	Public\Common\OAK\Drivers\USB\HCD\UHC	Uhci.dll
Intel PXA27x 平台下的 OHCI USB host 控制器驱动程序	Public\Common\OAK\CSP\ARM\INTEL\PXA27X\HCD	Pxa27x_ohci.dll
AMD DBAu1000，DBAu1100 和 DBAu1500 开发板上的 USB host 控制程序	Public\Common\OAK\CSP\MIPS\AMD\AU1\USB	Au1ohcd.dll
USB Human Input Device（HID）class 驱动程序	Public\Common\OAK\Drivers\USB\Class\HID\HIDClass\USBPDD	Usbhid.dll

5.3 设备管理器

5.3.1 设备管理器简介

在 Windows CE 中，系统进程 Device.exe 负责对几乎所有的外设驱动程序进行管理，它也被称做设备管理器。

严格意义上来讲，设备管理器不是 Windows CE 操作系统内核的一部分，它仅仅是一个用户态下的普通进程，而且，没有设备管理器 Windows CE 也可启动、运行。但是设备管理器在 Windows CE 中的作用却至关重要。

设备管理器有如下几项主要职责：

- 为大量 DLL 形式提供的驱动程序提供宿主进程，也就是把驱动程序的 DLL 文件加载到 Device.exe 进程的地址空间内。
- 在系统启动和新设备连接时负责加载和初始化驱动程序；在设备不再使用时卸载驱动程序。
- 对驱动程序进行统一管理，并可在特殊驱动事件发生时对其他应用程序发出通知。
- 实现并暴露设备管理相关的 API 函数。其他应用程序可通过这些函数对设备进行访问和控制。
- 提供电源管理的接口。

● 负责对 I/O 资源进行管理。

从实现上讲，设备管理器并非只有 Device. exe 构成，Device. exe 会调用其他 DLL 来共同完成设备管理的功能。例如 Devmgr. dll 会进行大部分的设备管理工作，BusEnum. dll 会完成驱动加载及总线枚举等工作。

在 Windows CE 系统启动时，设备管理器会随之启动，并且在整个系统运行时都会持续运行。在 common. reg 的第 65 行中，可看到如下代码：

```
[HKEY_LOCAL_MACHINE\init]

:

; @CESYSGEN IF CE_MODULES_DEVICE
        "Launch20" = "device.exe"
; @CESYSGEN IF CE_MODULES_SHELL
IF IMGNOKITL !
    "Depend20" = hex:0a,00
ENDIF IMGNOKITL !
; @CESYSGEN ENDIF
; @CESYSGEN ENDIF
```

从这里也可看到，Device. exe 是在系统启动后才被操作系统启动的。

5.3.2　设备的初始化

对于不同的操作系统，设备与驱动程序的初始化方法几乎都是不一致的。在 Windows CE 中，设备的初始化可分成两个阶段：第 1 个阶段是 Device. exe 本身的初始化；第 2 个阶段是外设的枚举和加载。

5.3.2.1　Device. exe 本身的初始化

Device. exe 本身的初始化顺序可如图 5.4 所示。

首先，当 Windows CE 冷启动后，操作系统内核 NK 首先运行，然后 NK 根据注册表的 HKEY_LOCAL_MACHINE\init 下的内容陆续启动一些其他进程，Device. exe 就在此时被启动。

其次，当 Device. exe 启动后，进行一系列自身的初始化工作，以便完成设备管理功能。按照顺序，Device. exe 会先初始化本身的一些数据结构，再初始化 I/O 资源管理器和电源管理器。

最后，Device. exe 根据注册表的设置，加载 BusEnum. dll，让 BusEnum. dll 负责加载和初始化所有的内置外设。

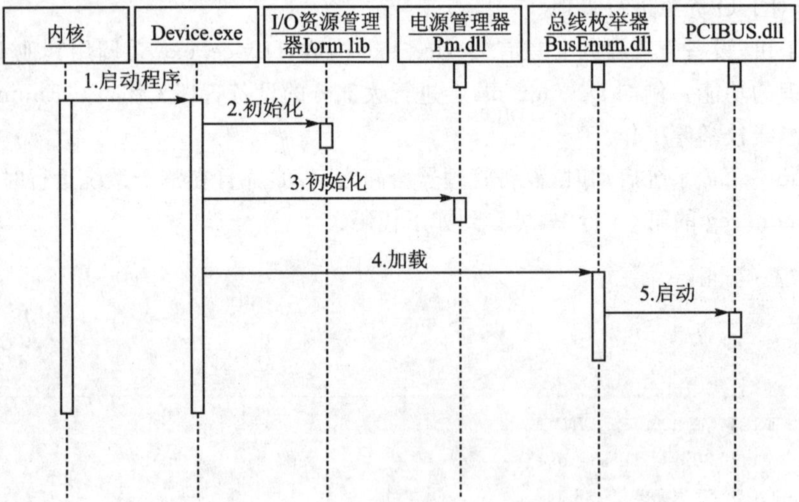

图 5.4 Device.exe 的初始化顺序图

至此，控制权就交给了 BusEnum.dll，Device.exe 本身的初始化结束。

5.3.2.2 外设的枚举和加载

设备初始化的第 2 个阶段也被称为总线枚举(Bus Enumeration)。此阶段的绝大部分工作是由总线枚举器完成的。一般情况下，总线枚举器的名字为 BusEnum.dll，它会被 Device.exe 加载，然后根据注册表的设置，依次加载所有的设备驱动程序。它的源代码是公开的，在 Windows CE 源代码目录的%_WINCEROOT%\PUBLIC\COMMON\OAK\DRIVERS\BUSENUM\下。

总体而言，总线枚举是一个递归遍历的过程。如图 5.5 所示，首先 Device.exe 加载并激活 BusEnum.dll，然后 BusEnum.dll 枚举注册表[HKEY_LOCAL_MACHINE\Drivers\BuiltIn]键下面的所有的子键，并加载相应的驱动程序，可能情况下，如果[HKEY_LOCAL_MACHINE\Drivers\BuiltIn]键下面所标志的驱动程序是总线驱动程序，那么该驱动程序会递归枚举并加载附加在该总线上的设备驱动。例如，对于图中的 PCI 总线驱动(PCIBus.dll)，它要负责加载插在 PCI 总线上的所有设备的驱动程序；而对于 ISA 总线，通常并不对其进行枚举，而是直接再次调用 BusEnum.dll(BusEnum.dll 是可重入的)，枚举 ISA 注册表键下面的每一个驱动。这也就意味着，对于 ISA 总线上的每个设备，必须在生成运行时映像的时候就把设备的信息提前写入注册表中。

总线枚举过程详述如下。

① 当设备管理器自身初始化结束后，Device.exe 会在注册表的[HKEY_LOCAL_MACHINE\Drivers\RootKey]下面读取总线枚举器的位置。通常情况下，RootKey 的值为

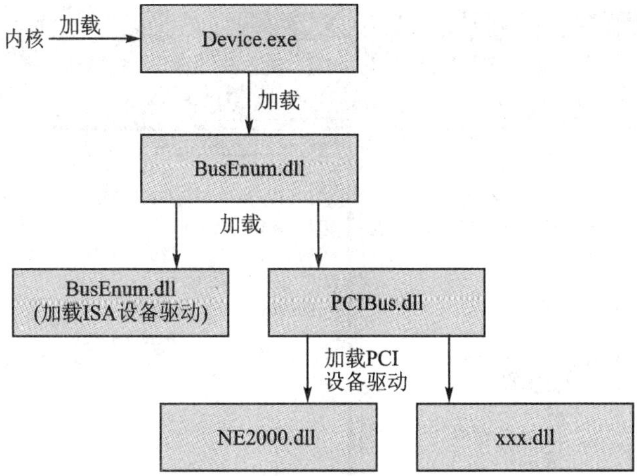

图 5.5　总线枚举的过程

“Drivers\BuildIn”。正如其名，此值也就是总线递归遍历的“根”。注册表编辑器窗口如图 5.6 所示。

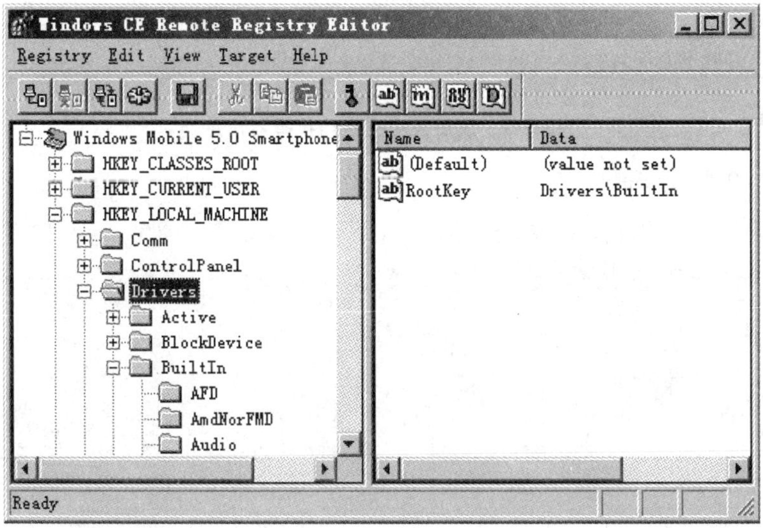

图 5.6　注册表 HKEY_LOCAL_MACHINE\Drivers 键

② 根据 RootKey 的值，Device. exe 会加载总线枚举器。例如，如果 RootKey 的值为 Drivers\BuildIn，那么总线枚举器的信息就存放在[HKEY_LOCAL_MACHINE\Drivers\BuiltIn]下，如图 5.7 所示。

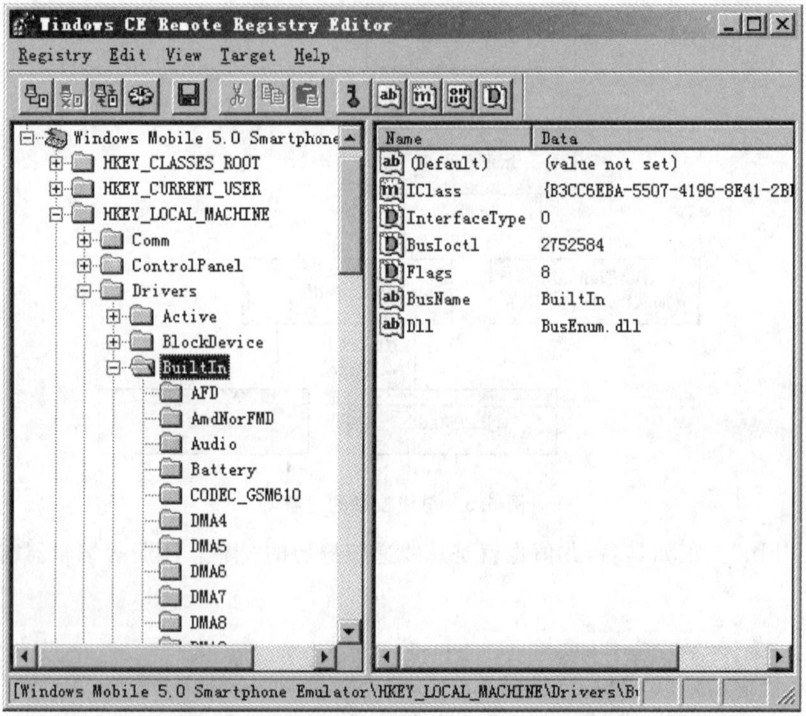

图 5.7 注册表中的总线枚举器信息

在本例中,注册表的信息为:

```
[HKEY_LOCAL_MACHINE\Drivers\BuiltIn]
    "Dll" = "BusEnum.dll"
    "BusName" = "BuiltIn"
    "Flags" = dword:8
    "BusIoctl" = dword:2a0048
    "InterfaceType" = dword:0
    "IClass" = multi_sz:"{B3CC6EBA - 5507 - 4196 - 8E41 - 2BF42E4A47C9} = %b",
                        "{6F40791D - 300E - 44E4 - BC38 - E0E63CA8375C} = %b"
```

其中,注册表项 Dll 的值就是总线枚举器的实现 DLL,一般情况下都是 BusEnum.dll,(当然也可叫做其他的名字,在 5.0 之前就被叫做 RegEnum.dll)。设备管理器并不显示通过 LoadLibrary 函数加载的此 DLL,而是直接调用 ActivateDeviceEx 函数。ActivateDeviceExh 函数加载 BusEnum.dll,然后调用 BusEnum.dll 的导出函数 Init()。这样,总线枚举过程就开始了。

ActivateDeviceEx 函数对于加载驱动程序非常重要。它负责根据注册表的信息,加载驱动程序。因此，有必要对此函数的工作原理详细解释一下。函数的声明如下：

```
HANDLE ActivateDeviceEx(
  LPCWSTR lpszDevKey,          // 指向描述设备驱动的注册表的路径
  LPCVOID lpRegEnts,           // 要添加到注册表 Active 项中的附加信息
  DWORD cRegEnts,              // lpRegEnts 的个数
  LPVOID lpvParam              // 附加信息，会被作为参数传递给驱动的 xxx_Init
);
```

ActivateDeviceEx()函数的第 1 个参数是一个注册表路径。此函数须通过注册表中的信息，来加载驱动程序，这也就要求驱动程序在被加载前，必须先把自己的详细信息记录在注册表中。

对于内置的设备(也就是不具备即插即用特性的外设)，在构建运行时映像的时候，开发人员就需要把驱动程序的信息加入到注册表中，通常在[HKEY_LOCAL_MACHINE\Drivers\BuiltIn\<DriverName>]下，这样总线枚举时就可自动加载此驱动程序。

对于即插即用的设备，总线驱动程序要负责即时地加载即插即用设备的驱动程序。例如，对于一些可即插即用的 USB 设备，USB 总线驱动程序要负责加载这些设备对应的驱动程序。

下面是一个驱动程序典型的注册表信息的例子：

```
[HKEY_LOCAL_MACHINE\Drivers\BuiltIn\Sample]
    "Dll" = "sampledev.dll"
    "Prefix" = "SMP"
    "Index" = dword:1
    "Order" = dword:0
    "FriendlyName" = "Sample Controller"
    "Ioctl" = dword:0
    "IClass" = "{3FE1CEF1 - E765 - 4a1e - B503 - 5B8C674D7C68}"
```

其中各项的含义如下：

Dll　指明了该驱动程序的实现位于 sampledev. dll 中。

Prefix　表明驱动的前缀。前缀通常都是 3 个大写的英文字母，在本例中是 SMP，那么，sampledev. dll 就须导出 SMP_Init，SMP_Open 等函数。

Index　指定驱动程序的索引。在本例中是 1，如果应用程序要打开该驱动，那么 CreateFile()的第 1 个参数就必须为 SMP1。

Order　指明了驱动程序的加载顺序。该值越小，驱动被加载得越早，这有助于解决驱动程序之间的依赖关系。

FriendlyName　是一个字符串，供人们更好的理解。

Ioctl　是个可选项，设备管理器在驱动加载完毕后会检测此键。如果有，则通过 DeviceIoControl()函数给设备发送 Ioctl 指定的控制命令。

IClass 是个可选项，在处理即插即用提醒时用得到。如果设置了 IClass，则在加载驱动程序时，会向注册的应用程序发出此 IClass 的提醒。

当然，上面列出的选项并不是必需的。有些驱动程序可能无须把上面的每一项都填满，另外一些驱动程序还会增加更多的注册表配置项。

再回到 ActivateDeviceEx()函数上，ActivateDeviceEx()函数根据上述注册表的信息，把对应的驱动 DLL 加载到 Device.exe 的地址空间内；然后在注册表 HKEY_LOCAL_MACHINE\Drivers\Active 键下面添加一个子键，来记录已经加载的驱动程序，如图 5.8 所示。最后调用设备的 Init 函数，此函数通常是驱动程序 DLL 的导出函数。同时，如果设备是即插即用设备，则此函数还要负责发送即插即用的通知。

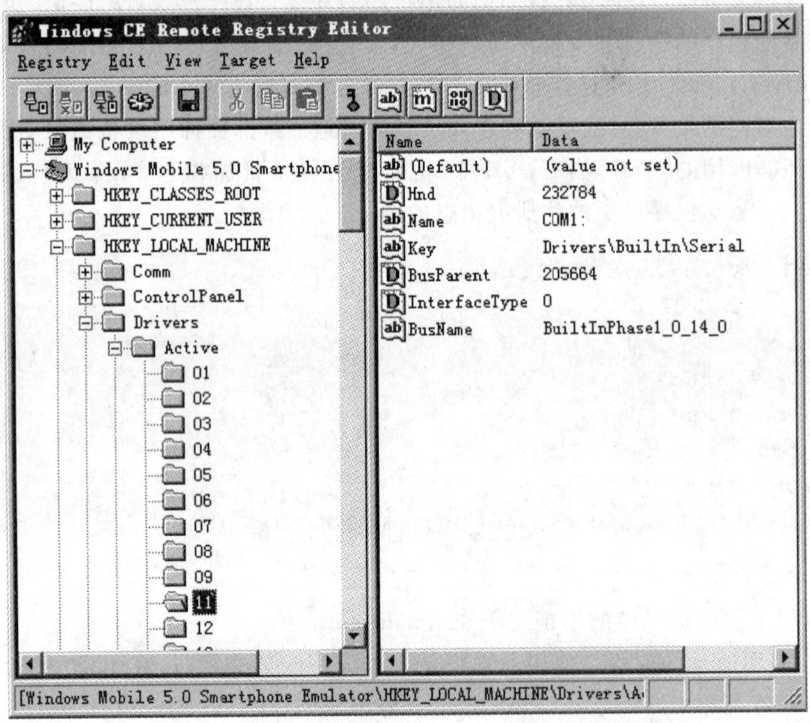

图 5.8 [HKEY_LOCAL_MACHINE\Drivers\Active]中的信息

③ BusEnum.dll 的 Init 函数会遍历 HKEY_LOCAL_MACHINE\Drivers\BuiltIn 键下的每一个子键。须注意的是，BuiltIn 下的每一个子键，都对应着一个预先配置的驱动程序信息。BusEnum.dll 读取这些子键下的注册信息，并且加载驱动程序。例如图 5.9 所示的声卡驱动程序的配置项。

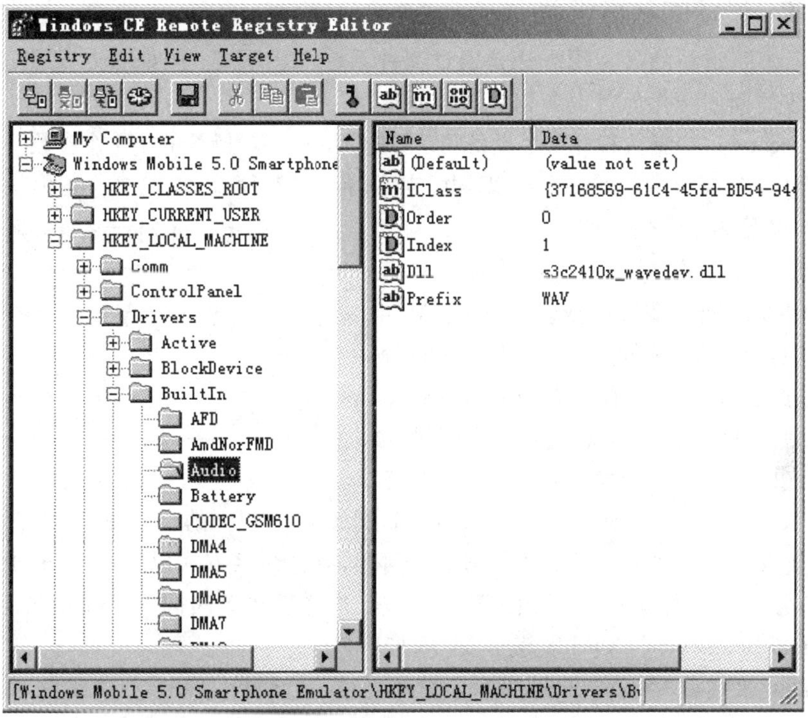

图 5.9　[HKEY_LOCAL_MACHINE\Drivers\BuiltIn]下的声卡驱动信息

加载驱动程序的方式也是调用 ActivateDeviceEx()函数，过程在前面已介绍过，基本是一致的。

这里总线驱动程序是一个特例，因为它会引起递归，所以有必要说明一下：如果注册表[HKEY_LOCAL_MACHINE\Drivers\BuiltIn]下的某一项是总线驱动程序，那么总线驱动程序要负责枚举插在该总线上的所有设备，并且加载对应的驱动程序。

当递归枚举过程结束后，所有内置的驱动程序也就加载结束了。可在注册表的[HKEY_LOCAL_MACHINE\Drivers\Active]下看到所有已经加载了的驱动程序信息。

此外，应用程序也可显式地调用 ActivateDeviceEx()函数来加载一个驱动程序，在此不再赘述。

5.3.3　设备的管理

当设备驱动程序被设备管理器加载后，设备管理器负责对设备进行一系列管理，主要涉及设备的枚举、通过名称访问设备以及对应用程序的通知等。

此外，设备管理器也提供了一系列 API 函数来对设备进行操作。

5.3.3.1　设备的名称管理

应用程序访问驱动的最常用方法是通过文件系统 API 函数(例如 CreateFile()函数),将文件 I/O 函数的调用转化为对设备相应函数的访问。

如果用 CreateFile()函数打开某个设备驱动,则 CreateFile()函数的第 1 个参数不再是文件名字,而是设备的名字。在 Windows CE 中,对设备有 3 种命名方式,也称为命名空间(Namespace),参见表 5.12。

表 5.12　设备命名方式

命名空间描述	示　例
传统设备命名	LPT2:
设备挂载点命名	\ $ device\COM7
总线挂载点命名	\ $ bus\PCMCIA_0_0_0

传统的设备命名方式由 3 个大写的英文字母,加一个 0～9 之间的数字构成。例如 COM3,LPT1 等。这也是最早 Windows CE 所支持的命名方式,但是此种命名方式有很大的局限性:① 对于某一个设备,必须知道设备的名字才能对设备进行访问;② 对于某一个特定的前缀,只能有 0～9 之间的 10 个设备,因此对于一些复杂的应用,例如 10 个以上的串口,就不太容易表示了。

设备挂载点命名方式解决了上述的第 2 个问题,此种命名方式以“ $ device”开头,然后跟设备名,设备名由 3 个大写字母,后面加数字构成。这样就可解决同一个前缀只能有 10 个示例的问题,例如“\ $ device\COM33”表示第 33 号串口。

总线挂载点命名以“ $ bus”开头,然后是总线名称、总线号、设备号和功能号。例如表 5.12 中的\ $ bus\PCMCIA_0_0_0 表示 PCMCIA 0 号总线上的 0 号设备 0 号功能。

CreateFile()函数对上面的 3 种命名方式都支持。

通常,前两种命名方式可用于普通的驱动操纵;第 3 种方式仅仅用于对总线设备的电源管理,总线驱动须广播一个 GUID 来告诉应用程序,自己支持电源管理或设备的卸载和重新装载。

5.3.3.2　应用程序的通知

在编写应用程序时,如果需要用到某个设备,则经常要知道某个设备是否就绪。只有设备就绪,才可继续下一步工作。通常,这需要操作系统在驱动程序和设备就绪时,向应用程序发送通知。

在 Windows CE 中,设备管理器提供了专门的函数,负责向应用程序发送驱动通知。有如下两个函数:

```
HANDLE RequestDeviceNotifications(
  const GUID * devclass,          // 设备的 IClass
  HANDLE hMsgQ,                   // 消息队列的句柄
  BOOL fAll                       // 是否发送所有通知
);
```

```
BOOL StopDeviceNotifications(
  HANDLE h                           // RequestDeviceNotifications 打开的句柄
);
```

其中，RequestDeviceNotifications()函数负责向设备管理器申请发送通知。当应用程序不再需要通知时，可调用 StopDeviceNotifications()函数解除通知。

RequestDeviceNotifications()函数有 3 个参数：第 1 个参数是一个 GUID，通常称做 IClass，用来指示应用程序希望得到哪个 IClass 就绪的通知；第 2 个参数是一个点对点消息队列的句柄(关于消息队列的介绍可参见本书的相关内容)，当有提醒消息产生时，设备管理器会向这个消息队列发送消息；第 3 个参数是布尔型，为 TRUE 时表示发送以前的所有消息，为 FALSE 时表示只发送从调用该函数后发生的消息。

StopDeviceNotifications()函数只接受一个参数，也就是 RequestDeviceNotifications()的返回值。

IClass 对于设备的提醒比较重要，有必要详细介绍一下。

IClass 被称为接口类型(Interface Class)，简称 IClass。它是一个 128 位的 GUID，用来描述设备的某种能力。通常 IClass 有两个作用：① 用来告诉应用程序设备具有哪些能力；② 通知应用程序自己已经就绪。一个设备可以公开多个 IClass，也可以一个 IClass 都不公开。

注意：IClass 与 COM 接口

设备管理器中的 IClass 也用一个 GUID 来表示，而且命名也是 IXxx 形式，这与 COM(组件对象模型)中的接口非常类似。但是这里的 IClass 与 COM 中的接口没有任何关系，请各位熟悉 COM 的读者不要混淆。

向应用程序发送通知的方法也有两种：第 1 种，如前文介绍，在描述设备信息的注册表中，通常有 IClass 子项，这是一个可选项，如果设置了 IClass，则该设备在加载时设备管理器就向所有调用 RequestDeviceNotifications()函数，等待此 IClass 的应用程序发送通知；第 2 种，驱动程序可调用 AdvertiseInterface()函数显式地向应用程序发送通知。

Windows CE 中默认定义了许多 IClass，当然，应用程序和驱动程序也可扩展更多的 IClass。表 5.13 列出了 Windows CE 中自带的 IClass 以及所在的头文件。

下面是一个使用 RequestDeviceNotifications()函数来获取通知的例子。它的功能是当有额外的设备挂载到系统上时，自动运行设备每个分区根目录的 AutoRun.exe 程序(如果存在的话)。用 RequestDeviceNotifications()，获得设备挂载通知，来获取 STORE_MOUNT_GUID IClass 的通知，然后使用等待函数等待事件发生。

表 5.13 系统提供的 IClass

接 口	声明的头文件	注 释
BATTERY_DRIVER_CLASS	Public\Common\OAK\Inc\Battery.h	电池驱动程序
BLOCK_DRIVER_GUID	Public\Common\SDK\Inc\Storemgr.h	块设备驱动就绪
CDDA_MOUNT_GUID	Public\Common\SDK\Inc\Storemgr.h	CDDA 挂载
CDFS_MOUNT_GUID	Public\Common\SDK\Inc\Storemgr.h	CD 文件系统挂载通知
DEVCLASS_CARDSERV_GUID	Public\Common\DDK\Inc\Cardserv.h Public\Common\DDK\Inc\Cardsv2.h	PCMCIA 卡服务
DEVCLASS_DISPLAY_GUID	Public\Common\OAK\Inc\Winddi.h	显示设备就绪
DEVCLASS_KEYBOARD_GUID	Public\Common\SDK\Inc\Keybd.h	键盘就绪
DEVCLASS_STREAM_GUID	Public\Common\SDK\Inc\Pnp.h	流式接口驱动
DMCLASS_PROTECTEDBUSNAMESPACE	Public\Common\DDK\Inc\Devload.h	可使用$bus方式命名
FATFS_MOUNT_GUID	Public\Common\SDK\Inc\Storemgr.h	FAT 文件系统挂载
FSD_MOUNT_GUID	Public\Common\SDK\Inc\Storemgr.h	FSD 挂载
NLED_DRIVER_CLASS	Public\Common\SDK\Inc\NLED.h	NLED 驱动
PMCLASS_BLOCK_DEVICE	Public\Common\SDK\Inc\Pm.h	块设备电源管理
PMCLASS_DISPLAY	Public\Common\SDK\Inc\Pm.h	显示设备电源管理
PMCLASS_GENERIC_DEVICE	Public\Common\SDK\Inc\Pm.h	设备电源管理
PMCLASS_NDIS_MINIPORT	Public\Common\SDK\Inc\Pm.h	NDIS 电源管理
STORE_MOUNT_GUID	Public\Common\SDK\Inc\Storemgr.h	对象存储挂载
STOREMGR_DRIVER_GUID	Public\Common\SDK\Inc\Storemgr.h	存储管理器
UDFS_MOUNT_GUID	Public\Common\SDK\Inc\Storemgr.h	UDFS 挂载

```
#include <windows.h>
#include <StoreMgr.h>
#include <pnp.h>
#include <shlwapi.h>

void  OnMountedVolume(const PARTINFO& Partition);
void  OnMountStorage( const DEVDETAIL& Dev, DWORD Flags );
DWORD NotificationsThread( LPVOID lpParameter );
BOOL  SetupNotifications();

// Global handle to allow us to stop DeviceNotifications
// should the driver be closed
```

```
static HANDLE hNotifications;

// This event is used to stop the notification thread
// should the driver be closed
static HANDLE hStopEvent;


BOOL APIENTRY DllMain( HANDLE hModule,
                       DWORD  ul_reason_for_call,
                       LPVOID lpReserved
                       )
{
    return TRUE;
}

extern "C"
{
    __declspec(dllexport) DWORD Init(const TCHAR * )
    {
        static bool Initialized = false;

        if(Initialized)
        {
            SetLastError(ERROR_SERVICE_ALREADY_RUNNING);
            return false;
        }

        // create an event so that we can stop the notifications thread if
        // the driver exits
        hStopEvent = CreateEvent( NULL, FALSE, FALSE, NULL );

        return SetupNotifications();
    }

    __declspec(dllexport) BOOL Deinit()
    {
        if( hNotifications != NULL )
        {
            StopDeviceNotifications( hNotifications );
```

```
                // Stop the notifications thread
                SetEvent( hStopEvent );
            }
            return TRUE;
        }
}

static void OnMountedVolume(const PARTINFO& Partition)
{
    TCHAR path[MAX_PATH];
    SYSTEM_INFO sysInfo;

    // Generate the full filename for AutoRun.exe
    GetSystemInfo(&sysInfo);
    _stprintf(path,_T("%s\\AutoRun.exe"),Partition.szVolumeName);

    if( PathFileExists(path) )
    {
        // Create a process and run AutoRun.exe
        PROCESS_INFORMATION procInfo;
        if(! CreateProcess(path, NULL, NULL, NULL, FALSE, 0 ,NULL,NULL, NULL, &procInfo))
        {
            ERRORMSG(1,(_T("AutoRun - CreateProcess(\"%s\",...) FAILED (0x%X)\r\n"),path,
GetLastError()));
        }
        else
        {
            // don't need handles so close them to prevent leaks
            CloseHandle(procInfo.hProcess);
            CloseHandle(procInfo.hThread);
        }
    }
}

void OnMountStorage( const DEVDETAIL& Dev, DWORD Flags )
{
    // check through the mounted volumes for AutoRun.exe...
    PARTINFO partInfo;
    partInfo.cbSize = sizeof(partInfo);
```

```
    // not interested in device removals...
    if(! Dev.fAttached)
        return;

    HANDLE hStore = OpenStore(Dev.szName);
    if(NULL == hStore)
    {
        ERRORMSG(1,(_T("Failed to open store for volume: %s (0x%X)\r\n"),Dev.szName, GetLas-
tError()));
        return;
    }

    HANDLE hFindPart = FindFirstPartition(hStore, &partInfo);
    if(NULL == hFindPart)
    {
        ERRORMSG(1,(_T("ERROR: Failed to locate first partition on volume: %s (0x%X)\r\n"),
Dev.szName, GetLastError()));
        return;
    }

    // loop through each partition on the volume
    do {
        OnMountedVolume(partInfo);
    }while(FindNextPartition(hFindPart, &partInfo));

    CloseHandle(hStore);
    FindClosePartition(hFindPart);
}

DWORD NotificationsThread( LPVOID lpParameter )
{
    GUID   guid = STORE_MOUNT_GUID;
    HANDLE hMsgQ;
    DWORD  numRead;
    DWORD  flags;
    BYTE   buf[sizeof(DEVDETAIL) + MAX_DEVCLASS_NAMELEN * sizeof(TCHAR)];
    MSGQUEUEOPTIONS qoptions = { sizeof(MSGQUEUEOPTIONS), MSGQUEUE_NOPRECOMMIT, 0, sizeof(buf),
TRUE };
```

```
    hMsgQ = CreateMsgQueue( NULL, &qoptions );
    if( hMsgQ == NULL )
    {
        ERRORMSG(1,(_T("CreateMsgQueue failed: (0x%X)\r\n"),GetLastError()));
        return 0;
    }

    hNotifications = RequestDeviceNotifications( &guid, hMsgQ,  TRUE );
    if( hNotifications == NULL )
    {
        ERRORMSG(1,(_T("RequestDeviceNotifications failed: (0x%X)\r\n"),GetLastError()));
        return 0;
    }

    // wait for messages...
    HANDLE waitHandles[] = { XXXXXXX, hStopEvent };
    while( WAIT_OBJECT_0 == WaitForMultipleObjects( 2, waitHandles, FALSE, INFINITE ) )
    {
        if( ! ReadMsgQueue( hMsgQ, buf, sizeof(buf), &numRead, 0, &flags ) )
        {
            ERRORMSG(1,(_T("Failed to read from queue: (0x%X)\r\n"),GetLastError()));
            return 0;
        }

        OnMountStorage( *((const DEVDETAIL *)buf), flags);
    }

    CloseMsgQueue( hMsgQ );
    CloseHandle( hStopEvent );

    return 1;
}

BOOL SetupNotifications()
{
    // Create a new thread to wait on storage notifications...
    HANDLE hNotificationsThread = CreateThread( NULL, 0, NotificationsThread, 0, 0, NULL );
    if( hNotificationsThread == NULL )
    {
```

```
        ERRORMSG(1,(_T("Failed to create Notifications Thread: (0x%X)\r\n"),GetLastError()));
        return FALSE;
    }
    else
    {
        return TRUE;
    }
}
```

这是一个伪驱动，可把它编译成一个DLL文件，然后加到系统中去，接着在注册表添加如下内容：

```
[HKEY_LOCAL_MACHINE\Drivers\BuiltIn\FSNotify]
    "Dll" = "FSNotify.dll"
    "Flags" = dword:8
```


这样，当系统启动时，此程序就可自动运行了。当把U盘等插到系统上时，就可看到效果。

5.3.3.3 资源的管理

正如前述，当系统启动时，总线枚举器会根据注册表的设置，枚举并加载所有内置的设备驱动程序。此时，资源管理器就开始监控系统中所有的资源。这里所描述的资源主要是IRQ与I/O地址资源。

设备管理器提供专门的资源管理器负责对IRQ与I/O地址资源进行管理，同时记录当前系统中的IRQ与I/O地址的占用和可用情况。

不同的平台有不同的可用资源。在系统启动时，OAL和总线驱动程序(PCI和PCMCIA)总是预先申请一些资源。这些资源的初始化状态可在注册表里面配置。注册表键[HKEY_LOCAL_MACHINE\Drivers\Resources\IRQ]记录IRQ的状态；而注册表键[HKEY_LOCAL_MACHINE\Drivers\Resources\IO]记录I/O地址的状态。

下面一段代码取自CEPC的Platform.reg文件。记录了CEPC的IRQ和I/O资源初始化状态。

```
; Resources available at time of device.exe initialization.
; Key names are descriptive; resource ids are definitive.
; System ids are defined in ddk\inc\resmgr.h.
; HIVE BOOT SECTION
[HKEY_LOCAL_MACHINE\Drivers\Resources\IRQ]
    "Identifier" = dword:1
    "Minimum" = dword:1
    "Space" = dword:F
    "Ranges" = "1,3 - 7,9 - 0xF"
```

```
    "Shared" = "1,3 - 7,9 - 0xF"

; I/O ranges are reserved for all drivers listed in this file that are not
; part of an expansion bus (PCI, PCCARD, etc).  If your platform doesn't
; have one of these peripherals you may edit this list accordingly.  This
; sample configuration assumes that, if you have any COM port you have all of
; the lower - numbered ones as well.
[HKEY_LOCAL_MACHINE\Drivers\Resources\IO]
    "Identifier" = dword:2
    "Minimum" = dword:0
    "Space" = dword:10000

IF BSP_NOSERIAL
    "Ranges" = "0 - 0x5F,0x65 - 0x277,0x284 - 0x38F,0x392 - 0x3DF,0x3E2 - 0xFFFF"
ENDIF ; BSP_NOSERIAL
IF BSP_NOSERIAL !
    "Ranges" = "0 - 0x5F,0x65 - 0x277,0x284 - 0x2F7,0x300 - 0x38F,0x392 - 0x3DF,0x3E2 - 0xFFFF"
ENDIF ; BSP_NOSERIAL !
IF BSP_SERIAL2
    "Ranges" = "0 - 0x5F,0x65 - 0x277,0x284 - 0x2F7,0x300 - 0x38F,0x392 - 0x3DF,0x3E2 - 0x3E7,
0x3F0 - 0xFFFF"
ENDIF ; BSP_SERIAL2
IF BSP_SERIAL3
    "Ranges" = "0 - 0x5F,0x65 - 0x277,0x284 - 0x2E7,0x2F0 - 0x2F7,0x300 - 0x38F,0x392 - 0x3DF,
0x3E2 - 0x3E7,0x3F0 - 0xFFFF"
ENDIF ; BSP_SERIAL3
```

其中几个注册表项的含义如表5.14所列。

表5.14 注册表资源项的含义

注册表项	解 释	在本例中的值(IRQ)
Identifier	资源的类型。1表示IRQ,2表示I/O地址	1
Minimum	这种类型资源的最小值	1
Space	这种类型资源的数量	15
Ranges	初始可用的资源范围	1,3～7,9～0xF
Shared	初始可用的可共享资源范围	1,3～7,9～0xF

这样,当系统启动后,资源管理器就会记录初始可用的资源。当总线驱动程序希望申请一定的资源时,可通过ResourceRequest()和ResourceRequestEx()函数来申请资源。后者可申

请独占的资源。函数的声明如下：

```
BOOL ResourceRequest(
    DWORD dwResId,          // 申请的资源类型
    DWORD dwBase,           // 申请资源的最小值
    DWORD dwLen             // 申请资源的长度
);
```

下面一段代码取自一款比较常见的 PCMCIA 插槽 I82365 的驱动程序。展示了如何使用 ResourceRequest()函数来申请 I/O 地址空间。代码取自%_WINCEROOT%\PUBLIC\COMMON\OAK\DRIVERS\PCCARD\I82365\pcmwin.cpp 文件。

```
BOOL CPcmciaIoWindows::GetBaseAddress( PSS_WINDOW_STATE pWindowState,
                                        DWORD dwNewOffset,
                                        DWORD dwNewLength,
                                        DWORD& dwNewBaseAddress )
{
    if( ! ResourceRequest( RESMGR_IOSPACE,
                           pWindowState-> uOffset,
                           m_WinStatus.uSize ) )  // We failed to allocate physical address for
this window.
    {
        return FALSE;
    }
    dwNewBaseAddress = pWindowState-> uOffset;
    return TRUE;
}
```

当设备不再需要这些资源时，使用 ResourceRequest()和 ResourceRequestEx()函数申请的函数可用 ResourceRelease()函数释放。

5.4 中断处理

5.4.1 Windows CE 中断的基本概念

大多数外部设备都会产生中断来请求操作系统的服务。一般情况下，外部设备并不占用 CPU，只有当外设工作时，才会通过中断来打断 CPU 的当前执行，请求 CPU 处理外部设备的数据。这时 CPU 会暂停当前的工作，来处理外部设备提出的请求。例如，片上时钟会定时产生时钟中断；用户按下键盘上的键会产生键盘中断；麦克风及触摸屏等外设都会产生中断。外

部设备通过中断来请求操作系统的服务是一个通用的原则。因为外设会产生中断，所以，外设相对应的驱动程序就要处理这些中断。

物理中断请求（Interrupt ReQuest，IRQ）是外部设备通过CPU的中断引脚向CPU发送的中断信号。例如，在X86 CPU的PC机上，使用两片8259A中断控制器级联进行中断处理，可同时处理15个IRQ；而在ARM系统中，ARM CPU提供标准中断（IRQ）和快速中断（FIQ）两个中断向量；各半导体厂家也加入自己的中断控制器，使其支持诸如串口及时钟等硬件中断。

在Windows CE中还存在逻辑中断SYSINTR的概念。当中断发生时，OAL须把物理中断信号映射成OEM定义的逻辑中断信号，然后供操作系统和驱动程序调用。逻辑中断是对硬件物理中断很好的抽象。举例来说，不同开发板上的键盘产生的IRQ可能会不同，但是当键盘中断产生时，这些IRQ被统一转换成SYSINTR_KEYBOARD，然后进行统一处理。

Windows CE下的中断处理分为两个阶段：处于内核模式的中断服务例程（Interrupt Service Routine，ISR）和处于用户模式的中断服务线程（Interrupt Service Thread，IST）。ISR与IRQ是一对N的关系。也就是说，每个IRQ都对应一个ISR，但是一个ISR可处理多个IRQ。大致来讲，ISR负责把IRQ转化成逻辑中断并返回给内核；IST则负责中断的逻辑处理。在其他一些操作系统中，ISR是短小的汇编代码。但是在Windows CE中，内核负责处理寄存器的保存与恢复，因此ISR可用C语言来实现。

Windows CE中的中断处理模型如图5.10所示。物理中断通过ISR被映射为逻辑中断，然后操作系统根据逻辑中断号激发所关联的事件内核对象，这将使得等待在该事件内核对象上的IST开始执行并处理中断。通过这些步骤，把一次物理中断的产生映射为IST的执行，从而达到中断处理的目的。

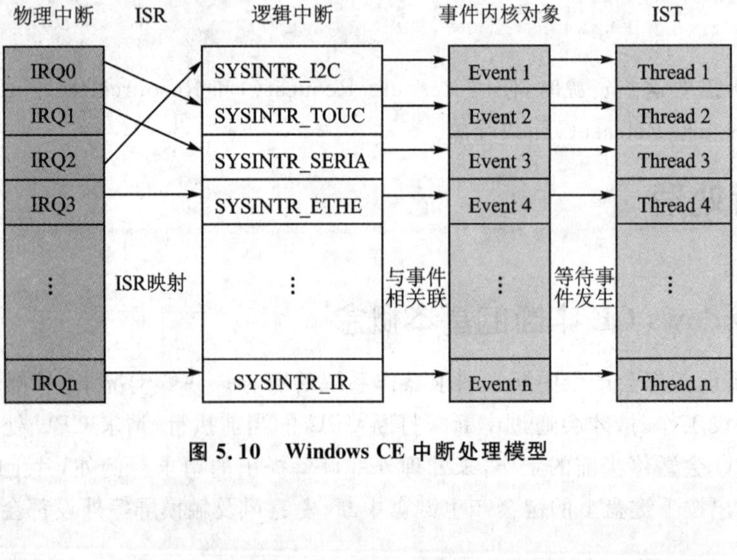

图5.10　Windows CE中断处理模型

5.4.2 中断处理的过程

Windows CE 的一次中断处理起始于硬件中断产生,终止于 IST 调用 InterruptDone()函数。整个中断处理的流程如图 5.11 所示。流程按时间顺序从左到右排列。该图的最底层是硬件和中断控制器的状态;硬件之上的是 OAL 层,它是 OEM 厂商应该实现的部分;OAL 之上是内核,这是微软提供的部分;最上面是可安装的 ISR 与用户态驱动程序。

由于 Windows CE 支持 ARM,X86,MIPS 和 SH 4 种 CPU 体系结构,而中断的处理往往与 CPU 体系结构密切相关。因此,具体的中断处理过程可能因 CPU 的不同而异。本部分仅介绍中断处理的框架。

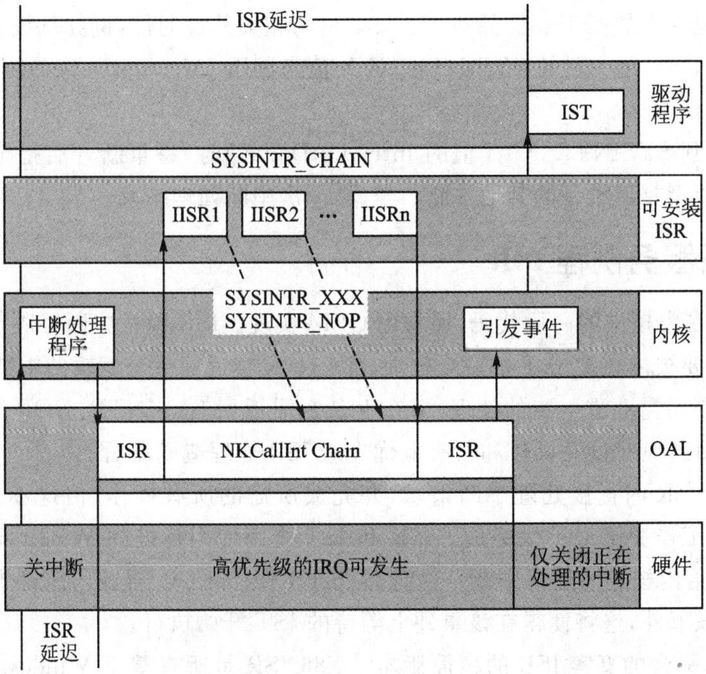

图 5.11 Windows CE 中断处理流程

首先,硬件外设产生一个中断,然后跳转到中断处理程序(Interrupt Handler)处执行。中断处理程序位于操作系统内核中,是一段非常短小的代码,所有的硬件中断都会被中断处理程序捕获并处理。

其次,中断处理程序调用已注册的 ISR 来决定如何处理这个硬件中断。ISR 是在 OAL 中实现的,ISR 通常向内核返回一个值,内核根据 ISR 的返回值决定如何处理中断,ISR 可能的返回值如表 5.15 所列。

表 5.15 ISR 的返回值

返回值	描 述
SYSINTR_NOP	中断不与设备的任何已注册 ISR 关联。内核启用所有其他中断
SYSINTR_RESCHED	OS 重新调度的计时器到期,OS 进行重新调度
SYSINTR_XXX,逻辑中断号	中断与已知的已注册 ISR 和设备关联

SYSINTR_XXX 返回值是我们讨论的重点。一旦 ISR 返回 SYSINTR_XXX,内核将重新开启处理器上除已识别的中断之外的所有中断。然后,内核将引发与 SYSINTR_XXX 值关联的事件。

最后,驱动程序中的 IST 将开始运行。IST 将与相关外设通信,例如从设备中读取所有必要的数据。然后,IST 用关联的 SYSINTR_XXX 值来调用 InterruptDone()函数,通知内核已完成对中断的处理。

内核在接收到 SYSINTR_XXX 值的 InterruptDone()时,将重新开启指定的中断。只有从这时开始,才能接收该设备的其他中断。至此,一次中断处理结束。

5.4.3 中断服务例程 ISR

ISR 是运行在内核中的一段代码,通常由 OEM 实现。ISR 检查中断并决定如何处理该中断。如果中断需要被内核和 IST 进一步处理,那么 ISR 会返回一个逻辑的中断号 SYSINTR_XXX;如果该中断不需要进一步的处理,那么 ISR 只需返回 SYSINTR_NOP 给内核。ISR 必须非常高效,从而避免对设备操作和所有低优先级 ISR 处理造成滞后。

尽管也可在 ISR 内直接处理中断请求,并完成所需的所有操作,但这不是推荐的做法。应该把大多数的工作交给 IST 去完成。ISR 和 IST 之间使用标准的 Win32 同步对象事件进行通知。ISR 可给内核返回逻辑中断。这时,内核检测内部的表,寻找与该逻辑中断相对应的事件,然后引发该事件,这将使得在该事件上等待的 IST 开始执行。

下面是 X86 平台的真实 ISR 的精简版本。X86 ISR 是所有基于 Windows CE 的平台的 ISR 的代表。它演示了能够处理系统中所有中断的单个 ISR,可在%_PLATFORMROOT%\common\src\x86\common\intr\fwpc.c 中找到如下代码。

该 ISR 的工作过程如下:

① 调用 PICGetCurrentInterrupt 获取当前硬件中断。

② 如果该中断是 INTR_TIMER0(系统计时器),那么更新 CurMSec 保持时间,检查并确认是否已经注册了重新启动地址 RebootHandler。

③ 如果中断是 INTR_RTC,那么 ISR 检查并确认闹钟 SYSINTR_RTC_ALARM 是否已到期。

④ 如果中断小于 INTR_MAXIMUM,那么调用中断链 NKCallIntrChain,并将 NKCall-

IntrChain 的返回值设置为临时返回值。

⑤ 如果中断链未包含中断，则通过 OEMTranslateIRQ 映射当前硬件中断，并得到从 OEMTranslateIRQ 返回的 SYINTR 值。通常，如果在 OEMInit()函数中注册过该中断，则 OEMTranslateIRQ 返回逻辑中断号；否则返回 SYSINTR_NOP。

⑥ 调用 PICEnableInterrupt，启用除当前中断以外的所有中断。

⑦ 完成恰当的中断，结束工作，通知 PIC 中断已完成。

```
ULONG PeRPISR(void) {
    ULONG ulRet = SYSINTR_NOP;
    UCHAR ucCurrentInterrupt;

    ucCurrentInterrupt = PICGetCurrentInterrupt();

    if (ucCurrentInterrupt == INTR_TIMER0) {

            CurMSec += g_dwBSPMsPerIntr;
            CurTicks.QuadPart += g_dwOALTimerCount;

            if ((int) (CurMSec - dwReschedTime) >= 0)
                ulRet = SYSINTR_RESCHED;

        // Check if a reboot was requested.
        if (dwRebootAddress) {
            RebootHandler();
        }
    } else if (ucCurrentInterrupt == INTR_RTC) {
        UCHAR cStatusC;
        // Check to see if this was an alarm interrupt
        cStatusC = CMOS_Read( RTC_STATUS_C);
        if((cStatusC & (RTC_SRC_IRQ|RTC_SRC_US)) == (RTC_SRC_IRQ|RTC_SRC_US))
            ulRet = SYSINTR_RTC_ALARM;
    } else if (ucCurrentInterrupt <= INTR_MAXIMUM) {
        // We have a physical interrupt ID, but want to return a SYSINTR_ID

        // Call interrupt chain to see if any installed ISRs handle this interrupt
        ulRet = NKCallIntChain(ucCurrentInterrupt);

        // IRQ not claimed by installed ISR; translate into SYSINTR
        if (ulRet == SYSINTR_CHAIN) {
```

```
            ulRet = OALIntrTranslateIrq (ucCurrentInterrupt);
        }

        if (ulRet == SYSINTR_NOP||ulRet == SYSINTR_UNDEFINED||! NKIsSysIntrValid(ulRet)) {
            // If SYSINTR_NOP, IRQ claimed by installed ISR, but no further action required
            // If SYSINTR_UNDEFINED, ignore
            // If SysIntr was never initialized, ignore
            ulRet = SYSINTR_NOP;
        } else {
            // Valid SYSINTR, mask off interrupt source
            PICEnableInterrupt(ucCurrentInterrupt, FALSE);
        }
    }
    OEMIndicateIntSource(ulRet);
    if (ucCurrentInterrupt > 7||ucCurrentInterrupt == -2) {
        __asm {
            mov al, 020h     ; Nonspecific EOI
            out 0A0h, al
        }
    }
    __asm {
        mov al, 020h          ; Nonspecific EOI
        out 020h, al
    }

    return ulRet;
}
```

从 Windows CE 3.0 开始，引入了可嵌套的中断。进入 ISR 时，所有具有较高优先级的中断都已被打开，因此，ISR 可能被抢占。

从 Windows CE 4.0 开始，引入了可安装的 ISR(Installable Interrupt Service Routine, IISR)。有 IISR 之前，如果应用程序开发商在通用总线上加载了自己的外设，并且要处理该外设的中断，那么通常应用开发商须找到硬件 OEM，并请求更改 OAL 的源代码，以添加对该外设的逻辑中断支持；有 IISR 之后，应用程序开发商只须安装自己的 ISR 就可完全处理这一切了。同样，有了 IISR，多个设备可共享同一个硬件 IRQ。

将 ISR 安装到平台中，须完成两个步骤：

① 调用 LoadIntChainHandler()函数以加载包含 ISR 代码的 DLL；

② 该 ISR 须把 IRQ 转化为某个 SYSINTR_XXX 并返回。

LoadIntChainHandler()函数将包含 IISR 代码的动态链接库加载到内核的地址空间中。这意味着代码不能调用任何非内核函数,包括任何 C 语言运行时库函数。必须检查所有代码,以确保不需要任何外部库(即使这些库是由编译器自动产生的)。

微软提供了 IISR 的示例程序 GIISR,它可满足大多数 IISR 的需求。可在目录%_PUBLICROOT%\COMMON\OAK\DRIVERS\GIISR 下找到 GIISR 的代码。

下面的源代码示例为一个用于创建 IISR 的基本外壳程序。其中有 4 个函数如下所述。

- DLLEntry()　接收进程和线程附加消息;
- InfoCopy()　在进行任何结构赋值时使用的复制例程;
- IOControl()　任何使用 KernelLibIOControl 的 IST 调用的处理程序;
- ISRHandler()　实际的 ISR。

```
BOOL __stdcall  DllEntry(    HINSTANCE hinstDll,
                             DWORD dwReason,
                             LPVOID lpReserved )
{
    return TRUE;
}

// The compiler generates a call to memcpy() for assignments of large objects.
// Since this library is not linked to the CRT, define our own copy routine.
void  InfoCopy( PVOID  dst, PVOID  src, DWORD size   )
{
    while (size-- ) {
        *((PBYTE)dst)++= *((PBYTE)src)++;
    }
}

BOOL IOControl(DWORD    InstanceIndex,
               DWORD    IoControlCode,
               LPVOID   pInBuf,
               DWORD    InBufSize,
               LPVOID   pOutBuf,
               DWORD    OutBufSize,
               LPDWORD pBytesReturned )
{
    switch (IoControlCode) {

    case IOCTL_DEMO_DRIVER:
```

```
            // Your I/O Code Here
            return TRUE;
            break;

        default:
            // Invalid IOCTL
            return FALSE;
        }

        return TRUE;
    }

    DWORD ISRHandler(   DWORD InstanceIndex   )
    {
        BYTE   Value;

        Value = READ_PORT_UCHAR((PUCHAR)IntrAddress );

        // If interrupt bit set, return corresponding SYSINTR
        if ( Value & 0x01 )
        {
            return SYSINTR_DEMO;
        }
        else
        {
            return SYSINTR_CHAIN;
        }
    }
```

ISR 处理程序代码使用 I/O 端口调用来检查设备的状态。这里只是演示作用，真实的方案可能要复杂得多。如果该设备不是中断源，则返回值将是 SYSINTR_CHAIN。此返回值告诉 NKChainIntr()函数该设备不是中断源，应该继续调用链中的其他 IISR。如果 ISR 返回有效的 SYSINTR，则 NKChainIntr()将立即返回并且不调用列表中的任何其他 ISR。这将提供优先级排序。第 1 个加载的 IISR 被首先加载到该列表中(或具有最高优先级)，然后将后续 IISR 添加到该列表的底部。由于优先级和执行速度这两方面的原因，应该首先安装链中具有最高优先级的 IISR。

5.4.4　中断服务线程 IST

IST 就是一个普通的用户态线程，它负责处理相应中断的大多数操作。IST 线程大多数时候是空闲的，只有操作系统通知 IST 有中断发生时，IST 才开始工作。这是通过把一个逻辑中断号与一个 Win32 的同步对象事件相关联实现的。当有中断发生时，操作系统会引发与该逻辑中断相关联的事件。

在 IST 中，通常使用 InterruptInitialize()，WaitForSingleObject()与 InterruptDone()等函数。在这里先把这几个函数介绍一下。

InterruptInitialize()函数负责把某个逻辑中断号与一个 Event 内核对象关联起来。当中断发生时，操作系统负责引发此事件，函数的原型如下：

```
BOOL InterruptInitialize(
  DWORD idInt,              // SYSINTR 中断号
  HANDLE hEvent,            // 与该中断相关联的事件句柄
  LPVOID pvData,            // 传给 OEMInterruptEnable 函数的缓冲区指针
  DWORD cbData              // 缓冲区的大小
);
```


WaitForSingleObject()函数阻塞当前的线程，等待某个 Event 内核对象标识的事件发生。函数在两种情况下返回：事件发生或者超过第 2 个参数指定的时间。在 IST 中，通常把第 2 个参数标识为 INFINITE，表示在此事件上等待无限的时间。

```
DWORD WaitForSingleObject(
  HANDLE hHandle,           // 事件的句柄
  DWORD dwMilliseconds      // 超时的 ms 数，如果超过此参数设定的时间，那么函数也会返回。
);
```

InterruptDone()函数用来告诉操作系统，对该中断的处理已完成，操作系统可重新开启该中断。调用此函数标志着一次中断处理结束。

```
VOID InterruptDone(
  DWORD idInt               // SYSINTR 逻辑中断号
);
```

IST 须做的第 1 件事是使用 CreateEvent()函数创建一个 Event 内核对象，并且使用 InterruptInitialize()把这个 Event 与一个逻辑中断相关联。这样，当中断发生时，操作系统就可引发此事件，下面的代码片段展示了一个典型的 IST 操作。

```
struct ISTData              // Declare the Strucure to pass to the IST
{
    HANDLE hThread;         // IST Handle
    DWORD sysIntr;          // Logical ID
    HANDLE hEvent;          // handle to the event to wait for interrupt
    volatile BOOL abort;    // flag to test to exit the IST
```

```
};

ISTData g_KeypadISTData;
// Create event to link to IST
g_KeypadISTData.hEvent = CreateEvent(NULL, FALSE, FALSE, NULL);
// Translate IRQ to an logical ID (x86 CEPC)
g_KeypadISTData.sysIntr = Mapirq2Sysintr(5);
// start the thread
g_KeypadISTData.hThread = CreateThread(NULL,0,&KeypadIST,
                        &g_KeypadISTData, 0, NULL);
// Change the threads priority
CeSetThreadPriority(g_KeypadISTData.hThread,0);

// disconnect any previous event from logical ID
InterruptDisable(g_KeypadISTData.sysIntr);

// Connect Logical ID with Event
InterruptInitialize(g_KeypadISTData.sysIntr, g_KeypadISTData.hEvent,NULL,0);
```

然后，IST 通常在前面创建的 Event 对象上使用 WaitForSingleObject()来等待。这样，当中断产生时，WaitForSingleObject()就会返回，IST 可对中断进行处理，例如对设备进行必要的 I/O 操作来得到外设中的数据。当中断处理结束后，须调用 InterruptDone()来完成本次中断处理。下面的代码片段显示了这一过程。

```
DWORD KeypadIST(void * dat)
{
   ISTData * pData = (ISTData * )dat;
   // loop until told to stop
   While(! pData -> abort)
   {   // wait for the interrupt event...
       WaitForSingleObject(pData -> hEvent, INFINITE)
       if(pData -> abort)
         break;
           // Handle the interrupt...
           // Let OS know the interrupt processing is done
       InterruptDone(pData -> sysIntr);
   }
   Return 0;
}
```

当设备卸载时，须对 IST 进行清理工作。例如调用 InterruptDisable() 函数，关闭 Event 句柄等。可参考如下代码：

```
//
// set abort flag to true to let thread know
// that it should exit
g_KeypadISTData.abort = TRUE;

// disconnect event from logical ID
// this internally sets g_KeypadISTData.sysIntr which in turn
// sets g_KeypadISTData.hEvent through the kernel
InterruptDisable(g_KeypadISTData.sysIntr);

// wait for thread to exit
WaitForSingleObject(g_KeypadISTData.hEvent,INFINITE);

CloseHandle(g_KeypadISTData.hEvent);
CloseHandle(g_KeypadISTData.hThread);
```

通常，IST 线程运行在普通优先级之上。因此，在 IST 开始时，通常可用 CeSetThreadPriority() 函数为 IST 线程设置合适的优先级。虽然 ISR 是没有优先级的，但是通过这种机制，不同中断的 IST 的优先级就可各不相同，操作系统可按照 IST 优先级的不同，优先选择优先级高的 IST 执行，这也就相当于实现了不同中断的优先级划分。

大致而言，典型 IST 流程可如图 5.12 所示。

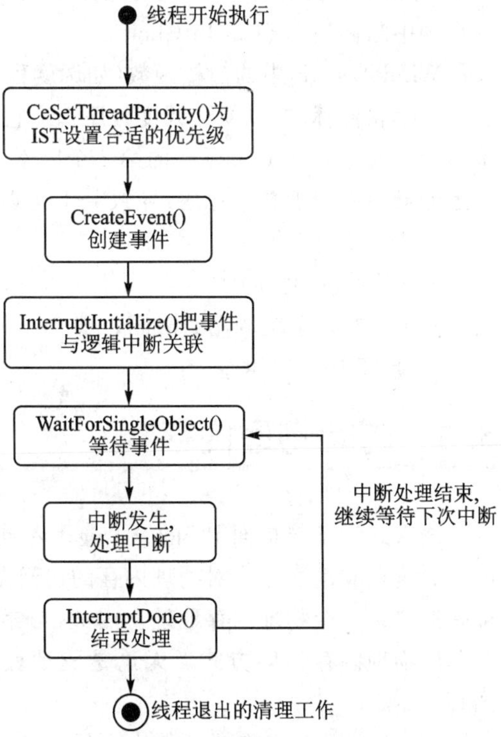

图 5.12　典型 IST 流程

5.4.5　中断延迟及实时性

对中断处理的效率是衡量一个嵌入式操作系统实时性优劣的重要指标。在 Windows CE 的中断处理中，主要存在两类延迟：ISR 延迟和 IST 延迟。它们的定义同样可在中断体系结构图中看到。

1. ISR 延迟

正如在中断体系结构示意图中可看到的，

ISR 延迟被定义为从发生中断到 ISR 首次执行之间的时间。因为当中断被关闭时，CPU 不会对中断进行处理，所以第 1 个导致延迟的因素是系统中的关中断的总时间。CPU 在每个机器指令开始执行时，检查是否有中断产生。如果调用了 CPU 的长字符串移动指令，则会锁定中断，从而造成第 2 个延迟源，即总线访问锁定处理器的时间量。第 3 个因素是内核导向 ISR 处理程序所花费的时间量，这是一个进程上下文切换。总之，导致 ISR 延迟的因素包括：

- 中断被关闭的时间；
- 总线指令锁定处理器的时间；
- 内核 ISR 的执行时间加上导向 ISR 的时间。

2. IST 延迟

本文前面的体系结构示意图中显示，IST 延迟是从中断发生到执行 IST 中的第 1 行代码之间的时间量。这与 Windows CE 中的微软提供的度量工具的输出不同：微软的工具将 IST 延迟定义为从 ISR 执行结束到 IST 开始之间的时间。因为标准的 ISR 花费的时间很少，须将 ISR 延迟和微软度量工具所得到的 IST 延迟加起来，才能获得中断体系结构示意图中所定义的 IST 延迟。

导致 IST 延迟的第 1 个因素是前文所述的 ISR 延迟；第 2 个因素是 ISR 执行时间。根据 IISR 的调用链长度的不同，此时间是不同的。对于延迟较小的情况，没有必要对永远不会被共享的中断调用 NKCallIntChain。

Windows CE 中的内核函数(如调度程序)被称为 KCALL。在执行这些 KCALL 期间，将设置一个软件标志，以便让调度程序知道它此时不能被中断，直至 KCALL 完成为止。此不可抢占的时间是导致 IST 延迟的第 3 个因素。最后，内核必须调度 IST。此上下文切换是导致延迟的最后一个因素。总之，导致 IST 延迟的因素包括：

- ISR 延迟时间；
- ISR 执行时间；
- OS 执行系统调用的时间；
- 调度 IST 时间。

5.5　访问物理内存

嵌入式设备与桌面 PC 的一个显著不同是，它的应用程序中通常须直接访问某一段物理内存。这在驱动程序中对物理内存的访问尤为重要，尤其是在 ARM 体系结构下，I/O 端口也被映射成某一个物理内存地址。因此，与桌面版本 Windows 相比，Windows CE 提供了相对简单的物理内存访问方式。无论是驱动程序还是应用程序都可通过 API 访问某一段物理内存。

Windows CE 的有些函数中须用到物理内存结构体 PHYSICAL_ADDRESS，Windows

CE 在 ceddk.h 中定义了 PHYSICAL_ADDRESS，它其实是 LARGE_INTEGER 类型，其定义如下：

```
// in ceddk.h
typedef LARGE_INTEGER PHYSICAL_ADDRESS, *PPHYSICAL_ADDRESS;
// in winnt.h
typedef union _LARGE_INTEGER{
  struct{
    DWORD LowPart;
    LONG HighPart;
  };
  LONGLONG QuadPart;
} LARGE_INTEGER;
```

可见，Windows CE 用 64 位来代表物理地址。对于大多数 32 位的 CPU 而言，只需把它的 HighPart 设置为 0 即可。

如果要直接访问某一个地址的物理内存，那么 Windows CE 提供了 VirtualAlloc()函数和VirtualCopy() 函数。VirtualAlloc()负责在虚拟内存空间内保留一段虚拟内存；而 VirtualCopy()负责把一段物理内存和虚拟内存绑定。因此，最终对物理内存的访问还是通过虚拟地址进行的。它们的声明如下：

```
// 申请虚拟内存
LPVOID VirtualAlloc(
  LPVOID lpAddress,          // 希望的虚拟内存起始地址
  DWORD dwSize,              // 以字节为单位的大小
  DWORD flAllocationType,    // 申请类型，分为 Reserve 和 Commit
  DWORD flProtect            // 访问权限
);

// 把物理内存绑定到虚拟地址空间
BOOL VirtualCopy(
  LPVOID lpvDest,            // 虚拟内存的目标地址
  LPVOID lpvSrc,             // 物理内存地址
  DWORD cbSize,              // 要绑定的大小
  DWORD fdwProtect           // 访问权限
);
```

VirtualAlloc()对虚拟内存的申请分为两步：保留 MEM_RESERVE 和提交 MEM_COMMIT。其中 MEM_RESERVE 只是在进程的虚拟地址空间内保留一段，并不分配实际的物理内存，因此保留的虚拟内存并不能被应用程序直接使用；MEM_COMMIT 阶段才真正地

为虚拟内存分配物理内存。

下面的代码显示了如何使用 VirtualAlloc()和 VirtualCopy()来访问物理内存。因为 VirtualCopy()负责把一段物理内存和虚拟内存绑定,所以 VirtualAlloc()只需对内存保留,没有必要提交。

```
FpDriverGlobals =
(PDRIVER_GLOBALS) VirtualAlloc(
    0,
    DRIVER_GLOBALS_PHYSICAL_MEMORY_SIZE,
    MEM_RESERVE,
    PAGE_NOACCESS);
 if (FpDriverGlobals == NULL) {
    ERRORMSG(DRIVER_ERROR_MSG, (TEXT(" VirtualAlloc failed! \r\n")));
    return;
 }
 else {
    if (! VirtualCopy(
    (PVOID)FpDriverGlobals,
    (PVOID)(DRIVER_GLOBALS_PHYSICAL_MEMORY_START),
    DRIVER_GLOBALS_PHYSICAL_MEMORY_SIZE,
    (PAGE_READWRITE|PAGE_NOCACHE))) {
       ERRORMSG(DRIVER_ERROR_MSG, (TEXT("VirtualCopy failed! \r\n")));
       return;
    }
 }
```

CEDDK 还提供 MmMapIoSpace()函数用来把一段物理内存直接映射到虚拟内存。用 MmMapIoSpace()申请的内存要用 MmUnmapIoSpace()释放,此函数的原型如下:

```
PVOID MmMapIoSpace(
  PHYSICAL_ADDRESS PhysicalAddress,      // 起始物理地址
  ULONG NumberOfBytes,                   // 要映射的字节数
  BOOLEAN CacheEnable                    // 是否缓存
);

VOID MmUnmapIoSpace(
  PVOID BaseAddress,                     // MmMapIoSpace()返回的起始虚拟地址
  ULONG NumberOfBytes                    // MmMapIoSpace()映射的字节数
);
```

其实，MmMapIoSpace()函数内部也是调用VirtualAlloc()和VirtualCopy()函数来实现物理地址到虚拟地址的映射。MmMapIoSpace()函数的源代码是公开的。可从目录%_WINCEROOT%\PUBLIC\COMMON\OAK\DRIVERS\CEDDK\DDK_MAP\ddk_map.c得到。从MmMapIoSpace()的实现过程也可看出VirtualAlloc()和VirtualCopy()的用法。

```
PVOID MmMapIoSpace (
    IN PHYSICAL_ADDRESS PhysicalAddress,
    IN ULONG NumberOfBytes,
    IN BOOLEAN CacheEnable
    )
{
PVOID pVirtualAddress; ULONGLONG SourcePhys;
ULONG SourceSize; BOOL bSuccess;

    SourcePhys = PhysicalAddress.QuadPart & ~(PAGE_SIZE - 1);
    SourceSize = NumberOfBytes + (PhysicalAddress.LowPart & (PAGE_SIZE - 1));

    pVirtualAddress = VirtualAlloc(0, SourceSize, MEM_RESERVE, PAGE_NOACCESS);
    if (pVirtualAddress != NULL)
    {
        bSuccess = VirtualCopy(
            pVirtualAddress, (PVOID)(SourcePhys >> 8), SourceSize,
            PAGE_PHYSICAL|PAGE_READWRITE|(CacheEnable ? 0 : PAGE_NOCACHE));

        if (bSuccess) {
            (ULONG)pVirtualAddress += PhysicalAddress.LowPart & (PAGE_SIZE - 1);
        }
        else {
            VirtualFree(pVirtualAddress, 0, MEM_RELEASE);
            pVirtualAddress = NULL;
        }
    }
    return pVirtualAddress;
}
```


此外，Windows CE还提供了AllocPhysMem()函数和FreePhysMem()函数，用来申请和释放一段连续的物理内存。函数可保证申请的物理内存是连续的，如果函数成功，则会返回虚拟内存的句柄和物理内存的起始地址。这对于DMA设备尤为有用。

5.6 DMA处理

5.6.1 DMA简介

直接存储器存取(Direct Memory Access,DMA),是一种快速传送数据的机制。数据传递可从外部设备到内存,从内存到外部设备或从一段内存到另一段内存。DMA技术的重要性在于:利用它进行数据传送时不需要CPU的参与。这样就大大提高了CPU的效率。很多嵌入式开发板上都有DMA控制器,DMA控制器负责整个DMA数据传输过程。

利用DMA传送数据的另一个好处是,数据直接在源地址和目的地址之间传送,不需要中间媒介。如果通过CPU把一个字节从外部设备传送至内存,须操作两步:① CPU把此字节从外部设备读到内部寄存器中;② 从寄存器传送到内存的适当地址。DMA控制器将这些操作简化为一步:它操作总线上的控制信号,使写字节操作一次完成。这样就大大提高了计算机运行速度和工作效率。

计算机发展到今天,CPU速度已非常高,DMA已不再用于内存到内存的数据传送。但要在外部设备和内存之间传送数据,仍然非DMA莫属。要从外部设备向内存传送数据,DMA将同时触发从外部设备读数据总线(即I/O读操作)和向内存写数据总线。激活I/O读操作就是让外部设备把一个数据单位(通常是一个字节或一个字)放到PC数据总线上。因为此时内存写总线也被激活,数据就被同时从PC总线上拷贝到内存中。

对于每一次写操作,DMA控制器都会控制地址总线,通知应将数据写到哪段内存中去。DMA控制数据从内存传送到外部设备的方法与上面类似。对每一个要传送的单位数据,DMA控制器都会激活读内存和I/O写操作的总线。内存地址被放到地址总线上,像从外部设备到内存传送数据一样,以数据总线为通道,数据从源地址直接传送到目的地址。DMA从DMA请求线(DREQ)上接收DMA请求,正像中断控制器从中断请求线(IRQ)上接收中断请求一样。

一个典型的从外部设备到内存的数据传送是这样进行的:首先,对DMA控制器编程,写入数据要到达的内存地址和要传送的字节数;其次,适配器开始传送数据,它将激活DREQ线,与DMA控制器连通;接着,DMA控制器与CPU取得总线控制权后,输出内存地址,发送控制信号,使得一个字节或一个字从适配器读出并写入相应内存中;最后,更新内存地址,指向下一个字节(或字)要写入的地址,重复上面的操作,直至数据传送完毕。对控制器进行不同编程,可实现单字节传送(即每传送一个字节都要求一个DREQ信号)或块数据传送(即全部数据传送只需要一个DREQ信号)。

DMA操作要涉及对DMA控制器进行编程,对DMA控制器编程有可能是DMA中最复杂的部分。须知道相关的硬件信息,例如:它所连接的DMA通道是哪一个?它所使用的

DMA传输模式是什么？传输多少个字节或字……由于不同的DMA控制器之间各有差异，因此Windows CE没有提供对DMA控制器操作的抽象。如果在驱动程序里面使用DMA，那么需对其自行进行不同的操作。

从软件层面来说，需要为DMA传输分配一块缓冲区。这块缓冲区必须是连续的物理内存。在Windows CE中，有两种方式可以分配DMA缓冲区：使用CEDDK函数或使用Windows CE内核函数。下面将对这两种方法进行详细介绍。

5.6.2　使用CEDDK函数

使用CEDDK函数是建议的DMA方式。CEDDK.dll为驱动程序提供了一系列函数，用来处理总线地址转换、分配和映射设备内存以及分配DMA缓冲区。

CEDDK默认可为DMA控制器完成PCI总线和ISA总线的系统到总线的地址转换。OEM可在BSP中实现其他总线的地址转换。

CEDDK中提供了3个与DMA相关的函数：HalAllocateCommonBuffer()，HalFreeCommonBuffer()与HalTranslateSystemAddress()。使用这些函数之前须包含头文件CEDDK.h并链接库文件CEDDK.lib。

HalAllocateCommonBuffer()函数用来为DMA分配一块缓冲区。函数的原型如下：

```
PVOID HalAllocateCommonBuffer(
  PDMA_ADAPTER_OBJECT DmaAdapter,         // 指向DMA_ADAPTER_OBJECT结构体的指针
  ULONG Length,                           // 要分配的缓冲区大小
  PPHYSICAL_ADDRESS LogicalAddress,       // 输出，DMA控制器使用的总线相关的逻辑地址
  BOOLEAN CacheEnabled                    // 忽略，缓冲区总是UnCache的
);
```

函数的第1个参数是指向DMA_ADAPTER_OBJECT结构体的指针。此结构体在CEDDK.h中声明，描述了DMA适配器的信息。显示如下：

```
typedef struct _DMA_ADAPTER_OBJECT_ {
  USHORT ObjectSize;                     // 结构体的大小
  INTERFACE_TYPE InterfaceType;          // 总线类型的枚举
  ULONG BusNumber;                       // 总线号码
} DMA_ADAPTER_OBJECT , *PDMA_ADAPTER_OBJECT;
```

剩下的几个参数相对容易理解。如果函数调用成功，则返回申请的缓冲区的虚拟地址；如果函数调用失败，则返回NULL。

HalFreeCommonBuffer()函数用来释放由HalAllocateCommonBuffer()申请的缓冲区。函数原型如下：

```
VOID HalFreeCommonBuffer(
  PDMA_ADAPTER_OBJECT DmaAdapter,
  ULONG Length,
  PHYSICAL_ADDRESS LogicalAddress,
  PVOID VirtualAddress,
  BOOLEAN CacheEnabled
);
```

HalFreeCommonBuffer()函数虽然接受 5 个参数，但是唯一需要的参数是 VirtualAddress，指明要释放的缓冲区的地址。

HalTranslateSystemAddress()函数把物理内存地址转化成总线相关的逻辑内存地址，然后参数就可直接传给 DMA 控制器使用。函数的原型如下：

```
BOOLEAN HalTranslateSystemAddress(
  INTERFACE_TYPE InterfaceType,            // 总线类型的枚举
  ULONG BusNumber,                         // 总线号码
  PHYSICAL_ADDRESS SystemAddress,          // 需要转换的系统物理地址
  PPHYSICAL_ADDRESS TranslatedAddress      // 转换之后的总线逻辑地址指针
)
```

函数成功会返回 TRUE；失败则返回 FALSE。

在目录%_PUBLICROOT%\COMMON\oak\drivers\wavedev\unified\ensoniq\下的 ES1371.h 和 ES1371.cpp 文件中有使用 CEDDK 进行 DMA 传输的例子。其部分代码摘录如下：

```
// ES1371.cpp 第 1600 行，申请 DMA 缓冲区
// We'll try and reserve physical memory since it is more likely to succeed
// on driver load
// If this fails, we'll try again at run - time

for (int i = 0; i < NUM_DMACHANNELS; i++) {
    DMA_ADAPTER_OBJECT AdapterObject;
    PHYSICAL_ADDRESS    LogicalAddress;

    AdapterObject.ObjectSize = sizeof(DMA_ADAPTER_OBJECT);
    AdapterObject.InterfaceType = (INTERFACE_TYPE) m_dwInterfaceType;
    AdapterObject.BusNumber = m_dwBusNumber;

if ((m_dmachannel[i].pvBufferVirtAddr = HalAllocateCommonBuffer
                                        (&AdapterObject,
```

```
                                    m_dmachannel[i].ulInitialSize,
                                    &LogicalAddress,
                                    FALSE)) != NULL)
    {
        m_dmachannel[i].ulBufferPhysAddr = LogicalAddress.LowPart;
        m_dmachannel[i].ulAllocatedSize = m_dmachannel[i].ulInitialSize;
    }
    else
    {
        m_dmachannel[i].ulAllocatedSize = 0;
        DEBUGMSG(ZONE_WARNING,(TEXT("ES1371: unable to reserve %d bytes for DMA channel %d\r\n"),
            m_dmachannel[i].ulInitialSize, i ));
    }
}
```

此段代码使用 HalAllocateCommonBuffer()函数创建了一个 DMA 缓冲区，然后，就可把 DMA 缓冲区的地址告诉 DMA 控制器进行传输了。代码如下：

```
void CES1371::InitDMAChannel( ULONG ulChannelIndex, DMAINTHANDLER pfHandler, PVOID pContext)
{
    m_dmachannel[ulChannelIndex].pfIntHandler = pfHandler;
    m_dmachannel[ulChannelIndex].pvIntContext = pContext;
    ULONG ulBufferPhysAddr = m_dmachannel[ulChannelIndex].ulBufferPhysAddr;
    ULONG ulFrameCount = 0;
    switch ( ulChannelIndex ) {
    case ES1371_DAC0 :
      // Set up the physical DMA buffer address
      HwPagedIOWrite( ES1371_DAC0CTL_PAGE, ES1371_dDAC0PADDR_OFF, ulBufferPhysAddr);
      // Clear out the Frame count register
      HwPagedIOWrite( ES1371_DAC0CTL_PAGE, ES1371_wDAC0FC_OFF, ulFrameCount);
      break;
    ……
}
```

此段代码初始化 DMA 通道，主要把 HalAllocateCommonBuffer()返回的缓冲地址告诉 DMA 控制器。其他的函数可参考 ES1371.cpp 文件中的 StartDMAChannel()，StopDMAChannel()和 PauseDMAChannel()函数。

5.6.3 使用内核函数

内核提供两个函数用来申请和释放 DMA 缓冲：AllocPhysMem()与 FreePhysMem()。

AllocPhysMem()函数用来申请连续的物理内存，函数的原型如下：

```
LPVOID AllocPhysMem(
  DWORD cbSize,                  // 要申请的内存大小
  DWORD fdwProtect,              // 指定内存的保护权限
  DWORD dwAlignmentMask,         // 指定内存对齐的掩码
  DWORD dwFlags,                 // 附加的标志必须为 0
  PULONG pPhysicalAddress        // 输出参数申请到的物理地址
);
```

函数如果调用成功，则返回连续物理地址的虚拟地址；如果调用失败，则返回 NULL。

FreePhysMem()只接受一个参数，用来释放 AllocPhysMem()申请的内存。

如果在 DMA 的过程中遇到须进行物理地址与总线逻辑地址转换，那么同样可使用 CEDDK 提供的 HalTranslateSystemAddress()函数。

对于使用内核函数进行 DMA 传输的例子，可参考%_PUBLICROT%\COMMON\OAK\DRIVERS\USB\HCD\COMMON 目录下的 cphysmem. cpp 文件。

5.7 电源管理

Windows CE 从 4.0 版本开始引进了电源管理器(Power Manager)，来提供一个实现管理电源的框架。电源管理器负责管理设备电源状态，从而提高操作系统的整体电源效率，并且与不支持电源管理的驱动程序相兼容。电源管理器在内核/OAL、设备驱动程序和应用程序之间扮演了中间人的角色。电源管理器还提供下列支持：

- 一些智能的设备可管理自己的电源状态；
- 严格区分系统的电源状态与设备的电源状态。

Windows CE 的电源管理与 APM，ACPI

在常见的 X86 机器中，存在两种电源管理方法：高级电源管理(Advanced Power Management，APM)和高级配置和电源接口(Advanced Configuration and Power Interface，ACPI)。APM 是老标准，通过 BIOS 进行电源管理；而 ACPI 则提供了管理电脑和设备更为灵活的接口，它定义了从低到高的线性的 OS 电源状态集合。

Windows CE 中的电源管理与 APM 和 ACPI 无关。它允许 OEM 自定义任意数量的操作系统电源状态，并且无须为线性关系。

5.7.1 电源管理器的结构

电源管理器是分层实现的，包含 MDD 层和 PDD 层。OEM 一般会为他们的平台自定义 PDD 层。电源管理器(PM. dll)直接与 Device. exe 链接，并支持 3 个接口：

- 驱动程序接口 被需要进行电源管理的设备的驱动程序使用；
- 应用程序接口 被需要利用电源管理的应用程序使用；
- 提醒(Notification)接口 被需要接受电源事件提醒的应用程序使用。

电源管理的总体结构如图 5.13 所示。

电源管理器直接或间接地与应用程序和驱动程序交互。电源管理器与驱动程序主要通过驱动程序接口进行交互，与应用程序通过 API 和提醒接口进行交互。

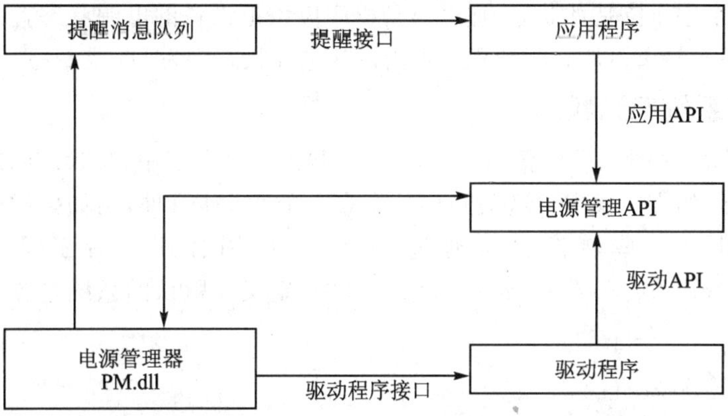

图 5.13 Windows CE 的电源管理

5.7.2 驱动程序接口

为了更好地理解电源管理特性，必须首先了解系统电源状态和设备电源状态的概念。在 Windows CE 中，系统电源状态与设备电源状态是两个不同的概念。它们之间既互相独立而又具有某种关系。

5.7.2.1 设备电源状态

设备电源状态是预定义的。Windows CE 提供 5 种预定义的设备电源状态。它们在注册表中也有相对应的键，如表 5.16 所列。

表 5.16 设备电源状态

设备电源状态	注册表键	描 述
Full On	D0	电源完全开启
Low On	D1	在低电源或低性能下提供完全功能
Standby	D2	部分供电，等待唤醒请求
Sleep	D3	睡眠，提供唤醒的最小电源
Off	D4	未供电

如表 5.16 所列,高数字的状态比低数字的状态消耗更低的电能。例如,D3(3)比 D2(2)的数字高,但是 D3 消耗的电能比 D2 要低。唯一必需的状态是 D0 状态,须完全开启;所有其他状态都是可选的。从用户的观点来看,D0 和 D1 状态都是可让所有功能工作的。

设备驱动程序把这 5 种预定义的状态映射为对设备有意义的状态。电源管理器在每个设备驱动程序被加载时发送请求,来得到此设备所支持的电源状态。如果可能,则驱动程序应该在设备加载时把设备的电源状态置为 D0,并在卸载时把它置为 D4。如果电源管理器请求把一个设备置为一个它不支持的状态,那么驱动程序应该把设备的电源状态置为稍高的支持状态。例如,如果不支持 D2,那么驱动程序可把设备电源状态置为 D3 或 D4。

5.7.2.2 系统电源状态

系统的电源状态可由 OEM 任意定义,它们的描述在注册表中,其状态间的转变可在硬件平台上以任何合理的方式发生。这些变化可作为一个 OEM 事件,例如插拔电源或从 AC 电源转到电池电源。这些转换也可通过 OEM 的应用程序或者工具调用 SetSystemPowerState() 函数而发生。在 common.reg 文件中,定义了默认的系统电源状态。注册表片断显示如下:


```
; Default System Power States
;
; OEMs may choose to customize this set of system power states to
; reflect the capabilities of their platform.  For example, they
; may wish to create power states reflecting critical battery
; levels, in or out of cradle, on or off of AC power.  If the Power
; Manager module is actively determining when to switch system power
; states, OEMs may need to update the PM source code when they
; add new power states.
;
; In this system power state, the user is interacting actively with
; the system.
[HKEY_LOCAL_MACHINE\SYSTEM\CurrentControlSet\Control\Power\State\On]
    "Default" = dword:0                ; D0
    "Flags" = dword:10000              ; POWER_STATE_O
;
; In this system power state, the user may be interacting with the
; system, but not actively.  For instance, they might be looking at
; the screen or they might not.  In this power state the system is
; "idle" but still in use by the user, so all devices still be
; operational (but possibly with some latency).
[HKEY_LOCAL_MACHINE\SYSTEM\CurrentControlSet\Control\Power\State\UserIdle]
```

```
    "Default" = dword:1              ; D1
    "Flags" = dword:0
;
; In this system power state, the user is not considered to be using
; the system, even passively.  However, the system is not suspended
; and system programs may be doing work on the user's behalf.  In this
; power state the system is "idle" but might still be used by system
; programs.  Devices that aren't actively doing work might be powered
; down.
[HKEY_LOCAL_MACHINE\SYSTEM\CurrentControlSet\Control\Power\State\SystemIdle]
    "Default" = dword:2              ; D2
    "Flags" = dword:0
;
; In this system power state, the system is suspended.  Devices are turned
; off, interrupts are not being serviced, and the CPU is stopped.
[HKEY_LOCAL_MACHINE\SYSTEM\CurrentControlSet\Control\Power\State\Suspend]
    "Default" = dword:3              ; D3
    "Flags" = dword:200000           ; POWER_STATE_SUSPEND
;
; Entering this system power state reboots the system with a clean object
; store.  If an OEM includes this state in their platform, they must
; support KernelIoControl() with IOCTL_HAL_REBOOT.
[HKEY_LOCAL_MACHINE\SYSTEM\CurrentControlSet\Control\Power\State\ColdReboot]
    "Default" = dword:4              ; D4
    "Flags" = dword:800000           ; POWER_STATE_RESET
;
; Entering this system power state reboots the system.  If an OEM includes this state in
; their platform, they must support KernelIoControl() with IOCTL_HAL_REBOOT.
[HKEY_LOCAL_MACHINE\SYSTEM\CurrentControlSet\Control\Power\State\Reboot]
    "Default" = dword:4              ; D4
    "Flags" = dword:800000           ; POWER_STATE_RESET
```

可看到,Windows CE中的示例电源管理器支持如下几种系统电源状态:

- On　用户在主动地使用设备;
- UserIdle　用户与设备停止交户,但是有可能仍然使用设备;
- SystemIdle　在经过一段时间的UserIdle后进入此状态,但是驱动和系统进程仍然活动;
- Suspend　当驱动程序和系统进程不再与系统交互时进入此状态;
- ColdReboot和Reboot　冷启动系统。

电源的状态变迁如图5.14所示。

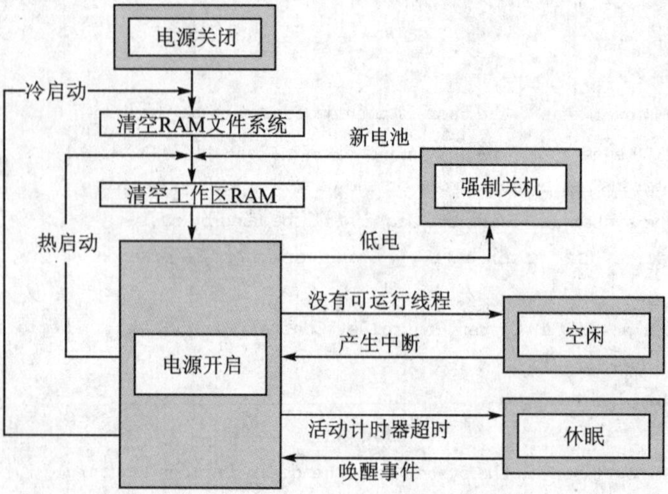

图 5.14　电源的状态变迁

从上面的注册表中也看到，还须在系统电源状态与预定义的设备电源状态之间进行显式的映射。大体上说，当前的系统电源状态定义了系统中所有设备的最大设备电源状态，基本上对系统中所有设备的电源状态封了顶。下面的注册表项用来定义系统电源状态和设备电源状态之间的映射。

- Name　系统电源状态的名称。
- Flags　附加的状态信息。此项映射位于 PUBLIC\COMMON\SDK\INC 的 pm. h 里的 POWER_STATE_XXX 值。例如，0x200000 是 POWER_STATE_SUSPEND，它表示进入这个系统电源状态须让系统休眠。
- Default　在此状态下设备的最大电源状态。一个 DWORD 用来对应设备电源状态：0 对应 D0，1 对应 D1……此值实际上是未命名的注册表值，通常在注册表编辑器中用一个@符号表示。在 Windows CE 的. REG 文件中，它用 default 来表示。但这不是"默认"的设备电源状态。
- DeviceName　为某个设备可选的设备电源状态重写 Default。此项也是一个与设备电源状态对应的 DWORD：0 对应 D0，1 对应 D1……

下面的注册表片段表示所有的设备最大的设备电源状态都为 D0，只有 COM1 最大，可达到 D1 状态。

```
[HKEY_LOCAL_MACHINE\SYSTEM\CurrentControlSet\Control\Power\State\Name]
    Default = dword:0; D0
    Flags = dword:10000; POWER_STATE_ON
    COM1: = dword1; D1
```

5.7.2.3　设备电源管理

本部分内容讨论如何使用电源管理器来实现设备电源管理。像前面所提到的，Windows CE 的一个特性是可维护一个与系统相分离的设备电源状态。此特性对于可使用比系统更省的省电方式工作的设备来说尤为重要。例如，一个旋转的硬盘可通过降低转速而进入低电源消耗状态，尽管系统此时仍然是完全供电状态。

为了更好地使用新的电源模型，驱动程序必须可以：

- 响应电源管理器的请求，报告它的电源能力；
- 处理电源管理器发送的电源请求；
- 启动后给设备加电；
- 关闭时给设备停止供电；
- 如果它可以唤醒系统，则为设备启用唤醒功能。

有两种方式可注册一个驱动程序，使它可使用电源管理。推荐的方式是向设备的 IClass 注册表项内增加一个特定的 GUID。此外，驱动程序可使用特定的 GUID 直接调用 AdvertiseInterface()函数。但是，这不是首选的方法。

IClass 注册表项把设备作为一类特定的电源管理设备。在 Windows CE .NET 4.0 中，generic 类是唯一支持的类。在 Windows CE 5.0 中，系统定义了 4 种电源管理的接口，位于注册表 HKLM\System\CurrentControlSet\Control\Power\Interfaces 下。分别是 Generic 电源管理设备、块设备驱动、NDIS miniport 驱动和显示驱动。如下所示：

```
[HKEY_LOCAL_MACHINE\SYSTEM\CurrentControlSet\Control\Power\Interfaces]
    "{A32942B7 - 920C - 486b - B0E6 - 92A702A99B35}" = "Generic power - manageable devices"
    "{8DD679CE - 8AB4 - 43c8 - A14A - EA4963FAA715}" = "Power - manageable block devices"
    "{98C5250D - C29A - 4985 - AE5F - AFE5367E5006}" = "Power - manageable NDIS miniports"
    "{EB91C7C9 - 8BF6 - 4a2d - 9AB8 - 69724EED97D1}" = "Power - manageable display"
```

当对某个设备调用 API 时，也可使用具有类 GUID 的设备名称，例如：

```
{8DD679CE - 8AB4 - 43C8 - A14A - EA4963FAA715}\DSK1:
```

它表示使用电源管理的块设备 DSK1。

使用电源管理的驱动程序和电源管理器之间交互有两种机制：

- 电源管理器到驱动程序　电源管理器使用 DeviceIoControl()函数向设备驱动程序发送 I/O 控制(IOCTLs)；
- 驱动程序到电源管理器　驱动程序调用 DevicePowerNotify()函数与电源管理器交互。

当驱动程序广播它的接口(通常在驱动程序被加载时)时，电源管理器首先向该设备发送 IOCTL_POWER_CAPABILITIES 请求来获取设备所支持的电源状态。使用电源管理的设备必须响应此 I/O 控制(IOCTL)。接下来电源管理器对该设备的电源状态作相应的管理：电源管理器发送 IOCTL_POWER_SET 请求来指导设备驱动程序改变电源状态;电源管理器也可发送 IOCTL_POWER_GET 请求向设备驱动程序询问当前的电源状态。支持电源自管理的设备可调用 DevicePowerNotify()函数来请求电源管理器把它的设备置于某个状态。

1. 处理 IOCTL_POWER_SET

当驱动程序从电源管理器收到 IOCTL_POWER_SET 请求时,它必须把设备置为新的电源状态。如果请求状态不被支持,那么驱动程序必须把调整过的电源状态写到返回值缓冲内。这样,电源管理器就可知道设备真正的状态。

电源管理器可能让设备转到一个假定的设备不支持的状态。如果这样,则驱动程序必须转到一个支持的耗电量稍低的状态,也就是有稍高的电源数字的状态。

电源管理器也可能让设备转到与当前状态一致的状态。如果这样,则驱动程序只需简单地返回成功即可。

驱动程序的开发者应注意,电源管理器并非必须把设备的电源状态设置为,与指定系统电源状态相关联的最大值。如果设备主动地使用 DevicePowerNotify()自我管理电源,如果设备的当前状态比新状态的最大值消耗更少的电能,则电源管理在系统转换到新的电源状态时,不会修改设备的电源状态。

2. 处理 IOCTL_POWER_GET

电源管理器发送 IOCTL_POWER_GET 请求得到当前的设备电源状态。其实电源管理器内部为每个设备保存了内部状态缓存。所以,只有当应用程序使用 POWER_FORCE 参数来调用 GetDevicePower 时,它才会发送该请求;否则,它直接返回设备的缓存状态。

3. 驱动程序如何使用 DevicePowerNotify()

当可支持自动电源管理的驱动程序,希望把设备置于某个特定的电源状态时,它须调用 DevicePowerNotify()函数,来提醒电源管理器进行状态转变。如果应用程序或其他驱动程序已经请求了一个与需要的状态不一致的状态,那么电源管理器或许不会理会这个请求。如果电源管理器接受了这个请求,那么它会向设备发送 IOCTL_POWER_SET,来指导它转变为某个特定的电源状态。

驱动程序只有接受到 IOCTL_POWER_SET 时才能改变状态,而不是在 DevicePowerNotify 返回时。驱动程序不应假定下一个 IOCTL_POWER_SET 命令就是对请求的响应,而应检测 IOCTL 中的状态,了解电源管理器需要设备转变为何状态。

支持自动电源管理设备的驱动程序,例如旋转的硬盘,可按照需要,管理自己的内部状态,仅向电源管理器请求其知道的设备改变状态。拿旋转的硬盘来说,如果驱动程序由于空闲而决定减小硬盘的转速,那么就没有必要调用 DevicePowerNotify()函数。因为此转变没有相应的 Dx 变化(x=1,2……)。

关于如何使用 DevicePowerNotify() API 的例子,请参考 Platform Builder 目录下的

PUBLIC\COMMON\OAK\DRIVERS\PM\TEST,找到 DEVSAMPLE 目录即可。

4. D3 设备电源状态的特殊处理

D3 状态下的设备允许把系统从休眠状态唤醒。除了在 D3 时启动唤醒特性,可唤醒的设备或许须把 D2 和 D3 状态同样对待。

反过来说,不支持唤醒的设备依然可进入 D3 设备电源状态。所以,处于 D3 状态的设备不保证可唤醒系统。

例如,假设有一个支持在低电源模式下活动的非可唤醒的设备,设备允许使用 D3 状态自己进行电源管理。如果一个非可唤醒的设备在 D3 模式下且系统在休眠,那么设备须在休眠时转到 D4 状态并且在恢复时返回 D3 状态。

如果设备支持 D3 唤醒系统,那么设备不应使用 DevicePowerNotify API 来请求 D3 状态。

5. 电源关联

如果驱动程序为独立的子设备或客户驱动处理电源请求,那么它可调用 RegisterPowerRelationship()函数,把此关系告诉电源管理器。例如,此特性可被总线驱动,或者作为某设备代理拦截所有该设备 IOCTLs 的驱动使用。

对应的 ReleasePowerRelationship API 应在关系不需要时被调用。

5.7.2.4 xxx_PowerDown 与 xxx_PowerUp

在流式接口驱动程序中,驱动程序可暴露两个可选的接口用来接收电源管理的消息。电源管埋函数如表 5.17 所列。

表 5.17　设备管理器的电源管理函数

函　数	描　述
xxx_PowerDown	供可使用软件控制关闭的设备关闭自身电源。通常,设备管理器在操作系统挂起时,会调用驱动程序的这个函数
xxx_PowerUp	设备管理器在操作系统恢复时会回调此函数

xxx_PowerDown 与 xxx_PowerUp 是在设备管理器中,而不是在电源管理器中实现的。可看到,通过设备管理器自身提供的电源管理接口,设备只能在系统挂起和恢复时得到通知,然后进行相应的处理,其提供的功能比电源管理器要弱很多。现在保留这两个函数仅是为满足向下兼容的需要。因此,在 Windows CE 5.0 中,如果希望为驱动程序增加电源管理支持,那么应在驱动程序中尽可能使用电源管理器提供的 IOCTLs 方法进行电源管理。

5.7.3 应用程序接口

Windows CE 的电源管理模型允许应用程序通过 API 接受电源事件的提醒,获得设备的电源状态等。本小节将描述可使用的 API 以及使用这些新 API 的注意事项。

Windows CE 下的应用程序与电源管理有两种交互的机制：应用程序接口和提醒接口。应用程序接口用来获取或得到当前系统和设备的电源状态；提醒接口用来提供电源事件的提醒。

GetSystemPowerState()函数用来表示返回当前系统电源状态的名称和标志。相关联的 POWER_STATE_XXX 标志在 Pm.h 头文件中定义。

GetDevicePower API 返回给定设备名的设备的当前电源状态，例如 COM1。从 Windows CE .NET 4.1 开始，可指定 POWER_FORCE 标志让电源管理器向设备发送 IOCTL_POWER_GET，而不是使用电源管理器内部的设备缓存状态。

SetSystemPowerState()可被 OEM 应用程序调用。例如，控制面板插件可把系统电源状态设置为需要值。其他应用程序也可调用此 API，但是 OEM 可更改电源管理器来限制一些状态转变。当调用此 API 时，应用程序或者指定系统须进入的新状态的名字，这样状态标记可被忽略；或者使用在 pm.h 中定义的 POWER_STATE_XXX 标记指定系统电源状态。可指定可选的 POWER_FORCE 标记，但是对此标志的解释是与平台相关的。注意，当调用此 API 时，如果请求把系统转入休眠模式，那么函数在系统休眠后，唤醒之前不会返回。从 Windows CE .NET 开始，默认的电源管理器实现不允许应用程序任意进行系统电源状态改变。

SetDevicePower()用来设置设备的电源状态。OEM 应用程序，例如控制面板插件，可使用此 API。其他应用程序应避免调用此 API，因为它会限制高级自管理设备的发挥，还会覆盖电源管理器标准的设备电源状态。作为替代，应用程序可使用下一段介绍的 SetPowerRequirement()。我们可使用 PwrDeviceUnspecified 状态调用 SetDevicePower()API 重新使用标准的电源管理。

SetPowerRequirement()用来请求电源管理器对某个设备作最小的维护，或者说底(floor)维护。默认的电源管理器实现允许这些请求覆盖系统电源状态，也就是说使用底覆盖顶。Windows CE .NET 4.1 里面引入了一个增强，它允许应用程序指定 POWER_FORCE 标记，使此需求在系统休眠的时候被强迫。SetDevicePower()的调用会重写任何通过 SetPowerRequirement()所作的设置。

如果多个要求同时起作用，那么电源管理器选择最高(耗电最多)的基底。例如，如果某个设备同时有 D1 和 D0 要求，那么电源管理器会把设备保持在 D0。Windows CE. NET 4.0 中，在同一个进程中反复调用 SetPowerRequirement()会取代前面的设置。然而，从 Windows CE .NET 4.1 开始，单个进程可对某个设备施加的影响数量不再限制。这样就允许一个进程中的多个线程来施加不同的影响。

ReleasePowerRequirement()用来释放以前对某个设备设置的电源要求。应用程序和驱动应该尽早的释放这些要求。如果调用进程退出而没有释放电源要求，那么电源管理器会自动释放要求。

5.7.4 提醒接口

电源管理器的提醒接口用来提醒应用程序和驱动程序得到电源事件。为了使用此特性，应用程序必须首先通过 CreateMsgQueue()函数建立消息队列，然后把消息队列的句柄通过调用 RequestPowerNotifications()传给电源管理器。最后，电源管理器把提醒发送到消息队列中，每项都是一个格式化好的 POWER_BROADCAST 结构体。

当前版本支持如下提醒：

- PBT_RESUME 系统从休眠中唤醒；
- PBT_POWERSTATUSCHANGE 系统电源在 AC 和 DC 之间进行切换；
- PBT_TRANSITION 系统电源状态改变；
- PBT_POWERINFOCHANGE 电池等级信息改变。

调用者可选择接受可用提醒的一个子集，而不是所有提醒。当调用者希望停止接受电源提醒时，它可调用 StopPowerNotifications()来实现，并把前面 RequestPowerNotifications()返回的句柄作为一个参数。

5.7.5 OAL 接口

在 OAL 层，电源管理提供两个 OEM 函数实现电源管理：OEMPowerOff()和 OEMIde()。它们的功能如表 5.18 所列。

表 5.18 电源管理的 OAL 接口

函 数	描 述
OEMPowerOff()	把目标设备置于关机状态
OEMIdle()	把目标设备置于空闲状态，通常当系统中没有任何可调度的线程时，操作系统调用此 OEM 函数。通常可在此函数中降低处理器的频率，以达到省电的目的。当有外部中断时，CPU 可从空闲态恢复

OEM 厂商可根据具体处理器的不同特征来实现这两个函数。对于 X86 的 PC 机，这通常只意味着调用 sti 和 hlt 汇编命令来关闭中断和使 CPU 停止运行。关于 OAL 的更详细内容会进一步介绍。

5.8 使用驱动开发的库函数

在 Windows CE 中，把开发驱动程序时经常进行的一些操作集中起来，以库的形式提供给开发人员使用。这样不但为开发人员提供了方便，而且也抽象了不同硬件之间的差异，使代码有更好的移植性。

此部分中主要介绍两个库：一个是CEDDK库，另外一个是一些简化注册表操作的函数。

5.8.1 CEDDK库

CEDDK库是一个动态链接库，它提供大量的函数来完成驱动程序的一些常用操作。例如：总线地址翻译、设备地址映射、DMA缓冲设置、I/O处理……

在驱动程序中，如果使用CEDDK，那么只需导入CEDDK.h，然后链接CEDDK.lib即可。

注意：CEDDK与Windows DDK

CEDDK与桌面Windows的DDK有很多区别，最根本的区别是CEDDK是运行在用户态下的。虽然两者之间有很多函数的名字都是一致的，但是还是应该注意，这是一个全新的平台。

值得注意的是，由于不同平台的硬件设备都不一致，因此对于每个平台，BSP的提供商都要负责提供针对该具体平台的CEDDK库，这样才可保证CEDDK提供的函数在该平台上可用。微软提供了一份CEDDK的通用实现，源代码位于目录%_WINCEROOT%\Public\Common\OAK\Drivers\CEDDK\下。但是通常情况下，OEM商需针对自己的平台进行一些自定义，尤其是总线操作（位于DDK_BUS子目录）。以SMDK2410为例，在SMDK2410的BSP中，可找到为SMDK2410平台特制的DDK库，位于目录%_WINCEROOT%\Platform\SMDK2410\SRC\Drivers\CEDDK下。

提供CEDDK的另一个原因是希望对驱动程序提供一层硬件抽象。当驱动程序访问硬件时，希望可尽量通过CEDDK的函数访问，而不是直接对硬件进行读/写操作，如图5.15所示。

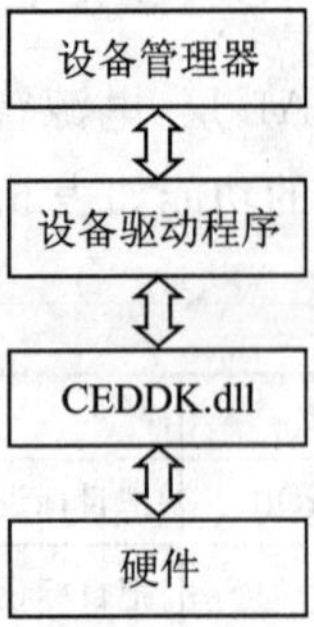

图5.15 CEDDK的抽象

CEDDK共提供4大类操作，分别是：地址映射函数、总线访问函数、DMA函数和I/O操作函数。主要函数的功能列于表5.19～5.22中。

表5.19 CEDDK的地址映射函数

函数名称	功 能
MmMapIoSpace()	把一段物理地址映射到某个进程的虚拟地址空间内。使该进程具有直接访问设备地址的能力
MmUnmapIoSpace()	取消MmMapIoSpace()函数的映射
TransBusAddrToStatic()	把总线地址转化为系统物理地址，然后再创建静态映射的无缓存虚拟地址。新程序应使用BusTransBusAddrToStatic()函数
TransBusAddrToVirtual()	把总线地址映射到某个进程虚拟地址空间内。新程序应使用BusTransBusAddrToVirtual()函数

表 5.20 CEDDK 的总线访问函数

函数名称	功 能
BusIoControl()	对总线进行 I/O 控制
BusTransBusAddrToStatic()	把总线地址转化为系统物理地址,然后再创建静态映射的无缓存虚拟地址
BusTransBusAddrToVirtual()	把总线地址映射到某个进程虚拟地址空间内
CloseBusAccessHandle()	关闭总线句柄
CreateBusAccessHandle()	根据注册表,创建一个可访问总线的句柄
GetBusNamePrefix()	根据总线句柄,返回总线的名称前缀
GetChildDeviceRemoveState()	发送控制字查询设备是否被移除
GetDeviceConfigurationData()	发送控制字查询设备的配置信息
GetDevicePowerState()	查询设备的电源状态
GetParentDeviceInfo()	查询父设备的信息
HalGetBusData()	取得 I/O 总线上的地址或插槽配置信息
HalGetBusDataByOffset()	取得 I/O 总线上的地址或插槽配置信息,从某个偏移开始
HalSetBusData()	设置 I/O 总线上的地址或插槽配置信息
HalSetBusDataByOffset()	设置 I/O 总线上的地址或插槽配置信息,从某个偏移开始
HalTranslateBusAddress()	把物理总线地址转换成物理系统地址
SetDeviceConfigurationData()	发送控制字设置设备的配置信息
SetDevicePowerState()	设置设备的电源状态
TranslateBusAddr()	把物理总线地址转换成物理系统地址
TranslateSystemAddr()	把物理系统地址转化成物理总线地址

表 5.21 CEDDK 的 DMA 操作函数

函数名称	功 能
HalAllocateCommonBuffer()	为 DMA 操作申请缓冲区
HalFreeCommonBuffer()	释放 HalAllocateCommonBuffer 申请的缓冲区
HalTranslateSystemAddress()	把物理内存地址转化成总线相关的逻辑内存地址,然后直接送给总线上的控制器

表 5.22　CEDDK 的 I/O 操作函数

函数名称	功　能
READ_PORT_BUFFER_XXX()	连续把一系列端口中的数据读到一个缓冲区
READ_PORT_XXX()	读取端口的数据
READ_REGISTER_BUFFER_XXX()	连续把一系列寄存器中的数据读到一个缓冲区
READ_REGISTER_XXX()	读取寄存器的数据
WRITE_PORT_BUFFER_XXX()	把缓冲区中的数据写入一组端口中
WRITE _PORT_XXX()	写数据到端口
WRITE_REGISTER_BUFFER_XXX()	把缓冲区中的数据写入一组寄存器中
WRITE_REGISTER_XXX()	写数据到寄存器

上表中的 XXX 可以是 UCHAR,USHORT 或 ULONG,分别表示 8 位、16 位和 32 位的操作。

如果编写驱动时用到上述操作,那么应尽量使用 CEDDK 提供的函数。这样可最大限度地保证驱动程序代码的可移植性。

5.8.2　简化注册表操作的函数

在 Windows CE 中,很多驱动程序的配置信息(例如 ISR 和 I/O 基地址等)都存放在注册表中,这样有利于驱动程序的通用性。因此驱动程序须经常读取注册表的这些信息。对于一些较常用的操作,Windows CE 也作了封装,声明在头文件 Ddkreg. h 中,主要有 3 个,如表 5.23 所列。

表 5.23　驱动中简化注册表操作的函数

函数名称	功　能
DDKReg_GetIsrInfo()	取得注册表中的 ISR 的信息,放在 DDKISRINFO 结构体中
DDKReg_GetPciInfo()	在注册表中读取标准 PCI 设备需要设置的 PCI 信息,存放在 DDKPCIINFO 结构体中
DDKReg_GetWindowInfo()	在注册表中读取驱动程序的地址信息(I/O 基地址,长度等等),存放在 DDKWINDOWINFO 结构体中

把驱动程序的配置信息放在注册表中并不是必须的,但是这样做可增加驱动程序的可移植性与灵活性,因此应尽量采用这种方式配置驱动程序。

例如在 Platform Builder 中自带的 ES1371 声卡驱动程序中,就使用了上述 3 个函数来读取注册表配置。

```
// 本段代码取自 % _WINCEROOT % \PUBLIC\COMMON\OAK\DRIVERS\WAVEDEV\UNIFIED\ENSONIQ\es1371.cpp
第 1458 行起

    // read window information
    wini.cbSize = sizeof(wini);
    dwStatus = DDKReg_GetWindowInfo(pRegKey -> Key(), &wini);
    if(dwStatus != ERROR_SUCCESS) {
        DEBUGMSG(ZONE_ERROR, (_T("Ensoniq: DDKReg_GetWindowInfo() failed %d\r\n"), dwStatus));
        return FALSE;
    }
    m_dwBusNumber = wini.dwBusNumber;
    m_dwInterfaceType = wini.dwInterfaceType;

    // sanity check return values
    if(wini.dwNumIoWindows != 1) {
        DEDUGMSG(ZONE_ERROR, (_T("Ensoniq, invalid window parameters read from registry\r\n")));
        return FALSE;
    }

    // read ISR information
    isri.cbSize = sizeof(isri);
    dwStatus = DDKReg_GetIsrInfo(pRegKey -> Key(), &isri);
    if(dwStatus != ERROR_SUCCESS) {
        DEBUGMSG(ZONE_ERROR, (_T("Ensoniq: DDKReg_GetIsrInfo() failed %d\r\n"), dwStatus));
        return FALSE;
    }

    // sanity check return values
    if(isri.dwSysintr == SYSINTR_NOP) {
        DEBUGMSG(ZONE_ERROR, (_T("Ensoniq: no sysintr specified in registry\r\n")));
        return FALSE;
    }
    if(isri.szIsrDll[0] != 0) {
        if(isri.szIsrHandler[0] == 0 || isri.dwIrq == IRQ_UNSPECIFIED) {
            DEBUGMSG(ZONE_ERROR, (_T("Ensoniq: invalid installable ISR information in registry\
r\n")));
            return FALSE;
        }
    }
```

```
    // read PCI id
    pcii.cbSize = sizeof(pcii);
    dwStatus = DDKReg_GetPciInfo(pRegKey -> Key(), &pcii);
    if(dwStatus != ERROR_SUCCESS) {
        DEBUGMSG(ZONE_ERROR, (_T("Ensoniq: DDKReg_GetPciInfo() failed %d\r\n"), dwStatus));
        return FALSE;
    }
```

5.9　流式接口驱动

5.9.1　流式接口驱动简介

计算机系统中,很多硬件设备都在不断地制造或使用二进制数据。这些设备可被抽象成流式设备,其最典型例子是串口。在使用串口时,二进制数据像流水一样,从一台设备经过串口线流到另外一台设备上。而显卡就不属于流式设备,它们通常会公开帧缓冲区(Frame Buffer),让显卡驱动程序写入。

Windows CE 提供流式接口驱动程序管理流式设备。任何暴露流式接口函数的驱动程序都可被称做流式接口驱动程序(也就是在驱动程序的 DLL 中把这些函数作为 DLL 的导出函数)。在流式接口驱动程序中,驱动程序负责把外设抽象成一个文件,而应用程序则使用操作系统提供的文件 API 对外设进行访问。举例来说,串口驱动程序是典型的流式驱动。如果应用程序希望打开串口,则可通过如下的语句:

```
HANDLE hComm;
hComm = CreateFile (TEXT ("COM1:"), GENERIC_READ|GENERIC_WRITE,
                    0, NULL, OPEN_EXISTING, 0, NULL);
if (hComm == INVALID_HANDLE_VALUE)
// error opening port; abort
```

值得注意的是,CreateFile()函数的第 1 个参数不再是文件名称,而是驱动程序的名字,在此例中为“COM1”。关于驱动程序的命名,下文有详细的叙述。同样道理,如果向串口写入数据,只需使用 WriteFile()函数,代码如下:

```
INT rc;
DWORD cBytes;
BYTE ch;

ch = TEXT ('a');
rc = WriteFile(hSer, &ch, 1, &cBytes, NULL);
```

从上面的例子可看出，流式接口驱动程序把设备抽象为文件进行操作。因此，流式驱动程序的体系结构大概如图5.16所示。通过流式接口驱动程序对硬件设备的访问涉及5个模块：应用程序、FileSys.exe、设备管理器、流式接口驱动程序本身以及硬件。其中软件部分，应用程序与流式接口驱动程序是用户可编写的；FileSys.exe与设备管理器是Windows CE操作系统提供的组件，用户无法修改。

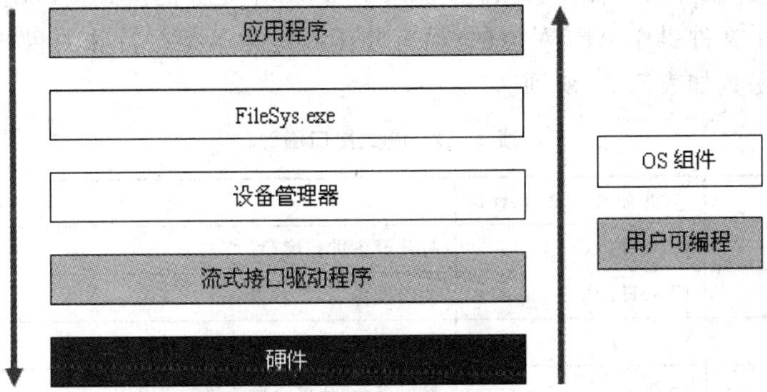

图5.16 流式接口驱动程序的体系结构

注 意

C++标准库中，也把文件抽象为字节流，并对外公开fstream，ifstream及ofstream等类，对文件进行操作。此设计与流式接口驱动的思想不谋而合。

首先，应用程序使用文件API对设备进行访问，文件API被操作系统转发到FileSys.exe进程中；然后FileSys.exe发现是对设备的操作，就会把执行交给设备管理器处理；接着设备管理器根据具体的请求，调用不同的流式接口驱动程序中暴露的接口；最终，驱动程序负责与硬件交互。

流式接口驱动程序非常简单、通用。它只定义抽象的接口，而并不与任何硬件的工作原理或结构相关。原则上，几乎所有的驱动程序都可用流式接口驱动程序实现，虽然这样会带来诸多不便，但这也从一方面显示了流式驱动接口的通用性。事实上，在Windows CE中有相当多的驱动程序都是通过流式接口实现的。

此外，流式接口驱动程序还通常包装其他驱动程序，使其更简单易用。例如，很多GPS设备都是通过串口与主机相连的。通常可通过流式接口驱动程序对串口访问GPS设备的操作进行封装，向上统一，提供流式接口。这样使用GPS设备的应用程序可更简单地操作GPS设备，而无须在应用程序中进行串口操作。

5.9.2 流式接口函数

正如前述，应用程序通过操作系统对流式接口驱动程序进行访问。对于操作系统来说，最基本的文件操作原语有open，close，read，write及seek，分别对文件进行打开、关闭、读取、写入和移动文件指针操作。但是对于驱动程序，仅有这5个基本的操作原语显然是不够的，驱动程序还需要加载/卸载等附加操作。因此，Windows CE中定义的流式接口函数有12个，有些函数是直接与某个文件操作API对应的；而有些函数是为了某些特殊的目的，例如电源管理函数。流式接口函数如表5.24所列。

表5.24 流式接口函数

函数名	对应的文件操作API	功能简述
XXX_Open()	CreateFile()	打开设备进行读/写
XXX_Close()	CloseHandle()	关闭设备
XXX_Init()	—	初始化设备，在设备被加载时调用
XXX_Deinit()	—	释放设备，在设备被卸载时调用
XXX_Read()	ReadFile()	从设备中读取数据
XXX_Write()	WriteFile()	向设备中写入数据
XXX_Seek()	SetFilePointer()	移动设备中的数据指针
XXX_IOControl()	DeviceIOControl()	对设备发送控制命令
XXX_PowerUp()	—	在设备从挂起状态中恢复时调用此函数
XXX_PowerDown()	—	供可使用软件控制关闭的设备关闭自身的电源
XXX_PreClose()	—	通知驱动程序把打开的句柄设置为无效，而避免某些竞态
XXX_PreDeinit()	—	通知程序把设备句柄设置为无效，而避免某些竞态

其中XXX是驱动程序的设备名称。例如串口驱动程序，其名称是COM。因此，XXX_Open()在串口当中就被替换成了COM_Open()。驱动程序的设备名称可在注册表中指定，下文中会有详细介绍。

比较：Unix/Linux中的设备驱动程序

Unix/Linux中，驱动程序被抽象为一个个设备文件，应用程序同样通过文件系统调用对Unix/Linux中的设备进行操作。在Linux设备驱动中有一个关键的数据结构file_operations，它是一系列指向函数的指针，每个指针指向一个操作，例如seek，read，write，open及close等。如下所示：

```
struct file_operations {
int ( * seek) (struct inode * ,struct file * , off_t ,int);
int ( * read) (struct inode * ,struct file * , char ,int);
```

```
int ( * write) (struct inode * ,struct file * , off_t ,int);
int ( * readdir) (struct inode * ,struct file * , struct dirent * ,int);
int ( * select) (struct inode * ,struct file * , int ,select_table * );
int ( * ioctl) (struct inode * ,struct file * , unsined int ,unsigned long);
int ( * mmap) (struct inode * ,struct file * , struct vm_area_struct * );
int ( * open) (struct inode * ,struct file * );
int ( * release) (struct inode * ,struct file * );
int ( * fsync) (struct inode * ,struct file * );
int ( * fasync) (struct inode * ,struct file * ,int);
int ( * check_media_change) (struct inode * ,struct file * );
int ( * revalidate) (dev_t dev);
}
```

驱动程序的编写者只要负责填充这个结构体中的函数，就可实现 Unix/Linux 中的驱动程序。从原理上看，这与 Windows CE 中的流式接口驱动程序是一致的。

5.9.2.1 XXX_Open()与 XXX_Close()

这两个接口函数在设备每次被打开和关闭时被调用。应用程序可使用 CreateFile()函数打开设备；而使用 CloseHandle()函数关闭设备。函数的声明如下：

```
// 打开设备进行读写,返回设备的打开上下文
DWORD XXX_Open(
  DWORD hDeviceContext,          // 设备上下文,由 XXX_Init()函数创建
  DWORD AccessCode,              // 设备的访问模式,从 CreateFile()函数传入
  DWORD ShareMode                // 设备的共享模式,从 CreateFile()函数传入
);

// 关闭设备,返回设备关闭是否成功
BOOL XXX_Close(
  DWORD hOpenContext             // 设备的打开上下文,由 XXX_Open()函数返回
);
```

通常，在 XXX_Open()函数中，须为设备申请资源，一般是一些用于管理设备的数据结构；而在 XXX_Close()函数中，这些数据结构可以被释放。

5.9.2.2 XXX_Init()与 XXX_Deinit()

这两个接口函数在驱动程序每次被设备管理器加载和卸载时，由设备管理器调用。函数的声明如下：

```
// 初始化设备,在设备被加载的时候调用,返回设备的上下文句柄
```

```
DWORD XXX_Init(
  LPCTSTR pContext,              // 字符串,指向注册表中记录活动驱动程序的键
  LPCVOID lpvBusContext          // ActivateDeviceEx()函数的第4个参数,VOID指针
);

// 释放设备,在设备被卸载的时候调用,返回设备卸载是否成功
BOOL XXX_Deinit(
  DWORD hDeviceContext           // XXX_Init()函数返回的设备上下文
);
```

通常,在XXX_Init()函数中,必须作硬件的初始化工作,对硬件的一次性初始化都在XXX_Init中完成。例如映射设备的物理内存等操作。在XXX_Deinit()中,主要负责对设备进行清理工作,例如停止IST。

5.9.2.3 XXX_Read(),XXX_Write()与XXX_Seek()

对设备的主要操作都是通过ReadFile(),WriteFile()与SetFilePointer()函数进行的。它们负责对设备进行读、写和移动当前指针。在流式接口驱动层面,XXX_Read(),XXX_Write()与XXX_Seek()函数就提供了对这些操作的支持。这3个函数的声明如下所示:

```
// 从设备中读取数据,返回0表示文件结束,返回-1表示失败,返回读取的字节数表示成功
DWORD XXX_Read(
  DWORD hOpenContext,            // XXX_Open()返回的设备打开上下文
  LPVOID pBuffer,                // 输出,缓冲区的指针,读取的数据会被放在该缓冲区内
  DWORD Count                    // 要读取的字节数
);

// 向设备中写入数据,返回-1表示失败,返回写入的字节数表示成功
DWORD XXX_Write(
  DWORD hOpenContext,            // XXX_Open()返回的设备打开上下文
  LPCVOID pBuffer,               // 输入,指向要写入设备的数据的缓冲
  DWORD Count                    // 缓冲中的数据的字节数
);

// 移动设备中的数据指针,返回数据的新指针位置,-1表示失败
DWORD XXX_Seek(
  DWORD hOpenContext,            // XXX_Open()返回的设备打开上下文
  long Amount,                   // 要移动的距离,负数表示前移,正数表示后移
  WORD Type                      // 移动的相对位置,有FILE_BEGIN、FILE_CURRENT和FILE_END
);
```

在实际设备中,可能有些设备与应用的交互是单向的,只需读取数据或者只需写入数据,因此,并不是所有流式接口设备都需要这3个接口。

5.9.2.4 XXX_IOControl()

对于一些硬件设备,通常还须向设备发送控制命令,以命令设备做一些事情。例如对于声卡驱动程序,可发送控制命令得到当前的音量;对于串口驱动程序,可发送控制命令设置或获取串口驱动的一些当前设置。应用程序通过DeviceIoControl()函数向驱动程序发送控制命令,电源管理器也向支持电源管理的设备发送控制命令,请求设备的电源状态或设置设备的电源状态。

函数的原型如下:

```
// 向驱动程序发送控制命令
BOOL XXX_IOControl(
  DWORD hOpenContext,      // 由 XXX_Open()返回的设备打开上下文
  DWORD dwCode,            // 要发送的控制码,一个 32 位无符号数
  PBYTE pDufIn,            // 输入,指向输入缓冲区的指针
  DWORD dwLenIn,           // 输入缓冲区的长度
  PBYTE pBufOut,           // 输出,指向输出缓冲区的指针
  DWORD dwLenOut,          // 输出缓冲区的最大长度
  PDWORD pdwActualOut      // 输出,设备实际输出的字节数
);
```

XXX_IOControl()函数,在流式接口中应用非常广泛,一些不适于像文件一样进行读/写的设备,都可通过XXX_IOControl()函数控制。

5.9.2.5 XXX_PowerUp()与XXX_PowerDown()

这两个函数用来实现设备的电源管理。在5.7.2.4小节已对这两个函数以及它们的优缺点有较详细的介绍,在此不再赘述。

5.9.2.6 XXX_PreClose()与XXX_PreDeinit()

这两个函数是在Windows CE 5.0中新引入的函数,目的是防止多线程操作时可能引发的一些竞态(Race Condition)。这两个函数都是可选的,但是如果驱动实现了其中之一,那么也必须实现另外一个;否则驱动就无法被加载。它们的函数原型如下:

```
BOOL XXX_PreClose(
  DWORD hOpenContext       // 设备的打开上下文
);

BOOL XXX_PreDeinit(
  DWORD hDeviceContext     // 设备的上下文
);
```

设备管理器在对设备进行管理时，对 XXX_Init()，XXX_Deinit()，XXX_Open()和 XXX_Close()的调用，设备管理器内部会维持一个全局的 Critical Section 来保证操作的原子性。但是出于效率的考虑，调用 XXX_Read()，XXX_Write()，XXX_Seek()与 XXX_IOControl()时，并没有对这些调用加锁，导致可能引发竞态。

设想这样一种情况：系统中有多个线程同时访问某个驱动程序，当某个线程调用 XXX_Read()来读取打开的设备时，另外一个线程调用 XXX_Close()关闭打开的设备。正如前文所述，设备管理器对 XXX_Read()的调用没有 Critical Section 保护，因此有可能调用 XXX_Read()的线程在未执行完之前就被执行 XXX_Close()的线程抢占，并且关闭了设备，那么当 XXX_Read()的线程重新占有处理器时，它所要读取的设备已经被关闭了，这极有可能导致驱动程序崩溃。同样的问题也发生在设备卸载时。如图 5.17 所示。

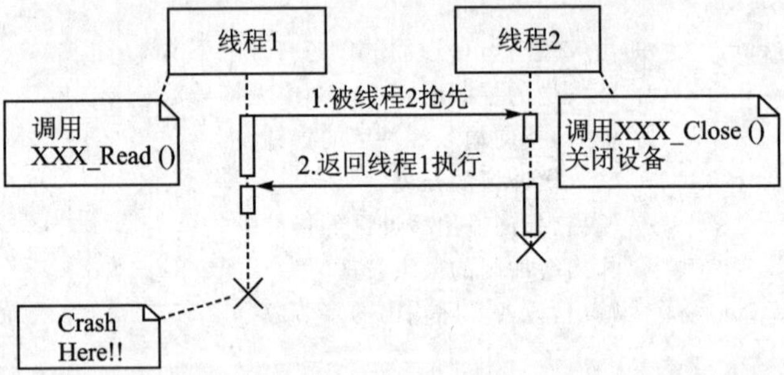

图 5.17 设备驱动程序中的竞态

添加了这两个函数后，可有效防止上述的情况发生。XXX_PreClose()在设备管理器调用 XXX_Close()前被调用。在此函数里，驱动程序须唤醒等待对设备进行操作的线程，并且释放申请的资源。这时，还会把 hOpenContext 设置为无效，因此后面对设备的访问都会直接返回失败，而不会使整个驱动程序崩溃。同样 XXX_PreDeinit()在设备管理器调用 XXX_Deinit()前被调用，可防止应用程序打开一个已被卸载的设备。

5.9.3 流式接口驱动的工作原理

在 5.9.2 小节中，已了解了流式接口驱动所定义的函数以及它们的作用。那么，流式接口驱动程序到底是如何工作的呢？本小节将详细解释流式驱动程序从最初被加载，一直到与应用程序以及与硬件交互的一系列流程。

在驱动程序的整个工作过程中会涉及很多实体。为了讲述简单清晰起见，我们仅保留最重要的几个实体，包括硬件、流式接口驱动程序、系统注册表、设备管理器与应用程序。整个驱动程序工作原理如图 5.18 所示。

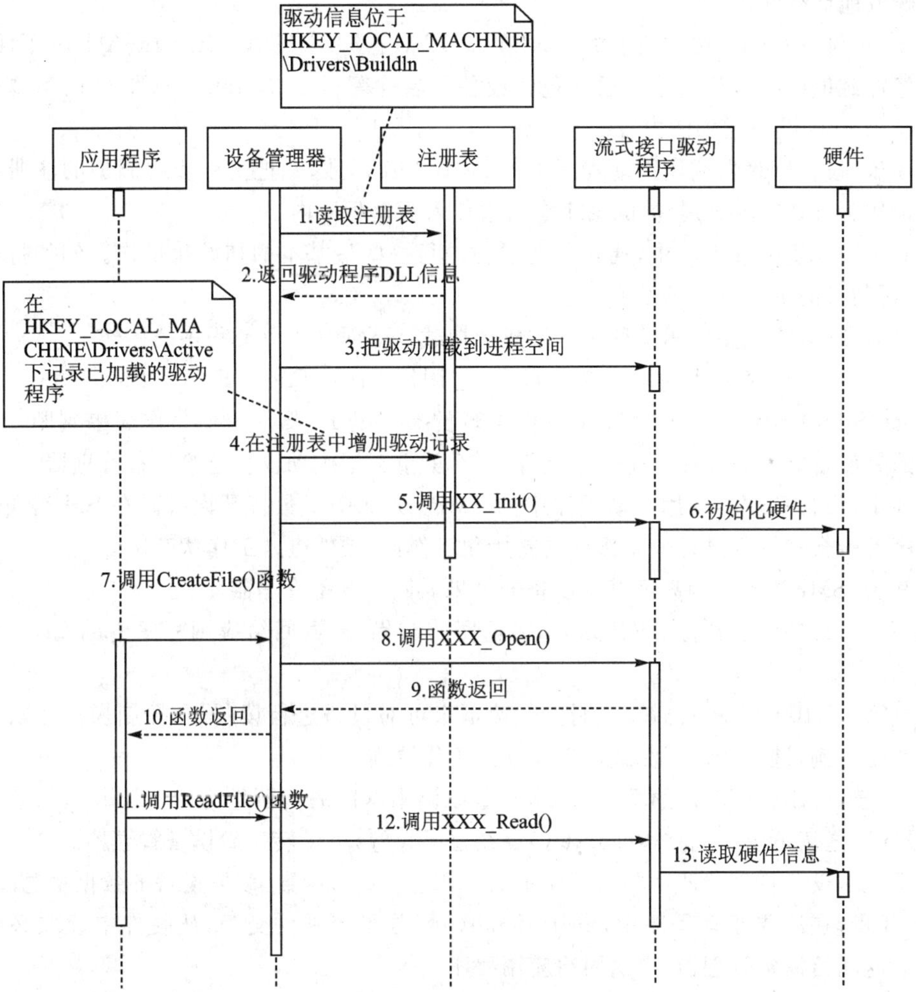

图 5.18　流式驱动程序工作原理顺序图

流式驱动程序工作顺序详述如下。

第 1 步，加载驱动程序。加载驱动程序有两种方式：① 当系统启动时，设备管理器搜寻注册表的 HKEY_LOCAL_MACHINE\Drivers\BuiltIn 键下面的子键，并逐一加载子键下的每一个驱动，此过程称为 BusEnum；② 应用程序可调用 ActivateDeviceEx()函数动态加载驱动程序。此内容在设备管理器一节已有详细介绍。

第 2 步，设备管理器从注册表的 dll 键值中获取驱动程序所在的 DLL 文件名。本例中为 sampledev. dll。

第 3 步，设备管理器调用 LoadDriver()函数把 sampledev. dll 加载到自己(也就是 Device.

exe)的虚拟地址空间内。

第4步,设备管理器在注册表的HKEY_LOCAL_MACHINE\Drivers\Active下面,记录所有已经加载的驱动程序记录。通常包含设备的名称等。ActivateDeviceEx()的第2个参数就是要在Active键下增加的内容。

第5步,设备管理器调用驱动程序中的SMP_Init函数,并把上一步中添加的注册表项的完整路径作为SMP_Init()函数的第1个参数传入驱动程序内。

第6步,在SMP_Init()中,通常须对硬件进行一些最基本的初始化操作。例如打开硬件设备、影射硬件的I/O端口或缓存等。

通过前6步,流式接口驱动程序已被成功加载。下面是对驱动程序的操作。

第7步,应用程序须使用该设备。首先,它调用CreateFile(TEXT("SMP1")…)打开设备。CreateFile()函数是在FileSys.exe中实现的。但是FileSys.exe只作简单判断:如果发现打开的是设备驱动程序而不是一个文件,那么就重新把主动权交还给设备管理器。

第8步,设备管理器调用驱动程序中的SMP_Open()函数打开设备。在SMP_Open中,驱动程序可能会对硬件进行一些额外的初始化工作,使硬件进入工作状态。

第9步,SMP_Open函数把打开设备的结果返回给设备管理器。

第10步,设备管理器把SMP_Open()返回的结果,再返回给应用程序中的CreateFile()函数调用。

通过第7～10步,设备已被成功打开,接下来可对设备进行读/写和控制操作。以从设备中读取数据为例,进一步说明流式接口驱动的工作原理。

第11步,应用程序使用第7步CreateFile()调用返回的句柄作为ReadFile()的第1个参数,向设备发送读请求。同样ReadFile()要经过FileSys.exe转发给设备管理器。

第12步,设备管理器调用驱动程序中的SMP_Read()函数,读取设备的数据信息。

第13步,在流式驱动程序中,SMP_Read()函数可与硬件交互,从硬件中读取必要的信息。然后返回给设备管理器,再返回给应用程序。

当应用程序不再使用该设备时,它可调用CloseHandle()将设备关闭。

当系统不再使用该设备时,应用程序可调用DeactivateDevice()函数把该驱动程序卸载。此时,设备管理器会负责将sampledev.dll从device.exe的虚拟地址空间中移除,并且从HKEY_LOCAL_MACHINE\Drivers\Active键下,移除对该设备驱动的记录。这样,流式接口驱动程序的完整生命周期就结束了。

5.9.4 实现流式接口驱动

在本小节中,我们以一个SMDK2410开发板上的步进电机驱动程序为例,介绍如何实现流式接口驱动程序。

实现流式接口驱动程序通常只需4个步骤:

① 为流式接口驱动程序选择一个前缀；

② 实现流式接口驱动 DLL 所必需的接口函数；

③ 编写 DLL 的导出函数定义文件.DEF；

④ 为驱动程序配置注册表。

有必要介绍一个开发平台的基础知识。在 2410 开发板上，步进电机通过 GPIO 与 CPU 相连，它是一种将电脉冲转化为角位移的执行机构。与普通电机不同，步进电机的转动是一步一步地进行的，每输入一个脉冲电信号，步进电机就转动一个角度。GPIO 的控制寄存器地址是 0x56000000，GPIO 的数据寄存器地址是 0x56000004，步进电机的寄存器地址是 0x10000000。

5.9.4.1　为流式接口驱动程序选择一个前缀

正如前文介绍，应用程序通常须通过设备的名称对驱动程序进行访问。这里采用由 3 个大写的英文字母，加一个 0～9 之间的数字构成的传统方式命名，将步进电机的前缀定义为“MOT”。

下面就需要为步进电机编写代码了，这一步可在 Platform Builder 或者 eMbedded Visual C++或者 Visual Studio 2005 中进行。Windows CE 的驱动程序就是一个用户态的 DLL，因此，任何可编写 Windows CE DLL 的工具都可用来开发驱动程序。我们以使用 Platform Builder 为例，介绍开发驱动程序的过程。

5.9.4.2　实现流式接口驱动 DLL 所必需的接口函数

在 Platform Builder 中，新建一个 SMDK2410 的平台，然后再新建一个 Win32 DLL 项目，命名为 MotorDriver。

因为驱动的前缀被定义为“MOT”，因此在流式驱动程序中就必须实现一些 MOT 打头的函数。首先在 MotorDriver.cpp 中输入函数的前置声明：

```
// 流式接口必须的函数的前置声明
DWORD MOT_Init(LPCTSTR pContext, LPCVOID lpvBusContext);
BOOL MOT_Deinit( DWORD hDeviceContext );
DWORD MOT_Open( DWORD hDeviceContext, DWORD AccessCode, DWORD ShareMode );
BOOL MOT_Close( DWORD hOpenContext );
BOOL MOT_IOControl( DWORD hOpenContext, DWORD dwCode, PBYTE pBufIn, DWORD dwLenIn, PBYTE pBufOut,
DWORD dwLenOut, PDWORD pdwActualOut );
void MOT_PowerUp( DWORD hDeviceContext );
void MOT_PowerDown( DWORD hDeviceContext );
DWORD MOT_Read( DWORD hOpenContext, LPVOID pBuffer, DWORD Count );
DWORD MOT_Write( DWORD hOpenContext, LPCVOID pBuffer, DWORD Count );
DWORD MOT_Seek( DWORD hOpenContext, long Amount, WORD Type );
```

然后,增加 GPIO 端口寄存器和步进电机寄存器的声明:

```
#define ELECTROMOTOR_6 (ELECTROMOTOR_1 + 6)
#define ELECTROMOTOR_7 (ELECTROMOTOR_1 + 7)

#define electromotor_sle ( * (volatile unsigned long * )ELECTROMOTOR_GPACON)
#define electromotor_sle_data ( * (volatile unsigned long * )ELECTROMOTOR_GPADATA)

unsigned long ELECTROMOTOR_1;
unsigned long ELECTROMOTOR_GPACON;
unsigned long ELECTROMOTOR_GPADATA;

PHYSICAL_ADDRESS GPACON = {0x56000000, 0};
PHYSICAL_ADDRESS GPADATA = {0x56000004, 0};
PHYSICAL_ADDRESS EMOTOR_1 = {0x10000000, 0};
```


要注意,Windows CE 中使用 PHYSICAL_ADDRESS 结构来表示物理地址,这是一个 64 位结构体,在 32 位地址空间的平台上,只需把高位置 0 即可。

接下来,为 DllMain()函数增加一些必要的调试信息,显示如下,这样在下文运行时方便查看驱动程序的运行效果。

```
BOOL APIENTRY DllMain( HANDLE hModule,
                    DWORD  ul_reason_for_call,
                    LPVOID lpReserved
                    )
{
    switch ( ul_reason_for_call )
    {
    case DLL_PROCESS_ATTACH:
        OutputDebugString(L"MyDriver - DLL_PROCESS_ATTACH\r\n");
        break;
    case DLL_PROCESS_DETACH:
        OutputDebugString(L"MyDriver - DLL_PROCESS_DETACH\r\n");
        break;
    case DLL_THREAD_ATTACH:
        OutputDebugString(L"MyDriver - DLL_THREAD_ATTACH\r\n");
        break;
    case DLL_THREAD_DETACH:
        OutputDebugString(L"MyDriver - DLL_THREAD_DETACH\r\n");
        break;
```

```
    }
    return TRUE;
}
```

下面将具体地实现几个流式接口。首先，是 MOT_Init()和 MOT_Deinit()函数。这两个函数在驱动程序加载/卸载时被调用。在这两个函数中通常放置一些初始化工作代码，显示如下。我们在这两个函数里面做一些相关的物理寄存器映射工作。

```
DWORD MOT_Init( LPCTSTR pContext, LPCVOID lpvBusContext)
{
    OutputDebugString(L"Electronic Motor Driver Init\r\n");

    // 映射物理寄存器地址到虚拟地址空间
    ELECTROMOTOR_GPACON = (ULONG)MmMapIoSpace(GPACON, 4, FALSE);
    ELECTROMOTOR_GPADATA = (ULONG)MmMapIoSpace(GPADATA, 4, FALSE);

    ELECTROMOTOR_1 = (ULONG)MmMapIoSpace(EMOTOR_1, 8, FALSE);

    return TRUE;
}

BOOL MOT_Deinit( DWORD hDeviceContext )
{
    OutputDebugString(L" Electronic Motor Driver DeInit \r\n");

    MmUnmapIoSpace(ELECTROMOTOR_GPACON, 4);
    MmUnmapIoSpace(ELECTROMOTOR_GPADATA, 4);
    MmUnmapIoSpace(ELECTROMOTOR_1, 8);

    return TRUE;
}
```

然后，是 MOT_Open()和 MOT_Close()函数。这两个函数在驱动程序被打开/关闭时被调用。我们在这两个函数里面进行片选处理，显示如下：

```
DWORD MOT_Open( DWORD hDeviceContext, DWORD AccessCode, DWORD ShareMode )
{
    OutputDebugString(L"MyDriver - MOT_Open\n");

    /* select NGCS2 */
    electromotor_sle| = 0x2000;
```

```
    electromotor_sle_data &= (~0x2000);

    return TRUE;
}

BOOL MOT_Close( DWORD hOpenContext )
{
    OutputDebugString(L"MyDriver - MOT_Close\r\n");

    electromotor_sle &= (~0x2000);
    electromotor_sle_data|= 0x2000;

    return TRUE;
}
```


然后是 MOT_Write()函数，当应用程序写文件时会调用到此函数。在 MOT_Write()函数中，我们直接将从应用程序中传进来的数据写入步进电机，显示如下：

```
DWORD MOT_Write( DWORD hOpenContext, LPCVOID pBuffer, DWORD Count )
{
    OutputDebugString(L"MyDriver - MOT_Write\r\n");


    /* send message to control eletromotor */
    (*(volatile unsigned char *) ELECTROMOTOR_6) = *(unsigned char *)pBuffer;
    return 1;
}
```

剩余的几个流式接口函数不进行任何实质性的操作，仅输出一些调试信息，以便观察调用，显示如下。

```
BOOL MOT_IOControl( DWORD hOpenContext, DWORD dwCode, PBYTE pBufIn, DWORD dwLenIn, PBYTE pBufOut,
DWORD dwLenOut, PDWORD pdwActualOut )
{
    OutputDebugString(L"MyDriver - MOT_IOControl\r\n");
    return TRUE;
}

void MOT_PowerUp( DWORD hDeviceContext )
{
    OutputDebugString(L"MyDriver - MOT_PowerUp\r\n");
```

```
}

void MOT_PowerDown( DWORD hDeviceContext )
{
    OutputDebugString(L"MyDriver - MOT_PowerDown\r\n");
}

DWORD MOT_Read( DWORD hOpenContext, LPVOID pBuffer, DWORD Count )
{
    OutputDebugString(L"MyDriver - MOT_Read\r\n");
    return NULL;
}

DWORD MOT_Seek( DWORD hOpenContext, long Amount, WORD Type )
{
    OutputDebugString(L"MyDriver - MOT_Seek\r\n");

    return 0;
}
```

此外，由于用到了 CEDDK 的函数，因此须导入相应的头文件和库文件。在文件的开头加入如下语句：

```
#include <windows.h>
#include <ceddk.h>

// 链接 ceddk.lib
#pragma comment(lib, "ceddk.lib")
```

这样，所有流式接口驱动程序的导出函数就实现完毕了，但是现在还不能进行编译。我们知道，如果要在 DLL 中导出一个函数，那么有两种方法：一种是使用编译器扩展关键字 __declspec(dllexport)；另外一种更为简便的方式是使用.DEF 文件。如果采用第 1 种方法，那么 C++编译器会对函数名称进行修饰：在关键字上加上"extern'C'"这段代码。

5.9.4.3　编写 DLL 的导出函数定义文件.DEF

.DEF 文件定义了 DLL 的导出函数列表。在 MotorDriver 中插入一个文本文件，命名为 MotorDriver.def，然后在该文件中输入如下内容：

```
LIBRARY MotorDriver
```

```
EXPORTS
    MOT_Init
    MOT_Deinit
    MOT_Open
    MOT_Close
    MOT_IOControl
    MOT_PowerUp
    MOT_PowerDown
    MOT_Read
    MOT_Write
    MOT_Seek
```

这样就可进行编译了。如果没有错误，那么编译结束后可使用 Dumpbin 工具查看 DLL 中是否正确地导出这些函数。在 Platform Buldre 中选择**Build** 菜单中的**Open Build Release Directory** 打开命令提示符，输入：


```
dumpbin/exports MotorDriver.dll
```

如果输出图 5.19 信息，则说明函数都已经正常导出。

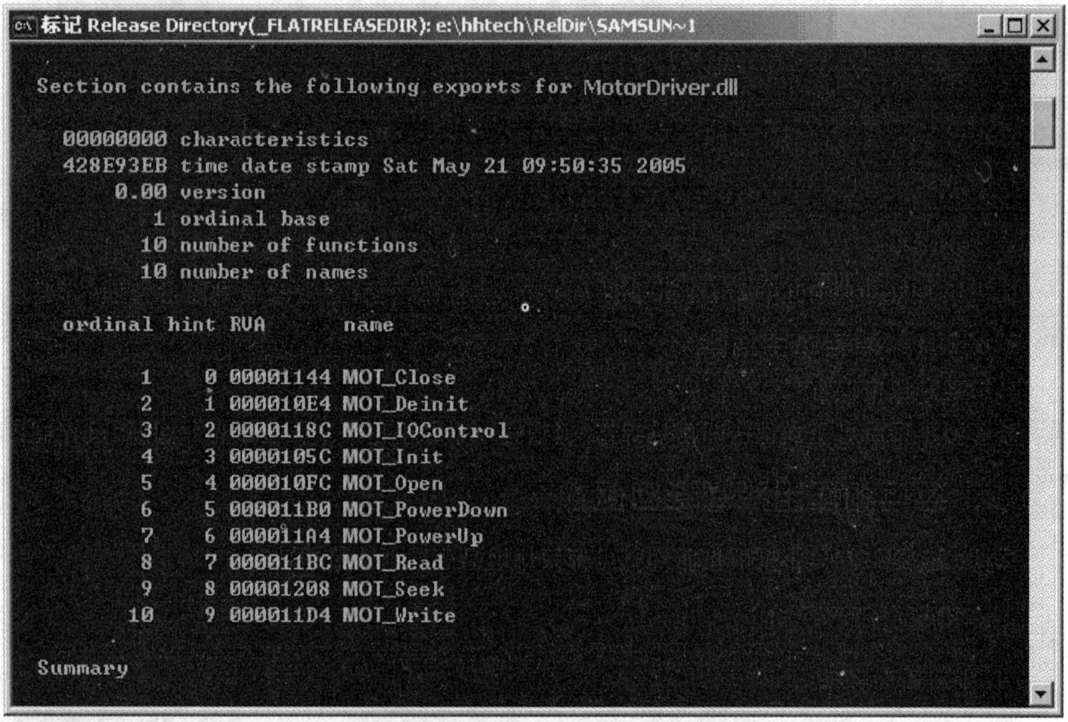

图 5.19　流式接口的导出函数

5.9.4.4 为驱动程序配置注册表

实现流式接口驱动程序的最后一步是，为了让驱动程序正确地被设备管理器加载，须初始化注册表。因为步进电机只与当前平台相关，因此将它放在 Project. reg 中。在 Project. reg 的最后，添加如下内容：

```
[HKEY_LOCAL_MACHINE\Drivers\BuiltIn\Motor]
    "Dll" = "MotorDriver.dll"
    "Prefix" = "MOT"
    "Index" = dword:1
    "Order" = dword:0
    "FriendlyName" = "Motor Device Driver"
    "Ioctl" = dword:0
```

这样，系统启动时，步进电机驱动就可被当作内置驱动程序自动加载了。

5.9.5 运行和使用流式接口驱动

要检测步进电机驱动程序的运行结果，须编写一个应用程序来使用电机。同时，可从调试控制台中查看输出信息。

5.9.5.1 编写应用程序

首先在 Platform Builder 中新建一个 Win32 WCE 应用程序，不需要有图形界面，然后添加如下函数：

```
void WriteToDriver( )
{
    DWORD dwWritten;
    int count;
    int ret;

    // 打开驱动程序
    HANDLE hDrv =
    CreateFile(
        L"MOT1:",
        GENERIC_WRITE,
        0,
        NULL,
        OPEN_EXISTING,
        FILE_ATTRIBUTE_NORMAL,
        NULL);
```

```
    if (INVALID_HANDLE_VALUE == hDrv)
    {
        OutputDebugString(L"Failed to open Driver...\r\n");
        return ;
    }

    // 向驱动程序写入数据
    for (int i = 0; i < 100; i++)
    {
        ret = 0x7;
        count = WriteFile(hDrv, &ret, 1, &dwWritten, NULL);
        Sleep(10);
        ret = 0x3;
        count = WriteFile(hDrv, &ret, 1, &dwWritten, NULL);
        Sleep(10);
        ret = 0xb;
        count = WriteFile(hDrv, &ret, 1, &dwWritten, NULL);
        Sleep(10);
        ret = 0x9;
        count = WriteFile(hDrv, &ret, 1, &dwWritten, NULL);
        Sleep(10);
        ret = 0xd;
        count = WriteFile(hDrv, &ret, 1, &dwWritten, NULL);
        Sleep(10);
        ret = 0xc;
        count = WriteFile(hDrv, &ret, 1, &dwWritten, NULL);
        Sleep(10);
        ret = 0xe;
        count = WriteFile(hDrv, &ret, 1, &dwWritten, NULL);
        Sleep(10);
    }

    // 关闭驱动程序
    CloseHandle(hDrv);
}
```

此段代码首先使用 CreateFile()函数打开设备；然后循环使用 WriteFile()函数向驱动程序中写入不同的数值，这样就可使步进电机转动了；最后使用 CloseHandle()关闭驱动程序。如果要改变步进电机的转速，则可修改 Sleep()函数的参数。

只需在应用程序的 WinMain()入口函数的第 1 行调用 WritoToDriver()函数，然后重新编译应用程序。如果没有错误，则可进行下面的步骤。

5.9.5.2　查看运行状况

重新下载运行操作系统映像。当操作系统启动完毕后，在 Platform Buider 的 Output 窗口中，可找到如下的打印语句：

```
…………
4294770906 PID:a3fc9faa TID:a3fd1fae MyDriver - DLL_PROCESS_ATTACH
4294770906 PID:a3fc9faa TID:a3fd1fae Electronic Motor Driver Init
4294770906 PID:a3fc9faa TID:a3fd1fae
…………
```

这说明操作系统启动时，设备管理器已根据我们设置的注册表项，找到了 MotorDriver.dll 并且成功加载。我们可利用几个远程工具进一步验证。

打开 Remote Process Viewer，定位到 Device.exe，从图 5.20 可看到，MotorDriver.dll 已在 Dcvice.exe 的模块列表中了。这说明 MotorDriver.dll 已被作为一个驱动，加载到设备管理器中。

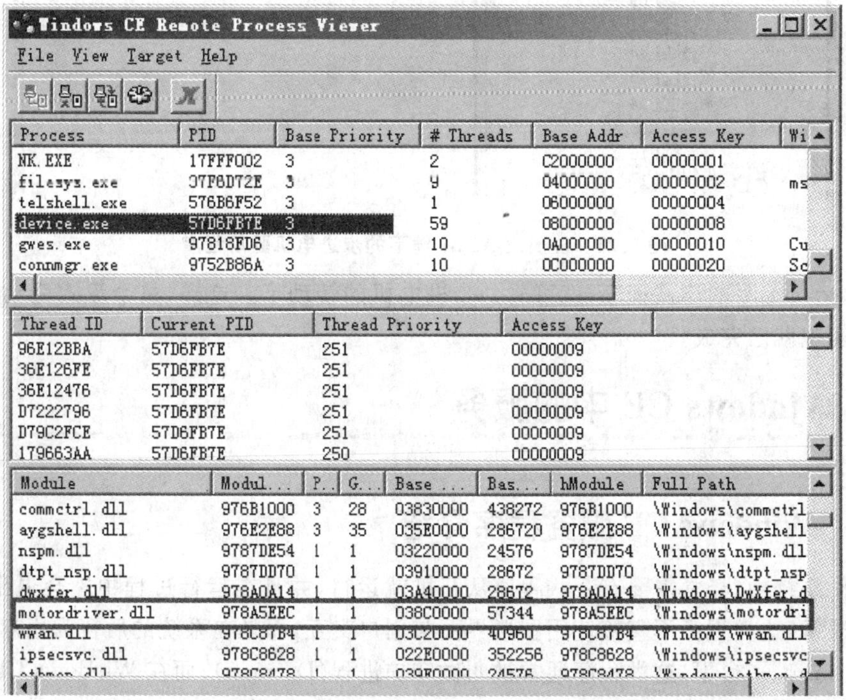

图 5.20　device.exe 进程空间中的设备驱动程序

打开 Remote Registry Editor，定位到 HKEY_LOCAL_MACHINE\Drivers\Active 下，寻找所有的已加载驱动，可找到某个目录下如图 5.21 所示的信息，这也说明 Driver 已经成功加载。

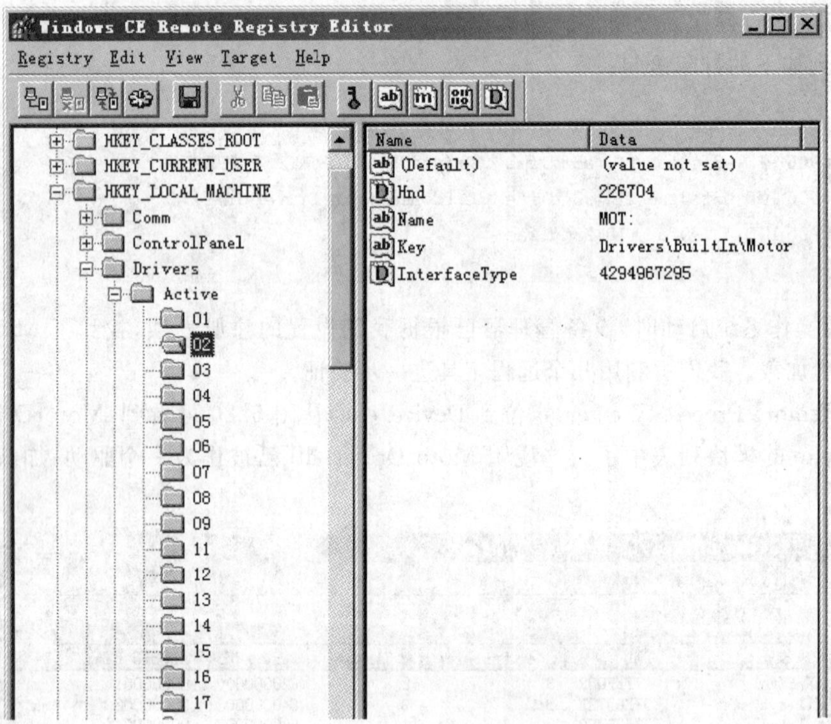

图 5.21 注册表 Active 键下的步进电机驱动程序

此时，运行编写的测试程序，就可看到步进电机的转动了。这样，整个流式驱动程序和测试程序的实现就已完成。

5.10 Windows CE 中的服务

5.10.1 Windows CE 服务程序介绍

在操作系统中，经常需要有一些程序从开机就运行，并且在运行过程中不会退出，直到系统关闭。通常，这类程序不直接使用图形界面与用户交互，而是在系统的后台为用户提供一些服务。在 Linux 平台下，这类程序通常被叫做守护进程(Daemon)；而在 Windows CE 中，这类程序被称为服务(Service)。

在 Windows CE 中,有许多网络服务器都是通过服务实现的,例如:文件服务器、FTP 服务器、Telnet 服务器、打印服务器及 HTTP 服务器等。

在 Windows CE 4.0 之前,系统中是没有服务这个概念的。如果应用程序开发人员要实现一个可开机自动运行,并且能在后台提供服务的程序,那么通常他们会把此程序实现为一个伪驱动。也就是说,做成一个流式接口驱动程序 DLL,在系统启动时被 Device.exe 加载,然后应用程序还可通过 DeviceIoControl()函数发送命令对服务进行控制。但是这样做有诸多缺点:其一,这违背了 Device.exe 只负责管理驱动程序的意图;其二,这也造成了 Device.exe 的不稳定。如果某个服务程序崩溃,那么通常会导致整个 Device.exe 崩溃。而这会影响一些设备驱动程序的工作,甚至导致整个系统崩溃。

自从 Windows CE 4.0 之后,系统中新增加了一个进程 Services.exe,它也叫做服务管理器。服务管理器的工作机制与功能与设备管理器 Device.exe 非常相似,Device.exe 负责加载所有的驱动程序,而 Services.exe 负责加载所有的服务。

Service.exe 也是操作系统的一个可选组件,在系统启动时被内核加载。下面的代码取自%_WINCEROOT%\PUBLIC\SERVERS\OAK\FILES\servers.reg。


```
; @CESYSGEN IF SERVERS_MODULES_SERVICES
[HKEY_LOCAL_MACHINE\init]
"Launch60" = "services.exe"
"Depend60" = hex:14,00
; @CESYSGEN ENDIF
```

可见服务程序是在设备管理器之后才被加载的,并且从“Depend”一行也可看出:Services.exe 依赖于 Device.exe(Device.exe 的 Launch 顺序是 20)。

服务管理器 Services.exe 也提供一些函数,用来让应用程序对服务进行管理和控制。表 5.25 为服务管理器实现的所有 API 列表。

表 5.25 Services.exe 实现的 API 列表

函数名称	描 述
ActivateService()	加载服务
RegisterService()	生成服务的一个新的实例
DeregisterService()	停止服务的一个实例
EnumServices()	枚举正在运行的所有服务
GetServiceHandle()	根据服务的前缀,返回服务的句柄
ServiceAddPort()	让 Services.exe 侦听某个网络端口的连接,然后把它映射给某个服务
ServiceClosePort()	关闭服务所侦听的某个网络端口
ServiceUnbindPorts()	关闭所有该服务所侦听的端口
ServiceIoControl()	向服务发送 I/O 控制信息

在 Windows CE 中,实现一个服务与实现流式接口的驱动程序非常类似。所有的服务程序都被实现为 DLL,并且也会向外导出流式驱动程序中的流式接口。当然这不包括 XXX_PowerUp()和 XXX_PowerDown()两个接口函数,因为服务通常不需要直接与硬件交互,也就不需要电源管理的两个接口了。

与流式驱动程序类似,服务也有一个 3 个字符的 Prefix 和一个 Index,用来确定加载的服务。同样,这些信息也在注册表中被设置。下面是 Telnet 服务的注册表例子,在讨论服务的时候我们会采用 Telnet 的例子,它的完整代码在%_WINCEROOT%\public\servers\sdk\samples\telnetd 目录下。

```
[HKEY_LOCAL_MACHINE\Services\TELNETD]
    "Dll" = "TELNETD.DLL"
    "Order" = dword:8
    "Keep" = dword:1
    "Prefix" = "TEL"
    "Index" = dword:0
    "Context" = dword:1
    "DisplayName" = "Telnet Server"
    "Description" = "Services incoming telnet requests"
    "Flags" = "dword:0
```

与流式接口驱动不同的是,服务的注册表项增加了 Context,Keep 与 Flags 项。其中,如果 Keep 的值为 0,则服务在加载后会立即被卸载;Context 与独立服务相关,我们在后面会详细介绍。

5.10.2 服务的启动和停止

Windows CE 的服务有两种启动方式:一种方式是通过在注册表中设置相应的注册表项,系统启动时,让 Services.exe 自动加载服务;另外一种方式是应用程序使用函数手动加载服务。

在 Windows CE 操作系统启动时,Services.exe 搜索系统注册表中的 HKEY_LOCAL_MACHINE\Services 键,然后枚举 Services 键下所有的子键,并依次加载所有的服务,此过程与总线枚举类似,就不再详细介绍了。图 5.22 是注册表 Services 键下的服务程序。

同样,应用程序也可通过 API 完成动态加载服务。Windows CE 提供 ActivateService()函数供应用程序完成动态加载服务。函数声明如下:

```
HANDLE ActivateService(
  LPCWSTR lpszDevKey,      // Services 键下的注册表子键名称
  DWORD dwClientInfo       // 保留项
);
```

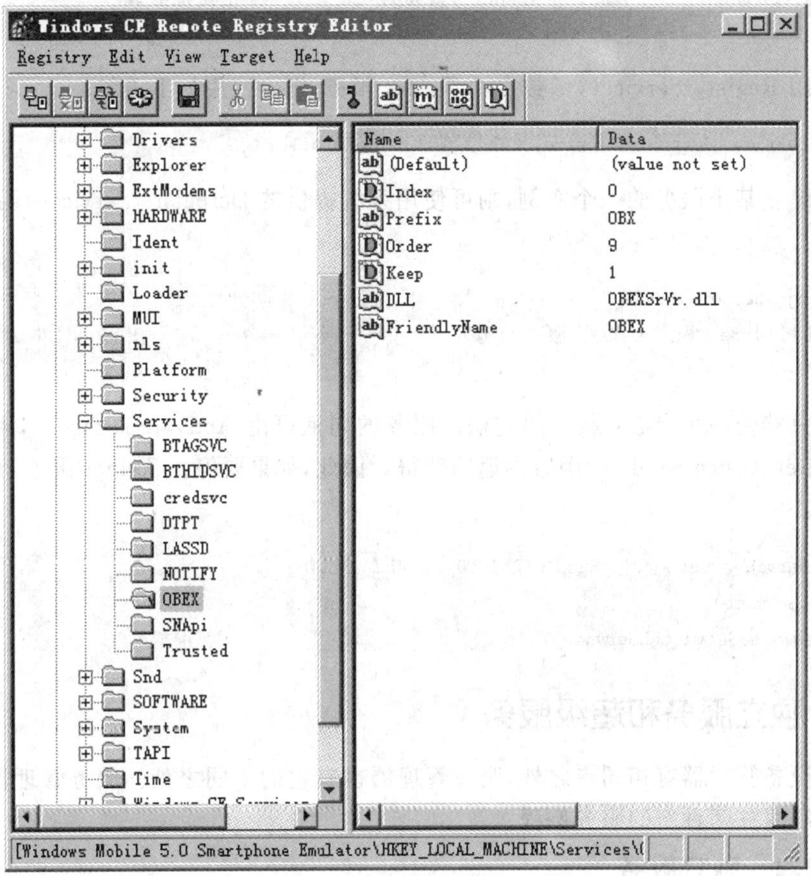

图 5.22　HKEY_LOCAL_MACHINE\Services 键下的服务程序

如果要编程激活上文例子中的 Telnet 服务，则须使用如下语句：

```
ActivateService(L"TELNETD", 0);
```

此外，Windows CE 还提供 RegisterService()函数注册一个服务。与 ActivateService()不同，此函数把注册表中的一些信息作为函数参数，并且此函数可生成同一个服务的多个实例。函数声明如下：

```
HANDLE RegisterService(
   LPCWSTR lpszType,          // 服务的 3 个大写字符前缀
   DWORD dwIndex,             // 服务的索引号，0～9 之间的一个数字
   LPCWSTR lpszLib,           // 实现服务的 DLL
```

```
    DWORD dwInfo                // 将会被传到服务的 XXX_Init()中的附加参数
);
```

如果使用 RegisterService()函数启动 Telnet 服务，则应使用如下语句：

```
HANDLE hService = RegisterService("TEL", 0, "telnetd.dll", 0);
```

如果要停止某个服务的一个实例，则可使用系统提供的 DeregisterService()函数，它的函数原型如下：

```
BOOL DeregisterService(
    HANDLE hDevice              // 服务的句柄
);
```

此函数只接受一个参数：服务的句柄。服务的句柄可由 ActivateService()，RegisterService()或者 GetServiceHandle()函数的返回获得。因此，如果要停止 Telnet 服务，则通常使用下面的语句：


```
HANDLE hService = GetServiceHandle(L"TEL0:", NULL, NULL);
if(0 != hService)
    DeregisterService(hService);
```

5.10.3 独立服务和超级服务

除了与设备管理器有相同点之外，服务管理器也有它的不同之处。服务管理器可支持独立服务和超级服务两种新的服务例程。

5.10.3.1 独立服务

默认情况下，在系统启动时会创建一个 Services.exe 进程，然后该进程加载所有的服务 DLL。但是在某些特殊的情况下，通常须把某一个服务放在单独的 Services.exe 进程中加载。这样可能会更有利于调试，也利于与其他服务隔离。如果某个服务 DLL 在单独的进程中被加载，那么此服务被称为独立服务(Standalone Service)。

如果要把某个服务配置成为独立服务，只需配置注册表键 HKEY_LOCAL_MACHINE\Services\＜服务名称＞\下的 Context 项。如果把 Context 项设为 2，则表明该服务为独立服务。此 Context 项的内容会被作为参数传给服务的 XXX_Init()函数。

值得注意的是，并不是所有的服务都支持被配置成独立服务的。如果某个服务不希望自己被配置成独立服务，则只需在 XXX_Init()中检测传递进来的 Context 参数。如果发现是独立服务，则返回 FALSE，这样就可避免被配置为独立服务。

独立服务有一些优点，但是同样存在不足之处。

首先，独立服务并不能被应用程序使用 CreateFile()和 GetServiceHandle()等函数打开，

EnumServices()函数也枚举不到独立服务,因为它是“独立的”。

其次,一些系统自带的服务由于一些限制,也不能被配置为独立服务,例如 Telnet 和 Web 服务器。

最后,从 Windows CE 的虚拟内存体系结构中可知,Windows CE 最多只支持 32 个进程。如果配置太多的独立服务,那么无疑会占据大量的进程地址空间资源。

因此,选用独立服务前,须进行权衡考虑。

5.10.3.2 超级服务

在 Windows CE 下,许多服务程序都是作为网络服务器存在的。例如 HTTP 服务器及 Telnet 服务器等,这些服务通常都会侦听某个网络端口,当有客户连接这些端口时,服务程序会给客户提供相应的服务。针对此类型的服务,服务管理器实现了称为超级服务(Super Service)的功能。如果把某个服务标记为超级服务,则 Services.exe 会负责监听指定的端口。当有客户连接到该端口时,Services.exe 会通知相应的服务程序去处理该请求。有了超级服务,一些使用网络的服务编写可被大大简化。

要把某个服务配置为超级服务,只需在注册表中把 HKEY_LOCAL_MACHINE\Services\<服务名称>\下的 Context 项设置为 1。这样,当服务管理器在加载此服务时,会使用 ServiceIoControl()函数向服务发送 IOCTL_SERVICE_REGISTER_SOCKADDR 控制字。如果服务也支持超级服务,那么只需在 XXX_IOControl()接受到这个控制字后返回 TRUE,就可完成超级服务启动了。下面是取自 Telnet 源代码中 telndev.cpp 中的超级服务控制。

```
case IOCTL_SERVICE_REGISTER_SOCKADDR: {
    if (! g_fSuperServices) {
        SetLastError(ERROR_SERVICE_CANNOT_ACCEPT_CTRL);
        return FALSE;
    }
    if (NULL == pBufIn) {
        return IsTelnetEnabled();
    }
    return TRUE;
}
break;
```

服务管理器自动侦听的端口也可在注册表中配置。还是举 Telnet 的例子,我们知道,Telnet 的网络端口是 23。那么只需在注册表 HKEY_LOCAL_MACHINE\Services\TELNETD\Accept 下面增加相应的注册表项即可。下面是 Telnet 的注册表项。服务管理器会读取注册表,然后调用 socket 函数侦听相应的端口。

```
; @CESYSGEN IF SERVERS_MODULES_TELNETD
; @CESYSGEN IF SERVERS_MODULES_SERVICES
[HKEY_LOCAL_MACHINE\Services\TELNETD\Accept\TCP - 23]
    ; TCP port 23, default Telnet Port
    "SockAddr" = hex:02,00,00,17,00,00,00,00,00,00,00,00,00,00,00,00

; @CESYSGEN IF CE_MODULES_TCPIP6
[HKEY_LOCAL_MACHINE\Services\TELNETD\Accept\TCP - 23v6]
    ; TCP port 23, default Telnet Port
    "SockAddr" = hex:17,00,00,17,00,00,00,00,00,00,00,00,00,00,00,00,00,00,00,00,00,00,00,
00,00,00,00,00
; @CESYSGEN ENDIF CE_MODULES_TCPIP6
```

还须解决的一个问题是：当有新的客户端连接到对应的端口时，如何通知服务 DLL 接受连接呢？这个通知过程也是通过服务的 IoControl 完成的。当有新客户端连接时，服务管理器会向服务发送 IOCTL_SERVICE_CONNECTION 控制字，同时把套接字句柄作为参数传递给服务程序。这样，服务程序就可对连接进行进一步的控制和操作了。下面的代码是 Telnet 示例中如何响应新连接的代码。它首先拿到 Socket 句柄，然后创建了一个线程，来处理新的 Telnet 连接。


```
case IOCTL_SERVICE_CONNECTION:
    if (pBufIn && dwLenIn == sizeof(SOCKET))   {
        SOCKET sock = * ((SOCKET * ) pBufIn);

        if (g_ServiceState != SERVICE_STATE_ON) {
            DEBUGMSG(ZONE_INIT, (L"TELNETD: Cannot handle IOCtl(IOCTL_SERVICE_CONNECTION),
telnet not running (state = %d)\r\n",g_ServiceState));
            closesocket(sock);    // always close!
            SetLastError(ERROR_SERVICE_NOT_ACTIVE);
            return FALSE;
        }
        InterlockedIncrement(&g_lStartThreads);
        HANDLE hThread = MyCreateThread(TelnetLaunchCmd,sock);
        if (hThread) {
            CloseHandle(hThread);
            return TRUE;
        }
        closesocket(sock);          // always close!
        InterlockedDecrement(&g_lStartThreads);
```

```
            return FALSE;
        }
        DEBUGCHK(0);
    break;
```

Windows CE 中的许多自带服务，例如 HTTP 服务器及 Telnet 服务器等都是以超级服务的形式存在的。它们的源代码可在%_WINCEROOT%\PRIVATE\SERVERS 目录下找到，如果要编写服务程序，那么可参考它们的实现。

5.10.4 对服务的控制

服务管理器提供了一些函数来对服务程序进行控制。但是这些函数的控制和管理粒度都比较粗。如果要进行一些比较细的控制，例如命令服务重启，获得服务内部的一些状态信息，那么单靠服务管理器提供的函数就无能为力了。

对于这些较细的控制，可通过对服务程序发送 IOControl 控制字来完成。通常有两类控制字：一类供应用程序发送给服务程序；另外一类是服务管理器发送给服务程序。

如果要对服务程序发送 I/O 控制，须使用 ServiceIoControl()函数。下面的代码可对 Telnet 服务进行刷新操作。

```
HANDLE hService = CreateFile(L"TEL0:",0,0,NULL,OPEN_EXISTING,0,NULL);
if(hService != INVALID_HANDLE_VALUE){
    DWORD dwState;
        if (ServiceIoControl(hService, IOCTL_SERVICE_REFRESH, NULL, 0, NULL,
        0, NULL, NULL))
            _tprintf(TEXT(("Service refresh successful"));
        else
            _tprintf((TEXT("Service refresh failed!"));
        CloseHandle(hService);
}
```

应用程序发送给服务程序的 I/O 控制主要是对服务进行一些控制。表 5.26 列出了应用程序发送给服务程序的所有 I/O 控制字。

服务管理器发送的服务主要对服务进行一些管理和交互。表 5.27 列出了服务管理器发送给服务程序的 I/O 控制字。

值得注意的是，每个控制字是否可用，完全取决于服务的实现。对于编写优良的服务，应该尽可能响应上述的一些服务 I/O 控制。

服务管理器是 Windows CE 的一个很好的扩展，提供了丰富的附加功能，在编写应用程序时可对服务擅加利用。

表 5.26 应用程序发送给服务程序的I/O控制字

控制字	含 义
IOCTL_SERVICE_START	启动服务
IOCTL_SERVICE_STOP	停止服务
IOCTL_SERVICE_REFRESH	命令服务刷新它的配置参数
IOCTL_SERVICE_INSTALL	让服务配置它的注册表启动信息
IOCTL_SERVICE_UNINSTALL	让服务删除它的注册表启动信息
IOCTL_SERVICE_CONTROL	在应用程序与特定服务之间传递数据
IOCTL_SERVICE_STATUS	获得服务的运行状态
IOCTL_SERVICE_DEBUG	设置服务的调试状态
IOCTL_SERVICE_CONSOLE	打开/关闭服务控制台

表 5.27 服务管理器发送给服务程序的I/O控制字

控制字	含 义
IOCTL_SERVICE_REGISTER_SOCKADDR	询问服务是否要注册超级服务的侦听端口,在服务启动时发送
IOCTL_SERVICE_DEREGISTER_SOCKADDR	询问服务关闭超级服务的侦听端口
IOCTL_SERVICE_CONNECTION	当超级服务的侦听端口有连接时,对服务进行通知
IOCTL_SERVICE_QUERY_CAN_DEINIT	当应用程序调用 DeregisterService()函数时,服务管理器发送这个控制字来询问服务程序是否希望关闭
IOCTL_SERVICE_NOTIFY_ADDR_CHANGE	当主机的地址变动时,服务管理器发送这个控制字通知所有服务
IOCTL_SERVICE_CALLBACK_FUNCTIONS	当服务在某种状态(例如关闭)时提供回调函数。服务管理器通过这个控制字取得回调函数的指针

第6章

操作系统移植

如果读到了本章，那么明显意味着您需要在您自己的硬件平台上运行 Windows CE 操作系统，而不是再来把玩买来的 Pocket PC 和智能手机了。

在自己的硬件上运行 Windows CE 操作系统，首先要拥有自己的板级支持包(Board Support Package，BSP)。编写 BSP 是一项较烦琐的工作，须涉及很多系统底层的编程技巧以及硬件操作，同时会消耗较多的人月数。本章将介绍如何为开发板编写 BSP，以帮助读者在合适的开发板上运行 Windows CE 操作系统。

然而本章的示例代码可能不像其他章节一样可直接编译运行。因为编写 Boot Loader 与编写 OAL 都要涉及访问具体的硬件操作，由于硬件都各不相同，因此不会有简单的对于所有硬件都通用的例子。但是，我们仍可从不同的硬件中提取其共性，尽量在示例代码中减少对硬件的依赖。示例的目的是将基本的原理和道理讲清楚，这样可举一反三，而不是直接把代码拿过去就编译运行。

注 意

本章内容已经假定读者了解 BSP 的使用和基本原理，包括 EBoot 的用法。如果不熟悉 EBoot 的用法，可参考本书相关章节进行练习和了解。

6.1 运行 Windows CE 所需的硬件

软件必须依赖于硬件而不能独立存在，无论是系统软件还是应用软件都须有一定的硬件平台来支撑。操作系统是非常重要的系统软件，通常它与硬件的耦合程度高于其他应用软件和系统软件。因此，操作系统对硬件的要求程度应备受关注。

同样，也不是任何硬件设备都可运行 Windows CE 操作系统，Windows CE 对 CPU 及内存等硬件设备有一些限制条件。本节将介绍运行 Windows CE 所需的硬件。

6.1.1 处理器

Windows CE 是 32 位的嵌入式操作系统，因此要求硬件 CPU 必须具有 32 位处理器。目前,Windows CE 可在 4 种主要的 CPU 体系结构系列和 200 多种 CPU 上运行。Windows CE 支持的 4 大类处理器为 ARM,X86,MIPS 和 SuperH(通常也简称 SH),如表 6.1 所列。

表 6.1　Windows CE 支持的 CPU

CPU 家族	子系列
ARM	ARMV4I
X86	80386 以上
MIPS	MIPS II,MIPS II_FP,MIPS IV,MIPS IV_FP
SH	SH4

6.1.1.1　ARM 架构

ARM(Advanced RISC Machines)是对一类 RISC 微处理器的通称。目前,ARM 微处理器已遍及工业控制、消费类电子产品、通信系统、网络系统及无线系统等各类产品市场。基于 ARM 技术的微处理器应用,约占据 32 位 RISC 微处理器 75%以上的市场份额,ARM 技术正在逐步到渗入我们生活的各个方面。ARM 公司是专门从事基于 RISC 技术芯片设计开发的公司,作为知识产权供应商,它本身不直接从事芯片生产,而靠转让设计许可,由合作公司生产各具特色的芯片。世界各大半导体生产商从 ARM 公司购买其设计的 ARM 微处理器核,根据各自不同的应用领域,加入适当的外围电路,从而形成自己的 ARM 微处理器芯片进入市场。目前,全世界有几十家大的半导体公司都使用 ARM 公司的授权,这样既使得 ARM 技术获得更多的第三方工具、制造及软件的支持,又使整个系统成本降低,产品更容易进入市场被消费者接受,更具有竞争力。

采用 RISC 架构的 ARM 微处理器一般具有如下特点:

- 小体积、低功耗、低成本、高性能;
- 支持 Thumb(16 位)/ARM(32 位)双指令集,能很好地兼容 8 位/16 位器件;
- 大量使用寄存器,指令执行速度更快;
- 大多数数据操作都在寄存器中完成;
- 寻址方式灵活简单,执行效率高;
- 指令长度固定。

6.1.1.2　X86 架构

X86 系列 CPU 是桌面 PC 上使用最多的 CPU。指令集是 Intel 公司为其第 1 块 16 位 CPU(i8086)专门开发的。美国 IBM 公司 1981 年推出的世界第 1 台 PC 机中的 CPU——i8088(i8086 简化版)使用的也是 X86 指令,同时电脑中为提高浮点数据处理能力而增加的 X87 芯片系列——数学协处理器则另外使用 X87 指令。以后就将 X86 指令集和 X87 指令集称为 X86 指令集。虽然随着 CPU 技术的不断发展,Intel 陆续研制出更新型的 i80386,i80486

直到Pentium Ⅲ(以下简称为PⅢ)系列,但为了保证电脑能继续运行以往开发的各类应用程序以保护和继承丰富的软件资源,Intel公司所生产的所有CPU仍继续使用X86指令集,所以它的CPU仍属于X86系列。另外除Intel公司外,AMD和Cyrix等厂家也相继生产出能使用X86指令集的CPU。由于这些CPU能运行所有的为Intel CPU所开发的各种软件,所以电脑业内人士就将这些CPU列为Intel的CPU兼容产品。由于Intel X86系列及其兼容CPU都使用X86指令集,所以就形成了今天庞大的X86系列及兼容CPU阵容。

6.1.1.3 MIPS架构

MIPS也是RISC处理器。MIPS的意思为无内部互锁流水级的微处理器(Microprocessor without Interlocked Piped Stages),其机制是尽量利用软件办法避免流水线中的数据相关问题。它最早是在20世纪80年代初期由斯坦福(Stanford)大学Hennessy教授领导的研究小组研制出来的。MIPS公司的R系列就是在此基础上开发的RISC工业产品的微处理器。这些系列产品为很多计算机公司采用,构成各种工作站和计算机系统。MIPS技术公司是美国著名的芯片设计公司,它采用精简指令系统计算结构(RISC)来设计芯片。和Intel公司采用的复杂指令系统计算结构(CISC)相比,RISC具有设计更简单、设计周期更短等优点,并可应用更多先进的技术,开发更快的下一代处理器。MIPS是出现最早的商业RISC架构芯片之一,新架构集成了所有原来的MIPS指令集,并增加了许多更强大的功能。MIPS的系统结构及设计理念比较先进,其指令系统经过通用处理器指令体系MIPS I,MIPS II,MIPS III,MIPS IV到MIPS V,嵌入式指令体系MIPS16,MIPS32到MIPS64的发展,已经十分成熟。在设计理念上,MIPS强调软/硬件协同,提高性能,同时简化硬件设计;在通用方面,MIPS R系列微处理器用于构建SGI的高性能工作站、服务器和超级计算机系统;在嵌入式方面,MIPS K系列微处理器是目前仅次于ARM的用得最多的处理器之一(1999年以前MIPS是世界上用得最多的处理器),其应用覆盖游戏机、路由器、激光打印机及掌上电脑等方面。

6.1.1.4 SuperH架构

SuperH是高性价比、小型化和高性能功耗比(MIPS/W)的嵌入式RISC处理器。SuperH架构最先由日本Hitachi公司开发,原意为取代旧式的H8 family家族处理器。SuperH架构当时由Hitachi及ST Microelectronics两家公司共同拥有,现已被瑞萨公司接管。SuperH处理器亦常用于嵌入式系统产品中。现在SuperH具有丰富的产品线,产品系列包含具有CPU内核、内部大容量快速擦写存储器和定时器、串行接口、A/D转换器外围功能的SH-2系列;具有能进行高速数据处理的CPU内核、高速缓冲存储器和MMU的SH-3系列和SH-4系列;具有完整、全DSP功能和以多媒体处理/通信处理为主的CPU内核的SH2-DSP系列和SH3-DSP系列;最新的SH-5版本处理器为一个64-bit的高效能处理器,它拥有一个128-bit的向量浮点运算器(Vector Floating Point Processing Unit,FPU)及一个带有SIMD支援与63个64-bit暂存器的整数运算器,效能卓越。现在SuperH系列还具有低功耗模式等许多特点，为应用产品的低功耗、小型化做出了贡献，改善了各种通用操作系统和开发工具，从而能保证实现更有效的开发。

提示：对 PowerPC CPU 的支持

Windows CE 3.0 之前，系统还支持 PowerPC CPU。PowerPC 是早期 Motorola 和 IBM 联合为 Apple 的 MAC 机开发的 CPU 芯片，商标权同时属于 IBM 和 Motorola，并成为他们的主导成品。IBM 主要的 PowerPC 产品有 PowerPC604s(深蓝内部的 CPU)，PowerPC750 及 PowerPCG3(1.1 GHz)。Motorola 主要有 MC 和 MPC 系列。尽管他们产品不一样，但都采用 PowerPC 的内核，这些产品大都用在嵌入式系统中。

但自 Windows CE .NET 4.0 起就停止了对 PowerPC CPU 的支持。

如果要在硬件上运行 Windows CE，首先要确保硬件平台的 CPU 是上述四者之一；否则 Windows CE 是无法在上面运行的。

6.1.2 存储系统

对内存的容量大小，Windows CE 并没有详细规定。所需的物理内存的大小要根据系统选择的组件多少来决定。一般而言，如果使用了图形界面，那么建议至少要有 16 MB 的物理内存。

但是如果希望在硬件平台上运行 Windows CE，那么存储管理单元(Memory Management Unit，MMU)是必备部件。

MMU 是用来支持存储器管理的硬件单元。它可满足现代平台操作系统内存管理的需要，其主要包括两个功能：① 支持虚拟/物理地址映射；② 提供不同存储器地址空间的保护机制。

一个简单的例子可帮助理解 MMU 的功能。在一个操作系统下，程序开发人员都是在操作系统给定的 API 和编程模型下开发程序的，操作系统通常只开放一个确定的存储器地址空间给用户。这样就带来一个直接的问题：所有的应用程序都使用相同的存储器地址空间。如果这些程序同时启动的话(在现在的多任务系统中这是非常常见的)，那么就会产生存储器访问冲突。操作系统是如何避免此问题的呢？

如图 6.1 所示，操作系统利用 MMU 硬件单元完成存储器访问虚拟地址到物理地址的转换。所谓虚拟地址就是程序员在程序中使用的逻辑地址，而物理地址则是真实存储器单元的空间地址。MMU 通过一定的规则，可把相同的虚拟地址映射到不同的物理地址上去。这样，即使有多个使用相同虚拟地址的程序进程启动，也可通过 MMU 调度把它们映射到不同的物理地址上去，不会造成系统错误。

MMU 除了有处理地址映射功能之外，还能给不同的地址空间设置不同的访问属性。比如，操作系统把自己的内核程序地址空间设置为用户模式下不可访问地址，这样用户应用程序就无法访问到该空间，从而保证操作系统内核的安全性。

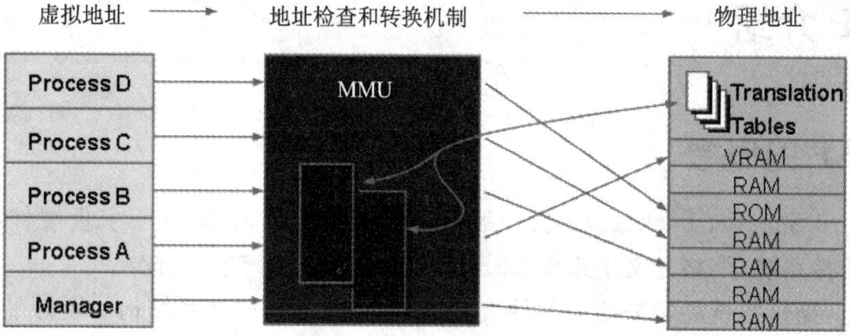

图 6.1 MMU 的功能和作用

我们知道，在 Windows CE 中，除了系统初始化前的一小段代码之外，Windows CE 都是运行在虚拟地址模式下的。虚拟地址为 Windows CE 提供了 4 GB 的虚拟地址空间和地址的访问保护。如果硬件上没有 MMU 支持，那么 Windows CE 就无法建立起 4 GB 的虚拟地址空间，也无法实现内存保护。因此，进行硬件选型时，一定要注意选择带有 MMU 的存储设备，尤其是对一些 ARM 系列的 CPU。

对于外存的容量大小，Windows CE 也没有严格的规定，这个也要按照具体的需要进行选型。Windows CE 支持几乎可见到的所有软驱、光驱、硬盘、电子盘、Flash 及 ROM 等设备。此外，Windows CE 支持 NOR Flash 上 XIP 的执行，选用 Flash 作为系统的外存时，可考虑这一特性。

6.1.3 其他硬件

由于嵌入式系统具体应用的不同，其他的外设也不尽相同。有两点在开发时须注意。

① 进行系统开发期间，通常需要对系统进行一系列调试。除了硬件调试器之外，Windows CE 还经常使用串口输出一些调试信息，因此，为开发板上安装串口通常对系统调试会有帮助。

② 此外，在开发 BSP 期间，经常会用以太网下载操作系统映像，这就需要开发板上要有以太网端口。虽然 Windows CE 理论上可通过其他端口(串口、并口及 USB 等)下载操作系统映像，但是从复杂性、速度和支持几方面权衡，使用以太网是最好的选择。

在 Windows CE 的 Boot Loader 中，没有对中断进行处理，一些超时操作都是通过轮循 RTC 来完成的，因此目标设备上应该有一个可用的 RTC 芯片。

上面提到的串口和以太网口对于开发期间的调试很有帮助。在最终的产品中，如果没有需要，那么可把串口和以太网口都去掉。手机开发是这种操作的典型例子，进行开发时使用串口和以太网口调试，在最终产品发布时很少有手机还带有串口和以太网接口，通常在产品板上都会把这两个端口去掉。

6.2 BSP 介绍

6.2.1 BSP 的概念

BSP(Board Support Package)中文一般译为板级支持包,它是介于主板硬件和操作系统之间的一层软件系统,严格意义上来说 BSP 应该属于操作系统的一部分。

我们知道,操作系统经常需要与硬件直接进行交互,而不同体系结构的硬件平台之间通常具体的实现差异较大,因此操作系统实现跨 CPU 体系结构较困难。解决操作系统跨不同 CPU 体系结构的方法有很多,其中之一就是把操作系统与硬件交互的接口抽象抽取出来,作为单独的一层函数,操作系统访问底层硬件时(例如初始化硬件及关中断等),不再直接访问硬件,而是调用抽象出来的这一层函数完成操作,这样在不同的硬件平台上,只要重写这一层代码,就可简化操作系统跨体系结构的工作。而 BSP 就是充当了这样的角色——抽象操作系统与硬件之间的交互接口。BSP 对硬件接口的抽象示意图如图 6.2 所示。

对于桌面操作系统,例如 Windows 和 Linux,BSP 的概念并不是那样重要。因为桌面 PC 机大多数都是 X86 体系结构,桌面操作系统通常也没有跨硬件处理器平台的必要,而且 X86 上的 BIOS 提供了大量的底层访问支持,所以在桌面操作系统上 BSP 的概念被大大淡化甚至消失了。但是对于嵌入式操作系统则不然:由于嵌入式系统本身的特点所决定,嵌入式系统的硬件体系结构必定百家争鸣,不可能由某一种 CPU 或体系结构垄断。因此,跨平台对于嵌入式操作系统来说是设计的首要目标,只能在单一的硬件平台上运行的嵌入式操作系统几乎不会有竞争力。也正因如此,BSP 在嵌入式操作系统中非常普遍,很多嵌入式操作系统中都有 BSP 层。

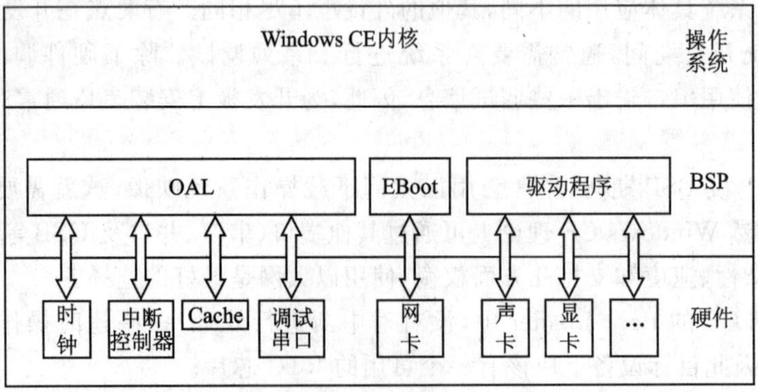

图 6.2 BSP 对硬件接口的抽象

有了 BSP 层的抽象后,操作系统内核的代码就可做到只与 CPU 体系结构相关,而与具体的硬件无关了。因为不同的 CPU 的指令系统和机器码是无法通用的。换言之,对于不同的

CPU体系结构，操作系统仍须提供编译好的二进制代码或在该CPU下可编译的源代码。因此，在内核中如果要使用汇编语句，那么对不同的CPU都要编写一份，所以操作系统代码大多数都是用C/C++语言实现的。

对于BSP，还有如下几个值得注意的地方：

1. BSP与特定的嵌入式操作系统相关

虽然很多嵌入式操作系统中都有BSP的概念，但是不同的嵌入式操作系统之间的BSP是不通用的。因为不同的嵌入式操作系统，对于操作系统与硬件的接口抽象是不同的。例如对于同一块ARM的开发板，支持Windows CE操作系统的BSP与支持VxWorks操作系统的BSP完全不同。

2. BSP与开发板一一对应

BSP正如其名，它所对应的是某块具体的开发板/产品板，而不是某款CPU，也不是某类CPU体系架构。因为BSP不但包括了硬件抽象层，还包括了所有这块开发板上的设备的驱动程序。BSP设计的目标是，一旦拥有了某一块板子的BSP，那么该嵌入式操作系统就可在该板上运行。因此，BSP中的一些配置和代码都是与具体的开发板相关的。严格来说，某块开发板上的一个细微的跳线、引脚的变动，都可能导致对BSP的重新修改。

提示：芯片支持包(Chip Support Package，CSP)

CSP是Chip Support Package的简写，它指的是某类型芯片的通用代码。现在的嵌入式CPU中通常都会集成一些其他的控制器(System On Chip，SOC)。例如Freescale的DragonBall CPU中集成了串口、显示屏和USB的控制器。这样，如果为DragonBall编写的串口和显示屏驱动程序就有可能在不同的开发板之间通用，只要它们的CPU都是DragonBall。因此，这样的代码就可集中起来共享。在Windows CE中被称做CSP(在其他嵌入式操作系统中似乎没有发现这个缩写)。编写BSP时，CSP的代码是很有用的，通常编写BSP时可使用一些CSP的代码。在Windows CE中，有些CPU就只提供CSP而没有提供BSP。例如Intel的PXA 27x系列。

CSP的代码位于%_WINCEROOT%\PUBLIC\COMMON\OAK\CSP\目录下。CSP目录下的代码以驱动程序为主，基本上是按照CSP\<CPU架构>\<公司>\<CPU名称>\<驱动程序名称>来组织的。

6.2.2 BSP的结构

在Windows CE中，BSP主要由4部分构成：OEM抽象层、引导程序、设备驱动程序和配置文件。它们之间的结构如图6.3所示。

OEM抽象层简称OAL(OEM Abstraction Layer)。它也是操作系统内核抽象出来的与硬件交互的接口，其实现代码通常是与硬件高度相关的。OAL层主要负责Windows CE内核与硬件通信。当引导程序引导操作系统结束后，由OAL层负责硬件平台初始化、中断服务例程(Interrupt Service Routines，ISR)、实时钟(Real Time Clock，RTC)、计时器(Timer)、内核调试、开关中断和内核性能监测等工作。OAL的代码在物理上是内核的一部分，经编译链接，

OAL 成为内核的一部分。

提示：HAL 与 OAL

桌面版本的 Windows 上硬件和操作系统之间有一层硬件抽象层(Hardware Abstraction Layer，HAL)。因为 HAL 的名称和功能都与 OAL 类似，所以在以前的 Windows CE 版本中也曾把 OAL 称为 HAL，造成了一定程度的混淆。

更为糟糕的是，对 OAL 这个简称本身也有不同的解释。以前 OAL 还被解释为 OEM 适配层(OEM Adaptation Layer)。因此，同一样东西在 Windows CE 中就有了 3 种称呼：OEM Abstraction Layer，Hardware Abstraction Layer 和 OEM Adaptation Layer。这种恶劣的情况更进一步加剧了一些读者和用户的疑惑。

为了防止与桌面 Windows 中的 HAL 混淆，从 Windows CE 5.0 开始，微软已经明确把 OAL 解释为 OEM 抽象层，不再存在其他叫法。

引导程序(Boot Loader)是在硬件开发板上执行的一段代码。它的主要功能是初始化硬件，加载操作系统映像(OS Image)到内存，然后跳转到操作系统代码去执行。Boot Loader 可通过不同的方法获得操作系统映像，例如从串口、USB 及以太网下载，Boot Loader 也可从本地的存储设备，例如 CF 卡和硬盘中读取操作系统映像。当 Boot Loader 得到操作系统映像后，它可把操作系统映像存放到内存里或者本地的存储设备中以便以后使用。Boot Loader 有很多种，最常见的 Boot Loader 通过以太网从工作站下载操作系统映像到目标机，然后把映像放到内存里执行，称之为 EBoot(Ethernet Boot 的简称)。Boot Loader 通常在系统开发调试时使用，在最终的产品中通常不包含 Boot Loader，但是也有些 OEM 厂商会把 Boot Loader 放入最终的产品中，通常是为了有利于产品的升级维护。

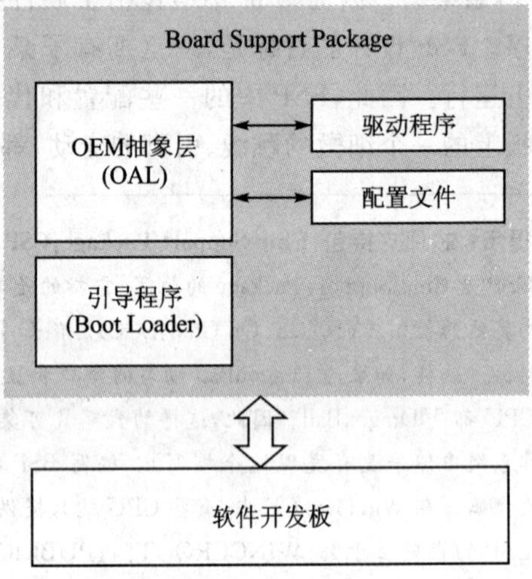

图 6.3 BSP 的结构

配置文件(Configuration File)是一些包含配置信息的文本文件。这些配置信息通常与操作系统映像或源代码有关。例如告诉编译系统如何编译某些源代码，或告诉编译系统如何配置最终的操作系统映像文件。BSP 中的配置文件包括.BIB，.DB，.REG 和.DAT 4 类平台初始化文件，这些文件告诉 Make Image 工具如何生成操作系统映像；配置文件还应包括 Sources 和 DIRS 文件，它们告诉构建系统如何构建代码；最后，还应该包括一个 CEC 文件，这样 BSP 可与 Platform Builder 集成。

设备驱动程序(Device Driver)是 BSP 的另外一个重点。对于某个特定的 BSP 来说，BSP

当中应该包含在这块开发板上的所有的外设驱动程序，这样才可保证 Windows CE 操作系统能够发挥此开发板的最大效能。如果很多外设的驱动程序都不能使用，那么仅仅一个操作系统启动之后用处也不是很大。

6.2.3　Windows CE 5.0 自带的 BSP

安装 Platform Builder 时，安装程序根据用户的选择来安装不同的自带的 BSP。这些 BSP 都是由微软提供的，质量可以保证，在编写自己的 BSP 时，这些 BSP 的源代码是学习和参考的好材料。

表 6.2 列出了 Windows CE 5.0 中自带的 BSP 列表以及其所在的路径。

表 6.2　Windows CE 5.0 自带的 BSP 及其路径

CPU 家族	子系列	BSP 描述	Platform 下的子目录
ARM	ARMV4I	Intel MainstoneII	MAINSTONEII
	ARMV4I	Samsung SMDK－2410	SMDK2410
	ARMV4I	Intel Xscale Lubbock(只有 CSP)	—
MIPS	MIPSII	AMD DBAu1000	DBAu1000
	MIPSII	AMD DBAu1100	DBAu1100
	MIPSII	AMD DBAu1500	DBAu1500
	MIPSII(MIPS16)	NEC Solution Gear2 Vr4131	SG2_VR4131
	MIPSII & II_PF, MIPSIV & IV_FP	NEC Solution Gear2 Vr5500	SG2_VR5500
	MIPSII	Broadcom VoIP Reference	BCM91101SP
SH	SH4	SH4 Aspen	Aspen
X86	X86	x86(CEPC)	CEPC
	X86	x86 Emulator	emulator
	X86	Geode	Geode

同时，在微软的 Platform Builder 文档当中对这些 BSP 的使用方法、实现的功能和局限性都有比较详细的描述。可参考 Platform Builder 文档的“Bringing Up a Hardware Platform”下的“Supported Board Support Packages”章节，或者参考在线文档，网址为：http://msdn.microsoft.com/library/en-us/wcehardware5/html/wce50conSupportedBoard SupportPackages.asp

6.3　开发 BSP 的步骤

开发 BSP 是一项比较复杂的工作，其中有些适合团队开发，而另外一些则不适合团队去做。开发 BSP 的基本步骤如图 6.4 所示。大致而言,开发 BSP 可分为 7 个步骤,当然有些步骤是必需的,而有些是可选的。

整个过程结束后,最终的目标是在某个开发板上可完整运行 Windows CE 操作系统。

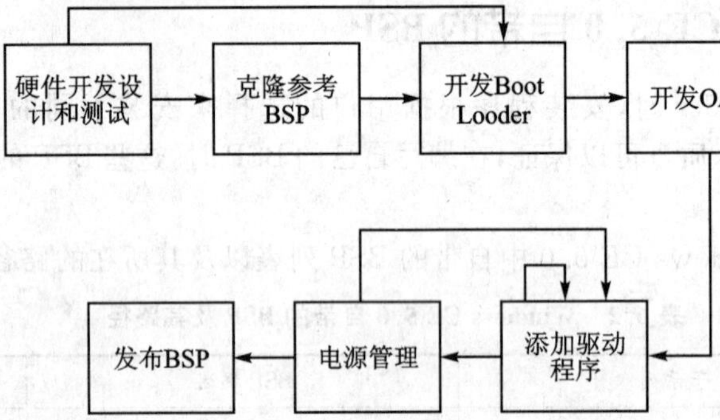

图 6.4 开发 BSP 的步骤

现实中,从零开始编写 BSP 所有代码的情况很少,大多数情况下,开发 BSP 都是基于现有的类似 BSP 的源代码作修改。因此,上文介绍的 Windows CE 5.0 自带的 BSP 源代码对于编写 BSP 就比较具有参考价值。

Platform Builder 提供了 BSP Wizard 向导来帮助开发人员创建和开发 BSP。在 Platform Builder 开发环境中选择菜单项 **Platform|BSP Wizard...** 就可启动 BSP Wizard,界面如图 6.5 所示。

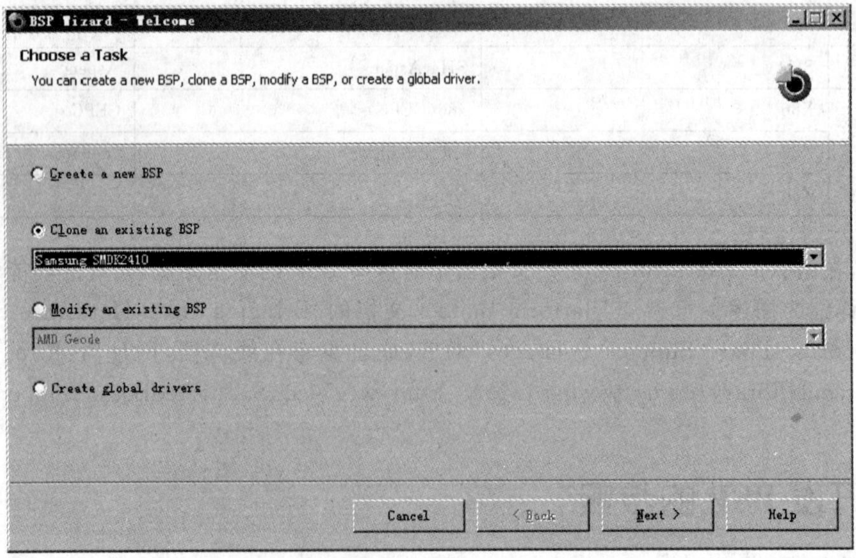

图 6.5 BSP 向导

BSP Wizard 以向导的形式帮助开发人员完成 4 种操作：创建一个全新的 BSP，克隆一个现有的 BSP，修改一个现有的 BSP 以及创建驱动程序。

6.3.1 硬件准备

开发 BSP 的第 1 个步骤是准备硬件设备。如果硬件设备是自己设计的，那么在这个平台上开发软件前，需要对硬件进行必要的测试。这一主题超出了本书讨论的范围，就不再详细介绍了。

但是对于 BSP 的开发人员来说，这一过程意味着一定要十分熟悉在该硬件平台上进行的软件开发。要掌握的预备知识包括如下内容：

- 对应 CPU 的汇编语言以及微软编译器的语法；
- 对应 CPU 的功能（这须阅读该 CPU 的手册）；
- 开发板的 DataSheet；
- 硬件调试的技巧。

6.3.2 克隆参考 BSP

当硬件准备就绪后，BSP 的编写工作就开始了。正如前面介绍的编写 BSP 绝大多数情况下都是对已有的 BSP 进行修改，使用 BSP Wizard 的克隆 BSP 功能可简化此步骤。

克隆 BSP 前，要确保所要克隆的 BSP 与目标 BSP 有相似性。一般而言，如果源 BSP 与目标 BSP 的 CPU 是同一款，那么直接克隆 BSP 是非常正确的决定，因为有大量的代码可共享；如果源 BSP 与目标 BSP 的 CPU 不一样，但是具有很大的相似性，那么克隆 BSP 也是比较划算的。

举例而言，目前国内有很多以三星 2410 作为 CPU 的 ARM 开发板，其体系结构和外设都大同小异。如果为这类开发板编写 Windows CE 的 BSP，直接克隆 SMDK2410 的 BSP 可以完成一半以上的工作量。如果为 Freescale 的 DragonBall 开发板编写 BSP，虽然 Windows CE 自带的 BSP 中没有一个 CPU 是基于 DragonBall CPU 的，但是 DragonBall 的 CPU 与三星 2410CPU 同属于 ARMV4I 系列，克隆三星 2410 的 BSP 依然是值得的。

在 BSP Wizard 中选择了相应的要克隆的 BSP 后，需要为新的 BSP 的 Catalog 描述文件命名和添加描述信息，然后为 BSP 所在的目录命名，接下来就到了最重要的一步，选择要保留的组件，界面如图 6.6 所示。在这一步中向导会列出被克隆 BSP 的所有组件，但是可根据需要，选择有用的组件，当克隆结束后，就可在得到的新的 BSP 基础上进行修改了。

如果现有的 BSP 中没有可作为参考的模型，那么只有重新编写 BSP 了。BSP Wizard 也可帮助开发人员建立一个空白的 BSP，步骤与克隆 BSP 的步骤差不多，就不再介绍了。

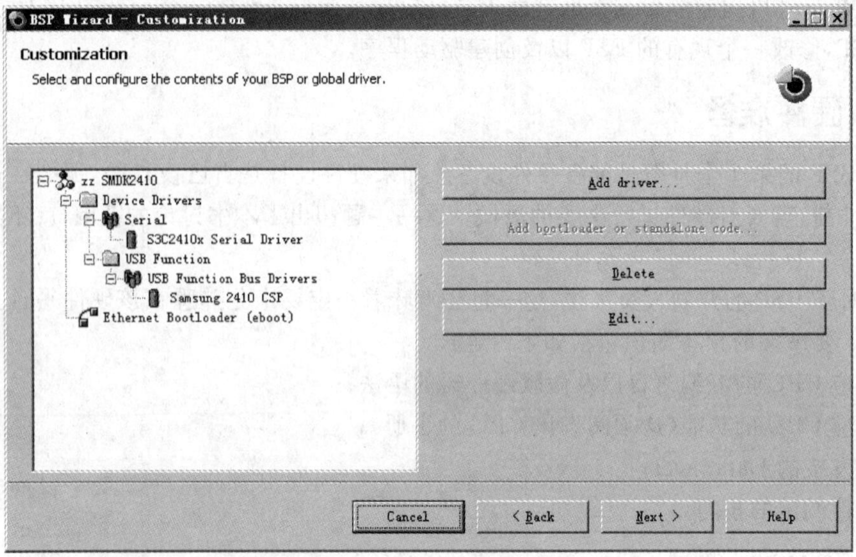

图 6.6 选择需要的组件

6.3.3 开发 Boot Loader

开发 Boot Loader 是进行 BSP 开发的第 1 个步骤。Boot Loader 负责把 Windows CE 操作系统加载到内存中,然后开始执行。虽然在最终的产品中有可能并不包含 Boot Loader,但是在开发和调试的时候 Boot Loader 是不可或缺的。

本步骤结束后,期望的结果是通过传输介质(以太网口、串口…)把一个测试的.BIN 文件加载到内存中。

6.3.4 开发 OAL

开发 OAL 是让 Windows CE 可运行在开发板上的关键,也是最复杂的一部分内容,涉及许多硬件操作。所幸的是在开发 OAL 时,Boot Loader 部分的许多代码都可重用,这也减轻了开发 OAL 的负担。

本步骤结束后,期望的结果是 Tiny Kernel 的 Windows CE 操作系统可在开发板上正常运行。

6.3.5 添加驱动程序

此步骤的主要工作是为开发板上的设备添加驱动程序。基本的原则是最大程度地利用现有资源。驱动程序的编写知识在本书中有专门的章节介绍,可参考相关内容。

添加驱动程序是一个迭代的过程，比较适于团队中的开发人员分工合作，逐个完善开发板上的每一个外设的驱动程序。

本步骤结束后，期望的结果是在 Windows CE 下，开发板上内置设备的驱动程序都可在 Windows CE 操作系统下正常运作。测试驱动程序是否正常可使用 Windows CE Test Kit 工具，请参考本书中的相关内容。

6.3.6 增加电源管理

电源管理无论对于驱动程序，还是对于整个系统来说都是至关重要的。除非最终产品有交流电插头，此种情况下忽略电源管理除了造成浪费外可能不会有大的影响。但是如果最终系统使用电池供电，没有电源管理对于此种设备是不可想象的。关于设备电源管理相关的知识，请查阅本书相关内容。

测试电源管理可能需要一些专业的电源 I/O 设备。但是如果希望系统成熟，那么对电源管理进行严格测试是必须的。

注意：重视电源管理

电源管理虽然是设备驱动程序的附加功能，但是对于使用电池供电的设备，缺少电源管理永远也无法成为成熟的产品。笔者曾经参与的一个手机项目中的实例，在为设备添加电源管理功能之前，一块充满电的电池只能让手机待机 1 h！这样的设备作为产品，显然是不可想象的。因此，请充分重视电源管理。

本步骤结束后，期望的结果是在 Windows CE 下支持电源管理的外设可充分地利用电源管理，进行最大程度的省电。

6.3.7 发布 BSP

发布 BSP 的目的是将 BSP 打包为安装文件，以方便第三方软件开发商使用。一般而言，可把 BSP 打包为.MSI 安装文件，这样第三方软件开发商可更加容易地安装使用。

Platform Builder 自带了 Export Wizard（导出向导）来帮助我们对 BSP 完成打包工作。选择 Platform Builder IDE 的 **Platform|Export Wizard...** 可打开 Export Wizard 对话框。

向导共分为 6 个步骤，而且每一个步骤都有详细的说明，界面比较友好，就不详细介绍了。基本的功能是选择一个 CEC 文件或 PBPXML 文件，然后根据文件所描述的内容进行打包处理。

如图 6.7 所示，在向导第 2 步中，可添加和选择多个 CEC 及项目文件用来打包。

然后，指定要导出的.MSI 文件名称和路径以及描述信息，如图 6.8 所示，就可成功导出安装文件了。

BSP 发布结束后，整个 BSP 的开发流程也就结束了。

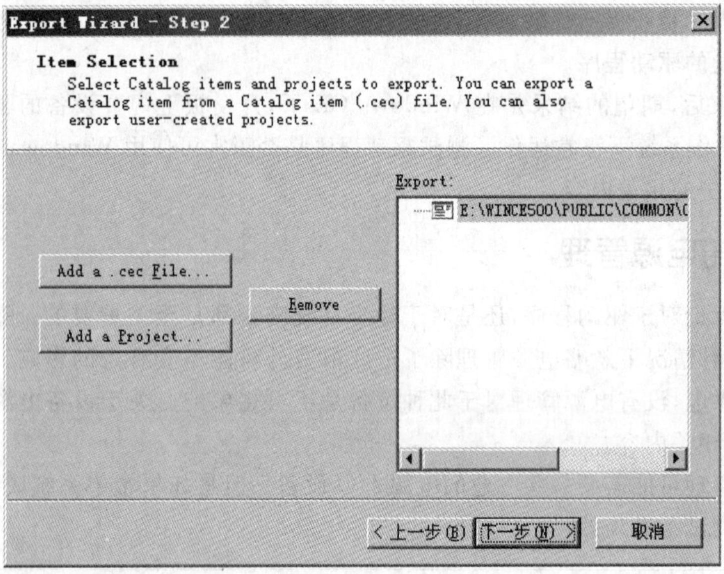

图 6.7 导出向导添加 CEC 文件

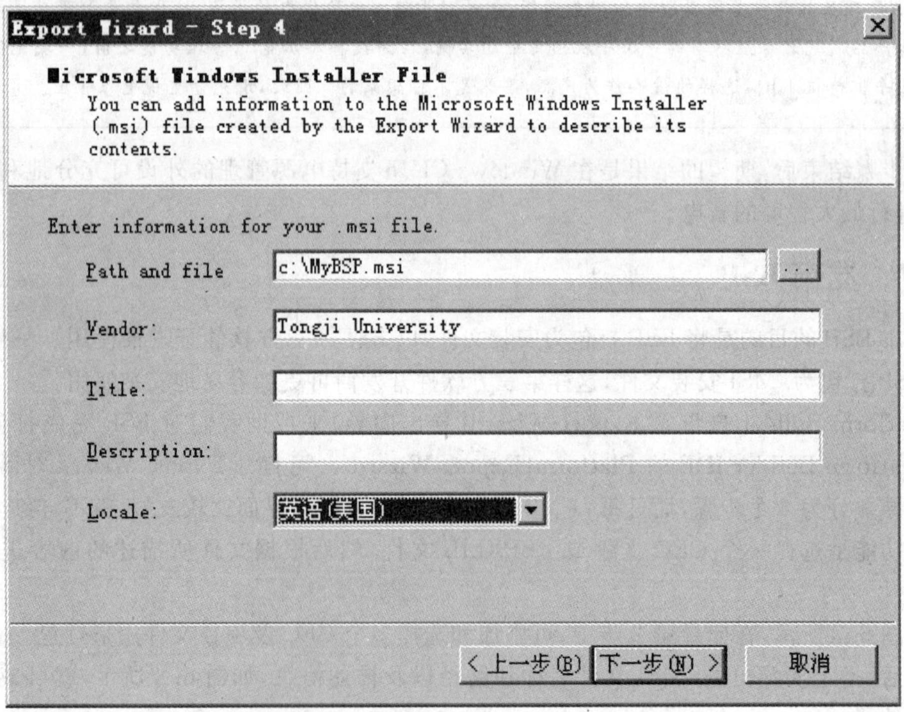

图 6.8 导出向导配置 MSI 文件

总体而言，开发 BSP 最复杂的部分是开发 Boot Loader，OAL 和编写驱动程序。下面的内容将详细介绍如何编写 Boot Loader 和 OAL。

6.4　编写 Boot Loader

6.4.1　Boot Loader 的角色与功能

对于一款嵌入式操作系统来说，Boot Loader 可能意味着最初的开始。因为对很多嵌入式设备来说，系统加电后执行的第 1 条指令就是 Boot Loader 的代码，所以，Boot Loader 通常位于目标设备上的非易失存储设备中(例如 Flash ROM)，并且在系统加电或重置时自动执行。通常可通过 JTAG 或串口烧写工具把 Boot Loader 烧写到目标设备上。

原则上，Boot Loader 的唯一目标就是加载并且执行操作系统映像。因此 Boot Loader 可使用任何方式加载操作系统映像。包括从以太网、USB 线、串口及并口下载映像，也可以从 Flash、硬盘、DOC 及 CF 卡等本地存储设备中读取映像并执行。

虽然 Boot Loader 中并不严格规定如何获得操作系统映像，但是绝大多数 Boot Loader 都会从开发机下载映像到目标机然后执行。与使用 JTAG 烧写映像到目标机相比，这样做在开发过程中可方便更新目标机上的映像，缩短“修改/构建/下载/调试”的开发周期，从而节省开发时间。

在所有下载映像的 Boot Loader 中，通过以太网进行下载的 Boot Loader 占绝大多数。之所以选用以太网，主要考虑它的速度较快。如果目标设备上没有以太网接口，那么也可考虑通过并口甚至串口进行下载。在本节，将以 EBoot 为例，介绍 Boot Loader 的编写过程。使用其他端口进行下载操作系统映像，其基本的流程是大同小异的。

图 6.9 展示了 Windows CE 的 Boot Loader 的执行顺序。从系统加电自检开始，到 Windows CE 操作系统开始执行结束。

首先，系统加电后，Boot Loader 通常进行代码重定位。在这一步中 Boot Loader 一般会把自己从一个地方搬到另外一个地方以进行更方便的访问，例如从 Flash ROM 中搬到 ROM 中，或者从不带缓存的内存中搬到带缓存的内存中。

然后，Boot Loader 对内存进行一些配置以满足 Boot Loader 运行的需要。值得注意的是，在操作系统启动时，Boot Loader 对内存进行的配置可能会被操作系统更改。

接着，执行 C 语言代码所需要的环境被初始化后，Boot Loader 就跳转到 C 语言的 main 函数开始执行。一旦进入 C 语言代码，经常做的第 1 件事是把被编译器定义为可写的数据段搬到 RAM 中去，因为 Boot Loader 有时是在只读的媒体上执行的。

接着 Boot Loader 会初始化外设的调试端口和其他一些设备接口，尽早使调试端口可用，也有利于调试 Boot Loader 本身。然后 Boot Loader 进行一些自检，例如某些内存是否可读/

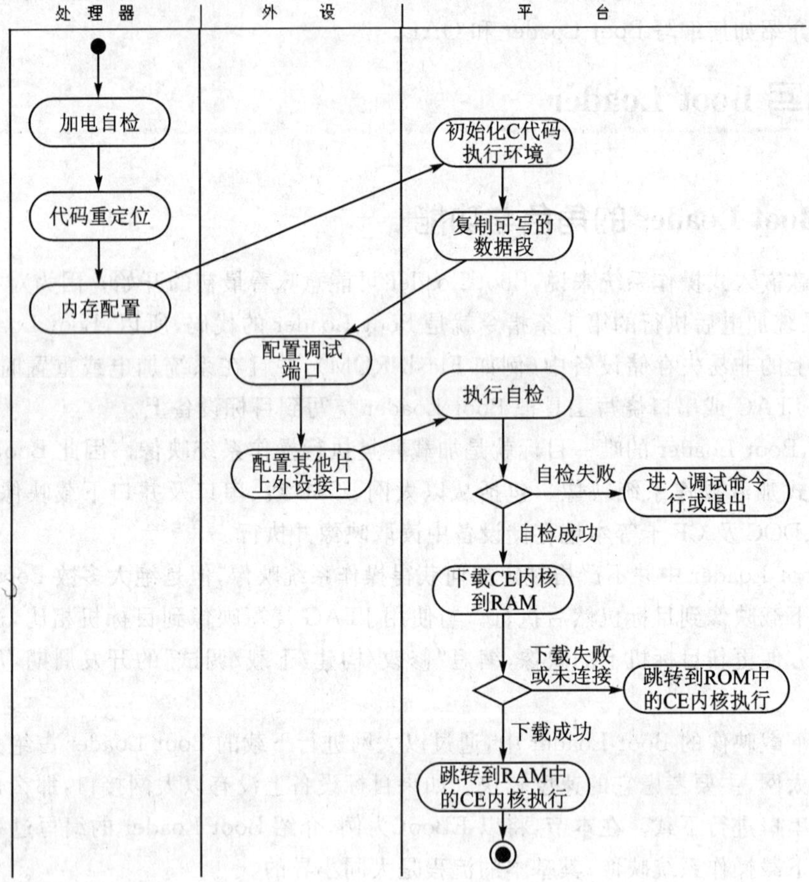

图 6.9 Boot Loader 的执行顺序图

写。如果自检成功,那么开始下载操作系统映像。下载过程可通过端口进行,也可能直接从本地读取。

最后,当操作系统映像下载成功后,就可跳转到操作系统映像执行了。

总体而言,Windows CE 的 Boot Loader 有 3 大功能。

1. 初始化目标硬件设备

包括初始化内存、中断控制器、时钟和 MMU 等。在下文会详细介绍。

2. 控制启动过程

Boot Loader 通常提供一个简单的菜单与用户交互,让用户选择启动过程。例如直接启动一个 Flash 中的映像,或者配置下载的 IP 地址以及进行一些内存读/写测试。

3. 下载并执行操作系统映像

提示：最终产品中的 Boot Loader

最终的产品中是否要包含 Boot Loader 呢？其实包不包含都可以，通常由 OEM 商决定。如果 Boot Loader 可下载映像并烧写到本机的 Flash 中，那么包含 Boot Loader 以后就可比较轻松地实现内核升级；如果没有此需求，最终产品中也可不包含 Boot Loader，开机就执行 OAL 代码，然后启动操作系统。

6.4.2 Boot Loader 的构成

从静态的角度看，Boot Loader 的结构可分为以下几部分：

- BLCommon；
- OEM 代码；
- EBoot；
- 存储管理；
- EDBG 驱动程序。

上面几部分中，除了 OEM 代码需要用户自己编写之外，其他几个部分的代码都是由 Windows CE 本身提供的。Windows CE 提供了这几部分的源代码还有二进制 LIB 库文件。编写 Boot Loader 时，应尽可能地使用 Windows CE 提供的支持代码，而不要“重新发明轮子”。Boot Loader 的结构如图 6.10 所示。

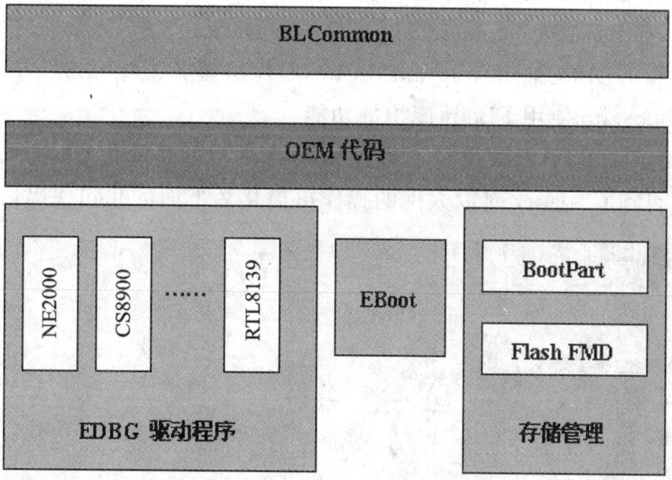

图 6.10　Boot Loader 的结构

表 6.3 列出了 Boot Loader 中几个模块的一些信息。

表 6.3 Boot Loader 的结构

模块名	介绍	可否修改	源代码位置
BLCommon	实现通用的 Boot Loader 框架	否	%_WINCEROOT%\Public\Common\Oak\Drivers\Ethdbg\Blcommon
OEM 代码	需要用户实现的代码	必须	—
EBoot	以太网操作相关的函数	否	%_WINCEROOT%\Public\Common\Oak\Drivers\Ethdbg\Eboot
存储管理	存储分区管理和 Flash 驱动	可能	%_WINCEROOT%\Public\Common\Oak\Drivers\Ethdbg\Bootpart
EDBG 驱动程序	EBoot 使用的驱动程序	可能	%_WINCEROOT%\Public\Common\Oak\Drivers\Ethdbg

表 6.3 中的 5 部分，BLCommon 库和 EBoot 库用户完全不能也无须更改；存储管理库和 EDBG 驱动程序库有可能需要用户自己实现，也有可能使用微软实现；而 OEM 代码部分则需要用户自己实现。

BLCommon 库实现了通用的 Boot Loader 框架。它的功能包括把 Boot Loader 搬到 RAM 里以获得更快的访问速度；解析以及解包.BIN 文件的格式；检验校验以及跟踪加载进度；调用 OEM 代码处理硬件初始化等操作。在 Boot Loader 的代码中，开发者可直接链接 Blcommon.lib 来使用 BLCommon 库中的功能。

EBoot 库实现了 DHCP(Dynamic Host Configuration Protocol)，TFTP(Trivial File Transfer Protocol)和 UDP(User Datagram Protocol)网络服务。在 Boot Loader 的代码中，开发者可直接链接 Eboot.lib 使用 EBoot 库中的功能。

Windows CE 使用 TFTP 协议进行下载，EBoot 库的目的是简化和封装复杂的网络操作。通过使用 EBoot 库，Boot Loader 对以太网的操作可简化为下面的几句代码：

```
if (! EbootInitEtherTransport (....)) {
    while (1);  // spin forever
}
// main loop of download
while (EbootEtherReadData (...)) {
    // process the data
    ProcessData (...);
}
```

OEM 代码是以 OEM 开头的一些函数，需要 Boot Loader 开发人员根据自己硬件的特点和需求实现。

此外，在 Boot Loader 中有两类设备经常要用到：① 以太网卡，用来下载操作系统映像；② Flash，用来存储 Boot Loader 和下载的操作系统映像。因此 Boot Loader 对这两类硬件设备也抽象出了统一的接口，也被称做驱动程序，分别叫做 EthDbg 驱动和 FMD 驱动。但是有一点须注意，在 Boot Loader 中使用的以太网和 Flash 设备驱动与在 Windows CE 操作系统中使用的驱动接口是不同的，也不能通用。

6.4.3 Boot Loader 的工作流程与原理

如前所述，在所有 Boot Loader 中，EBoot 的使用是最广泛的。在本小节中，将详细介绍 EBoot 的执行流程与工作原理，以了解 Boot Loader 的每一个细节。

本小节着重讲述 EBoot 的流程和原理，主要参考代码是 SMDK2410 的 BSP。原因是 SMDK2410 在国内的 ARM 开发中使用比较普遍，而且 SMDK2410 的 BSP 代码比较典型，也比较工整。在 EBoot 的实现部分将介绍 Boot Loader 的实现细节。

图 6.11 为宏观上 EBoot 的工作流程以及在运行中调用的主要函数。

从图中可看到，从系统加电到操作系统开始运行，共有 8 个主要的函数。从函数名字也可基本猜到它们的功能。同时，也可看到，Boot Loader 的框架代码较通用，并无须对硬件设备进行特殊的指定。

6.4.3.1 系统初始化函数

当系统上电或重置后，硬件一般会执行自检，接着程序寄存器 PC(Program Counter，指向下一条要执行指令的寄存器，在 X86 中叫做 IP 或 EIP)会被赋予一个初始值，然后开始执行。此过程是与 CPU 和硬件平台高度相关的。不同的硬件有不同的实现方式，通常在硬件的参考手册中会详细介绍此过程。PC 的初始值一般指向用户可编写的代码，然后开始执行用户代码。

在 Windows CE 的 Boot Loader 中，系统上电执行的第 1 个 EBoot 函数通常都叫做 Startup()——系统初始化函数，此函数一般用汇编语言编写，通常位于 Startup. s 文件中。Startup()函数负责初始化 CPU 和一些核心的逻辑部件。它大致完成的工作如下：

- 把 CPU 设置为合适的运行状态。此状态下可无限制地访问内存和硬件。在 X86 下是 Ring 0 态；而在其他体系结构下通常被称做特权态(Supervisor Mode)。
- 在 CPU 级别关闭所有中断。
- 确保 MMU 和 TLB 都已经关闭。
- 使 Cache 和 Write Buffer 失效。
- 初始化内存控制器。
- 初始化其他的片上设备，例如时钟。这里只须做最基本的初始化，其他开发板上的设备初始化可稍后进行。
- 设置栈指针，后面 C 语言执行环境要用到。

- 设置并打开 MMU 进行物理和逻辑地址映射，并打开 Cache。
- 把 EBoot 的代码复制到 RAM 中，然后跳转到 RAM 中的 EBoot 代码。
- 跳转到 C 语言的 Main()函数。

SMDK2410 BSP 中的 EBoot 的启动代码可在目录%_WINCEROOT%\PLATFORM\SMDK2410\SRC\BOOTLOADER\EBOOT\startup.s 中找到。代码的执行流程如图 6.12 所示。

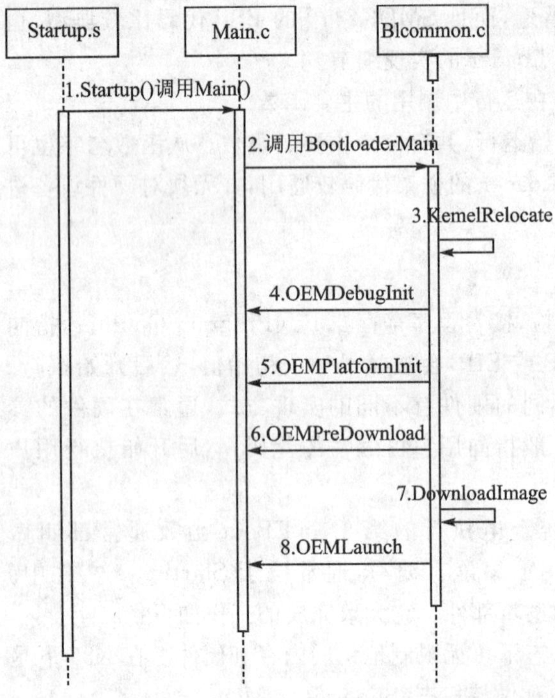

图 6.11　EBoot 的工作流程与函数调用顺序图

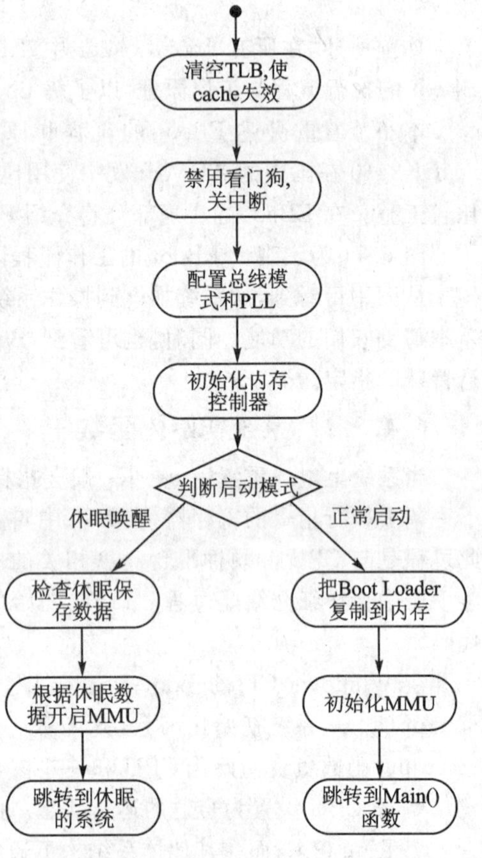

图 6.12　Startup()函数的活动图

可看到，在正常启动情况下，Startup()函数仅做最基本的平台初始化操作，然后就跳转到 C 语言的 Main()函数。同时 Startup()函数还须对休眠唤醒这种启动方式进行特殊处理，其功能主要对操作系统内核起作用。

在整个 Boot Loader 中，Startup()函数是唯一的一个须用汇编语言编写的函数。当跳转到 C 语言代码后，其他代码基本都可使用 C 语言实现。

注意：Boot Loader 中的中断和内存

在整个 Boot Loader 执行过程中，中断一直都处于关闭状态，因此所有的对外设访问都是通过轮询方式进行的。虽然效率不如中断高，但是 Boot Loader 的作用仅仅是引导系统，并不会对效率有太高要求。

同时，MMU 在整个 Boot Loader 的执行过程中基本都是开启的，因此在 Boot Loader 中访问内存都是通过虚拟内存访问的。

6.4.3.2　Boot Loader 的主控函数

当 Startup()跳转到 Main()后，系统转入了 C 语言代码执行环境。Main()函数是 Boot Loader 中执行的第 1 个 C 语言函数，它也需要 OEM 来编码实现。Main()函数通常位于 Main.c 文件中。在 Main()函数中，OEM 可输出一些简单的调试信息，例如让某个 LED 发光。但其最主要任务是调用 BLCommon 中的 BootloaderMain()。这样，整个 Boot Loader 的执行控制权就交给了 BootloaderMain()函数。

BootloaderMain()函数是 Boot Loader 的主控函数，BLCommon 库中的最重要函数，它控制整个 Boot Loader 的完整执行流程。BootloaderMain()函数的源代码可在%_WINCEROOT%\PUBLIC\COMMON\OAK\DRIVERS\ETHDBG\BLCOMMON\Blcommon.c 文件中找到。简化过的代码如下所示：

```
void BootloaderMain (void)
{

    // 把全局变量重定位到 RAM
    if (! KernelRelocate (pTOC))
    {
        // 出错处理
        HALT (BLERR_KERNELRELOCATE);
    }

    // ① 初始化调试端口，然后就可以使用 OEMWriteDebugString()函数了
    if (! OEMDebugInit ())
    {
        HALT (BLERR_DBGINIT);
    }

    // ② 初始化平台(时钟，驱动和传输)
    if (! OEMPlatformInit ())
    {
```

```
        HALT (BLERR_PLATINIT);
    }
    // ③ 调用 OEM 编写的 OEMPreDownload 决定是否下载
    switch (dwAction = OEMPreDownload ())
    {
    case BL_DOWNLOAD:
        // ④ 下载映像
        if (! DownloadImage (&dwImageStart, &dwImageLength, &dwLaunchAddr))
        {
            SPIN_FOREVER;
        }
        bDownloaded = TRUE;

        // 检查所下载映像的签名
        if ( * (LPDWORD) OEMMapMemAddr (dwImageStart, dwImageStart + ROM_SIGNATURE_OFFSET) ==
ROM_SIGNATURE)
        {
            dwpToc = * (LPDWORD) OEMMapMemAddr (dwImageStart, dwImageStart + ROM_SIGNATURE_OFF-
SET + sizeof(ULONG));
            // 再一次映射内容
            dwpToc = (DWORD) OEMMapMemAddr (dwImageStart, dwpToc + g_dwROMOffset);
        }

        // 没有 break,下载后直接继续执行
    case BL_JUMP:
        // 在启动操作系统映像前,再次检查签名,如果没有下载,那么 OEMLauch()函数应该有能力
        // 启动存在于本地存储中的映像。
        if (g_bBINDownload && g_pOEMCheckSignature)
        {
            if (! g_pOEMCheckSignature(dwImageStart, g_dwROMOffset, dwLaunchAddr, bDownloaded))
                HALT(BLERR_CAT_SIGNATURE);
        }
        // ⑤ 最终启动操作系统映像,此函数不会返回
        OEMLaunch (dwImageStart, dwImageLength, dwLaunchAddr, (const ROMHDR * )dwpToc);
        不应该执行到这里
    default:
        // 出错
        HALT (BLERR_INVALIDCMD);
    }
```

```
}
```

从上面的 BootloaderMain()的代码中，可看到几乎整个 Boot Loader 的执行流程。在下面几部分将会详细介绍。

6.4.3.3　重定位全局变量函数

BootloaderMain()做的第 1 件事是把 Boot Loader 中的全局变量重定位到 RAM 中，完成此任务的函数是 KernelRelocate()，也在 BLCommon.c 文件中。简化过的代码如下：

```
static BOOL KernelRelocate (ROMHDR * const pTOC)
{
    // 如果 pTOC 为 -1 则重定位失败
    if (pTOC == (ROMHDR * const) -1)
    {
        return (FALSE); // spin forever!
    }
    // 根据 pTOC 结构体中的信息，获得要复制的源地址、目标地址和长度
    for (loop = 0; loop < pTOC -> ulCopyEntries; loop ++ )
    {
        cptr = (COPYentry *)(pTOC -> ulCopyOffset + loop * sizeof(COPYentry));
        if (cptr -> ulCopyLen)

memcpy((LPVOID)cptr -> ulDest,(LPVOID)cptr -> ulSource,cptr -> ulCopyLen);
        // 把多余的地址置 0
        if (cptr -> ulCopyLen != cptr -> ulDestLen)

memset((LPVOID)(cptr -> ulDest + cptr -> ulCopyLen),0,cptr -> ulDestLen - cptr -> ulCopyLen);
    }
    return (TRUE);
}
```

虽然此函数的代码只有 20 行，但是其原理却不那么简单。

第一个问题，为什么要把全局变量重定位到 RAM 中？Boot Loader 的大多数代码是用 C 语言编写的，并且在其中还定义了一些全局变量，当 Boot Loader 被编译成二进制代码后，这些全局变量被放在可执行文件的一个数据段中。此二进制代码被烧写到目标设备上，包括全局变量所在的数据段。很多情况下，Boot Loader 是在目标设备的只读媒体上运行的（例如 NOR Flash ROM 上），如果是这种情况，那么 Boot Loader 的代码要对全局变量进行写操作就会失败。因此，需要把全局变量所在的数据段移到 RAM 中，来确保全局变量可写。

第二个问题，如何移动数据段？从代码中也可看出，如何移动数据、移动多少数据完全都

是 KernelRelocate()函数的唯一参数 pTOC 决定的。查找 pTOC 的定义,可发现在 BLCommon.c 文件中定义如下:

```
ROMHDR * volatile const pTOC = (ROMHDR *) - 1;
```

可知它是一个指向 ROMHDR 结构体的指针。此指针描述了整个 ROM 的几乎所有信息。但是也可看到在变量声明时,此变量被赋予了一个非法值-1。那么这个变量到底是在什么时候、什么地方被初始化的呢?

从此变量的含义可看出,这个指针指向包含 ROM 信息的结构体。编写代码时,代码不可能知道自己将会被烧写到什么样的 ROM 里。因此,代码本身是不包含 ROM 信息的,那么,唯一可确定 ROM 信息的就是 ROM 的制作工具——RomImage.exe(工具的详细介绍可以参考本书相关的章节)。是的,全局变量 pTOC 正是由工具 RomImage.exe 在把 EBOOT 打包为 ROM 文件时初始化的。

RomImage.exe 把文件打包为 ROM 文件时,读取一些特殊的全局变量或函数的符号表,然后对这些符号表进行一些操作。pTOC 全局变量就是这些特殊的全局符号之一。RomImage.exe 保证代码在 ROM 执行时,pTOC 指针已经指向了正确的位置。

提示:由 pTOC 的初始化说起

强调此初始化过程,目的有两个:① 提醒读者注意嵌入式软件开发的复杂性,须时刻考虑代码所运行的硬件环境,有时单靠编写代码是无法解决问题的;② 这种通过其他工具,把代码中的全局变量延迟初始化的方法比较复杂、难于理解。但是在一些系统级软件上偶尔会用到,希望能引起注意。

另外一个例子是 C++语言的 CRT 库中类的全局实例的构造函数指针链。在 Main()函数前,须依次调用此链表里面的函数,以实现类的全局实例的构造函数在 Main()函数前被调用的约定。此全局链表由 C++语言的编译器初始化。

经过代码重定位后,EBoot 中的全局变量就可在 RAM 中正确地读/写了,从而保证 EBoot 的代码正确运行。接着就可进行端口初始化等其他任务了。

6.4.3.4 初始化调试端口

初始化调试端口函数 OEMDebugInit()由 OEM 实现,主要任务是初始化调试输出用的硬件端口。此后,EBoot 的代码就可以用 OEMWriteDebugString()等函数输出调试信息了。

从函数的字面意义上看,EBoot 并不对调试端口进行特殊的约定。但是通常情况下,此函数都是初始化一个 UART 口,用来输出调试信息,一般为 COM1 端口,这样可以方便地在开发机上用超级终端等终端软件接收调试信息。

EBoot 把初始化调试端口的任务放在最前面完成,主要目的是方便调试。在下面的很多函数中,几乎都要用到调试输出函数。另外,使用调试输出端口还可方便地跟踪当前的平台运行状态及通过调试端口与用户交互。

OEMDebugInit()函数的实现代码在目录%_WINCEROOT%\PLATFORM\SMDK2410\SRC\BOOTLOADER\EBOOT\main.c 中。在 SMDK2410 的实现中，OEMDebugInit()函数调用 OEMInitDebugSerial()，后者对 UART1 端口进行了初始化。

6.4.3.5　初始化目标板上的设备函数

初始化目标板上的设备函数 OEMPlatformInit()也由 OEM 实现，主要任务是初始化目标板上的设备。这些设备可能是 EBoot 下面步骤必须使用的。主要包括：

- 实时钟　EBoot 在后面的网络下载及用户输入等判断超时都须通过实时钟进行。在这里须初始化实时钟。
- 显示屏　此项可选。如果要在操作系统启动时，在显示屏上显示 Logo 等信息，那么在这里初始化显示屏是个好时机。
- Flash　如果下载后的映像须烧写到 Flash 中或其他方式用到 Flash，则可在这里初始化 Flash。另外，FMD 驱动程序也可在这里初始化。
- 网卡　EBoot 须用网卡下载映像，在这里可初始化网卡，包括 MAC 地址、I/O 方式等。
- BSP 的共享参数　OAL 和 EBoot 通常会共享一些参数。也就是说 EBoot 通常会把一些参数传递给 OAL 使用，在这里可对这些参数进行初始化。

除了上述初始化工作外，如果要在 EBoot 中输出菜单的超级终端中与用户交互，则也可在这个步骤进行。

OEMPlatformInit()函数的实现代码在目录%_WINCEROOT%\PLATFORM\SMDK2410\SRC\BOOTLOADER\EBOOT\main.c 中。OEMPlatformInit()函数的执行活动图如图 6.13 所示。

首先，OEMPlatformInit()函数调用 InitDisplay()函数来初始化显示设备，然后用 memcpy 把定义在 Bitmap.c 中的数组 ScreenBitmap 复制到帧缓冲内。这样，就可在屏幕上显示启动画面了。使用此种方法显示位图比较原始，但是在系统启动之前，采用这种方式也不失为一种好方法。在系统启动阶段初始化显示设备是可选的。如果不须显示启动画面，则完全没有必要对它进行初始化，这部分工作稍后可由图形驱动进行。

然后，OEMPlatformInit()函数调用 InitRealTimeClock()函数初始化实时钟。由于在后面的许多判断超时工作都须用到实时钟，因此这一步是必须的。

接下来对 BSP 中 Boot Loader 与 OAL 共享的一些参数进行初始化。通常，在一些 BSP 中，Boot Loader 和 OAL 都会收集一些启动信息，为了避免重复工作，可在系统内存中定义一个区域，用于在 Boot Loader 和 OAL 之间传递参数。Boot Loader 把信息写入这个内存区域，OAL 中就可直接读取使用了。在 2410 EBoot 中，指向此区域的指针叫 pBSPArgs，它被定义如下：

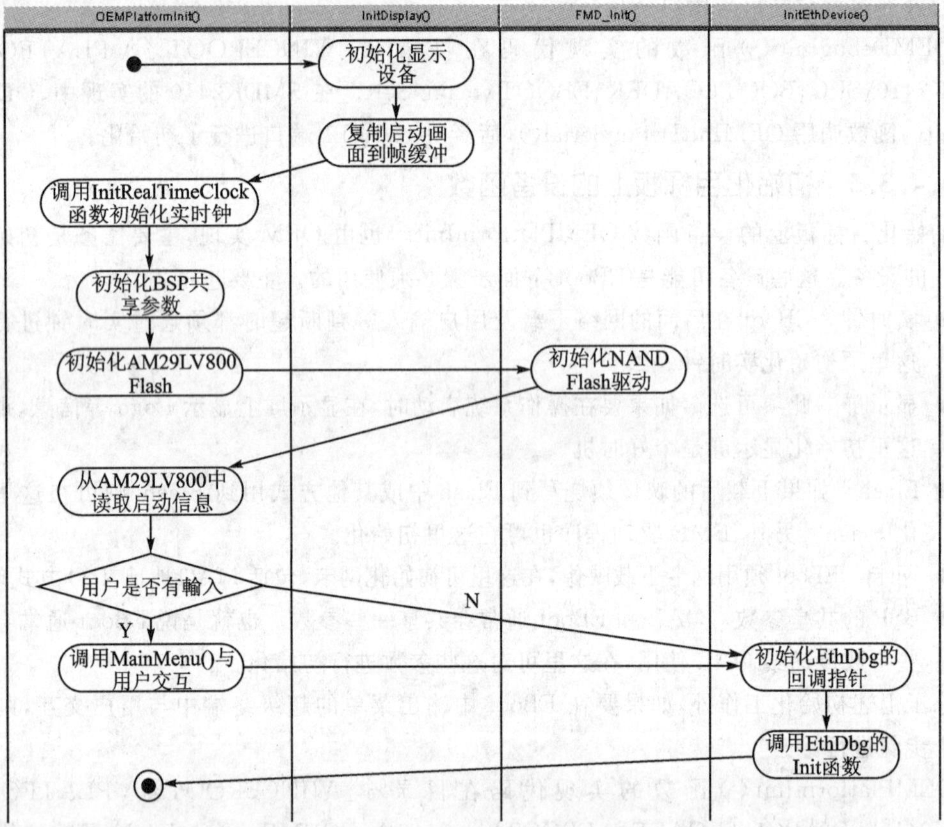

图 6.13 OEMPlatformInit()函数的活动图

```
#define IMAGE_SHARE_ARGS_UA_START          0xAC020000

// Driver globals pointer (parameter sharing memory used by bootloader and OS).
//
#define pBSPArgs              ((BSP_ARGS * ) IMAGE_SHARE_ARGS_UA_START)
```

可看到,这个指针指向了 0xAC020000 地址。那么 BSP 中共享的内容是什么呢?可以看到它是个指向 BSP_ARGS 结构体的指针,同样可在头文件中找到它们的相关定义。显示如下:

```
typedef struct {
    UINT32   signature;
    UINT16   oalVersion;
    UINT16   bspVersion;
```

```
} OAL_ARGS_HEADER;

typedef struct {
    UINT32 flags;
    DEVICE_LOCATION devLoc;              // KITL device location
    union {
        struct {                         // Serial class parameters
            UINT32 baudRate;
            UINT32 dataBits;
            UINT32 stopBits;
            UINT32 parity;
        };
        struct {                         // Ether class parameters
            UINT16 mac[3];
            UINT32 ipAddress;
            UINT32 ipMask;
            UINT32 ipRoute;
        };
    };
} OAL_KITL_ARGS;

typedef struct {
    OAL_ARGS_HEADER header;
    UINT8 deviceId[16];                  // Device identification
    OAL_KITL_ARGS kitl;
} BSP_ARGS;
```

BSP_ARGS 结构体有 3 个数据域：OAL_ARGS_HEADER 描述版本信息和签名；deviceId 是设备的描述符；OAL_LITL_ARGS 是 KITL 的一些信息，当内核启动时，可能会从共享参数中读取 KITL 的信息。

再接下来是 Flash 初始化。OEMPlatformInit()函数会依次初始化 AM29LV800 芯片和 Flash 驱动。AM29LV800 是一块很小的 Flash 芯片，通常把一些启动信息储存在里面；而 Flash 初始化 Flash 驱动的方法是直接调用驱动的接口函数 FMD_Init()。当 Flash 初始化结束后，EBoot 就从 AM29LV800 芯片中读取启动信息，完成这一操作的函数是 ReadBootConfig()。

然后，OEMPlatformInit()函数会检测用户在指定时间内、在开发机终端上，有无按键操作。如果检测到操作，则调用 MainMenu()函数打印启动菜单。代码清单如下：

```
// 得到当前时间
dwStartTime = OEMEthGetSecs();
```

```
// 在 BootDelay 指定的时间内等待用户按键
while((dwCurrTime - dwStartTime) < g_BootConfig.BootDelay)
    {
        KeySelect = OEMReadDebugByte();
        if ((KeySelect == 0x20)||(KeySelect == 0x0d))
            break;
        dwCurrTime = OEMEthGetSecs();

        if (dwCurrTime > dwPrevTime)
        {
            // 向用户回显剩余的等待时间
        }
    }


    // 判断用户按键情况
    switch(KeySelect)
    {
    case 0x20: // 打印 Boot menu.
        MainMenu(&g_BootConfig);
        break;
    case 0x00: // 直接启动
    case 0x0d:
    default:
        EdbgOutputDebugString ( "\r\nStarting auto - download ... \r\n");
        break;
    }
```

可看到，读取用户按键采用 OEMReadDebugByte()函数；判断是否超时则采用 OEMEthGetSecs()函数来获得当前时间，然后和以往的时间做比较。

MainMenu()函数是与用户交互的菜单，同样在 Main.c 中实现。精简过的代码清单如下：

```
static BOOL MainMenu(PBOOT_CFG pBootCfg)
{
    while(TRUE)
    {  // 打印菜单
    EdbgOutputDebugString ( "\r\nEthernet Boot Loader Configuration:\r\n\r\n");
    ..................
    EdbgOutputDebugString ( "6) Program CS8900 MAC address\r\n");
    EdbgOutputDebugString ( "7) Low - level format the Smart Media card\r\n");
```

```
    EdbgOutputDebugString ( "D) Download image now\r\n");
    EdbgOutputDebugString ( "\r\nEnter your selection: ");

        while (! ( ( (KeySelect >= '0') && (KeySelect <= '7') )||
                ( (KeySelect == 'D')||(KeySelect == 'd') ) ))
        {
            KeySelect = OEMReadDebugByte(); // 读取用户按键
        }
        switch(KeySelect)  // 根据用户按键进行不同的操作
        {
        case '0':           // Change IP address.
            SetIP(pBootCfg);
            bConfigChanged = TRUE;
            break;
        case '1':           // Change subnet mask.
            SetMask(pBootCfg);
            bConfigChanged = TRUE;
            break;
            ………………
        case 'D':           // Download? Yes.
        case 'd':
            goto MENU_DONE;
            break;
        default:
            break;
        }
    }

MENU_DONE:

    // 把用户的修改重新写回 Flash 中
    if (bConfigChanged && ! WriteBootConfig(pBootCfg))
    {
    }
    return(TRUE);
}
```

MainMenu()首先用 EdbgOutputDebugString()函数输出菜单，这也就是用户在超级终端中看到的 Boot Loader 启动菜单；然后使用 OEMReadDebugByte()函数读取用户按键，并且根据用户按键执行相应操作；最后，如果用户对配置作了修改，则把修改再写回 AM29LV800

Flash 中。

OEMPlatformInit()函数的最后一步是调用 InitEthDevice()初始化以太网卡。代码清单如下所示：

```
BOOL InitEthDevice(PBOOT_CFG pBootCfg)
{

    // 第一步,注册 EBoot 用到的以太网回调函数
    pfnEDbgInit          = CS8900DBG_Init;
    pfnEDbgGetFrame      = CS8900DBG_GetFrame;
    pfnEDbgSendFrame     = CS8900DBG_SendFrame;

    // 取得网卡的 IO 基地址和内存基地址
    pBaseIOAddress       = (PBYTE)OALPAtoVA(pBSPArgs -> kitl.devLoc.LogicalLoc, FALSE);
    MemoryBase           = (UINT32)OALPAtoVA(BSP_BASE_REG_PA_CS8900A_MEMBASE, FALSE);

    // 第二步,调用 Init()函数
    if (! pfnEDbgInit((PBYTE)pBaseIOAddress, MemoryBase, pBSPArgs -> kitl.mac))
    {
        OALMSG(OAL_ERROR, (TEXT("ERROR: InitEthDevice: Failed to initialize Ethernet control-
ler.\r\n")));
        goto CleanUp;
    }
    bResult = TRUE;
    return(bResult);
}
```

总体而言，在 EBoot 阶段初始化以太网卡分为两步：① 注册 EBoot 用到的以太网回调函数，也就是给几个指向函数的指针赋值，然后 EBoot 代码就可用这些函数指针调用以太网驱动中的函数操作了；② 调用驱动以太网的 Init()函数。

OEMPlatformInit()结束后，就可以开始下载工作了。

6.4.3.6　下载映像之前函数

下载映射之前函数 OEMPreDownload()也由 OEM 实现，主要任务是完成以太网下载前的一些准备工作。包括通过 DHCP 获得 IP 地址及初始化 TFTP 服务等。

提示：TFTP，UDP 和 DHCP

这 3 个协议都是计算机网络中比较常用的。TFTP 是一个简单的文件传输协议，EBoot 使用它下载操作系统映像；TFTP 是基于 UDP 协议的，UDP 是一个广泛应用的数据分组传输的网络协议；DHCP 是从服务器

动态获得 IP 地址的协议，如果网段内有 DHCP 服务器，EBoot 可用 DHCP 动态获得 IP 地址。

对它们的详细规范，可参考最权威的 RFC 文档。

TFTP：RFC 1350—The TFTP Protocol (Revision 2)

UDP：RFC 768—User Datagram Protocol

DHCP：RFC 2131—Dynamic Host Configuration ProtocolH

OEMPreDownload() 函数的实现代码在目录%_WINCEROOT%\PLATFORM\SMDK2410\SRC\BOOTLOADER\EBOOT\main.c 中。

首先，OEMPreDownload()函数会调用 OALKitlCreateName()函数为设备创建一个独一无二的名字，此名字也就是 Platform Builder 收到广播信号后所显示的名字；然后就调用 EBoot 库中的 EbootInitEtherTransport()函数，此函数可帮助完成绝大多数网络初始化任务。

图 6.14 为 EbootInitEtherTransport()函数的活动图。

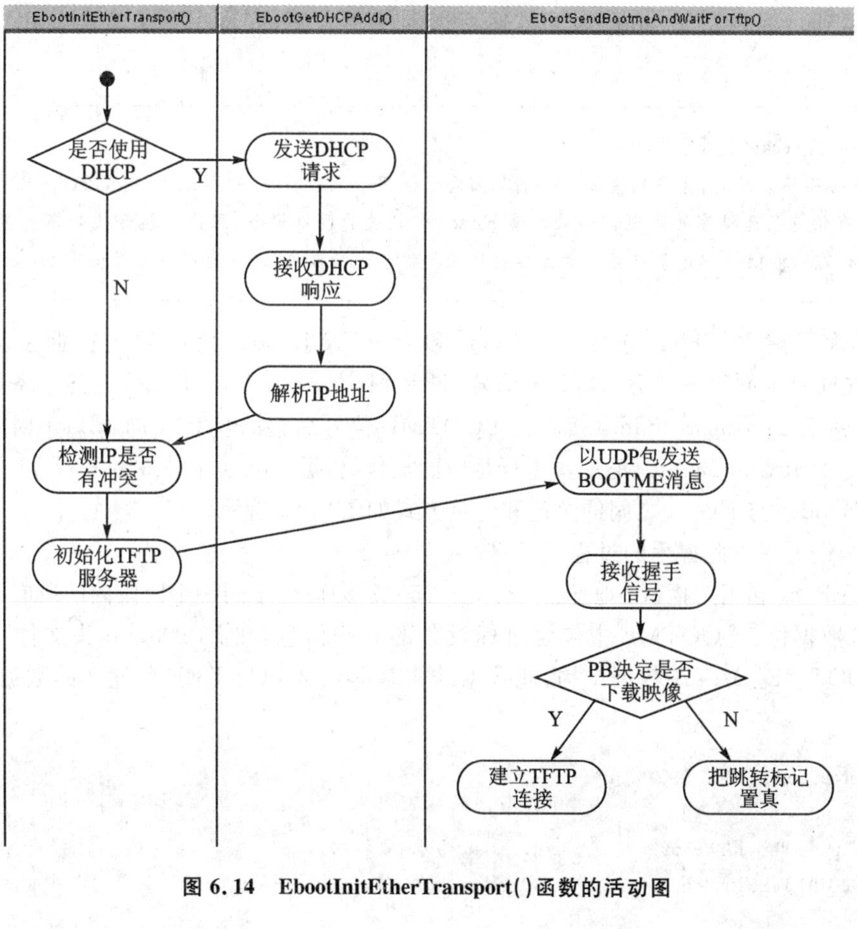

图 6.14　EbootInitEtherTransport()函数的活动图

EbootInitEtherTransport()函数活动流程详述如下：

首先，EBoot 根据参数判断用户是否希望通过 DHCP 动态获取 IP 地址：如果希望使用 DHCP，则会通过 EbootGetDHCPAddr()函数从 DHCP 服务器那里获得新的 IP 地址；否则，则使用用户配置的静态 IP。

接着，EBoot 调用函数 EbootCheckIP()函数来检查当前的 IP 是否可用。检查的方法是向网络中发送 ARP 包，看是否有机器使用同一个 IP。如果没有 IP 冲突，则当前 IP 被认为是可用的。

接下来，EBoot 调用 EbootInitTftpSimple()函数在目标机端初始化 TFTP 服务器。这里有一点要强调：我们已经知道，EBoot 下载操作系统映像时采用的是 TFTP 协议。TFTP 协议与 FTP 协议一样，有服务器/客户端的角色划分。在传输的过程中，扮演 TFTP 服务器角色的是目标设备上的 EBoot，而扮演 TFTP 客户端角色的是 Platform Builder 集成开发环境。因此，事实上我们一直讲述的“下载操作系统映像到目标设备”，严格意义上说，应该是“上传操作系统映像到目标设备”。不过为了描述习惯和使用方便，在本书中一直会使用“下载”这个词。

注意：没有 socket 的网络操作

进行网络程序设计时，大多数情况下我们都倾向于使用伯克利套接字(Berkeley Socket)。几乎所有的操作系统上都有伯克利套接字的实现。如果阅读 EBoot 中相关的网络操作，那么可能会比较不习惯。因为在 EBoot 中所有的网络操作都是直接对网卡上接收到的数据包进行操作，而没有也不可能使用 Socket。

然后，为了建立 TFTP 连接，在 EBoot 和 PlatformBuilder 之间须进行握手。方法是 EBoot 首先向整个网段发送 BOOTME 信号，告诉 Platform Builder EBoot 已经准备接收操作系统映像，然后 Platform Builder 接收到 BOOTME 信号后，发送 ACK 向 EBoot 回应，同时，根据用户对 Platform Builder 的配置进行相应的操作，告诉 Eboot 下载或者进行 TFTP 连接。Platform Builder 与 EBoot 之间的角色和连接方式如图 6.15 所示。

下面详细看一下此握手的过程。

首先，EBoot 利用广播(IP 地址：255.255.255.255)向位于同一个网段内的所有机器发送 BOOTME 数据包。BOOTME 中包含目标设备的一些信息，在 EthDbg.h 头文件中可找到 EDBG_BOOTME_DATA 数据结构，此数据结构基本就是 BOOTME 所发送的数据信息，其定义如下：

```
typedef struct _EDBG_BOOTME_DATA
{
    UCHAR  VersionMajor;    // Bootloader 版本
    UCHAR  VersionMinor;    // Bootloader 版本
```

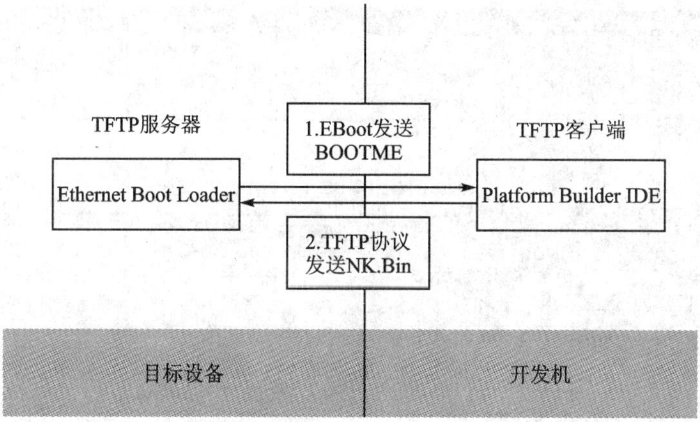

图 6.15　Platform Builder 与 EBoot 之间的通信


```
    USHORT MACAddr[3];          // 设备的 MAC 地址
    DWORD  IPAddr;              // 设备的 IP 地址
    UCHAR  PlatformId[EDBG_MAX_DEV_NAMELEN + 1];  // Platform Id 字符串
    UCHAR  DeviceName[EDBG_MAX_DEV_NAMELEN + 1];  // 设备名称字符串
    UCHAR  CPUId;               // CPU 描述符
    UCHAR  uBootmeVer;          // BOOTME 版本
    DWORD  dwBootFlags;         // 启动标记
    USHORT wDownloadPort;       // 下载端口
    USHORT wSvcPort;            // 服务端口
} EDBG_BOOTME_DATA, * PEDBG_BOOTME_DATA;
```

可看到，BOOTME 包中包含了目标机上的一些重要信息，当 Platform Builder 接收到 BOOTME 包时，就可使用 BOOTME 中的信息与目标设备建立 TFTP 连接。

Platform Builder 接收到 BOOTME 之后，会根据用户的设置，做出两种不同的选择。在 Platform Builder 菜单的**Target|Connectivity Options...|Core Service Settings** 中用户可选择下载映像的方式，如图所 6.16 所示。

如果用户选择了 Download Image 的 Never (jump to image only) 选项，则 Platform Builder 不会使用 TFTP 连接 EBoot，而是发消息告诉 EBoot 强制跳转；否则，Platform Builder 则发送 TFTP 连接请求。

当 Platform Builder 与 EBoot 之间建立起连接，或者强制 EBoot 跳转后，OEMPreDownload() 函数返回相应的值。返回 BL_JUMP 表示强制跳转；返回 BL_DOWNLOAD 表示 Platform Builder 已经与 EBoot 建立连接，可下载映像。

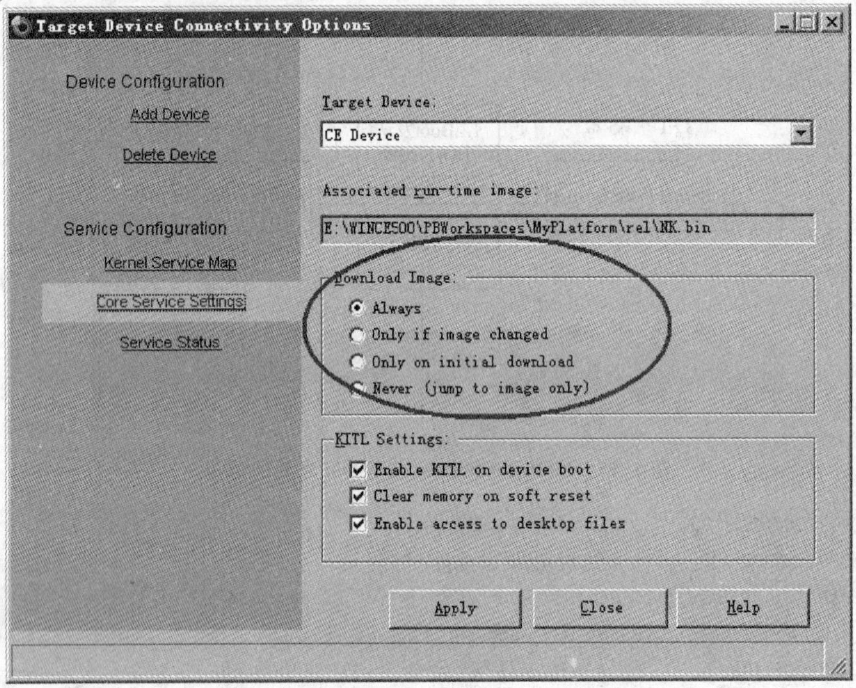

图 6.16 **Platform Builder 中的下载设置**

6.4.3.7 下载映像函数

下载映像函数 DownloadImage()是 BLCommon 库提供的一个库函数，其作用是从远程开发机上下载操作系统映像。

因为 DownloadImage()函数是 BLCommon 库中的库函数，因此开发人员不应对此函数进行修改。也正因如此，DownloadImage()函数的代码是与下载映像的传输介质是无关的。以太网 Boot Loader 和串口 Boot Loader 甚至是 USB 端口的 Boot Loader 都可使用此函数下载操作系统映像。DownloadImage()函数会调用 OEMReadData()函数来读取下载的数据，此 OEM 打头的函数需要用户自己实现。如果用户编写的是以太网 Boot Loader，则须实现此函数使它从以太网卡读取数据；如果编写的是串口 Boot Loader，则须使此函数从串口读取数据。

DownloadImage()函数不仅可下载单个的 BIN 文件，而且也支持一次下载多个 BIN 文件(Multi-Bin)构成的映像。

除了下载映像文件外，DownloadImage()函数还负责把映像的长度、大小和运行起始地址返回给调用者(一般是 BLCommon 库)。为此，DownloadImage()函数须解析所下载文件的格式，然后获得映像文件的起始执行地址。

此外，如果用户配置的映像下载地址是一段 Flash 的地址，那么 DownloadImage()函数还负责调用 OEM 函数，把下载的系统映像烧写到 Flash 中去，以便永久保存。

DownloadImage()函数的实现代码位于目录%_WINCEROOT%\public\common\oak\drivers\ethdbg\blcommon\main.c 文件中。图 6.17 为 DownloadImage()函数的活动图。

DownloadImage()执行完毕后，就可跳转到操作系统映像，来执行了。

6.4.3.8 启动映像函数

跳转到操作系统映像是由启动映像函数 OEMLaunch()执行的。此函数也需要由 OEM 实现。因此，不同的 OEM 厂商在此函数中除了转到系统运行之外，还可进行一些其他附加操作。

SMDK2410 BSP 中的 OEMLaunch()函数的代码是在源文件目录%_WINCEROOT%\platform\smdk2410\src\bootloader\eboot\main.c 中实现的。图 6.18 是 OEMLaunch()函数的活动图。

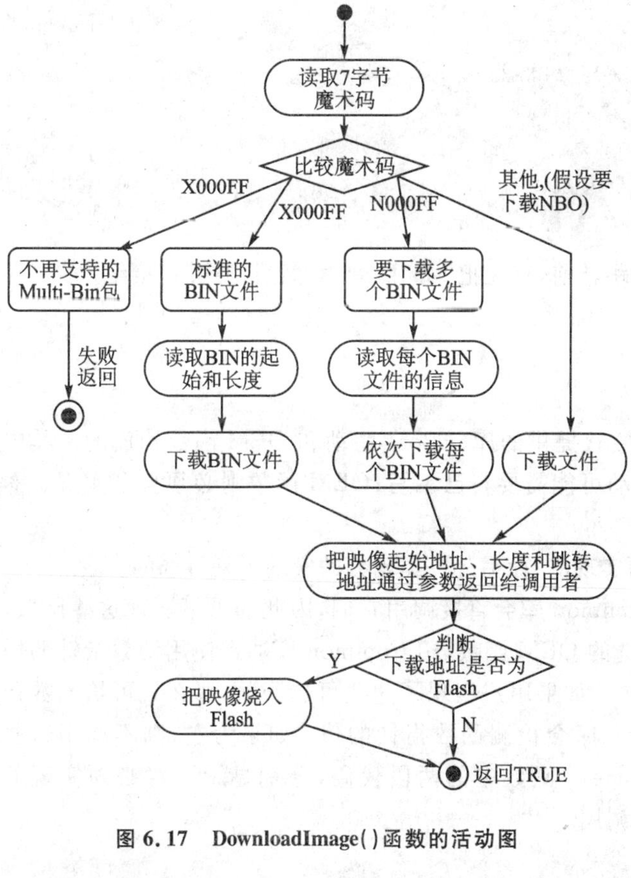

图 6.17 DownloadImage()函数的活动图

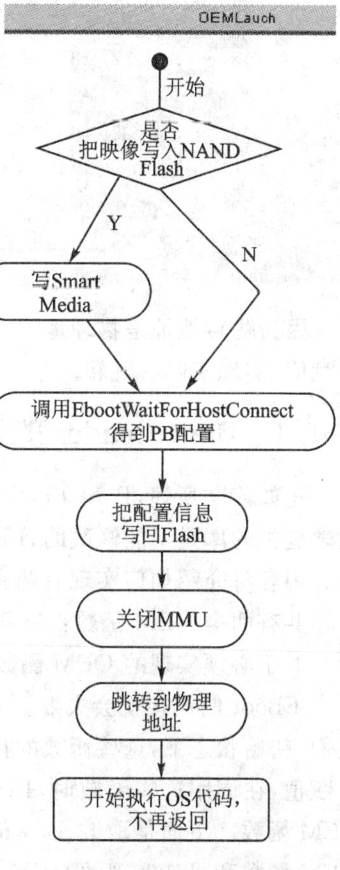

图 6.18 OEMLaunch()的活动图

首先,EBoot 会在这一步把下载的映像写入 NAND Flash 中。写 Flash 功能由调用 FMD 驱动程序实现。

接下来,OEMLaunch()调用 EBoot 库中的 EbootWaitForHostConnect()函数获得 Platform Builder 的一些用户配置信息,在这里主要获得 KITL 的启动方式(主动还是被动),并把它们记录下来。

再次,把启动配置信息写入 Flash 后,OEMLaunch()会调用 Launch()函数进行实际的跳转。此函数是用汇编实现的,在 EBoot 目录下的 Util.s 中,代码显示如下:

```
LEAF_ENTRY Launch

ldr     r2, = PhysicalStart
ldr     r3, = (VIR_RAM_START - PHY_RAM_START)

sub     r2, r2, r3

mov     r1, #0x0070                ;禁用 MMU
mcr     p15, 0, r1, c1, c0, 0
nop
mov     pc, r2                     ;跳转
nop
```

因为跳转地址是物理地址,所以在跳转前,首先把 MMU 禁用;然后,通过直接给 PC 寄存器赋值,实现实际的跳转。

6.4.4 Boot Loader 的实现

正如前文所述,Boot Loader 是由微软提供的库、EBoot 驱动和 OEM 函数构成的。其中微软提供的库是不能修改的;EBoot 驱动可能需要自己编写;OEM 函数则必须自己实现。本部分内容将介绍如何实现后两者。

共有两类 OEM 函数:一类是必须实现的;而另外一类函数的实现则是可选的。

对于必须实现的 OEM 函数,BLCommon 库会直接调用它们,因此如果不实现这些函数,那么 EBoot 的链接就会失败。对于可选的 OEM 函数,BLCommon 库通常使用函数指针调用它们,初始状态下,这些函数的指针为空。如果用户实现了这些可选函数,那么就可给函数指针赋值,在调用这些函数时,BLCommon 库会检测函数指针的值:如果为空,则不调用这些 OEM 函数。下面是取自 DownloadImage()函数中的两段代码,分别显示了对必须实现的 OEM 函数和可选实现的 OEM 函数的调用。

```
// 调用必须实现的函数 OEMReadData
```

```
        if (! OEMReadData (BL_HDRSIG_SIZE, hdr))
        {
            return (FALSE);
        }

    …………

// 调用可选的实现函数 OEMMultiBINNotify
    if (g_pOEMMultiBINNotify)
    {
        g_pOEMMultiBINNotify((PDownloadManifest)&g_DownloadManifest);
    }
```

6.4.4.1　必须实现的 OEM 函数

必须实现的 OEM 函数主要分为如下几类：

1. 初始化函数

初始化函数在 EBoot 启动时执行，主要负责初始化硬件平台。必须实现的初始化函数如表 6.4 所列。

表 6.4　必须实现的初始化函数

函数名	描　述
Startup()	硬件加电后执行的第 1 个函数。初始化硬件平台，跳转到 C 程序的 Main()入口
Main()	第 1 个 C 函数，调用 BootloaderMain()，转到 BLCommon 的控制流

分析 EBoot 工作原理时这几个函数的功能和作用都详细介绍过，因此不再赘述。

2. 与控制流相关的函数

这些函数一般被 BootloaderMain()函数调用，控制整个 Boot Loader 的执行流程。必须实现的与控制流相关的函数如表 6.5 所列。

表 6.5　必须实现的与控制流相关的函数

函数名	描　述
OEMDebugInit()	BLCommon 调用的第 1 个 OEM 函数，负责初始化调试串口，然后可使用 OEM-WriteDebugString()函数
OEMPlatformInit()	BLCommon 库调用此 OEM 函数来初始化硬件平台。主要是一些外设
OEMPreDownload()	BLCommon 在下载映像前调用此函数。功能可自定义，例如获得 IP 地址等
OEMLaunch()	BLCommon 最后调用的一个函数，用来启动操作系统映像

分析 EBoot 工作原理时这几个函数的功能和作用都详细介绍过，因此不再赘述了。

3. 与调试相关的函数

与调试相关的函数主要负责向调试端口（通常是 UART COM 口）输出一些信息，以便跟踪代码的执行，同时可与用户交互。必须实现的与调试相关的函数如表 6.6 所列。

表 6.6 必须实现的与调试相关的函数

函数名	描 述
OEMInitDebugSerial()	此函数用来初始化串口，以用来调试。通常 OEMDebugInit() 函数会调用此函数
OEMReadDebugByte()	从调试端口中读取一个 Byte 的数据
OEMWriteDebugByte()	往调试端口中写入一个 Byte 的数据
OEMWriteDebugString()	往调试端口中写入一个字符串

这几个函数中，OEMInitDebugSerial() 函数也不是必需的，只不过大多数调试端口都使用串口，而初始化串口的函数通常都约定俗成地使用此名字，所以通常串口的初始化一般就放在此函数中。

OEMReadDebugByte() 和 OEMWriteDebugByte() 函数都是与硬件高度相关的，但是实现并不困难。值得注意的是，由于没有中断机制，因此有可能需要一些轮询操作。SMDK2410 上的 OEMWriteDebugByte() 的实现如下所示：首先等待发送缓冲区为空，然后向寄存器中写入要发送的字符。

```
VOID OEMWriteDebugByte(UINT8 ch)
{
    // Wait for transmit buffer to be empty
    while ((INREG32(&g_pUARTReg -> UTRSTAT) & 0x02) == 0);

    // Send character
    OUTREG32(&g_pUARTReg -> UTXH, ch);
}
```

OEMWriteDebugString() 函数通常可由 OEMWriteDebugByte() 函数实现。下面是一个比较通用的 OEMWriteDebugString() 函数的实现版本。

```
VOID OEMWriteDebugString(UINT16 * string)
{
    while ( * string != L'\0') OEMWriteDebugByte((UINT8) * string ++ );
}
```

4. 与下载相关的函数

与下载相关的函数在 Boot Loader 下载操作系统映像时会用到。必须实现的下载相关的函数如表 6.7 所列。

表 6.7 必须实现的与下载相关的函数

函数名	描 述
OEMMapMemAddr()	如果映像要烧到 Flash 中，那么可使用此函数提供一个临时 RAM 缓冲区，存放下载的映像，以便下载完成后一并写入 Flash
OEMReadData()	BLCommon 中的 DownloadImage()函数调用此 OEM 函数，从下载的端口下载操作系统映像
OEMShowProgress()	当下载正在进行时 BLCommon 回调此函数。如果目标设备上有 LED 灯，那么可让 LED 闪烁，以通知用户下载正在进行

其中 OEMReadData()函数在 BLCommon 的 DownloadImage()函数中被调用，用来下载操作系统映像。根据具体 Boot Loader 的功能不同，此函数的实现也不同。对于串口 Boot Loader，此函数需要从串口读取数据；对于 EBoot，一般的实现是直接调用 EBoot 库中的 EbootEtherReadData()函数。而后者又会调用 OEM 函数 OEMEthGetFrame()从以太网卡读取数据。

5. 与时钟相关的函数

在 EBoot 中与时钟相关的函数只有 OEMEthGetSecs()。此函数通过系统时钟读取返回某个时间过去的秒数。

在 EBoot 的代码中，通常通过此函数处理轮询时的超时。因此只要每次调用此函数返回值都是增加的即可。

在 SMDK2410 的 EBoot 中使用的是较通用的实现，位于 EBoot 目录的 Ether.c 中，代码如下：

```
DWORD OEMEthGetSecs(void)
{
    SYSTEMTIME  sTime;

    OEMGetRealTime(&sTime);

    return((60UL * sTime.wMinute) + sTime.wSecond);
}
```

其中 OEMGetRealTime()是 OAL 中必须实现的一个函数，用来从实时钟读取返回系统的时间。

6. 以太网操作函数

必须实现的以太网操作函数如表 6.8 所列。

表 6.8　必须实现的以太网相关的函数

函数名	描　述
OEMEthGetFrame()	从以太网卡读取数据
OEMEthSendFrame()	使用以太网卡发送数据

这两个函数是 EBoot 库操作以太网卡收发数据的函数，一般而言，它们会直接调用底层的 EtherDbg 驱动程序。例如在 SMDK2410 的 BSP 中，它们的具体实现如下：

```
BOOL OEMEthGetFrame(PUCHAR pData, PUSHORT pwLength)
{
    return(pfnEDbgGetFrame(pData, pwLength));
}


BOOL OEMEthSendFrame(PUCHAR pData, DWORD dwLength)
{
    BYTE Retries = 0;

    while (Retries ++< 4)
    {
        if (! pfnEDbgSendFrame(pData, dwLength))
            return(TRUE);

        EdbgOutputDebugString("OEMEthSendFrame: retry send %u\r\n", Retries);
    }
    return(FALSE);
}
```

其中 pfnEDbgGetFrame()和 pfnEDbgSendFrame()是两个指向 EtherDbg 驱动中函数的指针。在本书中下面的章节会介绍到。

7. Flash 操作函数

如果在 Boot Loader 中要实现把映像烧写到 Flash 中的功能，则须实现这些 Flash 操作相关的函数。必须实现的 Flash 操作相关的函数如表 6.9 所列。

其中 OEMWriteFlash()函数用来把一段数据烧写到 Flash 上；OEMStartEraseFlash()、OEMContinueEraseFlash()和 OEMFinishEraseFlash()函数用来擦除 Flash。之所以提供 3 个擦除 Flash 的函数，主要是为了能够让映像下载与 Flash 擦除两个任务并行地进行，这样可提高系统的效率。但是在具体的实现上，如果对效率的要求不苛刻，则并不用完全按照这种模式进行。例如在 SMDK 2410 的 Eboot 中的实现就是在 OEMWriteFlash()函数中对 Flash 进行一次性擦除，然后接着进行烧写的。

表 6.9　必须实现的 Flash 操作相关的函数

函数名	描　述
OEMIsFlashAddr()	判断一个地址是否是 Flash 的地址
OEMWriteFlash()	BLCommon 库调用此函数把缓存在 Flash 中的映像烧写到 Flash 中
OEMStartEraseFlash()	BLCommon 库调用此函数来初始化 Flash 擦除动作
OEMContinueEraseFlash()	在下载映像的过程中，BLCommon 调用此函数来继续擦除 Flash 上的内容
OEMFinishEraseFlash()	当 BLCommon 准备开始烧写映像的时候会调用此函数，在这里，所有的 Flash 擦除工作应该已经结束

6.4.4.2　可选实现的 OEM 函数

在 Boot Loader 中可选的 OEM 函数有 3 个，如表 6.10 所列。

表 6.10　可选实现的 OEM 函数

函数名	描　述
OEMCheckSignature()	检查 BIN 文件的签名
OEMMultiBINNotify()	当 BLCommon 要下载某个 BIN 文件时，会回调此函数告诉用户
OEMVerifyMemory()	检测某一段内存地址是否为合法地址

可选的 OEM 函数都是以函数指针的形式声明、定义和使用的。在 BLCommon.h 文件中，有这 3 个可选 OEM 函数的声明；而在 BLCommon.c 文件中定义了 3 个可选 OEM 函数的全局指针。如下所示：

```
// 选自 BlCommon.h
// optional OEM functions
typedef BOOL ( * PFN_OEMVERIFYMEMORY) (DWORD dwStartAddr, DWORD dwLength);
typedef BOOL ( * PFN_OEMREPORTERROR) (DWORD dwReason, DWORD dwReserved);
typedef BOOL ( * PFN_OEMCHECKSIGNATURE) (DWORD dwImageStart, DWORD dwROMOffset, DWORD dwLaunchAddr,
BOOL bDownloaded);

// 选自 BlCommon.c
PFN_OEMVERIFYMEMORY        g_pOEMVerifyMemory;
PFN_OEMCHECKSIGNATURE      g_pOEMCheckSignature;
PFN_OEMMULTIBINNOTIFY      g_pOEMMultiBINNotify;
```

如果 OEM 提供了这些函数的实现，那么通常要在 BLCommon 库使用这些函数前将这几个全局指针初始化。较好的初始化时机是在 OEMDebugInit()函数中。下面的代码取自 SMDK 2410 的 Boot Loader 的实现,在 OEMDebugInit()函数中,它初始化了两个可选 OEM 函数的指针。

```
BOOL OEMDebugInit(void)
{
    // Set up function callbacks used by blcommon.
    //
    g_pOEMVerifyMemory    = OEMVerifyMemory;        // Verify RAM.
    g_pOEMMultiBINNotify = OEMDownloadFileNotify;

    ......
}
```

这样,BLCommon 库中的代码就可在合适的时候回调这些函数了。

6.4.5 配置和构建 Boot Loader

编译和构建 Boot Loader 与构建普通的应用程序略有不同。因为通常 Boot Loader 的代码都要被烧写到 ROM 或 Flash 中,并且开机就立即执行。

本小节,将介绍如何对 Boot Loader 的代码进行编译、配置和发布,从而最终得到合适的 Boot Loader 二进制文件。所有方法都是基于命令行工具的,因为 Platform Builder IDE 可自动做很多事情,所以不能让我们深入了解构建过程。

6.4.5.1 编译源代码

Boot Loader 的源代码由 C 语言代码与汇编语言代码两部分组成。编译这些代码可在 Windows CE 的构建系统下完成。因此,对于要构建的代码,首先须编写 SOURCES 和 DIRS 文件。

大致而言,编译 Boot Loader 源代码使用的 SOURCES 与普通的 SOURCES 文件基本一致。但有一些须特别注意的地方。下面是 SMDK2410 BSP 中 EBoot 的 SOURCES 文件,这是一个典型的 Boot Loader 的 SOURCES 文件。通过阅读此文件,使读者了解如何编译其他 Boot Loader 的源代码,从而达到举一反三的效果。

```
TARGETNAME = eboot
TARGETTYPE = PROGRAM
RELEASETYPE = PLATFORM
EXEENTRY = StartUp

WINCECPU = 1
```

```
NOMIPS16CODE = 1

INCLUDES = $ (INCLUDES); $ (_PUBLICROOT)\common\oak\drivers\block\msflashfmd\inc
ADEFINES = - pd "_TGTCPU SETS \" $ (_TGTCPU)\"" $ (ADEFINES)
CDEFINES = $ (CDEFINES) - DPPSH_PROTOCOL_NOTIMEOUT - DCOREDLL
LDEFINES = - subsystem:native/DEBUG/DEBUGTYPE:CV/FIXED:NO

TARGETLIBS = \
    $ (_PLATCOMMONLIB)\ $ (_CPUINDPATH)\oal_memory_s3c2410x.lib      \
    $ (_PLATCOMMONLIB)\ $ (_CPUINDPATH)\oal_cache_s3c2410x.lib       \
    $ (_PLATCOMMONLIB)\ $ (_CPUINDPATH)\oal_rtc_s3c2410x.lib         \
    $ (_PLATCOMMONLIB)\ $ (_CPUINDPATH)\oal_kitl.lib                 \
    $ (_PLATCOMMONLIB)\ $ (_CPUINDPATH)\oal_log.lib                  \
    $ (_PLATCOMMONLIB)\ $ (_CPUINDPATH)\oal_blnk.lib                 \
    $ (_PLATCOMMONLIB)\ $ (_CPUINDPATH)\oal_blcommon.lib             \
    $ (_COMMONOAKROOT)\lib\ $ (_CPUINDPATH)\eboot.lib                \
    $ (_COMMONOAKROOT)\lib\ $ (_CPUINDPATH)\cs8900dbg.lib            \
    $ (_COMMONOAKROOT)\lib\ $ (_CPUINDPATH)\ne2kdbg.lib              \
    $ (_COMMONOAKROOT)\lib\ $ (_CPUINDPATH)\ddk_io.lib               \
    $ (_TARGETPLATROOT)\lib\ $ (_CPUINDPATH)\smflash_lib.lib         \
    $ (_COMMONOAKROOT)\lib\ $ (_CPUINDPATH)\fulllibc.lib

SOURCES - \
    startup.s     \
    util.s        \
    main.c        \
    debug.c       \
    ether.c       \
    flash.c       \
    am29lv800.c   \
    bitmap.c      \
    nand.c

WINCETARGETFILES = BootImage
```

SOURCES 文件的前 4 项告诉构建系统，要把 Boot Loader 的代码编译成 Eboot.exe 文件，并且 EXE 文件的入口函数是 StartUp()。它与前面介绍的 Boot Loader 启动的第 1 个函数相吻合。但是 Eboot.exe 是 Windows 下的可执行文件格式(PE 格式)，显然不可以烧写在 Flash ROM 中直接运行，因此还须对此可执行文件进行进一步的调整，将在下文介绍。

接下来的 WINCECPU 和 NOMIPS16CODE 会告诉构建系统，这些代码中没有 16 位的 MIPS 代码，并且这些代码是与 CPU 相关的，需要把编译出来的结果放在_TGTCPU 环境变量指定的目录下。

然后的 INCLUDES，ADEFINES，CDEFINES 及 LDEFINES 告诉应该构建系统传入汇编器、编译器和链接器的参数，在本书的相关章节将有详细介绍。

后面是 TARGETLIBS 宏，它指定了 Boot Loader 要链接的一些库文件。如果熟悉以前版本 Windows CE Boot Loader 的构建，应该发现 TARGETLIBS 的内容与以前的变化是最大的。这是因为在 Windows CE 5.0 中引入了 Production-Quality OAL 所致。大致而言，以"oal"开头的库文件都是 Production-Quality OAL 中的库，这些库文件可在一定程度上共享。有几个库文件须注意。

- oal_blcommon. lib　BLCommon 库；
- eboot. lib　EBoot 库；
- cs8900dbg. lib　EthDbg 驱动程序；
- smflash_lib. lib　FMD 驱动程序；
- fulllibc. lib　Boot Loader 和 OAL 中使用的 C 语言函数库。

其中前面 4 个库文件也就是 Boot Loader 的 4 个主要组成部分。FullLibc. lib 是专供 Boot Loader 和 OAL 使用的 C 语言函数库，它提供了部分 C 语言运行时库函数的实现，并且这些函数都可在不依赖操作系统的情况下运行。因此在操作系统启动前，代码中使用的 C 语言函数，必须是 FullLibc. lib 提供的。

再接下来的 SOURCES 文件是由 OEM 实现的所有 Boot Loader 源代码列表，这些源代码构成 Boot Loader 的第 5 个组成部分。

最后一行的 WINCETARGETFILES 宏指定了，构建系统在所有的编译链接都结束后须进行的附加操作。在这里 Boot Loader 定义了须进行的 BootImage 附加操作，使用此功能来自动打包 Boot Loader 代码，打包功能稍后再介绍。

6.4.5.2 配置 Boot Loader

代码编译链接完成后，得到的是 Windows 下的可执行文件。为了正确地让 Boot Loader 实现在 Flash 或 ROM 中运行的功能，还须对 Boot Loader 进行一些配置。

正如前述，因为 Boot Loader 大多数情况下，在只读的 Flash ROM 上执行(对代码而言)，所以要使一些全局变量等可写的数据段正常地使用，BLCommon 库会对 Boot Loader 的代码进行重定位。这一操作是用 KerenelRelocate()函数完成的。我们也知道，RomImage. exe 工具会在打包时，对映像进行一些特殊处理。那么，RomImage. exe 工具又是如何知道目标设备上哪些地址是可读/写，哪些地址是不可读/写的呢？答案就是通过 Boot Loader 的配置文件。

要完成这些工作，首先，配置文件须包括目标设备上的内存分配信息，例如，目标设备上的物理内存起始地址、长度以及用途，这样在打包时就可对重定位进行特殊处理；其次，配置文件要包含 ROM 的一些信息，例如起始位置、宽度等，这样就可正确地生成可以在 ROM 上运行的映像文件；最后，配置文件还要包括需要打包的文件列表。

配置是通过 BIB 文件进行的。在 Boot Loader 中，Boot. bib 文件就是用来配置 Boot Loader 文件的。对于 BIB 文件格式的详细介绍，可参考本书相关章节，这一部分不会再介绍每一项的含义，而仅关注在配置 Boot Loader 时须注意的内容。

下面是从 SMDK 2410 的 EBoot 中选取的 Boot. bib 文件内容。它负责配置 SMDK 2410 开发板的 Boot Loader。整个 BIB 文件包括 3 个章节：MEMORY，CONFIG 和 MODULES。分别对应上文提到的配置文件应该包含的 3 部分内容。

```
MEMORY
;    Name       Start       Size       Type
;    -------   ---------   ---------   ----
     ARGS       8c020800   00000800   RESERVED
     RAM        8c026000   00006000   RAM
     STACK      8c02c000   00004000   RESERVED
     EBOOT      8c038000   00040000   RAMIMAGE
; Area used to cache nk.bin while programming flash
     FLSCACHE  8c200000   01400000   RESERVED
     DISPLAY   8c100000   00100000   RESERVED

CONFIG
     COMPRESSION = OFF
     PROFILE = OFF
     KERNELFIXUPS = ON
     ROMOFFSET = 25FC8000
     SRE = ON
     ROMSTART = 8c038000
     ROMWIDTH = 32
     ROMSIZE = 40000

MODULES
;    Name            Path                                         Memory Type
     nk.exe     $(_TARGETPLATROOT)\target……\eboot.exe          EBOOT
```

MEMORY 段定义了目标设备上的内存使用情况，每行的 4 个数据项分别表示名称、起始地址、长度和用途类型。值得注意的是，起始地址在配置文件中，都是用有缓存的虚拟地址表示的。回忆一下 Windows CE 的虚拟地址空间分配，操作系统会按 1∶1 的比例把物理内存映射到虚拟地址的 0x8000 0000 和 0xA000 0000 地方。因此，如果显卡显存的物理地址是

0x0C10 0000，在配置文件中要写成 0x8C10 0000。

CONFIG 段主要告知打包工具一些 ROM 信息和配置信息，这样打包工具可对可执行代码进行重定位等处理，使它可在 ROM 上运行。

MODULES 包含要打包到映像中的文件。对于 EBoot 而言，只有 Eboot. exe 一项。但是要注意，一定要把它在映像中的名字命名为 nk. exe；否则 RomImage. exe 工具可能无法识别此项。

配置信息都填写好后，最后的工具就是打包了。、

6.4.5.3 打 包

打包 Boot Loader 的工具与打包操作系统的工具是一样的，都为 RomImage. exe。此工具只接受一个 BIB 文件作为输入参数。因此，在命令行中，只要输入如下命令，就可打包 Boot Loader 了。

```
romimage boot.bib
```


在 EBoot 的 SOURCES 文件中对 RomImage 工具进行了自动化处理，SOURCES 文件的最后一行定义了 BootImage 附加操作，构建系统在所有编译链接完成后自动调用此操作。BootImage 操作定义在 EBoot 目录的 Makefile. inc 文件中，大致代码如下：

```
BootImage:
! IF "$(NOLINK)" == ""
        romimage boot.bib

! IF "$(WINCEREL)" == "1"
        copy $(_PLATFORMROOT)\……\eboot.nb0 $(_FLATRELEASEDIR)
        copy $(_PLATFORMROOT)\……\eboot.bin $(_FLATRELEASEDIR)
        copy $(_PLATFORMROOT)\……\eboot.sre $(_FLATRELEASEDIR)
! ENDIF
! ENDIF
```

这段代码基本上使用 RomImage. exe 工具打包 EBoot 代码，并且把生成的文件复制到 Release 目录。根据 BIB 文件配置的不同，生成的映像文件也不同，可能的格式有 3 种：NB0，BIN 和 SRE。分别对应二进制可 XIP 的代码，Windows CE 特有二进制代码和 SRE 格式烧写代码。

最后，根据不同目标设备的烧写方式不同，选择一个适用于自己目标设备的映像，烧写进内置的 Flash 中，就可在目标设备上运行 Boot Loader 了。

6.4.6 X86 平台下的 Boot Loader

除了 EBoot 之外，Windows CE 还支持不同形式的 Boot Loader。对于 X86 这个通用的

PC平台，Windows CE提供了不同的Boot Loader。在X86平台下，绝大多数受PC机的影响，都带有BIOS，但是也有一些极少数基于X86的设备没有BIOS，这就为X86平台的初始化和I/O处理增加了复杂性。

在Windows CE中，X86平台上可使用的Boot Loader有4种，它们是：

- 以太网Boot Loader；
- 串口Boot Loader(Serial Boot Loader，SBoot)；
- ROM Boot Loader；
- BIOS Boot Loader。

此外，很多基于X86的目标机都可通过MS-DOS启动，因此MS-DOS也成为启动Windows CE的手段之一。

LoadCepc.exe是运行在MS-DOS上的一个工具。它的作用是在MS-DOS环境下加载和运行各种本地的.BIN映像文件，映像文件可以是Windows CE映像(NK.bin)，也可以是以太网Boot Loader(EBoot)或串口Boot Loader(SBoot)。如果LoadCepc.exe加载的是NK.bin，那么会直接跳转到Windows CE操作系统执行；如果LoadCepc.exe加载的是EBoot.bin或SBoot.bin，那么会通过以太网或串口下载远程的NK.bin运行。它的原理和功能如图6.19所示。

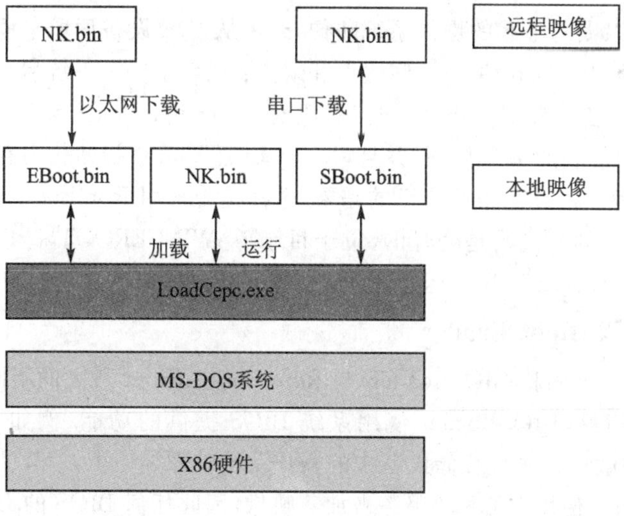

图6.19 LoadCepc的原理和功能示意

如果目标设备可运行MS-DOS系统，那么使用LoadCepc工具加载或下载操作系统映像可带来很多方便。LoadCepc的可执行文件可在使用Platform Builder制作的启动盘中找到(可参考本书相关章节)，也可在下面的目录中获得：%_WINCEROOT%\PUBLIC\COMMON\OAK\CSP\X86\DOS\BOOTDISK\。此外LoadCepc.exe工具的源代码也是开放的，在目录%_WINCEROOT%\PUBLIC\COMMON\OAK\CSP\X86\DOS\LOADCEPC 中。不过编译这些代码须用到 MS－DOS 环境下的汇编和 C 语言的编译器及链接器。

LoadCepc 有很多参数，可参考 Platform Builder 的文件。基本的用法是：

```
LoadCepc [/参数] [加载文件]
```

默认情况下，LoadCepc 会加载 NK. bin。例如，下面的语句使用 LoadCepc 加载 Eboot. Bin，并使用以太网从远程下载系统映像。

```
LoadCepc/V Eboot.bin
```

串口 Boot Loader 使用 COM 1 端口在开发机和目标机之间进行数据传输。缺点是速度非常慢。SBOOT 的代码在目录%_WINCEROOT%\Platform\Cepc\Sboot 下。在此不再详细介绍。

6.4.6.1　ROM Boot Loader

ROM Boot Loader(简称 RomBoot)。是存放在系统 Flash 中(通常是 EEPROM)的 Boot Loader。对于大多数 PC 机而言，EEPROM 中通常存放 BIOS，因此，如果选用 RomBoot，那么也就不需要 BIOS 了，RomBoot 代替了 BIOS。

当系统加电时，RomBoot 负责处理通常由 X86 BIOS 完成的硬件初始化操作。然后 RomBoot 可以支持以太网下载的操作系统映像，或者从 IDE 设备读取本地的映像。

没有 BIOS 会给 RomBoot 带来一些优点和缺点：优点主要是系统启动过程可绕开 BIOS，这样可给系统启动速度带来明显提升；缺点是没有 BIOS 后，Boot Loader 和操作系统都无法再使用 BIOS 提供的便利的 I/O 处理，并且 RomBoot 还要负责初始化内存控制器及枚举 PCI 等较复杂的底层任务。因此可根据自己的需要，选择是否采用 RomBoot。

Rom Boot Loader 的源代码是公开的，位于目录%_WINCEROOT%\PUBLIC\COMMON\OAK\CSP\X86\ROMBOOT 下。但是须对这些代码作一些修改才可在自己的平台上使用。

6.4.6.2　BIOS Boot Loader

BIOS Boot Loader(简称 BIOSLoader)与 Rom Boot Loader 最大的不同是 BIOSLoader 并不替换系统 BIOS，相反，BIOSLoader 使用系统 BIOS 提供的功能(例如 VESA 显示输入和 INT 13h 中断)来加载位于本地存储设备中的操作系统映像。

因为 BIOSLoader 使用 BIOS 的服务来加载映像，因此任何 BIOS 的 INT 13h 中断可访问的存储设备都可用来存放操作系统映像，包括软盘、硬盘、CF 卡或是 DOC。

BIOSLoader 本身则可被存放在任何用 BIOS 作启动盘的非易失介质上。比较常见的是软盘、IDE 硬盘甚至是 USB 设备。

BIOS Boot Loader 的源代码也是公开的，位于目录%_WINCEROOT%\Public\Common\Oak\Csp\i486\Biosloader\Loader 下。

6.5　编写 OAL

6.5.1　OAL 的角色与功能

如果在自己的硬件平台上开发并编写 Boot Loader，那么同样须编写 OAL。OAL(OEM Abstraction Layer)是位于 Windows CE 操作系统内核和目标硬件设备之间的硬件抽象代码。

OAL 的功能层次图如图 6.20 所示。从功能上来说，OAL 把操作系统内核对硬件的访问功能抽象出来，形成一些函数或者库，例如操作系统会频繁访问的计时器、RTC、Cache 及中断等。当操作系统访问硬件时，可直接调用这些抽象出来的函数。在不同的硬件设备上，这些代码须根据硬件的特点重新编写，从而实现操作系统代码与硬件设备无关。因此，OAL 最基本的功能是硬件抽象。

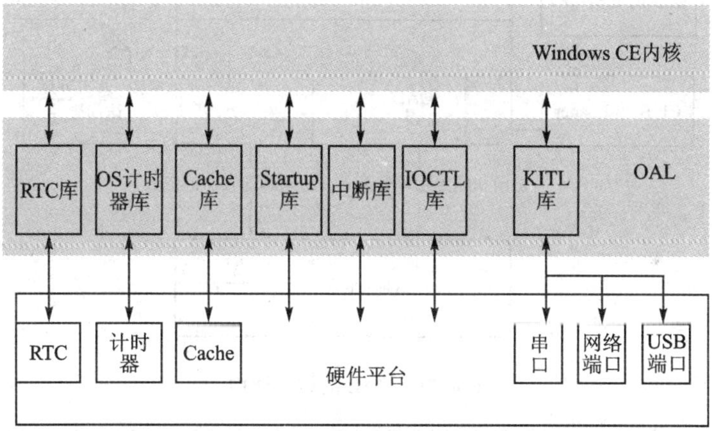

图 6.20　OAL 的功能层次图

从物理上来说，OAL 代码是操作系统内核的一部分。通常 OAL 代码被编译成一个库，然后此库与其他的内核库进行链接，共同形成操作系统内核的可执行文件。

在这里，不妨把 OAL 与大家熟悉的 PC 机上的 BIOS 功能作一个对比。在 PC 机上，当系统启动时，BIOS 除了负责提供最基本的自检和初始化功能外，还可通过 BIOS 中断对系统硬件进行一些最基本的 I/O 控制，BIOS 可屏蔽一些底层硬件的实现差异与细节，直接与 PC 机的I/O (I/O)设备打交道，通过特定的数据端口发出指令，传送或接收各种外部设备的数据，实现软件程序对硬件的直接操作。这些操作可能包括最基本的屏幕输出、磁盘 I/O 及实时钟控制等。运行在 X86 PC 机上的系统程序就可调用 BIOS 的中断，来请求 BIOS 服务。

而当 Windows CE 内核启动时，内核代码同样要与底层的硬件交互，实现对硬件的访问操作。此时，OAL 从某种程度上也起着一些基本的 I/O 的作用，此外，OAL 也可实现硬件抽象。

因此 OAL 的功能与 BIOS 有一定程度的类似。

那么,在 OAL 中是否要实现硬件初始化工作呢?这完全取决于 OEM 厂商的具体实现。在 Boot Loader 部分曾经介绍过,Boot Loader 开始运行时,第 1 件事情就是要初始化硬件设备,这是必须的。但是在 OAL 中就有一定的可选择性,如果在最终的产品中没有 Boot Loader,那么显然在 OAL 中就要实现硬件初始化;如果最终产品中有 Boot Loader 并且是通过 Boot Loader 引导内核,那么 OAL 中就没有必要再次对硬件进行初始化了。

基本而言,OAL 的体系结构如图 6.21 所示,Windows CE 的内核代码与 CPU 相关而与硬件设备无关。所有与具体外设相关的代码都在 OAL 中。因此,OAL 的代码是运行在操作系统的内核态的,可直接对硬件资源进行访问。

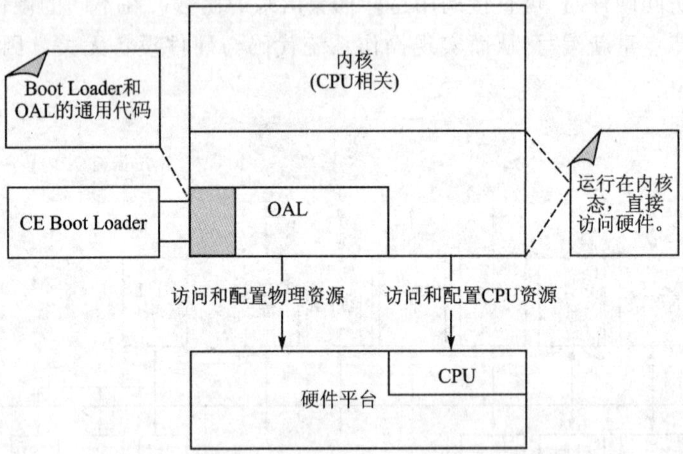

图 6.21　OAL 的体系结构

值得注意的是,在 OAL 中有很多代码是可以在 Boot Loader 和 OAL 中通用的。这其中包括一些硬件初始化代码和端口访问代码。

对于 X86 PC 平台,因为有 BIOS,OAL 的代码可充分利用 BIOS 的功能,从而可简化一些操作。图 6.22 为 CEPC 下的 OAL 体系结构。

提示:OAL 中的硬件操作与驱动程序中的硬件操作

大致而言,在嵌入式操作系统中有两个地方存在访问硬件的代码:OAL 中和设备驱动程序中。这两个模块对硬件访问的目的是不同的。对 OAL 来说,访问硬件是为了满足最基本的操作系统启动和运行要求;对设备驱动程序来说,驱动更多的硬件就可在该操作系统平台上实现更多的功能。换言之,如果没有任何设备驱动程序,那么一个小的操作系统代码依然可以运行;但是如果没有 OAL 代码,则操作系统的启动也是无法完成的。

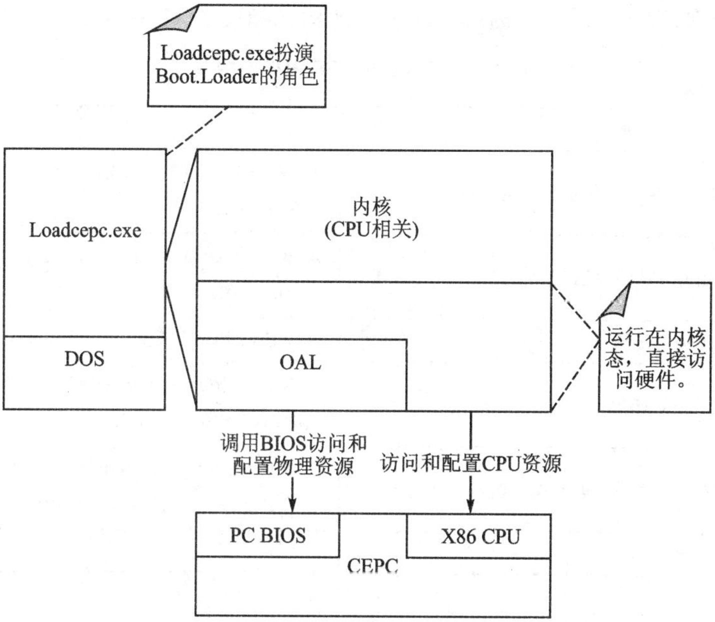

图 6.22 CEPC 下的 OAL 体系结构

6.5.2 OAL 的构成

从静态角度来看，OAL 的代码是 Windows CE 操作系统内核的一部分。在构建过程中，OAL 代码被构建系统编译成 OAL.lib 库文件，然后 OAL.lib 与其他的一些库进行统一的链接，最终形成 Windows CE 操作系统内核可执行文件——NK.exe，它的组成如图 6.23 所示。

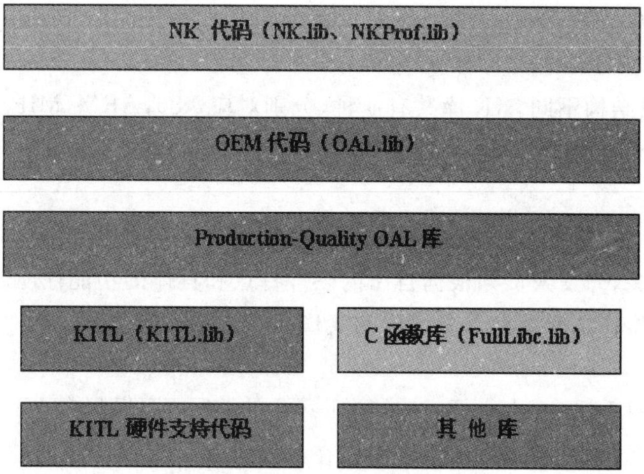

图 6.23 NK.exe 的组成

在图中可看到，Windows CE 内核 NK.exe 的构成如表 6.11 所列。

表 6.11 Windows CE 内核的构成

模块名	介　绍	可否修改	源代码位置
NK 库	与 CPU 相关的操作系统内核代码	否	%_WINCEROOT%\\PRIVATE\WINCEOS\COREOS\NK(部分)
OEM 代码	必须由开发人员自己实现的代码	必须	%_WINCEROOT%\PLATFORM\<BSP Name>\Src\Kernel\Oal
KITL	内核无关的传输层	否	%_WINCEROOT%\Private\Winceos\COREOS\nk\kitl\
C 函数库	部分 C 语言函数	否	%_WINCEROOT%\PRIVATE\WINCEOS\COREOS\CORE\CORELIBC(部分)
PQOAL	微软提供的可重用的 OAL 代码	否	%_WINCEROOT%\PUBLIC\COMMON\OAK\CSP\ %_WINCEROOT%\PLATFORM\COMMON\SRC
其他	其他代码	—	—

下面是每一个模块的具体信息：

1. NK 库

NK 库通常指的是 NK.lib 或 NKProf.lib 文件。这两个库文件是由微软提供的，包含 Windows CE 操作系统内核的大部分功能。例如，进程线程管理、调度管理及内存管理等等。因此 NK 库是内核的核心所在。

其中 NK.lib 是含有内核基本功能的库，而 NKProf.lib 中含有性能监控代码。也就是说，如果需要对操作系统的性能进行一些监控，那么就须使用 NKProf.lib 文件。在 Platform Builder IDE 中，如果在 **Platform|Settings...** 对话框中选择 Enable Profiling 一项，那么表示内核链接时会链接 NKProf.lib。

根据 CPU 体系结构不同，NK 库共有 4 种，分别对应 X86，ARM，MIPS 和 SH 4 类 CPU。这也是内核代码与 CPU 体系结构相关的体现。

2. OAL 库

OAL 库由需要 OEM 来实现的那部分代码编译而成，通常称做 OAL.lib。这一部分代码一般与硬件高度相关，开发人员须根据自己的硬件特点和具体的功能性能需求来实现。

在 6.5.4 小节将详细介绍此部分代码的实现。

3. KITL 库

KITL 是 Kernel Independent Transport Layer 的缩写。KITL 在 Windows CE 4.0 以后被引入。其基本的思想，是提供操作系统内核在开发机和目标设备之间建立连接和通信的途径。正如 KITL 的名字所描述的一样，KITL 的特点与具体的数据传输介质无关。数据可通过以太网、串口、USB或者并口等多种方式进行传输。但是对操作系统内核而言，它看到的是统一的接口。

连接建立后，操作系统内核的很多服务都可架构在KITL上。例如内核调试和控制台等。具体的内容在本书调试相关部分会有更详细地介绍。

实现KITL的库文件为KITL.lib。它的代码在Windows CE内核中，但是通过Private目录仍然可访问到，在目录%_WINCEROOT%\Private\Winceos\COREOS\nk\kitl\下可找到KITL.LIB的代码。

在操作系统内核中，KITL的功能是可选的。因为内核可能根本不需要与其他机器进行通信。如果不需要KITL的功能，那么内核中完全可不对KITL.lib进行链接。但是在开发的过程中实现了KITL有诸多好处，因此开发时实现KITL还是很有必要的。

4. C函数库

C函数库也是由微软提供的。这部分代码是在内核中使用的C语言函数，名字为FullLibc.lib。一般CRT代码都会架构在操作系统上，并且用到操作系统的一些功能，但是此库是与操作系统无关的，不会用到操作系统提供的服务，因此可安全地用在操作系统内核中。也正因如此，它实现的仅是C函数库的一个子集。

这也就意味着，在实现OAL时，所有调用的C函数都必须在FullLibc.lib中；否则就会导致找不到实现而链接失败。

5. Production-Quality OAL库

Production-Quality OAL是由微软提供的一些可重用的代码库。这些代码库包含对特定CPU或CPU内置的外设控制器的操作代码。在实现BSP时，如果要实现对CPU操作或对CPU内置控制器的操作，那么应该尽量使用PQOAL中的库而不要自己实现。在BSP的代码中，基本上以OAL开头的函数都是PQOAL库中的函数。

关于Production-Quality OAL的内容可参考本章相关部分。

6. 其　他

在OAL中可能还会包含一些其他代码库，例如实现通过以太网进行KITL时，Boot Loader中的EthDbg库经常是可重用的。

此外可能还包括一些OEM特定的硬件操作函数，具体内容因不同的OAL的功能和需求而异。

6.5.3 OAL的启动流程与原理

因为OAL是操作系统内核的一部分，因此OAL的启动过程也是整个操作系统的启动过程。

从机器上电到Windows CE操作系统开始正常运行是一个比较复杂的过程。但是其基本工作内容就是初始化。在整个启动过程中，需要通过代码初始化一些软硬件执行环境和操作系统及应用程序本身的执行环境，直到操作系统开始对所有进程进行调度为止。OAL启动的顺序图如图6.24所示。

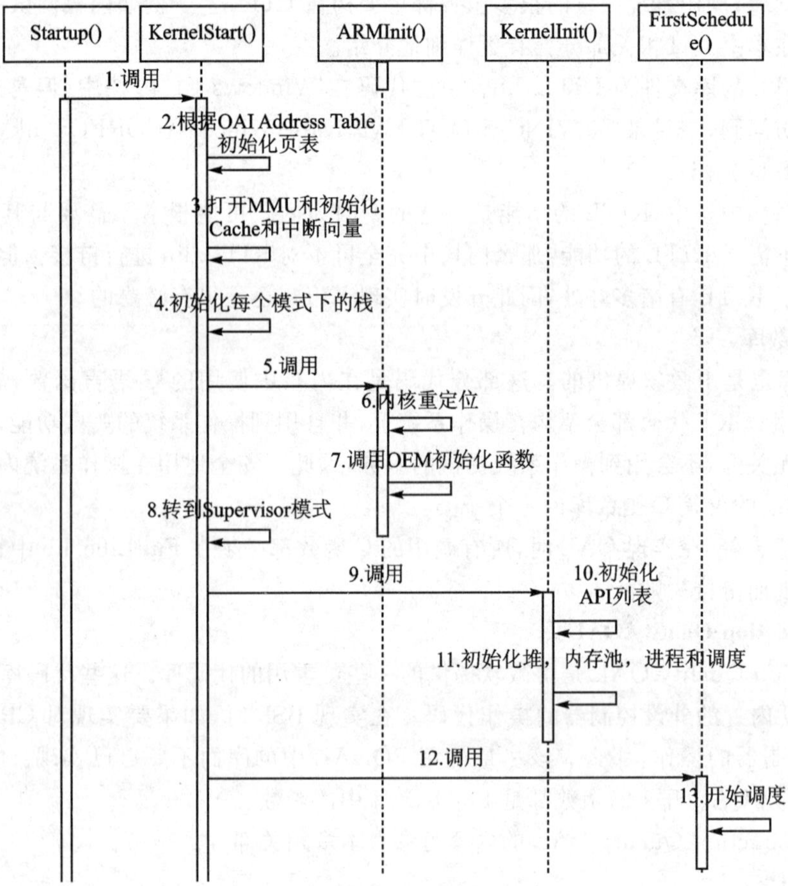

图6.24 OAL启动的顺序图

图6.24展示了ARM平台下从系统上电，OAL代码开始执行到操作系统开始进行进程调度的整个过程。大致经过了Startup()，KernelStart()，ARMInit()，KernelInit()和FirstSchedule()函数。

对于X86，SH或MIPS等其他硬件平台，可能调用的函数略有不同，但是大概的原理和步骤都是一致的。在本书中同样以SMDK 2410的OAL代码为例，介绍OAL和操作系统的启动流程。SMDK 2410 BSP中的OAL代码可在目录%_WINCEROOT%\PLATFORM\SMDK2410\SRC\KERNEL下找到。

但有一点须注意，在理解Boot Loader的过程中，掌握Boot Loader的启动与运行流程，就基本可以了解了Boot Loader的功能和结构以及编写实现细节。但是对于OAL，由于它的代码是操作系统内核的一部分,在操作系统的整个运行过程中时刻都会用到,仅仅理解系统的启动流程还是远远不够的,还须对一些详细的功能进行进一步的分析。

6.5.3.1 系统初始化

与 Boot Loader 一样,OAL 的入口函数也是系统实始化函数 Startup(),此函数通常也使用汇编代码完成。但与 Boot Loader 的 Startup()函数不同的是,OAL 的 Startup()不一定是硬件上电之后执行的第 1 行代码。因为 OAL 代码开始执行的前提有两种可能性:一种是系统中不存在 Boot Loader,开机直接执行的就是 OAL 代码;另外一种系统中存在 Boot Loader,OAL 代码经过 Boot Loader 引导后才开始执行。正因为 OAL 的代码有两种运行的可能,因此 Startup()函数中代码的任务也有两种可能性。

如果 OAL 不是通过 Boot Loader 引导的,那么系统上电后立即执行的是 OAL 的 Startup()函数,因此这种情况下 OAL 的 Startup()函数需要对硬件进行基本的初始化,大致的初始化内容与 Boot Loader 中的 Startup()函数是一致的。

如果 OAL 是经过 Boot Loader 的引导而执行的,那么目标设备上的很多硬件设备在 Boot Loader 中都已经被初始化过了,也就无须再进行重复工作了。仅需完成的就是跳转到 OAL 的主控函数 KernelStart()开始执行。SMDK 2410 OAL 的实现就是属于这种情况。它的代码位于目录%_WINCEROOT%\PLATFORM\SMDK2410\SRC\KERNEL\OAL\Startup.s 下。核心部分摘录如下:

```
INCLUDE oemaddrtab_cfg.inc

LEAF_ENTRY StartUp

; Compute the OEMAddressTable's physical address and
; load it into r0. KernelStart expects r0 to contain
; the physical address of this table. The MMU isn't
; turned on until well into KernelStart.

add     r0, pc, #g_oalAddressTable - (. +8)
bl      KernelStart

ENTRY_END
```

代码本身并不复杂,KernelStart()函数需要一个参数:OEMAddressTable 表的物理地址。在 ARM 代码中,此值要被放在寄存器 R0 中(通常在 ARM 的函数调用过程中寄存器 R0,R1,R2 和 R3 被用来传递函数的参数,而不像在 X86 中把函数的参数放在栈上)。

经过简单的跳转之后,OAL 代码的执行流程就转到了 OAL 的主控函数——KernelStart()中继续执行了。

6.5.3.2 OAL启动的主控函数

KernelStart()函数是OAL启动过程的主控制函数，它负责整个系统启动的控制流。此函数也是由微软提供的，属于内核代码的一部分。它的代码位于目录%_WINCEROOT%\PRIVATE\WINCEOS\COREOS\NK\KERNEL\ARM\Armtrap.s下。因为涉及到一些与CPU相关的操作，所以整个代码也是使用汇编语言编写的。

KernelStart()函数负责完成如下一些工作：

1. 初始化页表、打开MMU和Cache

KernelStart()做的第1件事情就是打开处理器的MMU，进入虚拟内存模式。为此，首先要设置页表。

页表也就是虚拟地址和物理地址的映射表。MMU利用查找页表把虚拟地址映射到物理地址。页表中除了记录有虚拟地址的映射信息外，还包含此段内存的访问权限，这样就可实现内存的保护机制。不同CPU的页表中的内容不尽相同，但是基本内容就是上述两项。

在Windows CE下，并不需要用户自己编写程序设置页表。Windows CE中的作法是用户设置一个虚实映射的数组，Windows CE的代码自动根据此数组的内容去设置相应的页表。这个数组就是OAL_ADDRESS_TABLE(在Windows CE 5.0之前也叫做OEMAddressTable)。它是一个有用户填充的数组，数组中的内容定义了物理地址到带缓存的虚拟地址(0x8000 0000～0x9FFF FFFF)之间的映射关系。KernelStart()的代码根据此数组的内容来配置页表。OAL_ADDRESS_TABLE的声明和定义如下：

```
// 选自Oal_memory.h (platform\common\src\inc)
typedef struct {
    UINT32   CA;                          // 带缓存的虚拟地址
    UINT32   PA;                          // 物理地址
    UINT32   size;                        // 大小,以MB为单位
} OAL_ADDRESS_TABLE, *POAL_ADDRESS_TABLE;

extern OAL_ADDRESS_TABLE g_oalAddressTable[];
```

可以看到，系统定义了一个OAL_ADDRESS_TABLE类型的数组，数组每一项内容有3个数据项：虚拟地址、物理地址和大小。但是此数组的具体内容是需要OEM来填写的。在SMDK 2410中，数组的声明如下：

```
; 选自\PLATFORM\SMDK2410\SRC\INC\oemaddrtab_cfg.inc

g_oalAddressTable

        DCD      0x80000000, 0x32000000, 32        ; 32 MB DRAM BANK 6
```

```
        DCD     0x82000000, 0x08000000, 32      ; 32 MB SROM(SRAM/ROM) BANK 1
        DCD     0x84000000, 0x10000000, 32      ; nGCS2: PCMCIA/PCCARD
        DCD     0x86000000, 0x18000000, 32      ; 32 MB SROM(SRAM/ROM) BANK 3
        DCD     0x88000000, 0x20000000, 32      ; 32 MB SROM(SRAM/ROM) BANK 4
        DCD     0x8A000000, 0x28000000, 32      ; 32 MB SROM(SRAM/ROM) BANK 5
        DCD     0x8C000000, 0x30000000, 32      ; 32 MB DRAM BANK 6
        DCD     0x90800000, 0x48000000,  1      ; Memory control register
        DCD     0x90900000, 0x49000000,  1      ; USB Host register
        DCD     0x90A00000, 0x4A000000,  1      ; Interrupt Control register
        DCD     0x90B00000, 0x4B000000,  1      ; DMA control register
        ……………………
        DCD     0x91800000, 0x58000000,  1      ; A/D convert register
        DCD     0x91900000, 0x59000000,  1      ; SPI register
        DCD     0x91A00000, 0x5A000000,  1      ; SD Interface register
        DCD     0x92000000, 0x00000000, 32      ; 32 MB SROM(SRAM/ROM) BANK 0
        DCD     0x00000000, 0x00000000,  0      ; end of table

;------------------------------------------------------------------------

        END
```

在此数组中，OEM可根据不同的目标设备上的物理地址配置和用途，来设置地址的映射项。值得注意的是，这个表中虚拟地址的合法区间是0x8000 0000 ～0x9FFF FFFF的512 MB，因为Windows CE最多只支持512 MB物理内存。但是KernelStart()会根据这个表建立两份虚实映射，也就是我们在前面介绍过的0x8000 0000～0x9FFF FFFF之间可缓存的虚拟地址和0xA000 0000～0xBFFF FFFF之间的不带缓存的虚拟地址。在表的最后一项把3个数据项都设置为0，表示数组结束。

KernelStart()函数的代码读取此数组的内容，然后根据数组内容设置相应的页表，并打开MMU。

2. 设置异常向量跳转表

中断和异常都是异步发生的事件。当异常发生时，系统将停止目前正在执行的代码转而执行事件响应的服务程序。而事件服务程序的入口点就是异常跳转表。在ARM中，中断向量可以是0x0开始的低地址向量，也可以是在0xFFFF 0000位置的高向量地址。跳转表的长度是8字节，每个字节对应一种异常发生后要执行的指令，分别为：重启、未定义指令、软件中断、取指令异常、数据访问异常、保留、IRQ和FIQ。

在Windows CE中，操作系统使用0xFFFF 000的高地址作为异常跳转表。在KernelStart()函数中，代码会设置异常跳转表。异常跳转表处的代码如下：

```
;        FFFF0000 - exception vectors
;        FFFF03E0 - exception vector jump table

VectorInstructions
        ldr     pc, [pc, #0x3E0-8]              ; reset
        ldr     pc, [pc, #0x3E0-8]              ; undefined instruction
        ldr     pc, [pc, #0x3E0-8]              ; SVC
        ldr     pc, [pc, #0x3E0-8]              ; Prefetch abort
        ldr     pc, [pc, #0x3E0-8]              ; data abort
        ldr     pc, [pc, #0x3E0-8]              ; unused vector location
        ldr     pc, [pc, #0x3E0-8]              ; IRQ
        ldr     pc, [pc, #0x3E0-8]              ; FIQ

        LTORG
```


可看到，当有异常发生时，CPU 会跳转到当前指令偏移 0x3E0（也就是 0xFFFF 03E0）指定的地址处继续执行（-8 是为了处理 ARM 的流水线）。那么，在 0xFFFF 03E0 的地址上放了什么呢？在同一个目录的 Exvector.s 文件中可找到答案。VectorTable 表定义了 ARM 的异常跳转表，精简的代码如下：

```
;选自 %_WINCEROOT%\PRIVATE\WINCEOS\COREOS\NK\KERNEL\ARM\exvector.s

VectorTable
        DCD     -1                              ; reset
        DCD     UndefException                  ; undefined instruction
        DCD     SWIHandler                      ; SVC
        DCD     PrefetchAbort                   ; Prefetch abort
        DCD     OEMDataAbortHandler             ; data abort
        DCD     -1                              ; unused vector
        DCD     IRQHandler                      ; IRQ
        DCD     FIQHandler                      ; FIQ

        END
```

由此可见，当异常发生时，CPU 会跳转到 VectorTable 指定的函数地址继续执行。

图 6.25 描述了 Windows CE 中在 ARM 下的异常处理函数调用情况。当一个异常发生时，操作系统负责调用相对应的异常处理函数。几乎所有的异常处理函数都是在%_WINCEROOT%\PRIVATE\WINCEOS\COREOS\NK\KERNEL\ARM\armtrap.s 文件中实现的。

值得一提的是对 IRQ 和 FIQ 异常的处理。这两个异常其实也就是 ARM 中的中断请求。

操作系统捕获到中断请求信号后，会自动派发给 IRQ 和 FIQ 异常处理函数，最后再调用到 OEM 须实现的 OEMInterruptHandler()函数中进行进一步处理。OEM 处理中断的过程在下文将有详细介绍。

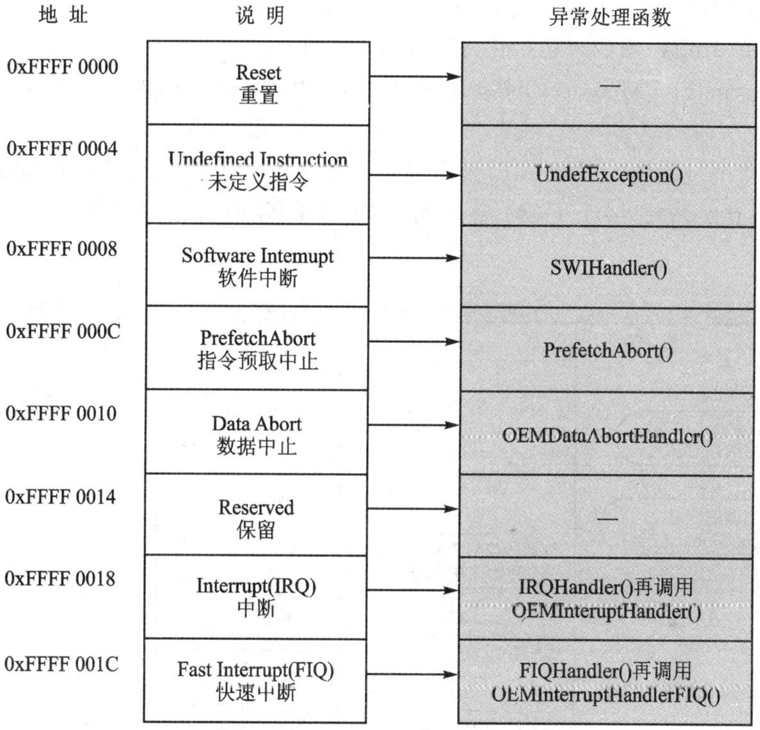

图 6.25　Windows CE 在 ARM 下的异常处理

3. 初始化栈

当 MMU 和 Cache 被打开后，还须初始化每个模式下的栈，才能开始执行 C 语言代码。从 armtrap. s 的第 600 行开始，系统会依次切换到几个 CPU 运行模式下，然后分别设置相应的栈指针。这样，就可以安全地进入 C 语言代码执行了。

在 ARM 中，第 1 个由 C 语言编写的控制流程函数是 ARMInit()。

6.5.3.3　初始化 ARM 平台

初始化 ARM 平台函数 ARMInit()是由微软提供的函数，它的源代码也是公开的，其源代码位于目录%_WINCEROOT%\Private\Winceos\Coreos\nk\kernel\arm\Mdarm. c 中。

ARMInit()函数的主要功能是初始化基于 ARM 的硬件平台(包括 Cache、中断、时钟以及内核传输层等)。ARMInit()函数的主要工作如下：

① 调用 KernelRelocate()函数进行重定位。此重定位的过程与 Boot Loader 中重定位的

机制、方法与过程都是一致的。在此就不再赘述。

② 调用 OEMInitDebugSerial()函数初始化调试输出使用的串口。这一步与 Boot Loader 中的初始化调试串口的功能甚至代码也都是一样的。OEM 只须对 OAL 和 Boot Loader 中的代码进行一次实现即可。

③ 调用 OEMInit()函数来初始化目标设备上的硬件。

④ 调用 KernelFindMemory()来获取所有的物理内存信息并把内存分成应用内存和对象存储两个部分。

在上述的 4 个过程中,OEMInit()函数最值得关注。首先因为几乎所有的硬件初始化工作都在此完成;其次,它是一个 OEM 实现的函数。OEMInit()函数的执行活动图如图 6.26 所示。

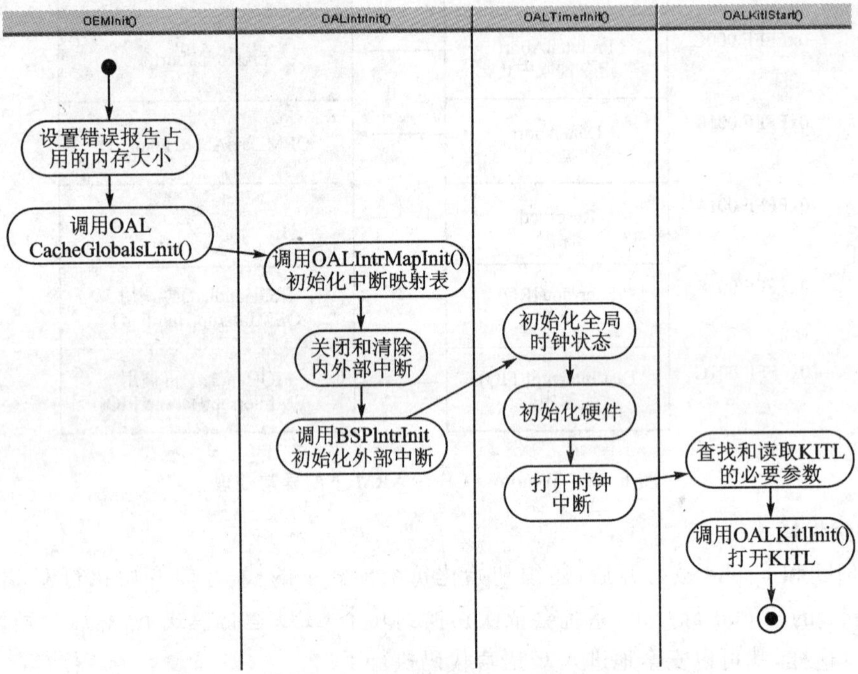

图 6.26 OEMInit()函数的活动图

OEMInit()函数是需要开发人员自己实现的一个函数。在 SMDK 2410 的 BSP 实现中,代码位于%_WINCEROOT%\platform\smdk2410\src\kernel\oal\Init.c 中。在这里就以 SMDK 2410 为例,介绍 OEMInit()函数的主要流程和功能。

1. OEMInit()设置 Dr. Watson 占用的内存大小,并初始化 Cache

Dr. Watson 是微软的错误捕获和报告软件,详细内容可参见相关章节。然后,OEMInit()调用 OALCacheGlobalsInit()函数初始化 Cache。在 ARM 系统中,对 Cache 的初始化代码在%_WINCEROOT%\platform\common\src\ARM\COMMON\CACHE\init.s 中,并不需要用户实际编写。对于 MIPS 平台可能需要用户初始化一个 Cache 数据结构,然后系统根据此数据结构来实际初始化 Cache。此数据结构定义如下:

```
// 选自 %_WINCEROOT%\platform\common\src\inc\oal_cache.h
typedef struct {

    UINT32 L1Flags;
    UINT32 L1ISetsPerWay;
    UINT32 L1INumWays;
    UINT32 L1ILineSize;
    UINT32 L1ISize;
    UINT32 L1DSetsPerWay;
    UINT32 L1DNumWays;
    UINT32 L1DLineSize;
    UINT32 L1DSize;

    UINT32 L2Flags;
    UINT32 L2ISetsPerWay;
    UINT32 L2INumWays;
    UINT32 L2ILineSize;
    UINT32 L2ISize;
    UINT32 L2DSetsPerWay;
    UINT32 L2DNumWays;
    UINT32 L2DLineSize;
    UINT32 L2DSize;

} OAL_CACHE_INFO;
```

2. OEMInit()调用 OALIntrInit()初始化系统中断

在大多数 CPU 下,初始化系统中断的主要工作是使用 HookInterrupt()函数把物理中断与逻辑中断关联起来。物理中断与逻辑中断一一对应后,驱动程序就只须处理逻辑中断号而无须处理物理中断号。相关内容在介绍驱动程序的中断处理部分有详细介绍。

但是对于 ARM 平台,这是没有必要的。因为 ARM 的所有中断都会导致 CPU 跳转到 IRQ(可能还有 FIQ)那里执行,因此 ARM 平台下的物理中断与逻辑中断号之间的翻译是在 OEMInterruptHandler()函数中进行的。

虽然不需要 HookInterrupt(),但是在 OALIntrInint()中,还是要做一些与中断相关的工作。首先,须调用 OALIntrMapInit()初始化物理中断与逻辑中断的映射表,然后关闭除了

PWM 4 时钟外的所有中断，并调用 BSPIntrInit()函数。

BSPIntrInit()是需要 OEM 在 BSP 一层实现的函数，它的主要功能是初始化一些外部中断。在 SMDK 2410 的实现中，主要配置了通过 GPIO 连接到 CPU 上的 CS8900A 网卡。

3. OEMInit()函数调用 OALTimerInit()初始化时钟

此段代码基本上是对 S3C2410 CPU 内置的 PWM Timer 的操作。Windows CE 中选用 PWM Timer 4 作为系统时钟，此段代码初始化了一些记录时钟信息的全局变量及系统时钟状态，并且打开了时钟中断。

OALTimerInit()函数的实现代码位于%_WINCEROOT%\platform\common\src\arm\samsung\s3c2410x\timer\Timer.c。

4. OEMInit()函数调用 OALKitlStart()初始化 KITL 连接

KITL 的实现可借助串口、以太网口、并口或 USB 等。OEM 商只须选择一个实现即可。KITL 的初始化过程较复杂，经过了几层函数调用。大致流程为：OALKitlStart()→OALKitlInit()→KitlInit()→StartKitl()→OEMKitlInit()→OALKitlEthInit()。虽然函数调用复杂，但绝大多数函数都是 OAL 函数和操作系统内核函数。真正需要用户实现的东西只有一个 OEMKitlInit()函数。此外还须设置一些全局变量。详细的实现在下文会有介绍，这里只须知道 KITL 的初始化是在 OEMInit()中完成的就可以了。

经过上述几个步骤，目标设备上的硬件及外设基本初始化完毕。

6.5.3.4 初始化内核

当目标设备上的硬件初始化结束后，下一步是初始化操作系统本身，初始化内核函数 KernelInit()负责完成此功能。

这一过程是在系统内核中进行的，用户基本无法修改，而且有些代码由于涉及一些没有公开的代码和数据结构，所以相当晦涩。因此只需知道大致的流程和功能即可。

首先，在 KernelInit()中初始化系统 API 函数调用表；然后，KernelInit()依次调用 HeapInit()，InitMemoryPool()，ProcInit()和 SchedInit()初始化系统堆、内存池、第 1 个进程和线程。

当万事俱备后，系统内核就可开始调度第 1 个线程了。

提示：操作系统内核代码

KernelInit()函数以及其调用的几个函数虽然对编写 OAL 没有什么作用，但是仔细品味琢磨，可以了解到一个操作系统是如何一步一步初始化自己，以及如何开始工作的，对于深入理解操作系统的一些原理不无裨益。

本书不是一本专业分析 Windows CE 内核的书籍，因此对内核代码的分析只能点到为止。有兴趣的读者可自行研究或查找其他资料。

6.5.3.5 开始调度

开始调度FirstSchedule()并不是一个函数，它只是armtrap.s文件中的一个标签。在这里，系统使用这段代码调用HandleException()函数并传入ID_RESCHEDULE参数，作用是让操作系统进行重新调度，这样就可选择第1个在就绪态的线程上台执行。

到此为止，调度系统开始正常运转了，整个操作系统就像一辆满载的重型机车一样，轰轰启动了。

操作系统的初始化结束仅仅意味着整个系统刚刚开始运行。后面系统会依次加载FileSys.exe及Device.exe等系统进程，然后是应用程序，这才是我们看到的运行中的操作系统。

6.5.4 OAL的实现

OAL的实现方法与Boot Loader既有相似，又有不同：因为Boot Loader的代码带有很大的顺序流程性，所以只要按部就班地按照顺序依次实现每一个函数，基本上就可正常地完成Boot Loader的功能，而且一般无须考虑Boot Loader的性能和效率；但是OAL经过链接后，它的代码就成为操作系统内核不可分割的一部分，在整个操作系统运行的过程中时刻运行，因此OAL比Boot Loader更加难于编写和调试，而且OAL代码编写的好坏不但会直接影响操作系统的稳定性、安全性和性能，而且还会直接影响驱动程序和应用程序的功能。

尽管Boot Loader与OAL之间存在巨大的差异，但是对于一部分与硬件相关的代码，在Boot Loader与OAL之间还是可重用的，并且OAL的编译、配置和打包过程的基本原理与Boot Loader也是一致的。因此如果有Boot Loader的编写经验，那么对于编写OAL还是非常有帮助的。

本小节将按照OAL的具体功能模块划分，详细介绍如何实现OAL的每一个模块。

6.5.4.1 中断处理

中断是外设与CPU交互的重要手段之一。为了使外设与CPU可正常地交互，设备驱动程序和操作系统都要对中断请求进行必要的处理。

在本书的驱动程序设计部分，已详细介绍了在驱动程序中要进行中断处理所需的流程。但是仅了解了此流程，还是无法了解系统底层的原理。因为中断处理流程中所依赖的几个函数都需要OAL层提供必要的支持；否则中断处理流程无法正常运行。

在Windows CE的OAL中，OEM须实现表6.12所列的几个函数，来完成中断处理过程。

可看到，当驱动程序调用InterruptInitialize()，InterruptDisable()和InterruptDone()函数时，操作系统只不过做了个简单的转接，实际真正被调用到的函数为OEMInterruptEnable()，OEMInterruptDisable()和OEMInterruptDone()。这3个函数负责开关中断和通知中断完成。此外，对于ARM平台，由于其CPU处理中断的特殊性，OEMInterruptHandler()和OEMInterruptHandlerFIQ()两个函数充当了ISR的角色。

表 6.12 中断处理相关的 OAL 函数

函数名	介 绍
OEMInterruptEnable()	进行打开某个硬件中断所需的硬件操作
OEMInterruptDisable()	进行关闭某个硬件中断所需的硬件操作
OEMInterruptDone()	某个中断处理完成后调用
OEMInterruptHandler()	ARM 平台：IRQ 的中断处理例程，处理 ARM 中的 IRQ
OEMInterruptHandlerFIQ()	ARM 平台：FIQ 的中断处理例程，处理 ARM 中的快速中断请求

在 SMDK 2410 OAL 中，这几个函数的实现位于%_WINCEROOT%\platform\common\src\arm\samsung\s3c2410x\intr\Intr.c 中。将以此代码为例，介绍如何处理中断。这几个函数的代码很大程度上依赖于对 2410 CPU 中断控制器的操作，因此有必要首先简单地介绍一下 2410 的中断控制器以及中断处理流程。

图 6.27 为取自 2410 CPU 用户手册的中断处理流程图。

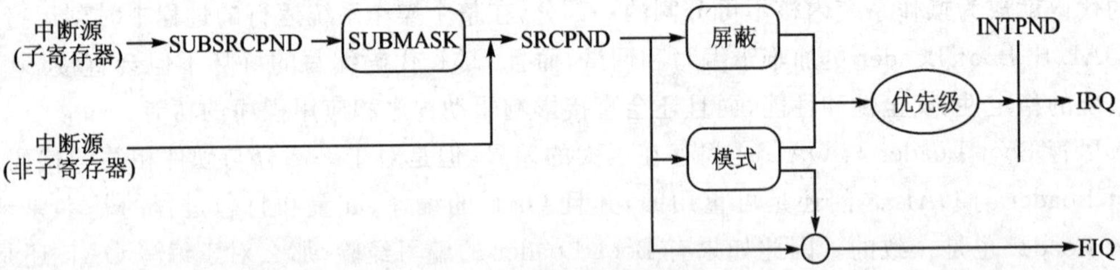

图 6.27 2410 的中断处理流程

在 2410 中，有几个较重要的 32 位中断控制寄存器，如表 6.13 所列。

表 6.13 2410 中的中断控制寄存器

寄存器名称	中文名称	描 述
SRCPND	中断源等待寄存器	当中断源有中断请求时，相应的位会被置 1
INTMSK	中断屏蔽寄存器	当有 SRCPND 时，如果中断相应位的掩码被设置，则不会发生 INTPND 信号，CPU 也不会处理中断。此寄存器可用来关闭某个中断
INTPND	中断等待寄存器	当中断源有中断并且没有被屏蔽时，就会发起 INTPND 信号。此时 CPU 将跳转到相应中断向量处执行
INTOFFSET	中断偏移寄存器	指定 IRQ 源的寄存器

值得一提的是寄存器 SRCPND 和 INTPND，虽然都表示有中断发生，但在不考虑 SUBMASK 的情况下，只要有中断产生，SRCPNT 的相应位就会置 1，并且同时可有多个位被置为

1；而 INTPND 只有在中断源寄存器为 1、中断没有被屏蔽并且被中断选中三者都符合的情况下才会被设置为 1，因此某一时刻只可能有一个 INTPND 的位为 1。

OEMInterruptEnable()，OEMInterruptDisable()和 OEMInterruptDone()以及 ISR 例程主要就是针对这些寄存器的操作。

在系统启动阶段，除了时钟之外的所有中断都是关闭的。驱动程序负责打开该驱动程序处理的中断，方法为调用 InterruptInitialize()。真正的工作是在 OEMInterruptEnable()函数中完成的，此 OEM 函数又调用 OALIntrEnableIrqs()。打开某个中断的方法是把中断屏蔽寄存器的相应位设置为 0。代码如下：

```
// --------------------------------------------------------------------------
//
//   Function:  OALIntrEnableIrqs
//
BOOL OALIntrEnableIrqs(UINT32 count, const UINT32 *pIrqs)
{
    BOOL rc = TRUE;
    UINT32 i, mask, irq;

    for (i = 0; i < count; i++) {
        irq = pIrqs[i];
        if (irq == OAL_INTR_IRQ_UNDEFINED) continue;
        // Depending on IRQ number use internal or external mask register
        if (irq <= IRQ_ADC) {
            // 清除中断屏蔽寄存器中相应的位
            CLRREG32(&g_pIntrRegs -> INTMSK, 1 << irq);
        } else if (irq <= IRQ_EINT7) {
            // Use external mask register
            CLRREG32(&g_pIntrRegs -> INTMSK, 1 << IRQ_EINT4_7);
            CLRREG32(&g_pPortRegs -> EINTMASK, 1 << (irq - IRQ_EINT4 + 4));
        } else if (irq <= IRQ_EINT23) {
            ⋮
        } else {
            rc = FALSE;
        }
    }
    return rc;
}
```

当驱动程序退出时，须关闭相应的中断。关闭中断是通过调用 InterruptDisable()来进行的。InterruptDisable()又调用 OEM 函数 OEMInterruptDisable(),最后到真正的实现代码 OALIntrDisableIrqs()。关闭某个中断的方法是把相应的中断屏蔽位置为 1。实现的代码如下:

```
// ------------------------------------------------------------------------
//
//   Function:  OALIntrDisableIrqs
//
VOID OALIntrDisableIrqs(UINT32 count, const UINT32 *pIrqs)
{
    UINT32 i, mask, irq;

    for (i=0; i < count; i++) {
        irq=pIrqs[i];
        // Depending on IRQ number use internal or external mask register
        if (irq <= IRQ_ADC) {
            // 设置中断屏蔽寄存器中相应的位
            mask = 1 << irq;
            SETREG32(&g_pIntrRegs-> INTMSK, mask);
        } else if (irq <= IRQ_EINT23) {
            // Use external mask register
            mask = 1 << (irq - IRQ_EINT4 + 4);
            SETREG32(&g_pPortRegs-> EINTMASK, mask);
        }
    }
}
```

当中断处理结束时,驱动程序须通知 OEM 重新打开中断。具体的实现代码在 OALIntrDoneIrqs 中。重新打开中断的方法是清除中断源等待寄存器的等待位,并且清除中断屏蔽寄存器的相应位。代码如下:

```
// ------------------------------------------------------------------------
//
//   Function:  OALIntrDoneIrqs
//
VOID OALIntrDoneIrqs(UINT32 count, const UINT32 *pIrqs)
{
    UINT32 i, mask, irq;

    for (i=0; i < count; i++) {
        irq=pIrqs[i];
```

```
        // Depending on IRQ number use internal or external mask register
        if (irq <= IRQ_ADC) {
            // 清除中断源等待寄存器的等待位,并清除中断屏蔽寄存器的相应位
            mask = 1 << irq;
            OUTREG32(&g_pIntrRegs -> SRCPND, mask);
            CLRREG32(&g_pIntrRegs -> INTMSK, mask);
        } else if (irq <= IRQ_EINT23) {
            // Use external mask register
            mask = 1 << (irq - IRQ_EINT4 + 4);
            CLRREG32(&g_pPortRegs -> EINTMASK, mask);
        }
    }
}
```


与用来打开中断的 OEMInterruptEnable()函数相比,这里不但要清除中断屏蔽寄存器,而且还要清除中断源等待寄存器的等待位。ARM 处理器要求在中断处理例程中不但要处理中断,而且要清除中断等待寄存器和中断源等待寄存器。2410 BSP 的实现中,清除中断等待寄存器的操作是在 ISR 中完成的,因此在重新打开中断时只需清除中断源等待寄存器即可。

OEMInterruptHandler()函数在 ARM 中扮演 ISR 的作用。在驱动程序中断处理中曾经介绍过,ISR 的最主要作用是把物理的中断号翻译为逻辑的中断号。除此之外,还可能会有一些额外的对中断寄存器的操作。SMDK 2410 中的 OEMInterruptHandler()函数经过删减的代码如下:

```
ULONG OEMInterruptHandler(ULONG ra)
{
    // 得到当正在处理的物理中断号
    irq = INREG32(&g_pIntrRegs -> INTOFFSET);

    // 系统时钟处理
    if (irq == IRQ_TIMER4) {
        // Clear the interrupt
        OUTREG32(&g_pIntrRegs -> SRCPND, 1 << IRQ_TIMER4);
        OUTREG32(&g_pIntrRegs -> INTPND, 1 << IRQ_TIMER4);
        // Rest is on timer interrupt handler
        sysIntr = OALTimerIntrHandler();
    }
    else
    {
            // 先把对应的中断屏蔽,禁止同类型的中断
```

```
            mask = 1 << irq;
            SETREG32(&g_pIntrRegs -> INTMSK, mask);
        }
        // 清空中断等待寄存器。
        OUTREG32(&g_pIntrRegs -> SRCPND, mask);
        OUTREG32(&g_pIntrRegs -> INTPND, mask);

        // 可挂载的 ISR
        sysIntr = NKCallIntChain((UCHAR)irq);
        if (sysIntr == SYSINTR_CHAIN || ! NKIsSysIntrValid(sysIntr)) {
            // IRQ wasn't claimed, use static mapping
            sysIntr = OALIntrTranslateIrq(irq);
        }
        // unmask interrupts in case it's NOP or invalid
        if (SYSINTR_NOP == sysIntr) {
            if (OAL_INTR_IRQ_UNDEFINED == irq2) {
                // Unmask the primary interrupt
                CLRREG32(&g_pIntrRegs -> INTMSK, mask);
            } else {
                // Unmask the external interrupt
                mask = 1 << (irq2 - IRQ_EINT4 + 4);
                CLRREG32(&g_pPortRegs -> EINTMASK, mask);
            }
        }
    }
    // 返回逻辑中断号
    return sysIntr;
}
```

程序通过 INTOFFSET 寄存器得到当前正在处理的物理中断号；然后根据物理中断号的不同进行一些特殊处理。例如对于时钟中断，程序会调用 OALTimerIntrHandler()函数，此函数会更新一些全局的计时器，并且根据返回值不同，决定操作系统的调度系统是否对线程进行重新调度。

对于一般的中断，首先，通过设置中断屏蔽寄存器，屏蔽该中断，防止同类型中断再次发生；然后，清空中断等待寄存器和中断源等待寄存器。这样当中断打开时，同类型的中断才可被正常处理；否则 CPU 会认为上一次的中断还没处理结束。

对于有些平台，系统支持可挂载的 ISR，调用 NKCallIntChain()函数来依次调用这些 ISR。最终，系统返回中断的逻辑中断号。这样，就可把控制权交给驱动程序处理了。

对于不同的处理器，中断的处理虽然各有不同，但是基本大同小异。参照此模型，实现中断处理不会很复杂。

6.5.4.2 时钟操作

实时钟对于操作系统和应用程序非常重要。操作系统中的一些计时、提醒、超时等常见的时间操作都依赖于时钟；应用程序获得当前的时间等操作也须依赖于实时钟。与 PWM Timer 不同，实时钟通常在系统关机后仍然可由备用电池来维持运转。因此有时，实时钟还可用来唤醒系统。

在 Windows CE 中，OEM 需要在 OAL 层实现几个与时钟相关的函数，以便支持操作系统对时钟进行读/写等操作控制。主要时钟操作函数如表 6.14 所列。

SMDK 2410 BSP 中这几个时钟控制函数的实现代码位于目录%_WINCEROOT%\platform\common\src\arm\samsung\s3c2410x\rtc 下的 Alarm.c 和 Rtc.c 文件中。

表 6.14 OAL 的时钟操作函数

函数名	介 绍
OEMGetRealTime()	获取当前的时间
OEMSetRealTime()	设置当前的时间
OEMSetAlarmTime()	设置实时钟警报器

简单介绍一下 2410 CPU 中的时钟控制寄存器。在 2410 CPU 中，提供了基于 BCD 码的时钟控制逻辑。可从这些寄存器中获取当前的年、月、日、时、分及秒等时间信息。因此这些函数的实现很大程度上依赖着这些寄存器。

下面是 OEMGetRealTime()函数的实现。细心的读者会发现这个函数的原形与 Win32 API GetSystemTime()几乎一致。

```
#define FROM_BCD(n)      ((((n) >> 4) * 10) + ((n) & 0xf))

// ------------------------------------------------------------------
//   Function:  OEMGetRealTime
//   Reads the current RTC value and returns a system time.
//
BOOL OEMGetRealTime(SYSTEMTIME * pTime)
{
    BOOL rc = FALSE;
    S3C2410X_RTC_REG * pRTCReg;
    UINT32 data;
    UINT16 seconds;

    if (pTime == NULL) goto cleanUp;

    // Get uncached virtual address
```

```
    pRTCReg = OALPAtoVA(S3C2410X_BASE_REG_PA_RTC, FALSE);
    do {
        data = INPORT32(&pRTCReg -> BCDSEC) & 0x7f;
        seconds = FROM_BCD(data);
        data = INPORT32(&pRTCReg -> BCDYEAR);
        pTime -> wYear = FROM_BCD(data) + RTC_YEAR_DATUM;
        data = INPORT32(&pRTCReg -> BCDMON) & 0x1f;
        pTime -> wMonth = FROM_BCD(data);
        data = INPORT32(&pRTCReg -> BCDDAY) & 0x3f;
        pTime -> wDay = FROM_BCD(data);
        pTime -> wDayOfWeek = (WORD)INPORT32(&pRTCReg -> BCDDATE) - 1;
        data = INPORT32(&pRTCReg -> BCDHOUR) & 0x3f;
        pTime -> wHour = FROM_BCD(data);
        data = INPORT32(&pRTCReg -> BCDMIN) & 0x7f;
        pTime -> wMinute = FROM_BCD(data);
        data = INPORT32(&pRTCReg -> BCDSEC) & 0x7f;
        pTime -> wSecond = FROM_BCD(data);
        pTime -> wMilliseconds = 0;
    } while (pTime -> wSecond != seconds);

    rc = TRUE;
cleanUp:
    return rc;
}
```

因为从寄存器读取到的数据都是 BCD 码，因此需要一个宏把 BCD 码转化为十进制数据。这样，就可从系统时钟中获取正确的数据，并且传递给操作系统了。

OEMSetRealTime()和 OEMSetAlarmTime()函数的原理都与前者类似，在此不再赘述。

6.5.4.3　Cache 操作

由于 CPU 速度的加快，所以它与动态存储器 DRAM 配合工作时往往须插入等待状态。这样就难以发挥 CPU 的高速度，也难以提高整机的性能。采用静态存储器 SRAM，虽可解决该问题，但 SRAM 价格高：在同样容量下，SARM 的价格是 DRAM 的若干倍，而且 SRAM 体积大，集成度低。为解决此问题，在许多 CPU 体系结构中都采用了高速缓冲存储器——Cache 技术。其基本思想是用少量的 SRAM 作为 CPU 与 DRAM 存储系统之间的缓冲区，即 Cache 系统。在处理器芯片内集成 SRAM 作为 Cache，由于这些 Cache 装在芯片内，因此被称为片内 Cache。片内 Cache 也称为一级 Cache。由于 486,586 等高档处理器的时钟频率很高，一旦出现一级 Cache 未命中的情况，则性能将明显恶化。在这种情况下，采用的办法是在处理器芯片之外再加 Cache，称为二级 Cache。二级 Cache 实际上是 CPU 和主存之间的真正缓冲。二级 Cache 的容量通常比一级 Cache 大一个数量级以上。

Cache 管理涉及对 L1 L2 Cache 和 TLB(Translation Look－aside Buffer)的许多操作。例如写回数据及使 TLB 实效等。不同的 CPU 体系结构对于 Cache 的操作方法也不同。对于 ARM920T CPU，采用的是哈佛体系结构计算机，Cache 分为指令缓存(Instruction Cache，ICache)和数据缓存(Data Cache，DCache)，分别对指令和数据进行缓存。

在 OAL 层，OEMCacheRangeFlush()函数是 Cache 操作的主要接口函数，它的声明如下：

```
void OEMCacheRangeFlush(
  LPVOID pAddr,              // 要进行 Cache 操作的起始虚拟地址
  DWORD dwLength,            // 地址长度，以字节为单位
  DWORD dwFlags              // 操作类型
);
```


其中 dwFlags 表明了要进行操作的类型，可选的操作如表 6.15 所列。

表 6.15　dwFlags 可选的操作类型

值	描　述
CACHE_SYNC_WRITEBACK	写回 DCache 缓存中的数据
CACHE_SYNC_DISCARD	写回缓存数据，并舍弃 DCache 中的数据
CACHE_SYNC_INSTRUCTIONS	舍弃所有的 ICache 中的指令
CACHE_SYNC_FLUSH_I_TLB	使指令 TLB 失效
CACHE_SYNC_FLUSH_D_TLB	使数据 TLB 失效
CACHE_SYNC_FLUSH_TLB	使指令 TLB 和数据 TLB 都失效
CACHE_SYNC_L2_WRITEBACK	写回二级缓存中的数据
CACHE_SYNC_L2_DISCARD	写回并舍弃二级缓存中的数据
CACHE_SYNC_ALL	进行上述的所有操作

标准的 OEMCacheRangeFlush()函数一般可通过调用 PQOAL 库中的函数来实现。对于 ARM 系统而言，Cache 操作的公用代码存放在目录%_WINCEROOT%\Platform\Common\SRC\ARM\COMMON\CACHE 中。对 Cache 和 TLB 的操作都是通过操作协处理器 CP 15 来进行的。下面是清空 ICache 的函数代码。

```
;-----------------------------------------------------------------------
;
;  Function:  OALFlushICache
;
        LEAF_ENTRY OALFlushICache
```

```
        mov     r0, #0
        mcr     p15, 0, r0, c7, c5, 0

        RETURN

        END
```

6.5.4.4 CPU 状态管理

现代 CPU,尤其是嵌入式 CPU 都非常强调功耗。在同样的频率下如何降低 CPU 的功耗,一直是许多芯片厂商的努力目标。很多降低 CPU 功耗的方法也随之应运而生。对于许多嵌入式设备,尤其是许多靠电池供电的手持设备(手机、PDA、MP3 及掌上游戏机)来说,降低 CPU 的功耗就意味着,在电池一样的前提下,工作更长的时间,这也是每个消费者所迫切期望的。

很多嵌入式 CPU 都会内置多个状态。在不同的状态下 CPU 的功耗也不相同。其基本的思想,是当目前系统中 CPU 的负载不是很重的前提下,通过 CPU 降频等方式,把 CPU 迁移到一个用电较低的状态,从而达到省电的目的。

图 6.28 为取自 S3C2410 CPU 用户手册的 CPU 电源管理状态图。S3C2410 CPU 共有 4 个状态,分别为:正常模式、慢速模式、空闲模式和断电模式。

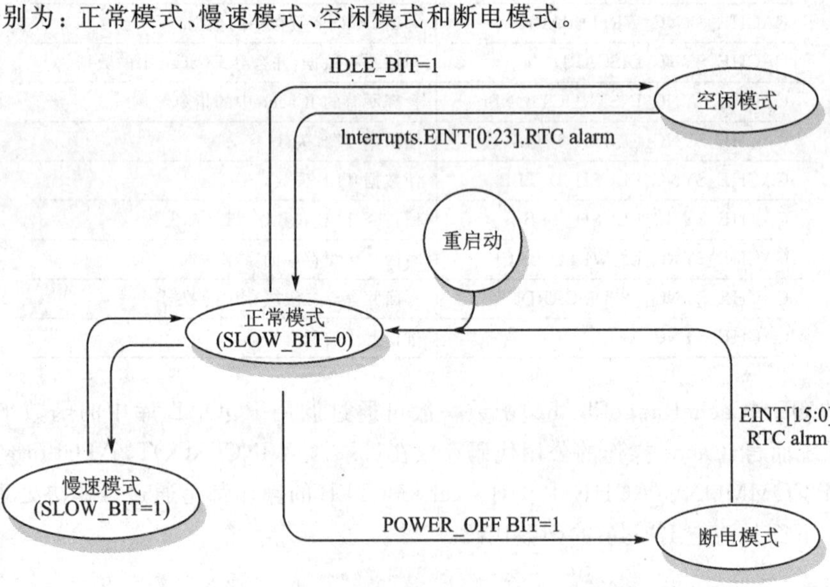

图 6.28 S3C2410 CPU 的 CPU 模式

正常模式(NORMAL) 在正常模式下,所有的外设和基本模块包括时钟管理模块、CPU 核、总线控制器、内存控制器、中断控制器和 DMA 都完全打开。对外设来说,依然可以通过软件方法把不需要的外设关闭。在此模式下，电源消耗是最大的。

慢速模式(SLOW) 在慢速模式下，CPU 直接使用外部的慢速时钟作为 CPU 时钟源而不通过 PLL，因此慢速模式也成为无 PLL 模式。在慢速模式下，因为时钟频率较低，所以 CPU 功耗可下降。此外由于 PLL 不再使用，也可以降低一些功耗。

空闲模式(IDLE) 在空闲模式下，除了总线控制器、中断控制器和内存控制器外，CPU 核的时钟完全被切断，因此 CPU 处于完全空闲状态。任何对于 CPU 的中断请求都可把 CPU 从空闲模式唤醒。

断电模式(POWER_OFF) 在断电模式下，整个 CPU 模块不会进行供电。因此除了唤醒模块外，没有任何一个 CPU 内部的模块需要耗电。从断电模式离开需要两个电源：一个为唤醒模块供电，另一个为 CPU 内部逻辑供电。外部中断 EINT[15：0]或实时钟报警中断都可把 CPU 从断电模式唤醒。

在 Windows CE 下，OAL 层提供了两个接口函数用来实现 CPU 状态管理，分别为 OEMIdle()和 OEMPowerOff()，它们的介绍如表 6.16 所列。

表 6.16 OAL 层的 CPU 状态管理函数

函数名称	描　述
OEMIdle()	让 CPU 进入 Idle 状态，当系统在没有可调度的线程时调用此函数
OEMPowerOff()	当用户选择关闭或 GWES 等待超时后，关闭 CPU 电源

操作系统会在特定的时机调用这两个函数，让 CPU 进入特殊的状态，以达到控制电源消耗的目的。

PQOAL 库中提供了许多可重用的 OEMIdle()和 OEMPowerOff()函数的实现。在这里，仅以 OEMPowerOff()函数为例，介绍如何管理 CPU 的电源状态。

注意：4.2 版本代码

Windows CE 5.0 版本的 SMDK2410 BSP 中这一部分的代码比较乱，这里的代码都取自 Windows CE .NET 4.2。

```
VOID OEMPowerOff(void)
{
    volatile IOPreg * s2410IOP = (IOPreg * )IOP_BASE;
    volatile INTreg * s2410INT = (INTreg * )INT_BASE;
    volatile LCDreg * s2410LCD = (LCDreg * )LCD_BASE;

    /* 保存重要的 CPU 寄存器...    */
```

```
    CPUSaveRegs(CPUBackupRegs);

    /* 关闭 LCD                    */
    CPULCDOff();

    /* 关闭 CPU              */
    CPUPowerOff();

    /* 从这里开始,下面的代码是 CPU 从 PowerOff 恢复后执行的代码            */

    /* 恢复寄存器            */
    CPULoadRegs(CPUBackupRegs);

    /* Interrupt Clear                    */
    s2410IOP -> rEINTPEND    = s2410IOP -> rEINTPEND;
    s2410LCD -> rLCDSRCPND   = s2410LCD -> rLCDSRCPND;
    s2410LCD -> rLCDINTPND   = s2410LCD -> rLCDINTPND;
    s2410INT -> rSUBSRCPND   = s2410INT -> rSUBSRCPND;
    s2410INT -> rSRCPND      = s2410INT -> rSRCPND;
    s2410INT -> rINTPND      = s2410INT -> rINTPND;

    OEMInitDebugSerial();
    CPUClearCS8900();
}
```

进入断电模式前,首先须保存重要的寄存器的状态。包括 GPIO 端口及 LCD 端口等;然后调用 CPULCDOff()函数关闭 LCD;最后是调用 CPUPowerOff()函数关闭 CPU。

CPUPowerOff()使用汇编完成,涉及很多细节步骤。在 S3C2410 CPU 用户手册中,对如何进入断电模式有详细的描述。在这里为了节省篇幅,只保留函数的注释和最重要代码。

```
LEAF_ENTRY CPUPowerOff

    ; 1. Save register state and return address on the stack.
    ;
    ; 2. Save MMU & CPU Registers to RAM.
    ;
    ; 3. Compute the checksum on SleepData (verify integrity of data after resume).
    ;
    ; 4. Mask and clear all interrupts.
```

```
    ;
    ; 5. Flush caches and TLBs.
    ;
    ; 6. Set external wake-up interrupts (EINT0-2: power-button and keyboard).
    ldr      r0, = vGPIOBASE
    ldr      r1, = 0x550a
    str      r1, [r0, #oGPFCON]

    ldr      r1, = 0x55550100
    str      r1, [r0, #oGPGCON]
    ; 7. Switch to power-off mode.
    ;
    ldr      r4, = vCLKCON
    ldr      r5, = 0x7fff8                        ; power-off mode.

    str      r5, [r4]          ; Power Off !!

;       1. Recover CPU Registers

;       2. Recover Last mode's REG's, & go back to caller of CPUPowerOff()

    END
```

进入断电模式前,须进行大量的保护、恢复和设置工作。最重要的操作是设置唤醒操作的中断源,代码中把唤醒中断源设置为电源按钮和键盘。进入断点模式只要设置 CPU CLKCON 寄存器相应的位即可。

CPUPowerOff()函数后面的代码是在 CPU 被从断电模式下唤醒后所执行的。基本上与进入断电模式下的功能相反,涉及恢复寄存器,打开 LCD 功能。

6.5.4.5 OEMIoControl

除了标准的 OAL 接口函数之外,内核和应用程序可能还需要某些非标准或比较简单的方式来与 OAL 层进行通信和控制。因此,OAL 层提供了 OEMIoControl()函数,供内核或应用程序与 OAL 交互。函数的声明如下:

```
BOOL OEMIoControl(
  DWORD dwIoControlCode,          // 控制号
  LPVOID lpInBuf,                 // 输入缓冲区
  DWORD nInBufSize,               // 输入缓冲区大小
  LPVOID lpOutBuf,                // 输出缓冲区
  DWORD nOutBufSize,              // 输出缓冲区大写
```

```
    LPDWORD lpBytesReturned          // 返回值占用的输出缓冲区长度
);
```

可看出，OEMIoControl()函数提供的接口和参数非常通用。对于一个自定义的控制字，可通过输入缓冲区传入任意的参数，也可通过输出缓冲区返回任意的内容，只要控制字的调用者与实现者之间有固定的契约。

内核代码与 OAL 通信时，可直接调用 OEMIoControl()函数。例如，如果内核希望重新启动操作系统，那么内核代码可调用 OEMIoControl()函数并传递 IOCTL_HAL_REBOOT 参数。

除了内核代码之外，应用程序和驱动程序也可通过 OEMIoControl()来与 OAL 通信交互。但是应用程序和驱动程序是运行在用户态的，并不能直接调用 OAL 层的代码。因此，Windows CE 内核还公开了一个 API 函数 KernelIoControl()，供应用程序和驱动程序调用，与 OAL 通信。KernelIoControl()函数的函数原形与 OEMIoControl()完全一致，它仅作一些最简单的参数检查，然后就调用了 OEMIoControl()函数。

图 6.29 描述了应用程序及内核与 OEMIoControl()函数进行交互的方式。

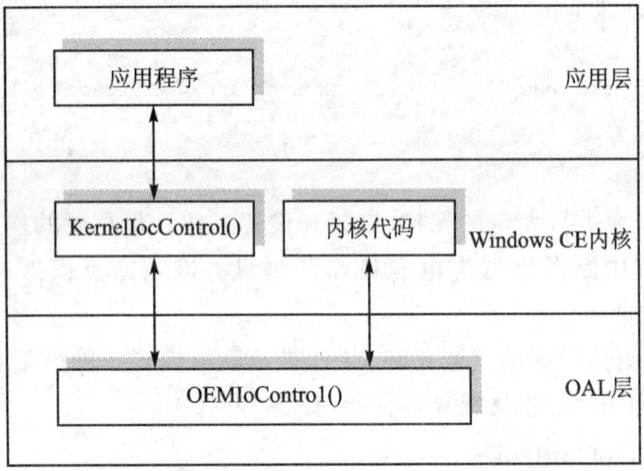

图 6.29　OEMIoControl 函数的工作原理

实现 OEMIoControl()的关键是实现尽可能多的控制字支持。Windows CE 预设了几组控制字，如表 6.17 所列。这些控制字分别与不同的功能相关。

OAL 中并不必实现上述所有的控制字。事实上，绝大多数控制字都是可选的，OEM 并不必实现上述每一个控制字。

在 PQOAL 中，OEMIoControl()已经有了通用的实现，代码位于目录 platform\common\src\common\ioctl 下的 Ioctl.c 文件里，精简过的代码如下：

表6.17　Windows CE预设的IoControl控制字种类

IOCTLs种类	描　述
CEDDK	CEDDK中的函数实现调用这些控制字，主要来完成总线地址转换及申请/释放IRQ等功能
设备信息	内核和系统应用程序调用这些控制字，来完成获得硬件信息等功能，例如得到当前CPU的描述信息及gwes询问最合适的分辨率等
FileSys.exe	FileSys.exe调用这些控制字，来注册表保存、通知注册表初始化等作用
内核调试器	内核调试器与OAL交互。通知OAL来设置移除断点等功能
KITL	KITL可通过IoControl的方式，询问OAL KITL相关的信息
电源管理	电源管理器与OAL交互，在出现某些电源状态时通知OAL。也可请OAL打开/关闭某些唤醒中断
安全性	OEM可通过IoControl方式告所内核是否须认证或数字签名的方式
工具相关	CeLog,ILTiming等工具通过此方式来请求OAL的支持
VMINI	如果要实现架构在EtherDbg库上的虚拟网卡支持。则须实现VMINI相关的IoControl
其他	其他一些IoControl，包括某些与具体CPU相关的控制字，或者系统在某些情况下的通知回调

```
BOOL OEMIoControl(
    DWORD code, VOID * pInBuffer, DWORD inSize, VOID * pOutBuffer, DWORD outSize,
    DWORD * pOutSize
) {

    // 查找 g_oalIoCtlTable 表
    for (i = 0; g_oalIoCtlTable[i].pfnHandler != NULL; i ++ ) {
        if (g_oalIoCtlTable[i].code == code) break;
    }

………………

    // 调用处理函数指针
    rc = g_oalIoCtlTable[i].pfnHandler(
        code, pInBuffer, inSize, pOutBuffer, outSize, pOutSize
    );

}
```

代码会搜索g_oalIoCtlTable数组，从中遍历搜索控制号。如果找到控制号后，就调用与之相关联的处理函数，那么，重点就转移到如何设置g_oalIoCtlTable变量了。

在platform\smdk2410\src\kernel\oal\Ioctl.c文件中，可找到g_oalIoCtlTable变量的定

义,显示如下:

```
typedef struct {
    UINT32  code;
    UINT32  flags;
    BOOL    (*pfnHandler)(UINT32, VOID*, UINT32, VOID*, UINT32, UINT32*);
} OAL_IOCTL_HANDLER, *POAL_IOCTL_HANDLER;

const OAL_IOCTL_HANDLER g_oalIoCtlTable[] = {
#include "ioctl_tab.h"
};
```

因此,OEM真正须设置的是ioctl_tab.h文件。它的内容如下:

```
#include <oal_ioctl_tab.h>
// 仅需要在这里添加实现
// {IOCTL_HAL_POSTINIT, 0, MyPostInitFunction},
{ 0,                              0,  NULL                    }
```

SMDK 2410 BSP的实现中仅仅包含了oal处理的IoControl,自己并没有添加新的控制字。如果要添加新的控制字支持,那么只需要往这个表中添加一项就可以了。格式为OAL_IOCTL_HANDLER结构体的3项内容。

6.5.4.6 其他OAL功能

OAL还有很多其他附加功能,例如实现KITL、进行内核模块的数字签名验证及保存注册表等。这些功能对于要实现一个功能完善的系统平台来说都比较有用。由于篇幅限制,在本书中就不详细介绍了,可参考帮助中的相关资料。

6.5.5 Production Quality OAL

自从Windows CE 5.0开始,微软引入了Production Quality OAL(简称PQOAL)的概念。在以前的Windows CE版本中,开发BSP意味着大量的编码工作,而PQOAL的目的就是改变这种情况,降低开发OAL的难度和复杂程度。其基本的思想是尽可能地把系统的功能模块化,同时规范OEM代码的目录结构和文件命名方式,从而达到简化开发的目的。

具体而言,PQOAL包含下面几个要素:① 一组与特定处理器相关的通用库;② 按功能明确划分的OAL软件模块;③ 标准的目录结构和文件命名方式。这几个模块对开发人员来说,都比较有用。

表6.18~6.20列出了PQOAL要求的目录和文件结构。在开发自己的OAL时,应尽量遵循这些约定,这样代码比较容易读懂。

表 6.18 Platform\\<BSP 名称>\\下的子目录结构

子目录	描 述
Cesysgen	包含一个 makefile,它调用 cefilter 过滤所有 files 目录下的平台初始化文件
Files	包含与特定 BSP 相关的平台初始化文件
Src	所有的 BSP 源代码目录。包含 Boot Loader,OAL 以及一些头文件
Src\Bootloader	Boot Loader 的源代码。可能包含 Ethernet Boot Loader 或 Serial Boot Loader 的子目录
Src\Bootloader\Eboot	EBoot 的源代码目录
Src\Common	包含 Boot Loader 和 OAL 通用的代码
Src\Drivers	包含 BSP 中所有外设的驱动程序代码
Src\Inc	BSP 头文件
Src\Kernel	包含与设备相关的 OAL 代码,用来编译和链接 OAL
Src\Kernel\Kern	包含构建脚本和可选的函数桩,用来构建最基本的 Windows CE 内核
Src\Kernel\Kernkitl	包含构建脚本和可选的函数桩,用来构建支持 KITL 的 Windows CE 内核
Src\Kernel\Kernkitlprof	包含构建脚本和可选的函数桩,用来构建支持 KITL 和内核性能监测(Profile)的 Windows CE 内核
Src\Kernel\OAL	包含与硬件平台相关的 OAL 代码

表 6.19 Platform\\<BSP 名称>\\Src\\Inc 目录下的文件命名

文件名	描 述
Args. h	包含启动参数的结构体定义,还有在 Boot Loader 与 OAL 之间传递的参数列表
Boot. h	—
Boot_cfg. h	—
Bsp. h	包含所有其他的头文件,这样在代码中只要包含 bsp. h 即可
Bsp_base_reg_cfg. h	包含板级的寄存器地址定义
Bsp_cfg. h	包含与 BSP 相关的配置信息,如串口通信速率等
Image_cfg. h	包含与映像相关的内存映射信息,如映像的起始地址等
Ioctl_cfg. h	—
Ioctl_tab. h	包含 OEM IoControl 的控制码与对应处理函数的表
Kitl_cfg. h	—
Oemaddrtab_cfg. inc	包含虚拟地址到物理地址的映射表

表 6.20 Platform\<BSP 名称>\Src\Kernel\OAL 目录下的文件命名

文件名	描 述
Args. c	包含对特定启动参数的处理。参数可能是 Boot Loader 的传递，或从本地存储中读取
Debug. c	包含调试输出相关的代码，例如串口调试输出
Init. c	包含需要 OEM 实现的硬件平台的初始化代码，例如 OEMInit()函数
Intr. c	包含板级中断处理的相关代码
Ioctl. c	包含本地硬件的 IOCTL 实现
Kitl. c	包含 KITL 使用的硬件平台初始化代码